本论文集受北京第二外国语学院北京旅游发展研究基地资助

中·国·闲·暇·经·济·论·丛

U0872627

2015中国休闲与旅游研究峰会论文集

第二辑

关于“休闲+”的学术研究

联席主编◎夏杰长 计金标

执行主编◎魏 翔 韩玉灵

北京·旅游教育出版社

编委会成员

联席主编　夏杰长　计金标

执行主编　魏　翔　韩玉灵

编 委 会　韩玉灵　李　伟　陈　刚

编 务 组　张劲丽　宋宛津　姚涤洁　杜敬宇

薛新月　王洪娜　陆　雨　史海霞

赵　宁　杨　晶　王　瑜

总 序

北京旅游发展研究基地是北京市首批市级哲学社会科学研究基地,成立于2004年。北京第二外国语学院作为主要建设单位,通过四方共建协议与北京市教育委员会、北京市旅游发展委员会、北京市哲学社会科学规划办公室共同建设基地。基地的建设宗旨是:以北京第二外国语学院北京市重点学科——旅游学科为基础,依托本校旅游管理学院、酒店管理学院、会展与经贸学院、国际商学院、中国旅游人才发展研究院、旅游教育出版社,以及校外北京市旅游发展委员会、首都旅游集团、北京高校旅游研究机构等单位,整合旅游及相关研究优势资源,紧紧围绕我国尤其是北京旅游业发展过程中亟待研究解决的重大理论和现实问题设计研究项目,推动我国及北京旅游研究领域的拓展、研究方法的创新和研究水平的提高,有效拉升北京旅游教学、研究和旅游业发展在国际上的层次和地位。

在前三个三年建设周期中,基地在北京市教育委员会和北京市哲学社会科学规划办公室等各级领导、部门的关心和指导下,在北京第二外国语学院校领导的大力支持下,通过与北京市旅游发展委员会及各区县旅游局、各有关旅游企业、高等院校和科研院所的合作,取得了一批高质量的成果,连续举办了具有社会影响并逐步形成品牌的重要学术会议,为北京市及全国旅游研究和旅游行业发展做出了基地应有的贡献,实现了基地的建设目标,取得了优异的成绩。

新一轮建设周期中(2014—2016年),基地将继续秉承“前瞻视野、开放平台、权威报告、理论高地”的建设理念,努力实现“在充分满足北京市各类决策支持需求的前提下,抓住中国和国际旅游发展前沿的重大问题进行研究,做到‘北京旅游发展智库’和‘中国一流旅游学术研究机构’的统一”的建设目标。从前三个建设周期的经验来看,“狠抓标志性成果建设,打造权威报告,提供观点和理论研究成果”是实现基地建设目标的重要途径。今年乃至今后几年,基地陆续出版的标志性成果主要体现在两个方面:面向北京市政府及其旅游管理部门和企事业单位的《北京旅游发展研究报告》;面向旅游学术研究领域、致力于旅游学科建设和人才队伍培养的《中国旅游企业发展年度报告》(联合)、《中国旅游目的地发展年度报告》《中国休闲研究学术报告》《北京旅游研究》《中国会展研究报告》《中国在线旅游年度报告》《中国旅游法评论》等。

《北京旅游发展研究报告》作为北京市哲学社会科学重点规划项目,其目的在于对北京市旅游经济与旅游市场的整体发展、北京旅游各行业运行状况、旅游供需市场、旅游行政管理及年度热点与创新等问题进行充分研究和集中展示,以期对实践具有一定的指导作用。在历年报告的基本框架基础上,新的《北京旅游发展研究报告》做了局部微调,主要由北京市旅游行业态势报告、北京市旅游治理态势报告、北京市旅游新点热点报告三大板块组成。基地专家将尽最大努力，对每年北京旅游产业运行状况以及旅游研究热点和创新点进行全面阐述。

前期建设，我们编辑出版了《中国旅游研究》系列文集，其目的是通过收录一批在国内各个研究领域的优秀论文，体现我国旅游研究每一年度取得的成果与进展，并使之成为记录中国旅游研究发展的标志性文本。新一期建设中，我们将在《中国旅游研究》的基础上，出版《北京旅游研究》，汇集以基地专家原创为内容的研究成果，按照但不限于以下板块进行排列：研究综述、旅游者、旅游企业管理、旅游目的地、旅游产业、休闲经济、旅游新业态、基础理论研究等，充分展示基地专家原创和多视角的研究成果。

新一期建设，我们将在保持原有研究报告特色的基础上，紧随中国旅游业的发展，适时新推《中国休闲研究学术报告》和《中国旅游法评论》。《中国休闲研究学术报告》作为中国旅游经济、旅游管理理论与实践研究者的理论、思想交流平台，刊登原创性的旅游理论研究、休闲经济理论研究、旅游产业热点深度分析、大型案例深化研究以及高水平的定量实证研究五个研究领域的研究成果。为适应我国旅游法制建设的新发展推出的《中国旅游法评论》，将依托我校的外语、旅游优势，翻译借鉴国外旅游法及其最新研究成果，深层次地探讨旅游法研究的前沿学术问题，评判典型案例，记录我国旅游法的研究路径，展望旅游法研究趋势。

使上述报告和理论研究成果具有“权威报告和品牌效应”，是基地每个研究人员努力追求的目标和共同的期待。至于说能否实现我们的预期，这不是通过简单的行政评价就能做出最终结论的，需要经过长期的积淀和时间的充分验证。如果经过10年、20年，当新一代旅游工作者或者研究人员或者学子们在学习、研究到相关旅游问题，还需要去翻开这些也许已经变得发黄的著作时，当几乎所有旅游研究或者从事旅游工作的人士要经常翻阅这些报告以期从中获得灵感时，我们就有理由相信我们的目标实现了。

作为中国旅游教育和研究的中心和基地之一，北京第二外国语学院始终将旅游学科的发展作为学校发展的重要战略。北京旅游发展研究基地依托于二外，除了完成作为一个北京市市级研究基地本身应完成的研究任务外，也直接服务于二外的整体发展战略。我们期望通过基地全体研究人员的不懈努力，推动我国旅游教育和旅游学科发展，促进旅游学术界与行业主管部门、旅游业界的密切合作，为国家建设旅游强国、为北京市旅游产业发展提供更优质的研究成果和最直接的智力服务，以承担起时代赋予我们的责任，完成学者的历史使命。

北京旅游发展研究基地负责人、学术委员会主任

北京第二外国语学院党委副书记、教授、博士生导师

目录

第1编
休闲农业与乡村旅游

大众休闲时代乡村旅游产业升级模式与路径研究

——来自日本乡村旅游的启示

陈　刚
（北京第二外国语学院）

【摘　要】 经济与社会的快速发展以及国民公共假期的增多，标志着中国已经开始进入大众休闲时代。人们使用休闲时间的方式趋于多样化，其中，乡村旅游是一个重要的休闲娱乐项目，其产品需求旺盛、市场广阔、潜力巨大，很多郊区县的乡村旅游产业已经成为当地的“平台型”产业，并希望通过乡村旅游产业的发展带动新农村建设。但乡村旅游在发展中却不可避免地存在两个明显的问题：一是产品单一，以农家乐产品为主；二是低水平重复建设，乡村旅游产业业态单一。本文以日本乡村旅游的产业升级为例，为中国乡村旅游的产业升级提出了建设性的意见。

【关键词】 休闲　乡村旅游　节事　日本

一、大众休闲时代与中国乡村旅游发展过程中存在的问题

美国国家休闲研究院主席杰弗瑞·戈比教授曾经预测，休闲、娱乐、旅游业将成为下一个经济大潮，并席卷世界各地。人们将把生命中 1/3 以上的时间和金钱用于休闲，休闲经济在促进国民经济和人类发展中意义重大，一个以休闲为主的旅游时代正在来临。他的这一论断，正在得到越来越多的人的认同。作为世界第二大经济体，2014 年中国人均 GDP 已经超过 7000 美元，公共假期已有 115 天，达到中等发达国家水平。2014 年，全国国内旅游人数 36.3 亿人次，国内旅游总收入达 3.2 万亿元人民币。① 依据国际经验，人均 GDP 超过 1000 美元，主要是观光旅游需求膨胀期；而休闲多样化需求与多元化选择的门槛则是人均国民收入达到 2000 美元；当人均国民收入达到 3000 美元时，度假需求便会普遍产生；达到 5000 美元，开始进入成熟的度假旅游时期②。

由此看来，随着人均国民收入的逐步提高，休假制度的进一步完善，我国已经逐步进入大众休闲时代，休闲的需求面越来越宽，大众的休闲需求日益增加，休闲理念不断完善。

---

① 数据来源：中华人民共和国国家旅游局《2014 年中国旅游业统计公报》。

② 魏小安．中国休闲经济［M］．北京：社会科学文献出版社，2005.

（一）大众休闲时代对乡村旅游的必然选择

休闲时代，越来越多的居民在出游选择上已经不再满足于紧张的休闲、疲惫的度假，而是更倾向于放松身心的休闲活动。乡村旅游，由于其产品天然便具有休闲的属性，人们可以在乡村旅游这一过程中亲近自然、舒缓神经、缓解疲劳，充分享受休闲过程中人与自然融合带来的思想的纯洁与安宁及内在的愉悦和休闲体验，因而乡村旅游不断受到热捧和支持，并蓬勃发展起来。作为休闲经济的重要组成部分，乡村旅游对于丰富人们的休闲文化生活、推动农村的文明进步、调整农业产业结构、促进城乡和谐和繁荣、推动新农村建设具有重要作用。

作为农业大国，我国的乡村拥有大量的休闲资源，乡村旅游在大众休闲时代的背景下也将发挥其满足国民休闲需求的重要作用。

（二）中国乡村旅游产业亟待升级

大众休闲时代的到来不仅能促使相关新的旅游业态的融合发展，更能使传统旅游形式创新升级，使其上下游产业链进一步扩大，从而增加客源和利润。其中，以放松身心、自由体验为特征的乡村旅游将迎来爆发式的发展。

我国乡村旅游经历了 20 多年的发展，已完成产业的第一次积累。很多地区在发展乡村旅游带来的多重效益的吸引下，努力发展，出现了一些乡村旅游发展不错的典型地区和城市，并且各具特色。但是目前乡村旅游产品中也存在很多问题：大范围内，粗放经营多，高级精品少；地域范围内，品种单一，趋同化严重；发展后劲严重不足，难以满足休闲时代游客对高品质近郊休闲度假场所的需求。因此，中国乡村旅游产业亟待升级，以应对旅游业的新发展。

二、日本乡村旅游产业升级经验介绍

日本是乡村旅游的发源地之一，其乡村旅游形式多样，特色明显，非常具有吸引力，是市民短时旅游消费的一种重要形式，一直以来都备受旅游者青睐。随着乡村旅游休闲化升级步伐的加快，日本乡村旅游产品也同样经历着从“观光”到“休闲”，从“农家乐”的简单模式到“休闲度假”的体验模式，从传统乡村旅游到现代乡村旅游的转变。

（一）产业集群化：日本乡村旅游可持续发展的关键

20 世纪 60 年代，日本工业经济飞速发展，越来越多的农民离开土地进城务工，日本农村地区普遍出现了高龄化人口耕作和过疏化农业的严峻局面。为解决这一问题，日本政府采取了一系列措施以提高农业的机械化、集群化水平。在政府的引导和扶持下，农村地区的兼业化程度普遍提高，有许多农民开始兼营蔬菜、水果和花卉等，有的还转向经营园艺和畜牧、水产业。与此同时，飞速发展的经济使都市人渴望充实的精神生活，希望有更多、更好的休闲场所。于是，城市近郊的观光果园、休闲农场等简易型乡村旅游形式应运而生并迅速发展起来。

20世纪70年代，日本农村地区（包括山村）开始出现了相对规模化、专业化的“农村观光”经营场所，例如专业化农庄、农家果园等，大量城市居民开始去乡村度假。20世纪80年代，日本各地农村相继出现了利用民间资本大规模开发乡村度假村和进行农村旅游建设的热潮，一大批可以容纳500～1000人的大型休闲度假村相继建成，如北海道的“农业综合休养地”、长崎县的农业主题公园“荷兰村”、熊本县的“老年农村公寓”等。

（二）类型多元化

进入21世纪以来，日本的乡村旅游进入了高速发展期，呈现出多元化、专业化、社会化、精品化的特点，其经营范围相当广泛，经营成效日益显著，已升级发展成为前景良好、业态丰富的新型旅游产业之一。在日本，乡村旅游业及其关联企业从本地的文化和特色资源出发，为满足乡村旅游者的旅游消费需求而相互结网和互动，创新并衍生出乡村旅游服务的新业态，成为乡村旅游产业升级的关键因素。其具体运行机制和发展模式如下。

1. 观光型

日语中乡村旅游叫作“田舍旅行”，从其字面意思就能反映出这种旅游形态的核心内容。观光型乡村旅游是乡村旅游的最传统、最原始的形式，也是游客对乡村旅游最基础的需求之一，其对乡村旅游的诉求都要建立在乡村赏心悦目的基础之上。采用这种方式的旅游地大多位于传统的农村，如乡土气息浓郁的村落，山清水秀的水乡集镇，生机勃勃的生态田园等，自然淳朴的农村风光，对久居都市的居民具有极大的诱惑力。观光型乡村旅游的成功模式主要包括时令果园、乡村农场等。

2. 休闲生活型

在日本，乡村秀丽的田园风光、与城市截然不同的悠闲环境、自由自在的生活方式和宁静祥和的生活氛围等都具有吸引都市游客的巨大魅力，因此，许多山村农庄成为了都市人度假旅游的理想去处。

3. 生态保健型

生态保健型乡村旅游的特点是强调崇尚自然，充分利用原有的自然资源，尽量保留原有的自然风格，新鲜的空气、洁净的水体、绿意盎然的花草、干净卫生的绿色蔬菜等。这些原生态的自然体验同目前方兴未艾的环保热潮相结合，迎来了生态保健型乡村旅游的新高潮。在日本，生态保健型乡村旅游的成功模式就是温泉旅游。日本素有“温泉王国”的美称，日本从北到南有2600多座温泉，7.5万多家温泉旅馆。在日本，乡村温泉旅游通过营造一种休闲、健康的独特体验，使旅游者身心融入到温泉中，独特的温泉文化，为旅游者带来全方位的身心体验，给广大游客带来了物质和精神的双重享受。

4. 历史文化体验型

历史文化体验型主要是指游客感悟历史文化气息，学习历史文化知识。在日本，有很多这样的历史文化乡村旅游地。位于爱知县犬山市的“明治村”是一个历史文化气息浓厚的村落。明治年代在日本近代史上是一个激荡的年代，明治维新就发生在这一时期，是日本现代化的发端。明治时期向西方学习也表现在建筑上，那时的建筑多是欧洲人设计或日本人仿欧洲风格建造的，之后由于战火、地震和城市改造，这样的建筑越来越少。出于保护目的，发起人将明治时期的建筑、桥梁、铁路、灯塔、机床甚至下水管从日本全国各地，甚至从国外搬到犬山来，从而形成了明治村。村里的60多栋房子基本上都是政府指定的历史文物、遗产，大致可以分为两类：一是居民的住宅；二是公共设施，如邮局、旅馆、学校、医院等。许多房子本身就是一个博物馆，都有一个相关主题，并陈列着历史文物，使人们看到了已经消逝百年的社会，了解了过去的日本是怎样进行维新的，因此吸引了大批的游客前来参观。

5. 手工艺体验型

这种类型的乡村旅游主要是游客积极参与当地的民族传统手工艺产品生产和农副产品的制作，体验制作的快乐。日本最为著名的“工匠之乡”是位于群马县最北端的水上町，这个由四个村落组成的工匠之乡聚集着“人偶之家”“面具之家”“竹编之家”“茶壶之家”“陶艺之家”等20多个传统手工艺作坊，占地总面积350公顷。工匠之乡以保存史迹、继承手工艺传统、发扬日本饮食文化为基本方针。游客不仅可以现场观摩手工艺品的制作过程，还可以在坊主的指导下亲自动手体验。这些坊主不仅有当地人，也有受到这一理念吸引而从外地举家搬迁来的匠人。从设立之初到现在的20多年时间里，游客纷至沓来，带动了当地餐饮、观光农园、度假村等相关产业的发展。

6. 购物型

购物型乡村旅游是以洁净新鲜的特色蔬菜瓜果、稀有禽畜和名贵水产、美丽花卉和别致盆景、风味独特的土特产、工艺精湛的手工艺品、古朴雅致的农民书画、设计独特的旅游纪念品为资源而开展的旅游活动。日本的城市与农村距离一般都较近，人们在旅游观光外也会顺带购物。和歌山县白滨町位于关西大都市圈区域内，距离日本第二大城市大阪有1小时车程。随着日本国民消费观念的变化和对休闲农业认知度的提高，白滨町在发展景区（附近的温泉、白良滨浴场、熊古道等著名景点）边缘型休闲农业与乡村旅游的同时，发挥距离大城市较近的地理优势，建立多处农产品直销点，在满足城市居民周末休闲度假和旅游需求的同时，针对乡村旅游消费的新特点，为城市居民提供当地新鲜、安全、无污染、价优的农产品，这些农产品具有乡村旅游的绿色化、优质化品质，提高了当地农产品的附加值。

7. 求知型

求知型乡村旅游形式一方面以长期生活在城市的人们，特别是青少年儿童为对象，普及农业、农学知识，使他们了解乡村的民风与民俗；另一方面，以特殊兴趣的人为对象，以考察研究先进农业、特色农业或农业文化、学习农业技艺为主，通过农村留学、参观考察、教育培训等多种形式，开展农业文化考察、特色农业考察、农业技术培训、花木栽培装饰培训、工艺品制作培训、农业知识学习等研修型乡村旅游活动，发挥乡村农业的教育功能。饭田市是位于长野县最南端的一个不足11万人的中心城市，东西紧挨着赤石山脉与木曾山脉。饭田市利用自然资源丰富、四季分明、环境优美、农业历史悠久、生物资源丰富的资源特点，充分发挥位于日本本州中心位置、连接东西日本的区位优势，成立南信州观光公社，大力发展休闲农业与乡村旅游。具体措施是，首先通过发挥农业教育基地的作用吸引年轻游客群来了解农业生产，体会农村生活的乐趣；吸引中老年游客群进行农业生产活动，从而增加农村人口流动，带动地区活力和增加人气。在此基础之上，当地政府出资修建配套设施，开发滞留型市民农园，吸纳城市居民来此创业、居住，并最终达到解决耕地荒废、农家住宅闲置等目的。近年来，饭田市休闲农业与乡村旅游的繁荣有效地促进了当地服务业发展，增加了农户与城市居民的互动参与性，为搞活当地农村经济做出了很大的贡献。

三、对中国乡村旅游产业业态升级的启示

（一）走集约化发展之路

目前，我国很多地区的乡村旅游开发思路都是一村一品，这仿佛已经成了一种流行的发展模式。但从实践来看，这种以村落的行政单位划分的单体模式不可避免地遇到了设施配套不全、品质不高、产品单一等问题，难以形成拳头项目，因此也很难对目标游客的休闲出行形成吸引力。同时，从更大的行政范围来看，这种零散的发展模式过于琐碎、散乱，无法形成核心吸引力，区域化发展的聚集效应无法形成。

随着我国土地流转政策的出台，土地经营可以由零散变为集中，农村宅基地可以集中，土地资源可形成连片专业化规模经营，农村可根据自身土地存量、气候条件、资源类型、种植历史等条件，实现区域性的大规模生产和差异化发展。① 这可以使农业产业区域化、农业景观集约化、村庄特色化。乡村旅游的发展主要是以乡村景观为核心吸引物，从日本的发展经验来看，其旅游区划分一是根据旅游吸引物的整体性而进行开发，如红叶和樱花观赏区、花卉和苗木果园等；二是以成片景观的区域进行划分，打破一村一落的行政界限，把乡村旅游资源由小块分割结构聚集起来变成大块结构，进行集约化和规模化的开发，发展集种植、销售、观光、休闲、体验、娱乐和度假于一体的集约化主题游览区，打造特色化观光、休闲和度假等旅游项目，提升乡村旅游产品档次和形象，最终推动整个乡村旅游产业的全面升级。

---

① 杨振之，黄葵，周坤．城乡统筹与乡村旅游［M］．北京：科学出版社，2010.

（二）成立乡村自治组织

不同的组织模式对乡村旅游的发展影响不同，因地制宜地选择合适的产业组织模式，对乡村旅游的建设具有十分重要的意义。从实践中看，政府、企业、农户是乡村旅游的三大主体，三者参与程度和利益分配模式是乡村旅游组织模式的关键因素，不同乡村旅游组织模式对乡村旅游建设产生的影响也各不相同。我国乡村旅游产业组织模式以政府主导型为主，这种模式虽然有利于调动各方利益，最大可能地实现预定目标，但实践中，许多乡村旅游开发中就出现过政府与农民争夺利益的现象，如此一来，政府的参与不仅起不到积极作用，反而会成为社会不和谐的因素。日本的乡村旅游具有组织者的民间性特征，政府只是负责一些宏观社会公众事项，如维持整个区域的城市交通秩序，不深入参与或干涉乡村旅游的设计等。这种农民自主型模式具有很积极的意义。一是农民组织自主开发能最大限度地激发农民参与集体事务的积极性，并有利于提高民间组织管理当地事务的能力。二是这种模式能够保障旅游开发的收入归农民所有，最大限度地保障了农民的利益。三是民间组织的组织者与参与者都是当地居民，他们开发旅游或活动不会有更多的利益诉求，且受外来文化的影响较小，因此能最大限度地将原汁原味的当地文化展现出来，利于保持传统文化的本真性。四是有利于居民自觉保护生态环境，人与自然和谐相处。

（三）旅游产业的转型最终是产品的转型

从旅游产业转型的视角来看，旅游产品的转型才是核心内容。旅游产品是对旅游者的出行形成劝诱的魅力之源与动因。作为旅游者直接面对的客体，旅游产品转型升级在整个旅游产业发展中具有重要的意义。从宏观层面来说，乡村旅游产品可以分为四个类型：一是观光旅游产品，二是休闲旅游产品，三是度假旅游产品，四是特种旅游产品，这四类产品聚在一起构成一个完整的旅游产业体系。旅游产品转型升级，其核心是对旅游产品结构进行调整和优化，形成品种丰富、满足市场不同需求的旅游产品结构，由单一观光型向主题型、休闲型、度假型的复合旅游模式转变，由粗放型向精品化的方向发展，强化旅游多功能的发挥和产业链的延伸。如果不能完成这个转型，就意味着竞争力在下降，即使是观光资源非常好的地区也涉及旅游产品转型问题。从中国旅游业现在取得的成就来看，旅游成在观光；从未来发展来看，旅游很可能败也在观光。所以如果不完成转型，就意味着中国这个旅游目的地的竞争力势必会下降。[①] 具体说来，旅游产品的转型升级，首先要根据旅游者的需求的变化，以市场为导向，改进旅游产品的研发与设计，最大限度地凸显旅游产品的个性，满足旅游者的需求。其次要深入发掘旅游产品的文化内涵，通过文化创意、文化包装、文化经营等方式精心打造文化主题型旅游产品，增强旅游产品的文化品位和市场竞争力。最后要充分运用先进的科技成果和信息技术手段来开发具有现代气息的、科技含量高的旅游产品，以满足旅游者追求新、奇、特的旅游心理。

---

① 魏小安．中国旅游发展大趋势探讨［N］．中国旅游报，2007－07－20（7）．

四、结论

大众休闲时代，休闲度假已经成为人们闲暇时间的主要生活方式，甚至是首选方式。乡村旅游以其天然的优势，将在这一时代背景下大有作为。把握好当下我国乡村旅游的阶段性特征，既有利于更好地推进乡村旅游的发展，更有利于开发满足国民休闲需要的乡村旅游产品。

云南庄园经济发展现状及问题研究

陈晓未
（云南省社会科学院）

【摘　要】基于农业庄园在农业产业化经营和三次产业协同发展中的重要作用，2012年12月云南省委九届四次全会做出了大力发展庄园经济的战略部署，以促进高原特色农业品牌化发展。本研究围绕着烟草、蓝莓、坚果、蔬菜、水果等精品农业，对多家农业庄园进行了深度调查研究。研究发现：云南农业庄园发展模式多样化，形成了一批产业优势明显、综合效益突出、文化特色浓郁、生态环境优良的现代农业精品庄园。农业庄园已成为云南农业的一道亮丽风景和特色品牌，示范带动效应不断增强。同时也存在主题不突出、品牌建设滞后、土地“三规合一”难等诸多问题。本研究提出相应对策建议，供有关领导及相关部门决策参考。

【关键词】农业庄园　发展现状　问题

一、文献综述

（一）概念的由来

庄园经济不是一个新名词。庄园经济无论在历史上还是现在，无论是在国内还是国外都存在，但内涵却大不一样。传统意义上的庄园经济，是奴隶社会、封建社会农村基本的经济和社会组织形式之一。其主要特点是奴隶主或封建主占有和经营大片地产，通过收取地租剥削依附于其的农民。其中，国外以欧洲中世纪早期的封建庄园主为代表，我国以封建时代的皇室、贵族、大地主、寺院等占有和经营的庄园最为典型。当前国内外也存在一些称为庄园经济的经济发展形式，比如越南庄园经济，是农、林、园业和水产养殖业中的一种生产组织形式，主要依靠家庭的力量进行适度规模经营，并根据规模大小雇用数量不等的劳动力。我国广东等沿海发达地区从20世纪90年代开始出现零散的庄园经济，其典型形式是土地开发商将购买或租赁的土地划分为若干等份，通过出售土地权益证或股份受益凭证向社会招商融资，并实行统一规划、统一经营。我国西北地区的家庭小庄园经济，则是以家庭为单位的一种农业生产模式。

现代庄园经济是资本农业的重要形式，是以市场经济相对发达为条件，在不改变目前

［项目基金］2014年度云南省哲学社会科学重大招标项目《云南发展庄园经济的理论与实践研究》。

农村经济体系的前提下，是一种以经济效益为中心，以土地使用权有偿转让为基础，以资本为纽带、市场为导向、科技为支撑，实现资产股份化、经营规模化、管理企业化的现代农业发展新模式、新业态。

（二）国内外研究现状

中国的现代庄园经济是继家庭联产承包责任制和乡镇企业之后，我国农业经营方式的又一创新。自1997年广东龙汇庄园兴起，国内学术界对于庄园经济的关注度迅速提升。在国外，越南学者对庄园经济的研究比较多。国内学者的相关研究成果主要集中在以下几个方面。

1. 内涵

庄园经济是农户、开发商或企业通过承包、租赁或购买适度规模的土地，为获取最大经济利益，以科技为支撑，市场为导向，资本为纽带，以自己开发经营或委托代理经营为机制，以土地使用权为投资标的，以股份或土地份额为标准进行收益分配的一种农业产业化开发模式（方中权，2004；王磊，2011），是传统低效农业向现代高效农业转变的一个有效途径。

2. 特征

庄园经济以农村土地使用权为产权基础，是一种建立在土地资本化、资产股份化、融资市场化、经营规模化和管理企业化基础上的农业开发和经营组织形式，具有资本创新、技术创新和功能创新的特点（柳富荣，2003）。

3. 发展要素及模式

庄园经济应具备的发展要素是耕地、劳动力、资金等技术和经济方面的条件。国内学者在对庄园经济的经营方式进行探讨，指出庄园经济的土地开发模式主要有买断、租赁和托管三种模式（孙文军等，1999）。从组织形式看，主要有农户联营开发模式、市场带动型开发模式、企业管理型开发模式（张欢，2005）。城郊的农业区由传统农业方式，向都市农业、休闲农业等新型农业加旅游方向发展，已经成为现代城郊农业庄园发展的一个新模式（宿伟玲，2013）。通过开发"四荒"资源来发展山区农村庄园经济，前景看好（孙克勤，2009）。生态旅游庄园真正体现了经济效益、社会效益、环境效益的统一（韩学伟，2011）。生态庄园是借助社会力量促进扶贫开发的新途径，是加快林业生态和产业发展的选择（吕日周等，2010）。城市郊区发展庄园经济不仅能提高郊区的农村经济发展水平，促进城乡协调发展，而且能保护郊区的自然生态环境，为城市的经济社会发展提供生态支撑系统（方中权，2005）。

4. 问题及对策

目前存在的主要问题有：庄园经营者自身素质不高，盲目开发，内部监督机制不完善，农民权利难以保障，相应政策法规不完备，缺乏资金、技术、人才、管理。对策包括完善各种利益分配和调节机制，加大信息建设和技术研发力度，合理规划农村庄园，提供完善的政策（于建嵘，1999；周世博，2001；张译文等，2010；吕日周等，2011）。

综上，学术界对于庄园经济的研究大致可以分为两个阶段：一是1998年到2004年，学术界主要从庄园经济的概念、特征、要素等方面进行探讨；二是2008年至今，由于十七届三中全会对于发展现代农业、土地经营权流转的决定，庄园经济获得了广阔的发展空间。近年来，云南庄园经济蓬勃发展，烟草庄园、葡萄庄园、茶庄园等农业产业化新业态不断涌现，但是学界对云南庄园经济的发展态势缺乏整体分析和深入探讨（肖建，2014）。

二、云南庄园经济发展现状

（一）推进过程

云南具有独特的地理地貌特征，区域差异性大，农业资源丰富，生物多样性，民族文化多元性。随着新农村建设和新型城镇化战略的推进和桥头堡战略的实施，民营经济不断发展壮大，尤其是云南高原特色农业发展迅速，这为云南发展现代农业庄园经济提供了得天独厚的条件。

2012年12月，云南省委九届四次全会做出了大力发展庄园经济的战略部署，提出积极借鉴发达国家发展庄园经济的经验，把现代庄园经济作为一种重要组织方式、一种重要发展模式、一种重要实现途径，推动云南特色农业实现大变革、大飞跃、大发展。

2013年，云南省按照“政府主导、多元参与，以农为本、突出特色，统筹规划、合理布局，严格标准、动态管理”的原则和“有主体、有基地、有加工、有品牌、有展示、有文化”的标准，在稳定发展粮食等重要农产品生产基础上，着力整合产业基地、农业园区、种养大户和龙头企业资源，落实农业产业化和龙头企业各项扶持政策，积极引导发展现代庄园经济，力争5年内在烟草、茶叶、咖啡、花卉、药材等一批优势特色产业中建成100个现代特色农业精品庄园。各地踊跃创建省级精品农业庄园，2013年申报数达到327家，初步评选出120家上报省政府。

2014年7月，云南省委办公厅印发了《中共云南省委云南省人民政府关于大力发展现代农业庄园的意见》，鼓励各类社会资本参与发展现代庄园经济。2014年，省级投入1亿元财政资金，扶持了36个现代农业庄园建设。截至2014年底，全省省级现代庄园建成73个，经济综合产值达到260亿元。

（二）主要做法

1. 培育特色主导农产品

培育特色主导农产品是发展壮大庄园经济的前提和基础。云南各地庄园经营主体根据农业资源禀赋空间分布的不均衡性，选择有显著的地域特征的特色农产品进行开发，按照地理环境、土质，温湿度、日照等自然条件的差异，大力从事“新、奇、名、优、特”产品生产。实践中，培育特色主导农产品，要求庄园经营主体提供的农产品在外观、口感、营养、健康等方面都是优质的，符合“人无我有”“人有我优”“人优我强”的原则。

2. 优化生产方式

不同的农产品生产方式直接影响农产品品质，一些庄园采用有机农业方式进行生产，对生产中农药、肥料等选用的种类、施用量和方式进行规定，同时大力推进农业生产的标准化，对生产基地农产品的播种、收获、灌溉，修剪，嫁接及生物激素等的应用采取统一标准、统一时间、统一技术等，保证农产品品质的稳定性和高质量。

3. 实施体验式营销

营销方式是农产品品牌发展的基础，而品牌的发展又进一步提高了农产品竞争力。一些庄园对产品种植、产品生产、产品开发、产品品尝、产品包装、产品销售等各个环节进行了严格的控制和设计，站在消费者的感官、情感、思考、行动、关联五个方面，注重消费者在消费前、消费时、消费后的体验。此种营销方式突破传统上"理性消费者"的假设，认为消费者消费时是理性与感性兼具的，其有利于增加产品附加值，有利于提高消费者对于产品品牌的认同感。

4. 依靠科技支撑

一方面，围绕市场需求，在农作物、畜禽、水产的优良、高效新品种选育上重点突破，促进品种更新换代，以满足消费者不断求新的需求；另一方面，围绕新品种选育，做好与之相配套的良种、良法的研究开发与推广工作，着力解决降低动植物产品药残问题，保证食品卫生安全，以消除进入国际市场的障碍。此外，围绕生产后的保鲜、储运、加工、包装、营销等环节，开展相应的技术攻关，加大对保鲜技术的研究，延长产品的保鲜时效。

（三）采取措施

1. 科学合理编制云南现代庄园经济发展的长期规划

操作性较强的农业庄园建设规划至关重要。按照长期规划要求，云南庄园建设以保障农产品供给、增加农民收入为主要目标，坚持产业高效化、发展生态化、产品特色化、生产标准化、经营规模化、品牌高端化的"六化"发展要求，按照有主体、有基地、有加工、有品牌、有展示、有文化的"六有"发展内容，突出产业开发型、科技研发型、休闲养生型"三型"为发展重点。各级政府将农业庄园建设规划的编制工作纳入重要议事日程，由各地农业部门牵头和编制实施，并注重与现有各级各类规划相衔接。

2. 集中资源重点扶持庄园经营主体

采取"扶优、扶强、扶大"的政策，按照"大规模、高起点、外向型、强带动"的原则，引导一批规模较大、实力雄厚、带动力强的支柱型龙头企业来投资建设农业庄园，积极引导企业资金、城市资金以及其他社会资金进入乡村，投入农业庄园建设。对取得突出成绩、做出突出贡献的农业庄园建设主体，在生态基础设施建设、大型农机具购置、农田质量提高、良种引进繁育等方面给予财政支持和贷款扶持。

3. 完善庄园经营的基础配套条件

围绕庄园的主导产业、重点领域和关键环节，大力强化农田水利、农机装备、设施农业、加工储运等设施装备，完善庄园水、电、路等基础配套条件，提高庄园农业综合生产能力。对于企业建立的基地，优先安排设施农业建设项目，推动农业庄园基地建设向标准化、规模化发展。

4. 创建知名品牌

结合地区实际，选择比较优势显著的特色农产品，融合地域特色文化特征，积极推进“三品一标”认定工作，依托产品认证和体系认证（例如，HACCP——危害分析与关键点控制体系，GAP——良好农业操作规范、GMP——良好生产规范等体系认证），创建知名农产品品牌，全面贯彻实施品牌营销战略，最终通过打造品牌农业产业链条，凭借特色农产品品牌的溢价效应提升农业生产经济效益。

（四）取得成效

云南依托优势特色产业发展，在自然资源和人文资源比较富集的玉溪、红河、临沧、保山、普洱、昆明等地，探索现代庄园开发经营，取得显著成效。

1. 形成多样化农业发展模式

云南在发展农业庄园过程中，探索多样化、特色化、差异化发展模式，打造一批产业优势明显、综合效益突出、文化特色浓郁、生态环境优良的现代农业精品庄园。目前发展模式主要集中为三种：

一是都市农庄型。以农业庄园的形式为游客提供居住、种田、养殖、垂钓等田园生活体验，从形式上看，是升级版的农家乐，但是住宿、餐饮、农业生产、农业风光等品质均得到提升，契合了都市人追求慢节奏生活的心态，将乡村度假、农业观光、郊野休闲充分融合。这一部分庄园主要分布在以昆明、曲靖、玉溪等大城市为重点区域的周边。

二是原料基地型。这一部分庄园重点是通过良好的生态环境、优良的品种、高效的农业设施、深加工技术等措施，有效提升原料品质，同时，通过农业庄园的展示功能和产品体验功能，塑造产品品牌形象。这一部分庄园重点依托烟、茶等具有高附加值、产业价值链长的农产品。

三是休闲庄园型。紧紧围绕香草、茶、葡萄等庄园主题，从农业生产、农产品加工、购物到特色餐饮、科普教育、农业景观，让消费者全产业链体验“农”的氛围，参与“农”的生活，享受“农”的风情，感受“农”的文化，接受“农”的教育，品尝养生餐饮，提供民众喜好的休闲养生服务，缓解精神压力，这是云南农业庄园发展的重要模式之一。

2. 提升精品农产品品牌形象

精品农产品具有高品质、高附加值、高科技含量、高市场竞争力、高价格、高收益的特点。云南提升特色农产品品牌形象，除了依靠独特的品质、品种外，农业庄园成为新的塑造农产品品牌形象的途径。依托发展基础好的烟草、茶叶、花卉、蔬菜、水果等产业，云南集中打造国内乃至国际上知名的、有影响力、有竞争力现代农业庄园和农产品品牌，秉承生态系统"天人合一"理念，通过生产原料基地的严格筛选，生产原料品种和质量的高标准把控，环保科技研发，生产技术展示、培训，以庄园的形式美化和提升生产基地，重新赋予产品文化内涵，提升产品形象。玉溪烟庄、云南红葡萄酒庄、印象庄园、好宝有机庄园等一大批庄园成为云南高原特色精品农产品品牌形象的集中示范窗口。褚橙庄园的"云冠"牌冰糖橙产地平均价格比普通产品高五到六倍，且供不应求；昆明晨农集团精品农业科技示范园的蔬菜、花卉新技术展示和培训，极大地提高了企业品牌形象；百草园庄园的花卉深加工研发、中药材种植和环保科技研发，赋予了产品新的科技内涵。

3. 拓展农业功能

云南庄园建设与风景地貌、民族风俗、地域文化有机融合，通过增加农业观光、生产体验、产品体验等环节，充分展现云南特有的农业风光，突出高原农业文化特点，延伸农业价值链，提升消费者对于云南高原特色农产品的心理认同度。按照"有主体、有基地、有加工、有展示、有品牌、有文化"的"六有"标准发展起来的庄园经济，正在成为全省农业经济发展的重要的新模式。柏联集团自2007年以来投入8000多万元，把庄园建设的现代元素与澜沧景迈山古茶文化、布朗族少数民族文化相结合，打造集普洱茶种植、生产、营销和文化、旅游、科研为一体的现代农业庄园。庄园融合了一、二、三产业同步发展，采用农工贸一体化经营方式，设计建设了茶园、茶山寨、制茶坊、储茶仓、茶道馆、茶博物馆和茶禅合一、景迈雨林会所等设施，将茶产业和旅游、文化有机结合，将保护与开发有机结合，体现了当地独有的农耕文化、民族文化、地域文化、茶文化，形成独具特色的旅游农业庄园，带动了当地3700多户茶农增收，取得了良好的经济效益、社会效益和生态效益。

4. 示范带动能力显著增强

农业庄园通过对各生产要素的优化组合，应用设施农业，加快推进农业集约化，推动与"菜园、果园、茶园、花园、药园"建设融合，有力提升了云南特色经济作物产业的品位和价值，规模效应明显，带动能力显著增强。弥勒县云南红葡萄酒庄园通过土地流转，对土地进行统一规划、开发、管理和经营，推动种植连片化、技术现代化、生产标准化、加工规模化、品质高端化，带动当地农户种植了8万多亩葡萄，土地产出效益大幅提升，对促进当地农民增收发挥了重要作用。云南马龙双友牧业有限公司的牛天下庄园，以"云岭牛"养殖为主线贯穿全产业链。该庄园与云南省草地动物科学研究院进行战略合作，依靠科技支撑体系、生态有机循环体系、食品安全追溯体系，集"种、养、加、消、游"一条龙，发展肉牛全产业庄园经济，带动了90个合作社和2万户农户养殖肉牛30万头，促进了产业发展和农民增收。摩尔农庄投入4.8亿元，在楚雄、保山建设年产25万吨有机及国食健字号核桃乳生产线，并结合有机、健康、休闲文化建设，庄园建成后，年接待能力将达到50万人次，新增核桃种植面积20万亩，年产值将达35亿元。褚橙庄园现冰糖橙种植面积达4200多亩，产量1万吨左右，产值达8000万元，实现利润5000万元。褚橙庄园的开发商新平县金泰果品有限公司以提供免费临时住房、优质种苗、免费技术指导等方式对承包农户进行扶持，公司对农户收获的冰糖橙进行统一收购，产品统一包装和销售，每年每户农民最多时可获得6~8万元的收入。

三、存在的问题

云南省各地的实践证明，庄园经济的发展基本适应了省情，已经成为云南农业的一道亮丽风景和特色品牌，示范带动效应不断增强。然而，在云南大力推动农业庄园发展过程中，也存在诸多问题，需要解决。

（一）经营庄园盲目性强

部分庄园经营者之前从事建筑、商品贸易等行业，缺乏从事农业生产、加工、销售的经验，在大力推进庄园经济的背景下，贸然进入农业领域，由于对农业经营没把握，有的即使政府的扶持资金已经到位，土地仍然闲置，或者种植低效“懒庄稼”。部分庄园经营者仅仅开辟非常小的地块，打造所谓的庄园的“示范区”或“展示区”。部分庄园地处深山，位置偏僻，道路狭窄、起伏不平，消费者需要驱车两三个小时才能到达，通达性差。

（二）发展主题不突出，经济效益低

1. 发展缺乏主题

部分庄园经营范围涵盖蔬菜、水果生产和畜禽养殖等，“什么都做，什么都不精”，缺乏发展主线。

2. 偏离农业

部分庄园主要围绕休闲会所、体育赛事、假日经济等打造，弱化了庄园对于农业提质增效的作用。

3. 经济效益低

一些庄园主要种植低质、低效益农作物，庄园经营主体长期处于低收益甚至负收益的状态，影响了庄园经济的持续性和示范性。以咖啡庄园为例，由于挂果期长，劳动力成本高，咖啡生产经济效益低。一亩地咖啡鲜果产量约为2吨，目前的市场收购价约2元/公斤，一亩地一年毛收入约为4000元，扣除人工费以及种苗、化肥等物化投入，获利不多。目前云南咖啡种植面积大，许多咖啡庄园尚未进入挂果期，一般三年才能挂果。如果进入丰果期，供大于求，势必造成咖啡经济效益进一步下滑，届时咖啡庄园将难以为继。

（三）土地流转问题多

1. "非自愿"流转土地现象严重

庄园经营者多倾向于租赁交通便捷、水利设施较为完善、相对平整的土地。这些主要分布于坝区和半山区的土地，很适宜种植经济价值高的作物，而这些地区的部分农户往往不愿意流转土地，导致"非自愿"流转土地现象突出。

2. 土地违约现象频发

由于庄园经营的土地大多是分批流转，流转价格差别很大。同一个庄园的土地租金从最初的200元/亩到现在的2400元/亩不等，除去土壤肥力、水利条件等差异外，土地流转价格差距过大，导致许多土地流转协议违约或者要求提高租价等事件频发。

3. 土地流转价格低廉

庄园经营主体与农民争利，部分庄园主以低于市场价格的费用流转土地，这实质是对农民土地财产权的一种剥夺。

4. 生态环境受到威胁

由于农民的土地被大量流转，而部分土地流转价格低廉，农户必须依靠增加家庭经营收入来维持家庭基本生活，于是农户大幅增加垦殖土地强度，高强度地开垦土地，一些轮歇地和坡度很陡的地被常年耕种。

（四）"重规划、轻论证，重数量、轻规范"现象突出

部分地方政府在培育和引进庄园项目时，主要围绕当地特色农产品来培育庄园，在确定主导产业的时候，缺乏对于资源承载力、产业发展的空间布局，产业发展的延续性、替代性等考虑，只注重数量的扩张，导致庄园发展无序，盲目性、低水平重复建设现象突出，如咖啡庄园、茶庄园盲目发展。产业之间出现争地、争劳力、争资源的情况，如烤烟和水稻争地，咖啡与玉米、茶叶争地，加剧了农业产业发展"小、散、弱"的局面。

（五）品牌建设仍是"硬伤"

1. 缺乏品牌形象塑造

一些庄园农产品缺乏响亮的品牌和统一的品牌形象设计，品牌宣传力度小，品牌创意与消费者的需求吻合度不高，从而使消费者对庄园农产品的品牌认知度较低。

2. 精深加工能力低

一些庄园尚停留在"手工作坊"阶段，立足低端消费群体，加工工艺简单、粗糙、落后，仅经过简单的分级、粗糙的包装就以极低价格售出。

3. 原料质量难以保证

由于缺乏品牌意识，庄园自主生产原料成本高，大部分原料依靠低价收购，导致原料

品质参差不齐、原料供应时断时续的现象。

四、对策建议

（一）科学规划，严格审核庄园建设项目

要按照“统筹布局，因地制宜，绿色有机，生态环保”的原则，高起点、高标准地科学规划布局一批具有区域特色的庄园，避免一哄而上、盲目发展。庄园经济开发必须有明确的主导产业，必须以农业生产经营为主体，围绕一到两种主要农作物品种展开，农作物品种必须体现高经济效益、高品质、高附加值的特点，在亩产值万元以上的农作物中进行筛选。

庄园应该在距离城市或县城较近（车程在一小时以内）、通达条件好、生态环境优美的地点进行布局打造，不改变土地用途，不改变土地性质。同时，庄园要将产品的增值置于首位，以现代农业为目标，以土地流转为手段，以特色农业生产、加工、经营为重点，推进庄园经济“接二连三进四”，即特色农业与加工业、休闲观光旅游服务业、创意文化产业协同发展，促进产业高度融合，形成集生产、加工、营销、物流、文化体验、休闲观光等全产业链的现代农业生产经营模式。

（二）完善农业庄园社会化服务体系

围绕特色产业开发，开展针对性强的引导性培训和技能培训，促进农民转变为职业农民、产业工人，拓宽农民增收渠道，提高农民素质；同时，瞄准专业大户、种养能手以及返乡精英，展开经营管理、财务管理、法律常识等培训，为庄园发展培养经营后备队伍。鼓励省内外大专院校、科研院所与庄园开展深度科技合作，积极支持各庄园聘请国内外专家，组成专家团队，专家团队主要由省内外专家、停薪留职农业科技人员、种养殖大户、乡土知识专家组成；此外，省科协、省科技厅等相关部门应瞄准高原特色农业发展亟须解决的技术难题，设立专项研究基金，采取招标制，鼓励省内外大专院校、科研院所开展相关技术研究。

（三）严格庄园经营主体准入制度

全面清查庄园主体资格，应重点考察庄园经营主体是否具备以下条件：一是从事农业生产经营活动的年限，至少应具备三年以上的从业经历。二是企业主要经营业务的发展变化过程，主要考察与庄园生产活动关联度的高低。三是优先考虑本地、本省企业家。四是企业接受各类项目扶持的诚信记录。五是企业的资金实力。对于资金实力弱、尚无从事农业生产经营活动资历、在本地无生产经营活动以及诚信记录差的外来企业应严格控制。

农业庄园经营主体必须办理工商营业执照、税务登记证、卫生许可证、排污许可证等经营证照。其营业场所、附属设施、服务项目和运营管理必须符合土地、建设、安全、卫生、文化和环保等部门的有关政策和法律规定。

（四）努力打造农业庄园品牌

要充分挖掘庄园文化，将品牌意识融入农庄生产、经营和管理中。按照“一庄园、一

品牌"的思路，打造一批庄园品牌。核心是抓好农产品地理标识认证和"三品"认证，着力打造绿色、生态、优质、安全的庄园农产品品牌，确保园内农作物不施洒农药、除草剂、化学肥料及生长激素等，使云南的农业庄园成为引领绿色生产和绿色消费新时尚的主力军。建议采取以奖代补的方式，对于通过"三品一标"认证的庄园，从低到高分层次予以必要的奖励性扶持；对于通过欧盟、日本有机食品认证的庄园，应加大扶持力度。

（五）打造中小庄园旅游集群

配合建设旅游强省，在旅游目的地城市、重要旅游景区、旅游节点等周边地区，打造庄园集群。根据云南山地多、坝区少的地形地貌特点以及"十里不同天"的气候特点，打造单个面积在200亩左右的中小精致型庄园集群。该集群可以由几家主题各异的农业庄园构成，重点依托云南精品农产品，形成云南旅游产品的新亮点。游客可以通过对中小庄园集群的参观、购物、特色餐饮、民宿、养生体验等，增进对云南精品农产品的了解，提升云南农产品的品牌形象。

参考文献

[1] 中华人民共和国国家旅游局. 2014年中国旅游业统计公报.

[2] 魏小安. 中国休闲经济 [M]. 北京：社会科学文献出版社，2005.

[3] 杨振之，黄葵，周坤. 城乡统筹与乡村旅游 [M]. 北京：科学出版社，2010.

[4] 魏小安. 中国旅游发展大趋势探讨 [N]. 中国旅游报，2007-07-20 (7).

[5] 百度百科. http://baike.baidu.com/view/5700.htm。

[6] 谷源洋. 越南庄园经济发展现状与问题 [J]. 亚非纵横. 2004 (2).

[7] 李继东，张建武. 现代庄园经济的兴起与我国农业的创新：广东庄园经济发展的启示 [J]. 中国农村经济，2000 (10).

[8] 于建嵘. 中国现代庄园经济研究 [J]. 农业经济问题，1999 (3).

[9] 方中权. 对我国农村实施庄园经济发展模式的探讨 [J]. 广州大学学报：社科版，2004 (8).

[10] 张春香. 基于农业产业化的中国现代庄园经济研究 [D]. 武汉：华中科技大学硕士论文，2006.

[11] 王磊，李野. 庄园经济引导下的现代农村经济发展模式 [D]. 改革与战略，2011 (10).

[12] 柳富荣. 现代庄园渔业初步研究 [J]. 饲料广角，2003 (21).

[13] 杨文海. 发展现代庄园经济的思考 [J]. 农村工作通讯，2008 (12).

[14] 周世博. 庄园经济的发展要素 [J]. 新东方，2001 (2).

[15] 鄢毅平. 现代农业经营与管理 [M]. 长沙：湖南科学技术出版社，2011.

[16] 孙文军，吴永红．庄园经济的特征、模式及前景［J］．经济问题，1999（4）．

[17] 张欢．我国农村庄园经济经营模式的探讨［J］．内蒙古农业科技，2005（4）．

[18] 宿伟玲．基于SWOT分析的农业庄园旅游开发——以大连富甲蓝莓庄园为例［J］．旅游纵览，2013（1）．

[19] 孙克勤．充分利用“四荒”资源发展山区“庄园”经济——平定县发展山区“庄园经济”的调查［J］．山西林业，2009（4）．

[20] 韩学伟．生态旅游庄园开发与策划探析［J］．安徽农业科学，2011（33）．

[21] 吕日周，等．贫困山区可发展生态庄园经济——山西省左权县城乡一体化建设调查报告［J］．林业经济，2010（4）．

[22] 周世博．庄园经济的发展要素［J］．新东方，2001（2）．

[23] 张译文，孙强，陈泰名．我国庄园经济的问题分析、对策及前景展望［J］．农村经济与科技，2010（6）．

[24] 肖建．对于云南发展现代庄园经济的思考［J］．中国市场，2014（8）．

基于创新理论的乡村旅游创新路径研究

——以重庆市为例

陈雪钧
（重庆交通大学人文学院）

【摘　要】创新是乡村旅游可持续发展的源泉。本文基于熊彼特创新理论，提炼乡村旅游创新的关键要素，包括产品创新、经营创新、市场创新、供应链创新和组织创新；基于系统原则，以乡村旅游创新要素为横轴，以旅游地的生命周期为纵轴，构建乡村旅游创新路径矩阵模型。本文以重庆作为实证案例，在分析重庆乡村旅游发展现状及存在主要问题的基础上，提出重庆乡村旅游创新发展的路径组合，包括创新乡村旅游品牌，创新多层次、多形式的合作经营体系，创新三级区域市场与多元关联业务市场，创新集团化、连锁化、网络化组织。

【关键词】乡村旅游　创新　路径　供应链

一、问题的提出

（一）研究背景

在国家政策支持、地方经济驱动、市场需求拉动的共同作用下，我国乡村旅游迅猛发展，国内各地纷纷大打“乡村旅游牌”。目前全国农家乐已超150万家，规模以上休闲农业园超过1.8万家；全国年接待乡村旅游人数超过4亿人次，年营业收入已超过1200亿元。[1]乡村旅游已经成为我国旅游业的重要组成部分，在推动农村社会经济发展，解决“三农”问题和统筹城乡发展等方面发挥着重要的作用。当前，虽然我国乡村旅游发展初具规模，但是仍普遍存在着发展模式简单粗放、产品同质化竞争、经营方式落后、企业竞争力弱等问题，严重制约乡村旅游健康、可持续发展。因此，研究乡村旅游创新课题具有重要的现实意义，有利于创新乡村旅游发展思路、推动乡村旅游转型升级。

（二）研究现状

随着国内乡村旅游的兴起，学术界关于乡村旅游的研究成果颇丰，主要集中在乡村旅游资源研究、乡村旅游影响研究、乡村旅游开发研究、新农村建设与乡村旅游的关系研究等领域，而涉及乡村旅游创新议题的研究成果则数量不多。通过检索CNKI数据库的期刊数据库和硕博学位论文数据库，共检索到31篇相关文献，内容主要涉及以下三个方面：

一是乡村旅游产品创新研究。国内学者如张立明（2008）、赖侦铿（2008）、朱伟（2008）、周绍健（2009）、王颖晖（2009），通过对不同地区的案例实证研究，提出不同地区和背景条件下乡村旅游产品创新策略。

二是乡村旅游经营管理创新研究。程天骄（2006）以湖北省丹江口坝区为例，论述清洁生产技术、节能防污技术等生态技术在农业旅游的运用。范轶琳（2008）在构建乡村旅游技术创新模型的基础上，提出浙江乡村旅游产品创新、管理与服务创新、营销创新策略。樊忠涛（2010）提出建立社区居民参与乡村旅游建设与管理的创新机制。

三是乡村旅游资源创新研究。周绍健（2007）提出文化因素在农业旅游中占据重要的战略地位。诸丹（2009）认为创意农业为乡村旅游的可持续发展提供了文化、艺术、经济等多领域的新兴价值内涵。曹水群（2010）分析了民族传统节日是发展乡村旅游的重要资源，提出西藏民族传统节日的创新开发对策。

综上所述，国内有关乡村旅游创新研究虽然取得一定的成果，但是仍有诸多不足，主要表现在乡村旅游创新体系不完整、不全面，案例研究的深入性不够，研究成果的普遍性和应用推广性不强等。因此，在借鉴前人研究成果的基础上，本文基于熊彼特创新理论视角研究乡村旅游创新路径，旨在探索我国乡村旅游可持续发展的新思路。

二、乡村旅游创新路径模型构建

（一）熊彼特创新理论内涵

1912 年美籍奥地利经济学家约瑟夫·熊彼特（Joseph Alois Schumpeter）将“创新”引入经济学，在其代表著作《经济发展理论》中赋予创新以经济内涵并奠定现代创新理论基础。此后，熊彼特在《商业周期》（1939）和《资本主义、社会主义和民主》（1942）两部著作中系统总结了创新理论思想，全面提出创新理论。关于创新的概念，熊彼特认为：创新就是建立一种新的生产函数，是企业家对生产要素的新组合，即把一种从来没有过的生产要素和生产条件的新组合引入生产体系，从而形成一种新的生产能力，以获取潜在利润。关于创新的内容，熊彼特从总体上归纳了五种创新：采用一种新产品或一种产品的新特征；采用一种新的生产方法；开辟一个新市场；掠取或控制原材料或半制成品的一种新的供应来源；实现任何一种工业的新的组织。[2] 因此，熊彼特提出的创新不是一个技术概念，而是一个经济概念；它严格区别于技术发明，而是把现成的技术革新引入经济组织，形成新的经济能力。

（二）乡村旅游创新路径模型

基于熊彼特创新理论，本文结合乡村旅游的特质，提炼乡村旅游创新的五个关键要素：一是产品创新（Product innovation），通过改善或创造乡村旅游产品与服务，更好地满足旅游者需求；二是经营创新（Business model innovation），通过引用新的技术、新的生产方法、新的经营模式，提高乡村旅游的经济效益；三是市场创新（Market innovation），通过挖掘尚未满足的潜在市场需求，开辟新市场；四是供应链创新（Supply chain innovation），通过控制旅游供应链的旅游批发商、旅游零售商环节，提高交易效率；五是组织创新（Organizational innovation），通过改善或创造乡村旅游企业的组织结构与管理制度，使企业更加高效。五要素是乡村旅游创新发展最基本、最重要的源泉。因此，本文以产品创新、经营创新、市场创新、供应链创新和组织创新这五个关键要素为切入点，基于系统原则构建乡村旅游创新路径模型（见图1）。

	产品创新	经营创新	市场创新	供应链创新	组织创新
转型提升阶段	P_4	B_4	M_4	S_4	O_4
成熟阶段	P_3	B_3	M_3	S_3	O_3
发展阶段	P_2	B_2	M_2	S_2	O_2
初创阶段	P_1	B_1	M_1	S_1	O_1

图1　乡村旅游创新路径模型图

乡村旅游创新路径模型的横轴代表乡村旅游创新要素，五个要素相辅相成、交互影响，某一要素的变化会影响其他要素的变化。每个关键要素包含不同的选择路径：在产品创新维度，有内容创新、形式创新、功能创新、价值创新等路径；在经营创新维度，有“飞地化”经营模式、农户自主开发模式、政府公有化模式、参与式开发模式（包括农户+农户模式、公司+农户模式、政府+农户模式、公司+社区+农户模式、政府+公司+农户模式、政府+公司+社区+旅行社模式）等路径[3]；在市场创新维度，有旅游市场多元化（食、住、行、游、购、娱）、相关多元化（农林牧副渔市场、文化艺术市场、信息咨询服务市场、商贸零售市场、其他社会服务市场）、无关多元化等路径；在供应链创新维度，有供应链纵向一体化、供应链横向一体化、供应链网络化等路径；在组织创新维度，有单体企业、连锁企业集团、松散型联合体、产业集群等路径。

乡村旅游创新路径模型的纵轴代表乡村旅游地的不同生命周期阶段，包括初创阶段、发展阶段、成熟阶段和转型提升阶段。在不同生命周期阶段，乡村旅游地的宏观环境和微观环境不同，而乡村旅游的产品创新、经营创新、市场创新、供应链创新和组织创新的路径选择也不同；用P_1、P_2、P_3、P_4分别表示乡村旅游地在初创阶段、发展阶段、成熟阶段和转型提升阶段的产品创新路径，而其他要素也类似表示（见图1）。因此，在不同生命周期阶段，五个关键要素的路径组合（$P_iB_iM_iS_iO_i$）构成了乡村旅游地的创新发展路径。

三、重庆乡村旅游发展现状

重庆乡村旅游起源于农民自发开办的“农家乐”，经过多年的发展逐渐演化形成以农家乐为主，以现代农业产业园、农场、古村落、民族村寨、农业新村为辅的乡村旅游体系。其中，“农家乐”发展较为成熟，全市共有“农家乐”2万余家，其中星级农家乐304家，其中五星级6家、四星级22家、最具特色农家乐22家；规划打造南岸、九龙坡、渝北3个农家乐示范点和沙坪村、沙坪坝歌乐山等30个农家乐示范片区。[4] 2009年重庆共有乡村旅游景点7305个，乡村旅游接待人次达1454.5万人次，旅游收入5.2亿元（见表1)。重庆乡村旅游市场发展潜力巨大。

然而，与乡村旅游发达地区相比，重庆市乡村旅游发展仍然处于初级阶段，存在着产品品质低、经营管理落后、市场狭窄、产业综合带动效应差、规模实力弱小等问题。

表1 2009年重庆市乡村旅游发展情况[5]

乡村旅游类型	景点数（个）	接待能力（万人）	实际接待（万人）	旅游收入（亿元）
以自然生态为吸引物	480	300.0	150.0	1.200
以森林为吸引物	240	480.0	270.0	1.800
以园林为吸引物	150	18.0	9.0	0.120
以水域为吸引物	180	22.5	13.0	0.150
以“农家乐”为吸引物	6000	1400.0	1000.0	1.200
以养殖业为吸引物	90	12.0	6.0	0.030
以设施“农家乐”为吸引物	60	3.0	1.5	0.015
以农田为吸引物	105	6.0	5.0	0.750
合 计	7305	2241.5	1454.5	5.265

四、重庆乡村旅游创新路径选择

基于乡村旅游创新路径模型，按照“因地制宜、分类开发、循序渐进、优势互补”的指导思想，从产品创新、经营创新、市场创新、供应链创新和组织创新五个要素联合推动重庆乡村旅游提档升级。

（一）产品创新路径

重庆应根据其资源特色和现有的旅游产品基础，优化调整乡村旅游产品结构，建设农业体验、游览观光、休闲度假、民俗风情、特色农业和专题旅游等多元乡村旅游产品体系；重点提升乡村旅游产品品质，建设高品位、高档次、具有全国影响力的乡村旅游品牌，集中打造四大乡村旅游主题区，即主城近郊休闲区、渝西农业体验区、渝东北乡村生态旅游区、渝东南乡村民俗风情区；[6]在区域的主题特色范围内，镇、乡、村一级乡村旅游地应深入挖掘资源优势，进行深层次的创意开发，创新具有特色性、体验性、文化性的“食、住、行、游、购、娱”系列乡村旅游产品。

在特色创新方面，重庆乡村旅游地充分利用当地旅游资源的地域优势，按照先环境、后产品的思维方式，将当地独特的自然资源、人文资源融入到产品开发中去，以塑造独一无二的特色。例如有温泉资源的乡村旅游地，可以将温泉景观与文化、民俗相结合，让旅游者体验“汤治文化”的独特魅力，用文化内涵来提高旅游产品的价值，塑造品牌个性。[7]

在产品形式创新方面，乡村旅游地应注重综合运用声、光、电等多种形式的高科技设施和技术来包装传统旅游产品，以达到在形式上给游客“耳目一新”的体验，激发游客的潜在需求。

在功能创新方面，设计开发乡村旅游产品的休闲娱乐功能、医疗保健功能和学习发展功能，满足游客的娱乐需求、交际需求、自我发展需求等综合价值需求。例如高科技农业园区开发“开心农场”项目，提供观光游览、农业生产体验（农业耕种、采摘等）、农副产品加工、工艺纪念品制作等一条龙服务，既给游客以全方位的农业体验，同时又可以延长游客的停留时间，刺激旅游消费，而且开辟了“回头客”市场（见表2）。

表2　重庆乡村旅游产品创新

主题乡村旅游区	地理范围	主营旅游项目
主城近郊休闲区	渝中区、渝北区、南岸区、沙坪坝区、江北区、九龙坡区、巴南区、大渡口区、北碚区	城郊观光旅游、农业休闲旅游、农业科普旅游、特色农家乐
渝西农业体验区	潼南县、大足县、双桥区、荣昌县、永川区、合川区、江津区、铜梁县、璧山县、万盛区、綦江县、南川区	乡村休闲度假旅游、新农村观光旅游、科技农业园科普旅游
渝东北乡村生态旅游区	巫山县、巫溪县、城口县、奉节县、云阳县、开县、万州区、梁平县、石柱县、涪陵区、垫江县、忠县、丰都县、长寿区	滨水生态乡村旅游、绿色森林旅游、生态山地乡村旅游、库区新城镇观光游
渝东南乡村民俗风情区	秀山县、酉阳县、彭水县、武隆县、黔江区	乡村民俗风情旅游、野生动植物生态旅游、山地民俗特色农业、少数民族村寨旅游

（二）经营创新路径

目前，重庆乡村旅游经营模式主要以农户自主经营和业主投资经营为主，其中农户自主经营占绝大比例，导致重庆乡村旅游规模小、实力弱，经营管理相对落后。因此，在经营模式方面，重庆乡村旅游地应充分整合政府、企业、个体业主、社区、农户以及其他社会资源，构建多层次、多形式的合作经营体系。在重庆乡村旅游比较发达的地区，例如九龙坡区、南岸区、渝北区、沙坪坝区等，由政府引导实力强的乡村旅游企业运用资本运营手段进行强强联合，灵活采用特许经营、委托管理、租赁经营等多种经营方式，培育一批规模大、实力雄厚、经营管理水平高的乡村旅游企业集团。在乡村旅游欠发达的地区，需要由政府主导乡村旅游跨越式发展。政府充分运用行政、市场手段整合各种社会资源，根据实际情况选择政府投资开发经营模式、“政府 + 公司”经营模式、“政府 + 公司 + 社区”经营模式、“政府 + 社区 + 农户”经营模式等开发乡村旅游。在乡村旅游中度发达的地区，乡村旅游发展以市场调节为主，行政调节为辅，实行“公司 + 农户”“股份合作制企业 + 社区 + 农户”“村集体经济体 + 农户”“农户 + 农户”等经营模式。

（三）市场创新路径

重庆乡村旅游市场创新主要有两个方向：

1. 地理区域市场创新

根据空间距离的远近划分，将重庆乡村旅游市场划分为三类。一级市场为重庆本地旅游市场，二级市场为四川、贵州、湖南、湖北、陕西等周边省市旅游市场，三级市场为国内其他省市旅游市场和境外旅游市场。一级市场重点开拓重庆主城的银发市场、学生市场、会议市场、家庭市场等以及区县的潜在乡村旅游市场。在开拓二级市场方面，通过加强营销宣传、区域“互送客源”、旅游企业合作等措施招徕周边省市的旅游者来重庆。在开拓三级市场方面，重庆各乡村旅游地利用地缘优势，通过将乡村旅游与山水都市、长江三峡、大足石刻、乌江画廊、武陵风光等知名品牌捆绑营销的方式，逐渐提高其在国内和境外旅游市场的知晓度和美誉度，扩大市场销售。

2. 业务市场创新

重庆乡村旅游业务市场拓展可以沿着“低度相关多元化—高度相关多元化—低度无关多元化—高度无关多元化”的市场路径，先拓展与乡村旅游相关程度较高的市场，例如旅行社、旅游交通、餐饮、休闲娱乐、旅游购物等行业的市场，[8]然后再进一步拓宽业务市场领域，开拓公共社会服务、农林牧渔业、制造业、商贸零售业、电子商务、房地产等行业的市场，以提高乡村旅游经济的综合盈利水平。

（四）供应链创新路径

在供应链创新方面，重庆乡村旅游应重点打造供应链网络平台，即基于计算机技术和互联网技术，构建多元主体组成的动态开放式柔性网络平台。多元主体包括为乡村旅游提供各种设施设备、产品与服务的供应商，例如电器设备供应商、家具供应商、农副产品供应商、餐饮半成品供应商、旅游商品供应商、客房用品供应商、饭店洗涤服务供应商、管理咨询公司、营销宣传供应商等；[9]不同乡村旅游企业和众多供应商通过供应链网络平台进行谈判和交易。创新供应链网络平台，彻底改变了乡村旅游企业的竞争方式。乡村旅游企业只需专注经营核心业务，利用电子商务平台以“业务外包”的方式将非核心业务剥离出来，在降低交易成本、提高交易效率的条件下实现了供应链的纵向一体化和横向一体化延伸。

（五）组织创新路径

针对重庆乡村旅游企业“小、散、弱、差”的现状，重庆乡村旅游企业应创新连锁集团企业、松散型联合体。

1. 组建连锁乡村旅游企业集团

乡村旅游企业集团化是乡村旅游经济高级阶段的必然趋势。目前重庆乡村旅游企业整体规模较小，单靠企业自身的内部积累来实现集团化发展则速度太慢。而政府行政驱动有助于加快乡村旅游企业集团化进程。政府应出台税费、土地利用、金融信贷、财政补助等优惠扶持政策，鼓励乡村旅游企业之间的兼并收购、强强联合，组建乡村旅游企业集团。重庆乡村旅游地应打破地方经济壁垒，引入外来旅游企业集团来激活市场中的本土乡村旅游企业，借助于旅游企业集团的示范效应，推动乡村旅游企业集团化进程。

2. 成立乡村旅游企业联合体

从产业链整合的角度出发，由行业协会牵头，将分散独立经营的乡村旅游企业联合起来，成立松散型的企业联合体。在联合体机制下，成员企业可以定期开展业务合作与经验交流，进行统一的市场开发和营销，共享预订网络、信息服务、集中采购和人员招聘与培训等，实现“1+1>2”的协同效应。联合体实行松散型的契约式管理，成员企业通过对话与协商，减少分歧以增进合作（见表3）。

表3　重庆乡村旅游创新路径优化组合

创新维度	路径选择
产品创新	建设农业体验、游览观光、休闲度假、民俗风情、特色农业和专题旅游等多元乡村旅游产品体系
经营创新	整合社会资源，构建多层次、多形式的合作经营体系
市场创新	区域市场创新、业务市场创新
供应链创新	构建基于信息技术的多元主体动态开放式网络供应链平台
组织创新	组织集团化、连锁化、网络化

参考文献

［1］全国休闲农业与乡村旅游年营业收入超过1200亿元［EB/OL］. http://news.cntv.cn, 2011-03-01.

［2］约瑟夫·熊彼特. 经济发展理论［M］. 北京：商务印书馆，1990.

［3］黄燕玲. 基于旅游感知的西南少数民族地区农业旅游发展模式研究［D］. 南京：南京师范大学，2008.

［4］重庆市商委大力发展扶持“农家乐”发展成效明显［EB/OL］. http://www.sina.com.cn, 2011-04-18.

[5] 蔡洁. 重庆乡村旅游满意度调查及发展对策 [J]. 安徽农业科学，2010 (33) .

[6] 赵瑞等. 大空间思维观下重庆乡村旅游发展实证研究 [J]. 农村经济与科技，2008 (5) .

[7] 陈雪钧，李莉. 重庆与成都“农家乐”旅游的比较与对策研究 [J]. 安徽农业科学，2008 (12) .

[8] 徐文雄. 旅游发展与产业融合“四化” [J]. 旅游学刊，2011 (4) .

[9] 陈觉. 基于前后台分离的乡村旅游集团化结构研究 [J]. 经济地理，2010 (8) .

乡村旅游与美丽乡村建设

刘亚轩
（河南牧业经济学院旅游管理系）

【摘　要】 中国的乡村种类繁多，广布于中国辽阔的国土。不少乡村保持着原始的自然景观。农耕时代来中国的欧洲人曾经描写了美轮美奂的中国乡村。进入21世纪以来，中国的乡村旅游发展得如火如荼。但是从全国来看，随着农村人口向城市流动的加速及农村老龄化的加剧，中国乡村在整体上呈现凋敝的景象。这与乡村旅游的火热形成了鲜明的对比。我们发展乡村旅游，必须建设美丽乡村。这是乡村旅游的命脉之所在。

【关键词】 乡村旅游　美丽乡村

进入21世纪以来，中国的乡村旅游发展得如火如荼。但是从全国来看，随着农村人口向城市流动的加速及农村老龄化的加剧，中国乡村在整体上呈现凋敝的景象。这与乡村旅游的火热形成了鲜明的对比。发展乡村旅游，必须建设美丽乡村。这是乡村旅游的命脉之所在。

一、欧洲人笔下的中国乡村

在农业时代，中国的乡村是美丽的，来中国旅游的欧洲人对中国乡村评价颇高。

葡萄牙人伯来拉·克路士（Gaspar da Cruz）1556年到中国旅游，1570年撰写了《中国见闻录》一书。在该书中，克路士详尽地记录了中国乡村之美丽。克路士说中国乡村大米产量极高，一年两熟或三熟；中国肉制品充足，“有大量牛肉和类似牛肉的水牛肉，有很多鸡、鹅和数不清的鸭。无数的猪，猪肉是他们最爱吃的，他们把猪肉制成非常奇特的腌肉。”① “中国人吃青蛙，卖青蛙的人在极短的时间内能剥100只；鱼不但种类齐全，而且质量上乘，因而中国的集市上鱼类充斥，除此之外，集市上还销售大量好的螃蟹、牡蛎、螺蛳及河蚌等；菜园里有各种各样的蔬菜，如白菜、萝卜、大头菜、葱、蒜等；水果应有尽有，如桃子、李子、荔枝、柿子、苹果、葡萄、石榴、橙子等。”“有很多坚果而且很好，还有很多栗，既有种的也有野的，又大又好，野的比我们的要好。”

1585年西班牙人门多萨（Mendoza）在罗马出版了《中华大帝国史》。门多萨描绘了中国农民的勤劳。门多萨说中国农民种植水稻、玉米、小麦、大麦、裸麦、燕麦和别的高

① 伯来拉·克路士．南明行纪［M］．北京：中国工人出版社，2000.

产农作物，中国有很多果园和园林，园林里充斥着野猪、野兔、羊、黑貂等动物。因为中国农村物产丰富，所以中国的糖、蜂蜜、蜡、绒、绸、缎、肉、金属等物品非常便宜。

1615年《利玛窦中国札记》出版，在西方引起了轰动。作为一个在中国生活了将近30年的传教士，利玛窦（Matteo Ricci）的札记在真实性和可信度方面是不容置疑的。利玛窦说中国农村大米的产量比欧洲大得多，一年两熟或三熟。欧洲的水果在中国农村都可以找到，中国农村的同类水果要比欧洲的好吃得多。欧洲人从来没有见到过的荔枝和龙眼味道鲜美，柿子甜软可口，制成柿饼以后更加好吃。利玛窦把柿子叫作中国无花果。利玛窦说中国农村花草丰盛。中国农民制造的芝麻油味道之香要超过欧洲的橄榄油。生姜的质量是全世界最好的。肉的种类繁多，并且也便宜，有猪肉、羊肉、牛肉、鸡肉、鸭肉、鹅肉、马肉、骡肉、驴肉、狗肉及其他野味。江河湖海里充斥着鱼群，老虎、狐狸、熊和狼等动物大量存在。利玛窦第一次向西方人介绍了中国所特有的茶和漆。他说茶是从一种叫茶树的灌木上采摘下来的叶子所制成的，茶在中国和日本很有名气。茶按照质量的好坏分为不同的等级，有客人来访时中国人总是要献茶，喝茶要细细品味，常喝有益于健康。利玛窦的这些说法无疑是正确的。利玛窦说漆是从漆树上获得的，经常用于家具、船只和房屋的保护和装饰。漆有很好的耐磨性，被漆过的桌子如果沾了污渍可以很轻易地用抹布去掉，上过漆的“木头可以有深浅不同的颜色，光泽如镜，华彩耀目，并且摸上去非常光滑”。①

葡萄牙人曾德昭（Semedo）1613年来华旅游，后在果阿撰写了《大中国志》。他绘声绘色地描绘了中国乡村。他说在中国乡村，北方的主食是小麦，南方的主食是大米，蔬菜的种类很多，百姓治病用草药。飞禽走兽很多，鹧鸪和夜莺非常漂亮；菠萝、杧果、香蕉、波罗蜜、荔枝、龙眼、柿子、杨梅、桃子、西瓜等水果味美可口；一年四季鲜花不断，腊梅香浓耐寒。

葡萄牙人安文思（Gabriel de Magalhaens）1636年抵华，在中国居住32年之后写了《中国新史》一书。安文思用整整一章的篇幅描写了中国乡村物产之丰富。安文思说中国乡村的丝不但产量大，而且丝织品的种类也极其繁多。肉、鱼、水果和其他食物之丰富要远远超过欧洲，熊掌是中国的一道名菜，鹿、野猪、羚羊、野兔、兔子、野猫、鼠、鸭、鹅、鹧鸪、鹌鹑等动物为数极多。安文思说如果不是自己在中国居住多年，连他自己都不相信中国乡村的物产会如此之丰富。

法国人李明（Louis Le Comte）1685年来华旅游，1696年在巴黎出版了《中国近事报道》，他以自然流畅的笔触详尽地报道了自己在中国乡村的所见所闻。李明说“世界上没有一个地方像这里这么盛产蔬菜和块根类菜……除了欧洲我们已有的蔬菜外，还有许多其他我们欧洲所不知道的菜，并且我们感到比我们自己的菜更好。”② “中国乡村土壤肥沃，

---

① 利玛窦，金尼阁．利玛窦中国札记［M］．何高济，等，译．北京：中华书局，2005.

② 李明．中国近事报道（1687—1692）［M］．郭强，等，译．郑州：大象出版社，2004.

适合不同水果的生长，人们可以吃到苹果、梨、杏、无花果、葡萄、板栗、核桃、石榴、橄榄、西瓜、荔枝、龙眼、柿子、椰子、凤梨、橙子、柠檬、柚子等众多欧洲或有或无的水果和坚果。”

意大利人马国贤（Matteo Ripa）1710年来华，在中国居住了13年。他说中国乡村所产的榅桲（木梨）比欧洲的大且味道也比欧洲的好，苹果和梨不但可口，而且对病人还有滋补的作用。荔枝像李子一样大，但是有核，吃的时候要去掉外壳，果肉鲜美，看起来像珍珠。龙眼在颜色和大小上像核桃，但是比核桃圆。龙眼的果肉香甜鲜美，皮比较薄，包裹着核，龙眼的核很大。中国乡村的水果很多，随处可见被卖的水果。“中国乡村的葡萄味道鲜美，但是中国人不用葡萄来酿酒，他们只是吃葡萄。在古代，中国人曾经酿造葡萄酒，因为在他们的古书中就可以看到‘葡萄酒’的字眼，即用葡萄酿造的酒。现在中国人用稻米酿造酒”。①

清初访华的英国人安德逊（Anderson）在所著的《英国人眼中的大清王朝》中，用充满诗情画意的笔法描绘了中国乡村。他说中国乡村“田野间所表露出的这种特有的新鲜和美丽的景色是我能力所难于描写的。周围是各种富饶的农作物，广阔的草场上满布着绵羊和最肥美的牛。他们的苗圃看上去可以供应家庭所需也能观赏，同时生产大量的蔬菜和水果。这美妙的景色使我的眼光缭乱”。②

由于中国人和欧洲人在思维方式等方面存在着较大的差异，中国人习以为常不甚注意的东西，欧洲人往往观察得比较仔细，对于中国乡村的记载就是如此。中国文献很少专门记录中国乡村，在中国文献的撰写者眼中，乡村只是社会的细胞，无足轻重，城市、政治人物、君王才是记载的真正对象。来华欧洲人的记录为我们呈现了美轮美奂的中国乡村。

二、中国乡村旅游资源丰富

中国的乡村种类繁多，广布于中国辽阔的国土。不少乡村保持着原始的自然景观。绿色纯天然的蔬菜唾手可得。那晚归的牧童、那升起袅袅炊烟的小屋是乡村美丽的风景。农民种菜不上化肥，用的是农家肥。农家肥来源于生活垃圾及农民、家禽家畜的粪便。农家肥解决了农村的污染问题，又提高了土壤的肥力，滋养了蔬菜，可谓是一举两得。农民种的水果，自然长熟，味道甜美。农村河流就是一个微缩型的生态圈。水生植物扎根淤泥，鱼虾等动物在水草中穿梭来去。夏日一场大雨之后，河畔蛙声阵阵，蜻蜓在阳光下嬉戏，蝴蝶于花丛中飞舞。河水清澈见底，可以直接饮用，很多游泳健将就是从这里走出。河水可以直接用来洗衣、洗菜、做饭。在河边钓鱼的人随处可见。行走于河边，不时会听到受惊的青蛙跳入河中的声音。那古色古香的老房子，那原始的农耕形态，那十里不同俗的风

① Matteo Ripa, Storia Della Fondazione Della Congregazione E Del Collegio De’ Cinesi, Parte Prima, Napoli, 1832, P. 381.

② 爱尼斯·安德逊. 英国人眼中的大清王朝［M］. 费振东，译. 北京：群言出版社，2002.

土人情，都是乡村独特的标签。乡村在旅游上的“古、始、真、土”的特质对城市游客有着极强的吸引力。

乡村旅游资源比较丰富，自然景观、人文景观、文化资源及农业资源都能够在乡村见到。作为旅游资源，乡村的地域分布性差别较大。以长江为界，乡村分为江南和江北两大类。中国地貌多样，导致了不同地貌的乡村：平原乡村、高原乡村、山地乡村、丘陵乡村、盆地乡村。中国民族众多，不同的民族聚集地不同，从而产生了不同民族类型的乡村。乡村的活动围绕农业生产而展开。农业生产贯穿于一年四季。农业受季节的影响明显，故此夏秋两季是乡村旅游的旺季，而冬春则是乡村旅游的淡季。可以说，乡村旅游具有鲜明的季节性。对于游客来说，乡村旅游的参与性较强。在乡村，游客不但可以旅游观光，而且还可以参与耕种、采摘、加工、喂养、收获等体验性活动。中华文明上下五千年，培育了源远流长的农耕文明。乡村农耕形式多样，既有刀耕火种，又有牛马犁田。与农耕息息相关的岁时民俗、民间文艺也是丰富多彩。可以说，乡村旅游的文化属性比较浓郁。乡村是人类活动对自然环境影响的结果，充分体现了人与自然的和谐相处。

三、农村人口大量流往城市，农村空心化现象严重

改革开放以来，中国向着工业化和城镇化跑步前进，城镇化速度惊人。2014 年，中国的城镇化率已经达到 53. 27% 。改革开放之初的 1978 年中国的城镇化率是 17. 92% 。城镇化率的提高是农村人口向城镇自然迁移的结果。大量的农村人口涌入城市，对乡村产生了巨大而深刻的影响。在城镇的农民工，既不是正式的城镇居民，又不是传统意义上的农业者。他们在城镇居住环境差，收入没保障，权益经常受侵害。中国二元的城乡社会经济结构和独特的户籍制度导致众多农民工在城市和乡村之间流动，不但给交通造成巨大的压力，而且直接催生了数量众多的农村留守人口。这些留守人口面临着种种问题，对建设美丽乡村是一个严峻的挑战。近几十年来，乡村土地减少严重，大量耕地转为工业、城市用地。土地城镇化率的虚高使得各地不断出现“鬼城”问题。在乡村土地高速非农化进程中，数量惊人的集体土地被征用。农民失去了祖祖辈辈赖以谋生的土地，成为了无地、无业、无保障的“三无人员”。

我国的城镇化浪潮正在从东南沿海向着中西部挺进，失地农民问题越发严重，成为建设美丽乡村的桎梏。随着农村人口的非农化，农村空心化现象严重。农民工外出务工挣到钱后在乡村盖新房。新房往往建在村子外围的新的宅基地上，而旧房子并未拆除，原来的宅基地闲置浪费。农村空心化不但浪费了土地资源，破坏了乡村的生态环境，而且还制约了美丽乡村建设。传统村落是乡村的一道美丽风景，是中国农耕文明的载体，是中国人心灵的家园。在城市化进程中，传统村落被拆迁。一些传统村落因为居住人口越来越少而破旧衰败。实际上，传统村落才是吸引城市游客的亮点。安徽西递宏村，浙江诸葛八卦村、太极星象村、新叶古村，江西婺源的古村落之所以现在闻名华夏，就在于它们是传统的老建筑。

四、中国乡村污染问题突出

当前乡村污染问题突出。在中国的广大乡村，生活污染与工业污染交错，城市及工业污染向乡村转移呈现上升趋势，乡村几乎没有什么环境保护设备和资金。乡村的居住环境每况愈下，垃圾、污水是乡村挥之不去的梦魇。乡村的生活垃圾随意堆放，垃圾包围乡村已经成为常态。乡村的生活污水没有经过处理直接排入河沟。一场暴雨之后，乡村堆积的垃圾被冲入河流，河流成了天然的排污场。目前大多数乡村的河流生态系统崩溃，河中鱼虾绝迹，河水污染严重。在淮河等河流沿岸分布着数量惊人的癌症村。癌症村的出现与河流的污染和食物的污染有极大的关系。一些乡村所建设的禽畜养殖场是当地的污染大户。乡村农药、化肥的滥用加剧了污染。在土壤污染方面，南方乡村高于北方乡村，东北地区、长江三角洲和珠江三角洲土壤污染最触目惊心。西南、中南地区的土壤重金属含量远远超出国家标准，并呈扩大化趋势。建设美丽乡村，必须重拳出击治理乡村污染。乡村污染不除，乡村旅游就不可能发展起来。

五、发展乡村旅游、建设美丽乡村刻不容缓

我们要转变观念，重视乡村建设，统筹城乡协调发展，构建村镇建设新格局，创新乡村污染治理机制，认真解决“三农”问题。党的十八大提出了建设美丽中国的宏伟蓝图。美丽乡村就是美丽中国的一部分。现代的城市人生活空间狭小，竞争压力大。他们向往乡村“采菊东篱下，悠然见南山”的田园生活。乡村如果治理得当，必将吸引更多的城市游客，实现农业与旅游业的有机结合，并成为农村经济新的增长点。

都市居民微信使用对近郊休闲意向的影响研究

沈惠惠　赵金林

（澳门城市大学，美国佛罗里达国际大学）

【摘　要】 都市客源市场作为大城市环城游憩带开发的重要依托，居民休闲行为的研究逐渐得到学界重视，以微信为代表的网络营销和媒体工具的出现极大地改变了居民的休闲决策行为。本文以杭州市区微信用户为研究对象，通过发放调查问卷、采集数据，利用SPSS21.0版本统计软件分析数据，探讨了影响都市居民微信使用与近郊休闲意向的因素，通过AMOS软件构建相关结构模型，并提出假设，运用因子分析、回归分析方法验证假设，从而明确模型要素之间的关系。结果表明，都市居民对利用微信帮助其决定近郊休闲的绩效期望、努力期望和社会影响对出游意向有显著正向影响，并通过性别、年龄、学历、微信使用经验、出游经历起调节作用。此项研究可以为以微信作为营销手段的旅游企业提供具体的参考依据。

【关键词】 TAM　UTAUT　微信　休闲旅游意向

近年来，城市居民近郊休闲活动越来越活跃，且规模和影响力也在不断壮大，日渐成为现代城市居民生活中不可或缺的组成部分（覃琼玉、文军，2011）。以微信为代表的网络营销和媒体工具的出现，极大地影响了居民的旅游决策行为，因此，对城市居民近郊休闲的意向研究，无疑是开展城市近郊休闲旅游、推广休闲旅游产品的重要基础。

一、研究现状与理论背景

随着我国城市化进程的加快，城市生活空间日益拥挤，生活环境日益恶化，而城市近郊具有良好的自然生态环境，城郊基础建设快速发展，交通条件和相关配套服务得到了大大改善；且近郊休闲活动相对于长距离旅游活动而言，具有时间短、费用低、行程安排灵活等特点，因此越来越多的城市居民在闲暇时间选择近郊进行休闲活动（粟路军，许春晓，2010）。近郊休闲活动的快速发展，也引起了学者们对休闲旅游的关注，但是，对于“城市居民近郊休闲旅游意向”的研究不是很多，尤其是在以微信、微博、QQ等利用新信息技术开发的众多社交软件的情况下，研究近郊休闲场所通过微信营销能否影响城市居民近郊旅游意愿的研究更是少之又少。微信是腾讯公司于2011年初推出的一款快速发送文字和照片、支持多人语音聊天的社交软件，它提供公众平台、朋友圈、消息推送等功能，用户可以添加好友和关注公众平台，并将内容分享给指定好友或将精彩内容分享到微信朋友圈（吴忠，唐敏，2014）。截至2014年年底，全国微信用户已突破5亿，凸显这款新信息技术社交应用被广泛接受（高艳，2015）。

技术接受模型（TAM）为解释外部变量对行为意图的影响提供了一个基本框架，随着该领域相关研究的蓬勃发展，不同行业提出了越来越多更具行业针对性的变量（孙建军等，2007）。Venkatesh、Morris、Davis & Davis（2003）对技术任务适配模型、创新扩散理论、理性行为理论、计划行为理论、动机模型、整合的TAM与TPB模型、计算机效用模型以及社会认知理论这八大理论进行整合，提出了技术接受与利用整合理论（Unified Theory of Acceptance and Use of Technology，UTAUT）。技术接受与利用整合模型（UTAUT）把八个模型中的变量整合为四个核心构想：绩效期望、努力期望、社会影响和促成因素，以及4个调节变量：性别、年龄、经验和自愿性。

一些学者利用该模型检验使用者对一些新信息技术的接受情况。严安（2012）以UTAUT为背景构建了百度产品使用的影响因素模型，发现努力期望是影响百度产品使用意愿的关键因子。李彩云、杜孝平（2014）基于UTAUT模型探讨了手机视频APP用户使用意愿影响因素，并进行实证研究，结果表明，努力期望、娱乐性动机与个体创新性是影响用户采纳手机视频APP的关键因素。陈洁、朱小栋（2015）构建了微信支付的用户接受模型，分析了影响用户使用微信支付的关键因素，按照影响力的大小，影响用户最终使用微信支付的因素依次为行为意愿、绩效期望、感知安全性、感知娱乐性、努力期望、初始信任以及便利条件。

由于UTAUT模型提出的时间较晚，所以国内对信息技术的采纳研究一般都是基于TAM，利用UTAUT模型分析影响用户使用意愿和行为的研究很少（陈洁等，2015）；但一些学者认为在TAM基础上发展的UTAUT模型对使用行为的预测力高达70%，比以往任何一个模型都更为有效（孙元，2010）。

基于此，本文基于UTAUT模型，尝试性地构建都市居民微信使用对近郊休闲意向的影响模型，探讨微信营销对都市居民近郊休闲旅游决策的影响因素及其相对重要性。为此，笔者开发了“都市居民微信使用对近郊休闲意向的影响因素”量表，并对杭州市居民进行调查，通过实证研究，构建并检验模型。该量表的开发与模型的验证，为“都市居民微信使用对近郊休闲意向的影响”这一问题提供了良好的思路与分析框架，同时对近郊休闲企业营销与运营提供了可供借鉴的理论依据。

二、研究模型与研究假设

（一）研究模型

本文以UTAUT模型为基础，综合前人的研究，构建都市居民微信使用对近郊休闲意向的影响模型。通过近几年的发展，微信用户人数不断上升，居民使用微信也越来越频繁和熟练，因此在研究中将UTAUT原始模型中的自愿这一条件变量扩展为微信使用经验和出游经历两个调节变量，研究模型如图 1 所示。

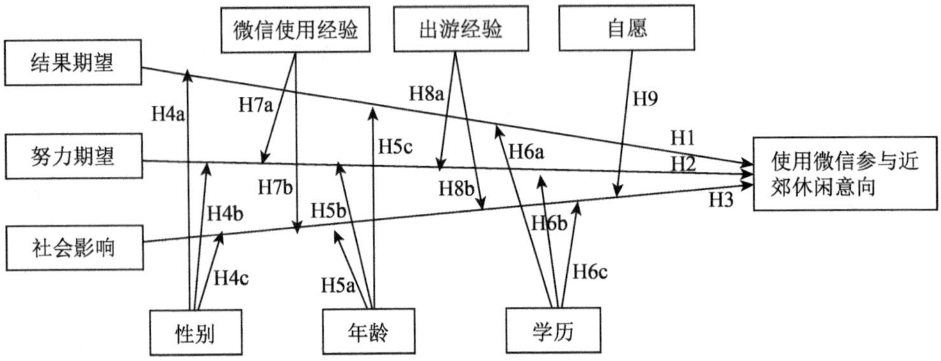

图 1　都市居民微信使用对近郊旅游意向的影响模型

（二）研究假设

根据 UTAUT 理论，绩效期望是指用户相信信息技术的使用可以帮助其在工作上获得更好表现的程度（Venkatesh 等，2003）。本文将绩效期望定义为结果期望，是指都市居民主观认为微信能随时随地，更迅速、更可靠地帮助其获得更丰富的休闲旅游的信息。通过休闲旅游企业利用微信公众号的推送，以及都市居民亲朋好友将他们休闲旅游精彩瞬间在微信朋友圈的分享，使微信用户认为微信对其帮助越大，结果越有效，则微信用户参与近郊休闲的意愿就更为强烈。因此有如下假设：

H1：结果期望会正面显著影响都市居民通过使用微信参与近郊休闲的意向。

根据 UTAUT 理论，努力期望是指用户认为信息技术是否易用（Venkatesh 等，2003），本文将努力期望定义为都市居民主观认为使用微信查看或收集休闲旅游信息所需付出的努力程度。当出现新的社交软件时，如果该软件操作过程简单易学，人们就乐于去尝试接受和使用它。因此有如下假设：

H2：努力期望会正面显著影响都市居民通过使用微信参与近郊休闲的意向。

根据 UTAUT 理论，社会影响是指用户意识到他人认为其是否应该使用新信息技术的程度（Venkatesh 等，2003），本文将社会影响定义为都市居民主观认为周围的亲朋好友认为其在近郊休闲前应该使用微信帮助收集信息的程度。当重要的人赞成并支持其使用微信时，该居民则会产生强烈的使用意愿，并会根据微信所提供的信息影响其近郊休闲旅游的决定。因此有如下假设：

H3：社会影响会正面显著影响都市居民通过使用微信参与近郊休闲的意向。

根据 UTAUT 理论，Venkatesh 等（2003）将性别、年龄作为信息技术使用意愿的调节变量，以研究不同使用者对信息技术的接受程度。国内多项研究显示，年龄、学历、工作经验等都与行为相关（杨芬、姜冬九，2010；王欣欣、WipadaKunaviktiku、PetsuneeThungjaroenkul、郑爽和王合，2011；臧逗，2011；宋国菊、罗红和王文艳，

2012）。Venkatesh 等（2003）将经验作为信息技术使用意愿的调节变量，结果表明随着使用经验的增加，它的影响力会逐渐下降。赵红丹（2014）认为非自愿性给使用者带来的是一种额外的要求和负担，这种压力感可能会对使用者的行为态度乃至效能产生消极影响；但是，彭正龙和赵红丹（2011）的研究显示非自愿性行为对使用者的使用行为和绩效没有影响，所以到目前为止，学术界对"非自愿性行为是否对使用者行为和绩效有害"这一问题还不能给出统一的回答。Venkatesh 等（2003）运用数据对 UTAUT 模型进行了交叉验证，结果表明：性别和年龄会强化绩效预期与使用意愿之间的关系；努力预期受性别、年龄和使用经验的影响；性别、年龄、使用经验和自愿性都会作用于社会影响；在强制使用信息技术的状态下，社会影响对使用意愿的作用更强（高芙蓉，2010）。微信用户采用主动订阅的方式获取信息（高艳，2015），但随着微商的出现，朋友圈也不断出现商业信息，所以，通过微信向居民传递的近郊休闲企业和休闲产品，居民无论是主动自愿接收还是被动接收，也会对都市居民近郊休闲意愿产生影响；在近郊休闲旅游决策前，都市居民不仅受微信使用经验的影响，还受其出游经历的影响，所以本文将经验这一调节变量扩展为微信使用经验和出游经验。因此，提出以下假设：

$H4_a$：不同性别的都市微信用户对结果期望与使用微信参与近郊休闲的意向有调节作用。

$H4_b$：不同性别的都市微信用户对努力期望与使用微信参与近郊休闲的意向有调节作用。

$H4_c$：不同性别的都市微信用户对社会影响与使用微信参与近郊休闲的意向有调节作用。

$H5_a$：不同年龄的都市微信用户对结果期望与使用微信参与近郊休闲的意向有调节作用。

$H5_b$：不同年龄的都市微信用户对努力期望与使用微信参与近郊休闲的意向有调节作用。

$H5_c$：不同年龄的都市微信用户对社会影响与使用微信参与近郊休闲的意向有调节作用。

$H6_a$：不同学历的都市微信用户对结果期望与使用微信参与近郊休闲的意向有调节作用。

$H6_b$：不同学历的都市微信用户对努力期望与使用微信参与近郊休闲的意向有调节作用。

$H6_c$：不同学历的都市微信用户对社会影响与使用微信参与近郊休闲的意向有调节作用。

$H7_a$：都市居民微信使用经验对努力期望与使用微信参与近郊休闲的意向有调节作用。

$H7_b$：都市居民微信使用经验对社会影响与使用微信参与近郊休闲的意向有调节作用。

$H8_a$：都市微信用户出游经验对努力期望与使用微信参与近郊休闲的意向有调节作用。

$H8_b$：都市微信用户出游经验对社会影响与使用微信参与近郊休闲的意向有调节作用。

H9：都市微信用户使用微信的自愿性对社会影响与使用微信参与近郊休闲的意向有调节作用。

三、研究方法

（一）量表设计

为使变量的测度具有较高信度，本文基于经典文献中的定义和概念开发每一个问项，并尽可能采用已被证实的有效条目来测量对应变量。问卷采用美国社会心理学家李克特的五点量表（Likert Scale），这是最常用的评分加总式量表。该量表由一组陈述组成，每一组陈述都有“非常不同意”“不同意”“一般”“同意”“非常同意”5种回答，分别记为1分、2分、3分、4分和5分，每个被试者的态度分就是他对这个题回答所得分数加总后的总分，总分多少代表该居民对使用微信影响近郊休闲意向的影响强弱。问卷一共有25个测量项目用于测量4个潜在变量：结果期望（PE）、努力期望（EE）、社会影响（SI）、使用微信参与近郊休闲意向（BI）。

（二）样本收集

本研究通过线上微信链接和线下发放纸质问卷的形式收集数据，一共发放问卷250份，有效问卷185份，有效答卷率达到74%。样本统计结果显示，被调查者的年龄主要集中在28～37岁之间（56.8%），本科学历者高达40.5%，使用微信已有3年经历的达到37.8%，这主要和微信推出的时间不长有关，最近1年内有2次近郊休闲旅游活动的最多，高达40.5%。

（三）数据分析

本研究利用SPSS21.0和AMOS软件对收集到的185个有效样本数据进行分析和处理。首先对所有测量模型进行信度和效度的分析，然后对结构模型的路径系数和解释力进行分析和检验。

1. 测量模型的信度和效度分析

通过Cronbachs Alpha值来测量各个因子的信度，用KMO和Bartlett来判断测量项的效度。当Cronbachs Alpha值都大于0.7时，客人认定该测量模型具有良好的内部一致性；当KMO值都大于0.5和Bartlett值都小于0.001时，可以认为测量项的效度较高。如表1所示。本研究的所有潜在变量的Cronbachs Alpha值都大于0.7，表明各测量因子具有较好的信度。此外，各个潜在因子的KMO值都大于0.5，Bartlett值都小于0.001，说明本研究的各结构变量具有良好的效度。

表 1 测量模型的信度与效度分析（N＝180）

测量变量	测量项	Loading	Cronbachs Alpha	KMO	Bartlett
PE	PE1	0.879	0.899	0.791	0.000
	PE2	0.879			
	PE3	0.885			
	PE4	0.892			
	PE5	0.857			
	PE6	0.890			
EE	EE1	0.853	0.874	0.699	0.000
	EE2	0.858			
	EE3	0.829			
	EE4	0.840			
	EE5	0.848			
	EE6	0.879			
SI	SI1	0.748	0.705	0.713	0.000
	SI2	0.591			
	SI3	0.577			
	SI4	0.621			
BI	BI1	0.885	0.901	0.792	0.000
	BI2	0.872			
	BI3	0.879			
	BI4	0.876			
	BI5	0.884			
VO	VO1	0.831	0.847	0.703	0.000
	VO2	0.792			
	VO3	0.807			
	VO4	0.791			

2. 结构模型分析

本文运用 AMOS 软件对研究模型进行结构分析，确定研究模型的拟合度指标，模型检验采用极大似然法。常用指标包括卡方自由度比（CMIN/DF）、拟合优度指标（GFI）、调整的拟合优度指标（AGFI）、规范拟合指数（NFI）、比较拟合指数（CFI）和近似误差均方根值（RMSEA）。各拟合指标的推荐值及模型测量值如表2所示。研究模型的拟合指数均达到推荐值水平，说明研究模型的可用性较好。

表2　研究模型的拟合指数

拟合指标	CMIN/DF	GFI	AGFI	NFI	CFI	RMSEA
推荐值	<3.0	>0.90	>0.90	>0.90	>0.90	<0.10
模型分析	1.329	0.91	0.95	0.93	0.95	0.02

研究假设检验的结果如表3所示。近郊休闲意向显著受到绩效期望（β=0.41，P<0.01）、努力期望（β=0.35，P<0.01）和社会影响（β=0.23，P<0.01）的影响。

表3　研究模型假设检验结果

假设	路径	路径系数β	CR	P	验证情况
H1	绩效期望→近郊休闲意向	0.41	4.454	<0.001	支持假设
H2	努力期望→近郊休闲意向	0.35	5.468	<0.001	支持假设
H3	社会影响→近郊休闲意向	0.23	2.698	0.007	支持假设

研究模型中的6个调节变量都是类别变量。因潜在变量为连续变量，故作分组回归分析。

（1）性别变量对潜在变量之间关系的调节作用

根据性别的不同，问卷中将样本分为“男性”和“女性”两组，然后对两组样本进行分组回归分析，以检验性别变量对潜在变量之间关系的调节作用，更好地说明性别对潜在变量之间关系的影响强弱，结果如表4所示。可以看出，结果期望与近郊休闲意向、努力期望与近郊休闲意向、社会影响与近郊休闲意向之间的回归方程中，解释力以及显著性水平随着性别分组的不同而有所不同，这说明性别变量对潜变量之间关系存在调节作用。

表4　性别调节变量对潜在变量的影响

潜变量路径	分组	未标准化的回归系数（B）	决定系数（R^2）	T	P	显著性
结果期望→近郊休闲意向	男	0.476	0.351	5.426	0.000	非常显著
	女	0.366	0.625	6.359	0.000	非常显著
努力期望→近郊休闲意向	男	0.524	0.382	6.174	0.000	非常显著
	女	0.417	0.522	3.966	0.001	非常显著
社会影响→近郊休闲意向	男	0.503	0.257	2.168	0.048	显著
	女	0.397	0.148	3.356	0.000	非常显著

(2) 年龄变量对潜在变量之间关系的调节作用

根据年龄的不同，问卷中将样本分为"18 岁以下""18～27 岁""28～37 岁""38～47 岁""48～57 岁"和"57 岁以上"6 组，但是根据实际取样的结果，只采集到了 5 组不同年龄段的数据。由于取样的数量和调查的范围不够充分，所以没有采集到"57 岁以上"这一组数据，然后对 5 组样本进行分组回归分析，以检验年龄变量对潜在变量之间关系的调节作用，更好地说明年龄对潜在变量之间关系的影响强弱，结果如表 5 所示。可以看出，结果期望与近郊休闲意向、努力期望与近郊休闲意向、社会影响与近郊休闲意向之间的回归方程中，解释力以及显著性水平随着年龄分组的不同而有所不同，这说明年龄变量对潜变量之间关系存在调节作用。

表 5　年龄调节变量对潜在变量的影响

潜变量路径	分组	未标准化的回归系数（B）	决定系数（R^2）	T	P	显著性
结果期望→近郊休闲意向	18 岁以下	0.501	0.277	2.233	0.049	显著
	18～27 岁	0.397	0.543	6.329	0.000	非常显著
	28～37 岁	0.335	0.392	6.021	0.000	非常显著
	38～47 岁	0.431	0.226	2.286	0.034	显著
	48～57 岁	0.513	0.257	2.367	0.047	显著
努力期望→近郊休闲意向	18 岁以下	0.524	0.382	6.174	0.000	非常显著
	18～27 岁	0.472	0.256	2.346	0.035	显著
	28～37 岁	0.453	0.274	2.257	0.034	显著
	38～47 岁	0.517	0.395	6.366	0.000	非常显著
	48～57 岁	0.465	0.532	3.776	0.001	非常显著
社会影响→近郊休闲意向	18 岁以下	0.497	0.331	5.622	0.000	非常显著
	18～27 岁	0.521	0.257	2.133	0.057	不显著
	28～37 岁	0.576	0.273	2.353	0.045	显著
	38～47 岁	0.433	0.297	2.476	0.038	显著
	48～57 岁	0.598	0.286	4.665	0.000	非常显著

(3) 学历变量对潜在变量之间关系的调节作用

根据学历的不同，问卷中将样本分为"初中""高中""大专""本科""硕士"和"博士"6 组，但是根据实际取样的结果，只采集到了 5 组不同学历的数据。由于取样的数量和调查的范围不够充分，所以没有采集到"初中"这一组数据，然后对 5 组样本进行分组回归分析，以检验学历变量对潜在变量之间关系的调节作用，更好地说明学历对潜在变量之间关系的影响强弱，结果如表6所示。可以看出，结果期望与近郊休闲意向、努力期望与近郊休闲意向、社会影响与近郊休闲意向之间的回归方程中，解释力以及显著性水平随着学历分组的不同而有所不同，这说明学历变量对潜变量之间关系存在调节作用。

表6　学历调节变量对潜在变量的影响

潜变量路径	分组	未标准化的回归系数（B）	决定系数（R^2）	T	P	显著性
结果期望→近郊休闲意向	高中	0.477	0.235	2.357	0.046	显著
	大专	0.583	0.236	2.579	0.049	显著
	本科	0.411	0.263	2.386	0.031	显著
	硕士	0.353	0.362	6.218	0.000	非常显著
	博士	0.377	0.573	6.629	0.000	非常显著
努力期望→近郊休闲意向	高中	0.414	0.882	4.756	0.000	非常显著
	大专	0.355	0.133	2.487	0.023	显著
	本科	0.384	0.147	2.352	0.027	显著
	硕士	0.556	0.257	2.976	0.047	显著
	博士	0.425	0.512	3.976	0.001	非常显著
社会影响→近郊休闲意向	高中	0.465	0.411	5.432	0.000	非常显著
	大专	0.421	0.277	2.243	0.048	不显著
	本科	0.594	0.233	2.333	0.046	显著
	硕士	0.413	0.267	2.736	0.039	显著
	博士	0.581	0.245	4.345	0.000	非常显著

（4）微信使用经验变量对潜在变量之间关系的调节作用

根据微信使用经验的不同，问卷中将样本分为“一年以下”“1年”“2年”“3年”和“4年及以上”5组，但是根据实际取样的结果，只采集到了3组不同年龄段的数据。由于取样的数量和调查的范围不够充分，所以没有采集到“1年以下”和“1年”这两组数据，然后对三组样本进行分组回归分析，以检验微信使用经验变量对潜在变量之间关系的调节作用，更好地说明微信使用经验对潜在变量之间关系的影响强弱，结果如表7所示。可以看出，努力期望与近郊休闲意向、社会影响与近郊休闲意向之间的回归方程中，解释力以及显著性水平随着微信使用经验分组的不同而有所不同，这说明微信使用经验变量对潜变量之间关系存在调节作用。

表 7　微信使用经验调节变量对潜在变量的影响

潜变量路径	分组	未标准化的回归系数（B）	决定系数（R^2）	T	P	显著性
努力期望→近郊休闲意向	2 年	0. 427	0. 862	4. 556	0. 000	非常显著
	3 年	0. 378	0. 253	2. 787	0. 024	显著
	4 年	0. 536	0. 265	2. 856	0. 047	显著
社会影响→近郊休闲意向	2 年	0. 476	0. 433	5. 411	0. 000	非常显著
	3 年	0. 476	0. 248	2. 386	0. 036	显著
	4 年	0. 575	0. 243	2. 351	0. 047	显著

（5）近郊休闲经验变量对潜在变量之间关系的调节作用

根据近郊休闲经验的不同，问卷中将样本分为“没有”“1 次”“2 次”“3 次”和“4 次及以上”5 组，然后对 5 组样本进行分组回归分析，以检验最近一年近郊休闲经验变量对潜在变量之间关系的调节作用，更好地说明近郊休闲经验对潜在变量之间关系的影响强弱，结果如表 8 所示。可以看出，努力期望与近郊休闲意向、社会影响与近郊休闲意向之间的回归方程中，解释力以及显著性水平随着近郊休闲经验分组的不同而有所不同，这说明近郊休闲经验变量对潜变量之间关系存在调节作用。

表 8　近郊休闲经验调节变量对潜在变量的影响

潜变量路径	分组	未标准化的回归系数（B）	决定系数（R^2）	T	P	显著性
努力期望→近郊休闲意向	没有	0. 497	0. 533	3. 952	0. 000	非常显著
	1 次	0. 373	0. 359	6. 347	0. 001	非常显著
	2 次	0. 395	0. 577	6. 033	0. 000	非常显著
	3 次	0. 576	0. 277	2. 932	0. 049	显著
	4 次及以上	0. 411	0. 381	2. 292	0. 049	显著
社会影响→近郊休闲意向	没有	0. 415	0. 429	5. 512	0. 000	非常显著
	1 次	0. 592	0. 289	4. 645	0. 000	非常显著
	2 次	0. 482	0. 279	2. 816	0. 039	显著
	3 次	0. 573	0. 247	2. 113	0. 047	显著
	4 次及以上	0. 437	0. 233	2. 363	0. 048	显著

（6）自愿性变量对潜在变量之间关系的调节作用

根据自愿使用微信帮助近郊休闲的不同，对样本进行分析，以检验最近自愿性变量对潜在变量之间关系的调节作用，更好地说明自愿性在变量之间关系的影响强弱。结果显示，社会影响与近郊休闲意向之间的回归方程中，解释力以及显著性水平没有随着自愿程度的不同而有所不同，这说明自愿性变量对潜变量之间关系不存在调节作用。

四、结论及建议

从以上实证研究中可以得出如下结论：

（1）结果期望对都市微信用户的近郊休闲旅游意向有积极正向影响。结果期望高的都市居民相对于结果期望低的都市居民而言更倾向于通过微信的使用帮助其决定近郊休闲，所以近郊休闲旅游企业应通过微信提供满足都市居民休闲需求的高质量的休闲产品。

（2）努力期望对都市微信用户的近郊休闲意向有积极正向作用。当都市居民感觉通过微信关注和查找近郊休闲信息时，他们的近郊休闲意向就会更强烈。因此，腾讯公司和近郊休闲旅游企业应向都市居民提供易于使用、易于传播、易于保存的近郊休闲旅游信息，提供更加简单易学、随时随地可获取的内容。

（3）社会影响对都市微信用户的近郊休闲旅游意向有积极正向影响。都市居民近郊休闲旅游行为存在从众心理，一旦看到周围的亲朋好友将近郊休闲的精彩瞬间放到微信朋友圈，或者通过微信获取近郊休闲旅游产品的信息实现近郊休闲旅游时，会产生强烈的使用意愿和出游行为。因此，近郊休闲旅游企业应意识到同行者对都市居民近郊休闲旅游的影响，鼓励已经使用微信的都市居民向周围的亲朋好友推荐近郊休闲旅游信息。

（4）性别、年龄、学历、使用微信的经验和近郊休闲旅游经验也会对结果期望与近郊休闲意向、努力期望与近郊休闲意向、社会影响与近郊休闲意向之间的关系具有调节作用，所以要针对不同性别、不同年龄、不同学历、不同使用微信经验和近郊休闲旅游经验不同的都市居民提供不同的近郊休闲旅游产品，实施不同的营销策略。

五、结语

由于时间仓促，本文还有不少有待完善之处，比如样本量较少，只发放了250份问卷，回收有效问卷185份；问卷调查所选择的人群还不够全面，地域还不够广等。所以本文只是在这一领域做一个初探，期望为将来的继续研究做好铺垫。

本研究依据UTAUT模型，提出了都市居民微信使用对近郊旅游意向的影响模型，提出了9个研究假设并对研究假设进行了检验，提出了一些基于微信营销影响都市居民近郊休闲旅游意向的建议。研究结论在一定程度上揭示了都市微信用户近郊休闲旅游意向影响因素情况，并为以微信为营销手段的近郊休闲旅游企业提供了一定程度的参考依据。

参考文献

[1] Venkatesh, Morris, Davis, Davis. User Acceptance of Information Technology: Toward a Unified View [J]. MIS Quarterly, 27 (3), 425-478.

[2] 陈洁，朱小栋. 基于UTAUT和ITM整合视角的微信支付用户使用行为影响因素研究[J]. 现代情报，2005 (4).

[3] 高艳. 旅游行业移动互联网社交平台营销分析——以微信为例 [J]. 经济师，2015 (8).

[4] 高芙蓉. 信息技术接受模型研究的新进展 [J]. 情报杂志，2010 (6).

[5] 粟路军，许春晓. 城市居民近郊休闲场所选择影响因素研究——以长沙市为例 [J]. 湖南财经高等专科学校学报. 2010 (4).

[6] 李彩云，杜孝平. 基于UTAUT模型的手机视频APP用户使用意愿影响因素建模与实证 [J]. 黑龙江科技信息，2014 (33).

[7] 彭正龙，赵红丹. 组织公民行为真的对组织有利吗？——中国情境下的强制性公民行为研究 [J]. 南开管理评论，2011 (1).

[8] 孙建军，成颖，柯青. TAM模型研究进展——模型演化 [J]. 情报科学，2007 (8).

[9] 孙元. 基于任务—技术匹配论视角的整合性技术接受模型发展研究 [D]，浙江大学，2010.

[10] 宋国菊，罗红，王文艳. 护理人员情绪智力水平与工作绩效调查研究 [J]. 中国护理管理，2012 (5).

[11] 覃琼玉，文军. 南宁市城市居民近郊休闲旅游偏好及意向特征研究 [J]. 中国市场，2011 (6).

[12] 王欣欣，WipadaKunaviktiku，PetsuneeThungjaroenkul，郑爽，等. 护士工作绩效现状及其影响因素 [J]. 中国护理管理，2011 (9).

[13] 吴忠，唐敏. 基于用户使用行为的微信功能服务研究 [J]. 商业研究，2014 (7).

[14] 严安. 基于UTAUT的百度产品用户使用行为影响因素研究 [J]. 现代情报，2012 (11).

[15] 臧逗. 护士工作绩效影响因素的研究进展 [J]. 中华现代护理杂志，2011 (33).

[16] 赵红丹. 强扭的瓜到底甜不甜？——员工感知到的强制性组织公民行为对工作绩效的影响 [J]. 经济与管理研究 2014 (11).

“吴桥杂技+合作社+休闲农业”产业融合发展对策研究

——基于对吴桥县的三项调查

王丽丽　宋文丽

（河北农业大学商学院，河北经贸大学旅游学院）

【摘　要】 吴桥作为杂技之乡，拥有吴桥杂技大世界主题公园的特色旅游资源与品牌；作为粮棉之乡，近年来在农民专业合作社迅速发展的基础上，休闲农业也乘势而起。通过对吴桥杂技大世界、吴桥县农民专业合作社、休闲农业与合作社周边村庄的实地调查，认为吴桥应对杂技和农业两项优势资源进行整合，树立“吴桥杂技+合作社+休闲农业”的产业融合发展理念，以吴桥杂技为品牌吸引游客，以合作社为平台留住游客，政府则扮演好产业融合发展的推动者和规划者，三者协同共进，才能实现吴桥县域经济的优化发展。

【关键词】 吴桥杂技　合作社　休闲农业　产业融合

吴桥是世界闻名的杂技之乡，也是河北省优质粮棉之乡。虽然拥有杂技和农业两项优势资源，但近年来不论是杂技旅游产业的提升，还是农业的现代化发展，都遇到了瓶颈。鉴于此，笔者应吴桥县政府、吴桥县农工部以及春雨合作社的邀请，通过对吴桥杂技大世界、吴桥县农民专业合作社，对吴桥休闲农业以及春雨合作社周边三个村庄的实地调查，力图从杂技旅游、合作社，休闲农业的发展现状与存在问题入手，找到资源整合、产业融合发展的路径，借助农民专业合作社实现吴桥杂技与休闲农业的对接，延长产业链条，促进吴桥县域经济的优化发展。

一、吴桥杂技大世界：优势与问题并存

创办于1993年的吴桥杂技大世界，是人们了解和认识吴桥的一张重要名片。在20多年的发展历程中，吴桥杂技大世界获得过很多的荣誉，并于2001年成为国家首批4A级旅游景区。目前吴桥杂技大世界主要设有吴桥杂技博物馆、滑稽动物园、魔术梦幻剧场、红

［作者简介］王丽丽：河北农业大学商学院博士研究生，河北经贸大学旅游学院讲师，研究方向为休闲农业与乡村旅游。电子信箱：wanglili9706@163.com，联系电话13933139706。宋文丽为河北经贸大学旅游学院讲师。

［基金项目］本研究2014年度河北省科技厅软科学研究计划项目（项目编号：14457508D）、2014年度河北省社会科学基金项目（项目编号：HB14LJ007）资助。

牡丹杂技剧场、江湖文化城等杂技参观和表演项目，年接待游客60多万人次，是吴桥县旅游业的主要支柱。笔者通过对吴桥杂技大世界的调研得出的结论是：优势明显，问题突出。

（一）吴桥杂技大世界的优势

1. 杂技资源具有垄断性

吴桥不仅是中国杂技艺术的发祥地，而且还享有“世界杂技摇篮”的美誉。早在100多年前，就有2000多位吴桥杂技儿女走出国门，为世界杂技艺术发展做出了重要贡献。1954年，吴桥被周恩来总理命名为“杂技之乡”；2004年，被评为“全国文化产业示范基地县”；2006年，在我国公布的首批非物质文化遗产名录中，吴桥杂技榜上有名。杂技作为吴桥开发旅游的特色资源，具有无可比拟的垄断性优势。

2. 吴桥杂技大世界已具有较高知名度

吴桥杂技在国内外早已声名远播。自1987年起，以吴桥命名的“中国吴桥国际杂技艺术节”已成功举办了15届，2005年曾荣获“中国最具国际影响力节庆活动”的称号，吴桥成为世界三大国际杂技赛场之一，吴桥杂技也成为世界知名品牌。吴桥杂技大世界作为我国第一个杂技艺术主题公园，作为人们了解杂技、观赏杂技的窗口，经过20多年的发展，已具有了较高的知名度，为延长吴桥旅游产业链奠定了基础。

3. 杂技旅游具有强大的市场吸引力

杂技是一个具有独特魅力的艺术门类，既是普通百姓喜闻乐见的大众艺术，又能满足高层次“人体美与力”的欣赏需求。与其他表演艺术相比，杂技可以跨越语言与传统文化的障碍，在艺术表演中给人以美的享受，人们在杂技历史文化的展示中获得知识，可谓雅俗共赏、国内外皆宜。因此，以杂技艺术为基础的旅游产品市场吸引力大，开发空间广阔。

（二）吴桥杂技大世界存在的问题

相对于吴桥杂技大世界的优势而言，其存在的问题也是比较突出的。调研中通过对吴桥杂技大世界经理、不同场馆的负责人等中高层管理人员的访谈，对门票与旅游商品售卖人员的咨询和了解，对游客的观察和问卷调查，吴桥杂技大世界存在如下五个方面的问题。

1. 杂技主题文化的挖掘力度不够

吴桥杂技大世界定位为杂技艺术主题公园，从产品构成来看，主要包括杂技、魔术、江湖技艺等场所表演以及杂技博物馆展品展出。从展演形式来看，表演形式落后单调且多年变化不大，博物馆展陈缺乏对声光电等现代技术的应用，很难让游客感受到中国杂技艺术的真正魅力；从规划布局来看，园区内的普济寺、财神庙以及小泰山等与杂技主题毫不相关，冲淡了主题。作为吴桥县旅游产业的龙头，其对杂技主题文化的挖掘还远远不够。

2. 旅游设施与环境差影响游客感知

2001年，吴桥杂技大世界被评为我国第一批4A级景区，2003年《旅游景区质量等级的划分与评定》标准修订，与修订标准相比，吴桥杂技大世界在硬件设施与环境方面都存在较大的差距。由于缺乏新的投资，景区内各种设施得不到及时的维护与更新改造，导致旅游设施陈旧落后，主要表现在以下三个方面：其一，红牡丹剧场、魔术宫等表演场所的设施设备以及红牡丹宾馆的住宿、餐饮设施都非常陈旧，影响到演出效果和游客的食宿评价；其二，景区内标志系统的引导性不强，没有按游客游览习惯和游客心理设计，忽略了外国游客、残疾人等特殊旅游者的需求；其三，景区内的建筑风格以及垃圾桶、桌椅等设施，缺乏杂技文化特色。这些问题在问卷调查时反映相对集中，游客普遍认为“内部设施陈旧”，“路标指示牌太少”，“环境差、厕所少”，“整体环境不够大气”等，给游客留下了不良印象，影响了游览感知的效果。

3. 客源市场结构不合理

吴桥地处冀鲁交通咽喉，京沪铁路、京台高速公路、104国道以及桑（园）宁（津）公路贯穿县境，3小时车程范围内有京津两大直辖市和石家庄、济南两大省会城市，具备大北京圈的客源潜力。但事实并非如此，问卷调查的统计结果显示，吴桥杂技大世界的客源以国内游客为主，国外游客甚少。国内游客也仅以河北、山东两省为主。河北省内游客中有47.71%来自沧州、衡水两市；山东省的游客48.35%来自德州、枣庄、菏泽等市；而京津两大直辖市游客仅占调查人数的6.07%，潜在的京津游客市场远未得到开发，国内远距离省份的游客更少。在一周的调查中，调查小组仅见到两个外国团队。从旅游方式来看，以团队为主，散客较少。团队游客以山东省各中小学组织的暑期夏令营活动居多，散客中的很大一部分则是到吴桥、沧州等地探亲访友、商务洽谈顺道来杂技大世界旅游的。可见，吴桥杂技大世界的资源优势与区位优势远未发挥出来，导致客源市场的结构不合理。

4. 特色旅游商品体系尚未形成

吴桥杂技大世界的旅游商品单一且缺乏特色，除了魔术小道具、江湖文化城表演的光盘外，就是旅游景点随处可见的儿童玩具、帽子、扇子等旅游品，以及一些做工粗糙的挂饰，很难找到具有吴桥特色的旅游商品。除了门票消费外，游客其他消费项目少，整体消费水平低。调查显示，游客多进行一日游，看完杂技表演后因没有其他的旅游项目，也没有什么特色商品可买，有一种“有钱没地儿花”的感觉，因此过夜游客较少。

5. 管理落后，营销落伍

吴桥杂技大世界虽然是中外合资的股份制企业，但其在管理与营销方面仍存在如下几个问题：

（1）经营理念落后。仍处于单一的“门票经济”阶段，难以满足游客食、住、行、游、购、娱等方面的需求，旅游休闲体验经济背景下的体、疗、学、养等需求新偏好更是无从考虑。

（2）景区管理方组织和监控方面缺失。突出反映在景区门口的“黄牛党”较多，停车收费不规范，演出时间不明确，演出过程中表演人员推销商品的方式简单，景区内算命先生的欺诈行为也让游客对景区的评价大打折扣。

（3）服务人员素质低，服务不到位。游客问讯处形同虚设。笔者调研期间问讯处一直是大门紧闭。

（4）营销理念落伍，营销力度不够。调查发现，游客多数是经朋友介绍前来游览的，通过广告、宣传册、报刊等媒介了解到相关信息的很少，更不要说网络宣传了。虽然也曾相继推出过“一城、八怪、闯江湖”和“中国杂技体验之谷”等宣传口号，并分别在京、津、冀、鲁等地市的电视、报纸等媒体进行轰炸式宣传，但这些传统的营销手段并没有产生轰动效应，并且缺乏持续性的市场营销策划。

二、农民专业合作社：提质慢于量增

吴桥是闻名全国的粮棉生产大县，农业资源丰富，农业基础深厚，自然生态环境优良，为农民专业合作社的发展奠定了基础。

（一）政府高度重视

吴桥县政府对合作社的成立、人员培训、资金补贴、政策优惠等方面均给予大力支持和扶助。首先，县政府分管农业的负责人多次召集县农工部、工商局和10个乡镇的负责同志，为发展壮大家庭农场、合作社等农业经营主体创造宽松环境做出安排部署。为了方便群众申办合作社，工商部门建立“绿色通道”，对注册登记合作社实行申请、受理、审批一站式服务。其次，注重对农村能人、种养大户的培训，共举办培训班7期，3500人次参训，把擅长种地的农民培养成懂经营、会管理的新型农民，为农民专业合作社的大发展提供了有力的人才支持和智力保障。再次，为了发挥好示范带动作用，积极开展示范社三级联创活动，评出了省级示范合作社3家，市级示范合作社5家，县级示范合作社30家。最后，县政府牵线搭桥，鼓励合作社与科研院所“联姻”，向大专院校“借智”。如春雨合作社与山东省农科院、河北经贸大学旅游学院成功对接，强化了合作社发展特色农业的科技与人才支撑。政府的积极引导和推动，促进了农民专业合作社的迅猛发展。

（二）数量增长迅速

2013年以来，吴桥县实施以“473个行政村，村村都要有农民专业合作社”为目标的“一村一社”政策，极大地刺激了合作社数量的增长。调查发现，合作社的成立时间在1998至2005年之间的占10.8%，2006至2010年的占20%，2011年以后的占69.2%。截止到2014年4月底，全县已注册专业合作社549家，其中种植类合作社440家（包括粮棉类355家、蔬菜类43家、食用菌类13家、中药材类5家、西瓜类3家、辣椒类19家和薯类2家）、养殖类合作社49家、农机合作社26家、农资合作社5家。带动全县2.76万户农民直接参与到合作社中，流转土地共计8万余亩，由新型农业经营主体投资兴建的设施农业、旅游休闲农业、循环农业和特色农业等各种类型的现代农业落地生根。

（三）规模参差不齐

吴桥县农业合作社数量虽然增长很快，但规模却参差不齐，差距很大。规模较小的合作社有的甚至只是几家农户的简单捆绑，在发展规划、产品定位、技术和资金来源等方面都没有成熟的思考和谋划；而规模较大的合作社却机构健全、资金雄厚，采用股份制的现代管理体制。根据对调查数据的统计，社员或股东的户数在50户以下的占67%，50户至200户的占22%，200户以上的占11%；年利润在50万元以下的合作社占60%，50万元至200万元的占28%，200万元至1000万元的占6%，1000万元以上的占6%。从所处发展阶段来看，82%的合作社处于投资建设的投入阶段，5%的合作社处于收支平衡的成长初期阶段，9%的合作社处于初有盈余的成长中后期阶段，仅有4%的合作社处于盈利持续增长的由成长期向成熟期过渡的阶段。

综上可见，近年来尤其是在2011年之后，在县政府的大力推动下，合作社的数量增长迅速，但规模参差不齐，仍面临着融资、人才、技术、销售等方面的诸多问题，整体而言仍处于量增质差、粗线条发展的初级阶段。多数合作社经营者对未来充满信心，少数规模较大、效益较好、对周边带动性强的合作社已具备在现代农业的基础上发展休闲农业的条件。

三、休闲农业：方兴未艾，大有可为

休闲农业是以农业生产、农家生活、农村生态及农耕民俗文化为资源依托，农业与旅游业相结合，满足城镇居民观光娱乐、休闲度假、农事体验、康体怡情等需求的新型农业。休闲农业纵贯生产、生活、生态，立足一产、带动二产、繁荣三产，将各个涉农涉旅的产业在休闲农业这个舞台上连接起来（冯建国，2011），通过深度挖掘农业的多重功能，不断创造价值新增点（乌东峰，2008）。休闲农业超长的产业链、极强的产业集聚性及其巨大的发展潜力，使其成为农业转型升级的重要载体（刘方媛，2007）。吴桥县休闲农业起步较晚，但在政府的力推和合作社的努力之下，可谓方兴未艾，大有可为。

（一）农户客观有条件，主观亦支持

合作社要发展休闲农业，因受制于土地性质与配套建设用地数量的政策限制，必须借助周边村庄的资源条件来开展。因此，本次调研选择了发展较好的春雨合作社周边的3个村庄、共计133户村民作为调查对象，发放问卷133份，收回有效问卷100份。调研内容主要包括农户家庭基本情况和村民对发展休闲农业与乡村旅游的认知程度与态度两个方面。

1. 基本情况

从农户家庭基本情况来看，被访农户近70%为老年人，95%为中小学文化程度，81%

的家庭人口为 3 ~ 5 人，65% 的农户子女已工作；家庭年收入 1 万元以下的占 10%，1 万 ~2 万元的占 28%，2 万 ~5 万元的占 45%，5 万 ~8 万元的占 14%，8 万元以上的为 13%。其中 55% 的收入来源于农业，45% 的农户除了农业收入之外，还有工资性收入和商业等其他收入。家庭拥有土地数量 5 亩以下的占 37%，5 ~ 10 亩的占 41%，10 ~ 15 亩的占 12%，15 亩以上的有 10%。其中 76% 的农户全部土地由自己耕种；16% 的农户自己耕种一部分，流转给合作社一部分；只有 4% 的农户把土地全部流转给了合作社。拥有房屋 3 间以下的为 17%，5 ~7 间的 71%，8 间以上的有 12%。可见，春雨合作社周边 3 个村庄的农户留守在家的大部分为老年人，中青年大多外出打工，文化程度偏低，家庭收入一半以上靠单一的农业，其余家庭有外出打工的工资收入和经商的收入。3 个村庄都比较小，户均土地和房屋数量都比较多，而且很多农户依然沿用土炕、土灶等传统生活方式，朴实的民风民俗也得以保存传承，为发展休闲农业与乡村旅游提供了有利条件。

2. 认知程度与态度

从村民对休闲农业与乡村旅游的认知程度与态度来看，53% 的人认为发展休闲农业与乡村旅游能够增加家庭收入，改善交通、教育等软硬件设施。虽然 95% 的农户表示不了解相关知识和政策，但 86% 的农户仍然愿意参与，其中近 36% 的农户愿意自己搞农家乐，近 50% 的农户愿意到合作社入股或提供旅游服务。可见，绝大部分农户对由合作社带动村民共同发展休闲农业与乡村旅游是支持并愿意参与的。

（二）合作社积极探索，搭建平台

少数几个发展眼光超前、具有企业经营管理经验的合作社带头人，在合作社发展战略、组织结构、技术引进、产品创新、销售渠道等方面进行了大胆的探索和尝试，取得了可喜的成果。如曹洼乡高效循环农业示范园、梁集镇观光采摘农业示范园和铁城镇生态休闲农业示范园，3 个园区都构建了股份制组织机构，引入现代企业管理理念，重视自主品牌的创建、注册与知识产权保护，分别与中国农大吴桥试验站、山东农科院和青县蔬菜种植基地实现了成功对接，通过与科研院所的联姻，强化了园区的科技支撑，为特色农业的快速发展提供了科技保障。同时，3 个园区按照 A 级景区吃、住、行、游、购、娱的标准配置资源，逐步打造功能完善、自成体系而又与周边紧密相连的特色农业观光采摘示范基地，现已初具规模并对游客开放，成为连接农业与旅游休闲的重要平台。

（三）政府营造环境，推动扶持

2011 年以来，吴桥县政府确立了以发展特色农业为突破口，逐步实现由传统农业向现代农业、休闲农业转变的发展战略。一方面，按照“选能人、建园区、做示范”的思路，采用农业园区化、园区公司化的模式推进特色农业发展，力争形成“一乡一园”特色农业发展新格局。另一方面，注重对吴桥特色农产品技艺、文化与品牌的保护与宣传。如对已有多年的加工历史，属于河北省非物质文化遗产的吴桥宫面抻面工艺的挖掘，大力扶持吴桥宏艺宫面有限公司作为农业产业化龙头企业，依靠技术攻关，通过 QS 认证，让昔日的

“贡面”变成了寻常百姓餐桌上的美食，并成功打入国际市场。同时，县政府牵线搭桥，与周边省市的旅行社合作，开通旅游线路，在生产车间建起观光走廊，制作工艺可以透过走廊玻璃展现给游客；在车间旁边建起了农产品展销大厅，游客们可在这里品尝、购买到吴桥当地最具特色、新鲜、“绿色”的农产品，不仅让旅游农业链条更加丰富，更为当地农民带来了高收益、高回报。吴桥县政府相关负责人表示：“我们还要为这些美丽的乡村游景点申请国家级景区，开辟更多乡村游路线，打造特色农业与休闲农业相结合的新模式，提高农产品附加值，增加农民收入，促进全县经济大发展。”

四、“吴桥杂技＋合作社＋休闲农业”产业融合发展的对策

充分利用吴桥杂技与农业两项优势资源，借助杂技的品牌知名度与影响力吸引游客；同时，通过合作社带动周边农民的共同参与，打造丰富多彩的休闲农业与乡村旅游体验项目留住游客，延长产业链，走出一条“吴桥杂技＋合作社＋休闲农业”的资源整合、产业融合创新之路，推动吴桥县域经济的优化发展成为当务之急。

（一）以吴桥杂技为招牌，吸引游客

利用吴桥杂技已有的资源垄断性、市场吸引力与较高知名度等优势，以吸引游客为目的，采取一系列改进措施。

1. 强化杂技主题

吴桥杂技大世界应深入挖掘杂技特色民俗文化资源，创新设计理念，真正达到规划巧妙、主题突出、文化贯穿、国际一流的杂技艺术主题公园的标准，争创国家5A级景区。

2. 优化基础设施

宾馆、饭店、演艺场所、购物场所等基础设施要及时维护与更新，保证设施的质量安全和视觉审美。同时，还应该在细节之处下工夫，如骑着独轮自行车的服务员、魔术师式的上菜员、小丑装扮的导购促销员，以及杂技文化为主题的装修风格等，甚至园区内的垃圾桶、座椅、园艺、指示牌等，都要展现杂技的特色，无时无处不让人感受到杂技的魅力与乐趣。

3. 开发杂技特色旅游商品

除了充分运用数字化、情境化、体验化、趣味化、互动化的艺术表现形式，推出游客记得住、说得出的杂技节目之外，还应当树立大旅游理念，以杂技文化艺术的旅游休闲体验为核心，整合“食、住、行、游、购、娱”六大旅游基本要素，拓展“商、养、学、闲、情、奇”六大旅游发展要素，对杂技旅游创意产品、纪念品以及吴桥土特产品进行整合开发，形成杂技特色旅游商品体系。

4. 开拓客源市场

针对河北省内、山东省、京津地区以及更为广阔的市场，进行科学的市场细分，加大

营销力度，打出营销组合拳，借助互联网与移动互联网的传播优势，吸引更多的游客前来休闲体验。

5. 提升管理和服务水平

积极推进经营管理体制及人事制度改革，创新激励机制，加强对员工的培训，提高园区的服务水平。合理安排演出时间，巧妙设计旅游线路，注重演出节目在内容和表演形式的与时俱进，让游客有常来常新之感。

（二）以合作社为平台，留住游客

充分发挥吴桥县全国粮棉生产大县农业资源丰富、农业基础深厚的优势，以农民专业合作社为抓手，加快合作社由单纯追求数量到提质增效的转变，发挥好纽带作用，带动周边农户的参与，挖掘民风民俗，把合作社生产基地的农业景观、绿色健康的农副产品与杂技特色旅游相连接，把吴桥杂技大世界吸引来的游客留下来，提供观赏、采摘、品尝、休憩、农耕、游戏、回归本真的丰富体验，实现旅游业与现代农业的产业融合，进而整体推进吴桥县域经济的优化发展。因此，需要合作社从以下四个方面进行提升。

1. 要有长远的发展战略和整体规划

合作社作为弱势零散农户的抱团互助组织，要应对农产品市场价格波动的挑战以及目标客户需求的个性化、多元化和体验性的变化，对市场要有深度的调查和了解，不能盲目跟风。应制定长远的发展战略，休闲农业园区的规划要具备整体性和科学性，打造出接地气、有灵魂、富创意的田园美景和新颖有趣的体验娱乐项目。

2. 要有科技支撑

合作社由于实现了农业的集约化、规模化生产，不能再依靠农民个人的经验，而要以科技为支撑，与相关科研院所进行技术研发、推广应用的合作，创造农副产品更高的价值。

3. 要注重挖掘农业的多功能价值

合作社要想成为休闲农业的发展平台，不仅要搞好农副产品的生产与销售，更要在挖掘利用农业的多功能价值方面动脑筋、搞创新。发挥合作社的新型农业经营主体地位与作用，挖掘传承农耕文化与民风民俗，充分利用周边农户自有资源，带动农民共同开发农业的观光娱乐、休闲度假、农事体验、舒压怡情、农园租赁等多重功能，最大限度提高农业的附加价值，实现增收致富。

4. 要有高效的管理体制与专业的营销团队

合作社既然是一个弱势农户的互助组织，就要有组织机构，要借鉴公司制管理体制，进行科学高效的管理。同时，还要引进人才，成立专业的营销团队，负责市场调研、产品选择与定价、市场定位与开发、渠道建设、宣传促销等工作，努力提高顾客满意度，做到"引得来、留得住"。

（三）政府要成为产业融合发展的推动者和规划者

政府在“吴桥杂技+合作社+休闲农业”产业融合发展中的作用至关重要，应积极引导并辅以政策支持，成为推动者和规划者，为产业融合的创新发展创造更为有利的环境。

1. 成为产业融合发展的推动者

建立旅游部门和农业部门的合作机制，在融资渠道创新、人才引进与培育、与科研院所的联姻、重点项目的扶持等方面，营造环境，做好服务。要坚持市场化运作，引进战略投资者，加强合作，共同开发，提升杂技旅游产业的层次。大力发展特色农业，积极培育一批带动性强的合作社成为农业产业化龙头企业，建设一批现代化农业园区，培育一批农产品商标品牌，为产业融合创造条件，打好基础。

2. 做产业融合发展的规划者

政府要高瞻远瞩，重新规划旅游线路，对合作社的差异化定位，包括产品定位、形象定位、主题特色等进行综合规划，进行全局的把控，避免合作社之间的恶性竞争。此外，还要做好道路规划、路标标志、配套用地、建设用地等方面的政策制定与规划实施，实现产业融合发展的无障碍对接。应大力推进“一区三带”建设。“一区”，即杂技文化产业园区，集杂技培训、道具制作、产品研发于一身；“三带”，即杂技民俗旅游带、农业采摘休闲观光带和大运河文化休闲带，打造精品旅游线路，实现由一日游向多日游转变，不断延伸产业链条，促进产业融合的纵深发展。

参考文献

[1] 冯建国，陈奕捷. 以休闲农业为核心，带动都市农业产业融合 [J]. 中国农业资源与划，2011 (4)：61-65.

[2] 李金早. 经济新常态下的旅游新要素 [EB/OL]. http://news.163.com/15/0123/10/AGKTGDTS00014AED.html，2015-01-23.

[3] 刘方媛，索志林. 中国农业转型升级的载体：休闲农业发展问题 [J]. 求索，2007 (10)：44-46.

[4] 四轮驱动促吴桥华丽转身 [EB/OL]. www.wuqiao.gov.cn，2014-10-31.

[5] 乌东峰，谷中原. 论现代多功能农业 [J]. 求索，2008 (2)：1-6.

[6] 吴桥休闲生态农业建设提速 [EB/OL]. http://www.hebnews.cn 2013-06-04.

[7] 吴桥县创新模式大力发展休闲农业 [EB/OL]. http://news.xinmin.cn/shehui/2013/05/20/20338446.html，2013-05-20.

[8] 吴桥在“五城建设”中打造绿色崛起“升级版” [EB/OL]. http://news.xinhuanet.com/local/2015-03/16/c_127586714.htm，2015-03-16.

试论我国传统旅行社的商业发展策略

付 冰　王诺斯　王苗
（大连财经学院工商管理学院）

【摘　要】旅行社业是我国旅游业的三大支柱企业之一，是为保持旅游业发展过程的连续性，促进旅游业发展进步、产业升级，提高生产效率而提供有力支撑的行业。研究传统旅行社业的商业发展策略是旅游业经济增长点的需要，更是我国旅行社业转型和产业结构升级的迫切需求。本文结合国际旅行社的商业发展策略，提出促进传统旅行社转型后发展的新思路与对策，为我国旅行社业制定企业政策、优化企业结构调整提供一些借鉴思路。

【关键词】传统旅行社　商业　发展策略　研究

目前，传统旅行社行业面临三大机遇和挑战：一是中央“八项规定”的严格落实与持续执行；其次是《旅游法》的正式颁布实施；最后是在线旅游及移动互联创新业务的爆发式发展。中央“八项规定”的严格落实与持续执行，使以团队游为主的传统旅行社的业务量大幅下降，国内部分以接待政府团队为主的旅行社，业务量下降超过70%，大部分旅行社的业务量整体下滑30%～50%，这让传统旅行社不得不把多年关注的“百姓旅游”“散客旅游”作为核心目标市场，真正给予高度重视。《旅游法》的颁布实施，以自费加点、购物为模式，以低价位竞争，以欺诈、强迫为手段的散拼团、低价团、购物团等失去了生存空间，一小部分旅行社铤而走险，一大部分歇业观望。对于第三个机遇和挑战，大部分中、小型传统旅行社面临艰难的选择，它们或者转型，或者将被淘汰。由于缺乏专业技术人才、缺乏资金实力、缺乏创新模式，对于转型在线旅游和移动互联，传统中、小旅行社望而却步。它们的发展对策只有两条：一是可以成为小众市场的专业旅行社，夹缝生存；二是有幸成为在线OTA的专线供应商和服务商，较为被动。因此，旅行社业要想在新的时代发展中能够有所突破，就必须要研究商业发展的新型模式。

一、我国传统旅行社业的主要发展模式

目前，我国有能力实现国内、国际发展的传统旅行社企业主要有4种类型。

第一种类型：以港中旅中国旅行社总社、中国国际旅行社总社、中国青年旅行社总社为代表的，历经多年发展的国有大型旅行社企业。

第二种类型：以上海春秋国旅、上海锦江国旅、海航旅业（集团）、上航国旅、康辉

国旅、广东中旅（集团）、浙江旅游（集团）、厦门建发（旅游集团）等为代表的，依托地域、交通或完善产业链等资源优势，实现区域性布局的大、中型旅行社企业。

第三种类型：以凯撒旅游、众信旅游、凤凰假期、海口民间、携程国旅、易游天下国旅等为代表的，以实现批零分销、客源地招徕、目的地服务为目的，以办事处、分公司形式建立起来的专业性较强的、全国性或区域性实体协作网络的旅行社企业。

第四种类型：以百事通旅游、宝中旅游、海航乐游、龙行天下为代表的，以加盟连锁门店实现区域性布局，具有一定合作合营特点，力图实现资本运营的旅行社企业。

第一种类型旅行社，其历史渊源深厚，国内、国际布局广泛，品牌知名度极高。以港中旅集团中国旅行社总社为例，其为新中国成立后的第一家旅行社，几经调整，其全资、控股企业100多家，直接管理旅行社60家左右，门市400多家；但是在下属企业考核中，有部分处于亏损状态；受境外签证中心盈利带动，中旅总社2012年艰难实现重组后的首年盈利。在三大央企旅行社风光无限的背后，其内部管理、分支机构盈利能力、产业链条融合水平、转型升级等问题依然处境艰难，它们的发展模式，只能局部借鉴。

第二种类型旅行社有一个显著特点，就是各自资源性优势明显，其大部分企业是在地方政府、地方旅游集团支持下，借助相对垄断区域性优势资源而发展起来的。在这些优势资源中，尤以完整的区域性产业链条优势、独家的航空交通资源优势为重，这是区域性旅行社企业得以坚实发展的核心竞争手段。

第三类旅行社，它们凭借自身优势，成为专业领域的产品批发商，并以此为突破口，实现综合性转型发展并完成国内重点客源城市的批零分支机构布局。凯撒为欧洲游批发商，海口民间为海南地接批发商，易游天下重点发展网络布局，它们的成功经验，是可以借鉴的。

第四类旅行社，它们力图通过加盟门店、集中采购、联合经营等模式，做大营收，实现企业规模的快速扩张；其真正的目的不是做强做大，而是资本运作。在旅游电商快速发展的今天，它们的模式已经失去了进一步研究的价值。

二、近三年我国传统旅行社业整体发展呈现的显著特点

在旅游电商的快速发展和强力冲击下，近三年，我国传统旅行社行业正处于一个转型升级、模式再造的阶段。其整体呈现如下显著特点。

（一）大部分传统旅行社开展在线交易，转型电商企业

此类旅行社建立企业网站，开展在线交易；极小部分有实力和能力的旅行社，开始向电商企业、电商平台转型，通过线下资源的整合，实现线上模式的再造与再发展。

（二）地方性、区域性大型旅行社发展迅速

此类旅行社依托地域资源优势，专注于本土产业化发展，掌控本土资源，减少异地扩张，打造本地域发展优势，建立区域性经营网络，发展区域性优势在线平台，顽强对抗旅

游电商巨头的入侵。

（三）大部分小型旅行社开始专业化发展

此类旅行社凭借地域或资源优势，专注于某一专业领域，丰富线上、线下分销渠道，一部分正在转型成为在线 OTA 的地区性专线产品供应商和服务商。

综上所述，旅行社的产品没有库存，天然适合在线发展。互联网化和信息化能够节约渠道成本，特别是全国性发展的成本，它打破了地域上的限制，加快了渠道扩张的速度，推动了旅游产品标准化进程，步步紧逼传统旅行社企业集体转型。

三、我国在线旅游呈现的新特点、新变化

（一）在线旅游发展再次提速

在线旅游市场竞争近乎惨烈，要想分得在线旅游市场一块蛋糕，必须要有实质的竞争实力。砸钱、血拼的最终结果，让在线旅游商获得了倍增的流量和客户。据相关数据统计，2013 年第三季度，在线旅游三大巨头携程网、去哪儿网、艺龙网总收入同比 2012 年第三季度分别增长 32%、57.5%、51%，虽然净收入方面并不乐观，但在它们主导的价格大战中，在线旅游市场再次提速发展。

（二）在线 OTA 受到挑战，垂直搜索、开放平台渐入佳境

当前，去哪儿网宣布已经拥有超过 2 亿的用户，这个数量已经远超 OTA 巨头携程网和艺龙网。近年来，随着垂直搜索、开放平台模式逐渐得到商家的认可，更多的酒店、景区等上游供应商选择在线直销平台。相比需要交付高昂佣金的 OTA，直销平台的成本占有很大优势。

（三）移动互联网成为新战场

智能手机的普及改变了消费者的旅行计划和预订行为，移动互联市场成为新战场。2014 年三季度中国移动互联网市场规模达到 278.7 亿元，同比增加 66.7%。携程网移动端酒店预订占比的峰值超过 40%，艺龙网来自移动客户端的业务贡献超过 25%，移动端已经成为在线旅游巨头们争夺的焦点。

（四）团队游遇冷，散客爆棚

旅行社团费涨价十分普遍，但在 2013 年"十一"期间，全国旅游行业营业额同比下滑约 40%。韩国及东南亚、欧洲、澳洲等以购物为主要盈利模式的线路受到较大影响，部分地区的客流量也出现大幅度下降。在团队游遇冷的同时，散客游却爆棚。全国假日办统计数据显示，《旅游法》实施之前，国内旅游市场的跟团游与自由行比例长期维持在7∶3，但 2013 年国庆期间，这一数字变成了 3∶7，中国旅游市场正式进入散客时代。

（五）创新模式不断涌现，新资本注入新活力

2013 年，世界邦网、六人团网、八爪鱼网、丸子地球网、穷游网等创新特色在线旅游

模式不断涌现，资本市场的介入，更让人眼花缭乱。随后，去哪儿网在纳斯达克挂牌上市，当日去哪儿网股价较发行价上涨89%，市值高达31.8亿美元。自此，去哪儿网成为继携程网、艺龙网后在海外上市的我国在线旅游第三股。在旅游创业领域，主要的融资有在路上网、千夜网、世界邦网、八爪鱼网等A轮融资，蚂蜂窝网和面包旅行网B轮融资，途牛网D轮融资等。

与上述资本间接进入旅游领域不同，原本已有旅游产业的海航集团、万达集团、华侨城、雅居乐、阿里投资、苏宁易购、京东等大型企业在则积极参与全产业链范围的投资和并购。梁建章重归携程网CEO帅位后，大刀阔斧地砍掉线下渠道，带领携程网发力移动端和打造高效的开放平台。我国旅游行业向互联网特别是移动互联网转移的趋势会继续加速，并进一步走向开放；传统的线下销售模式将会边缘化，传统的旅游产品、服务以及组织架构，需要重新调整以满足移动化、碎片化需求。

四、我国旅行社业未来发展趋向

信息化大潮催生了一批基于互联网发展的旅行社企业，这些新贵后来居上，发展势头远远超过老牌的传统旅行社企业。在信息化、数据化高速发展的当下，未来传统旅行社业的发展趋向，也必将以此为根本，大浪淘沙，优胜劣汰。

未来传统旅行社业的发展，必将以互联网、信息化为根本，以此提升企业管理效率，整合拓展分销渠道，增加游客个性体验；未来旅行社业的发展，其整体行业布局将更加理性，传统旅行社的散、小、弱、差的特点将彻底改变，大型旅行社、专业旅行社、代理旅行社的纵向行业分工体系将更加明确；传统旅行社、传统门店功能将重新界定，地域化个性服务、线下面对面服务、线下体验式分销、辅助服务将成为其核心职能；两极趋向将更加明显，要么着力大众市场，抢占优势客源，做大做强，要么着力小众市场，控制核心资源，做细做专，至少约有30%以上的传统旅行社企业将转型或关闭。

五、我国传统国际旅行社的商业策略分析

在移动互联迅速发展的时期，传统的国际旅行社结合自身发展特点，可以制定如下商业策略。

（一）发展策略

我国旅游集团前20强企业中，纯粹的互联网旅行社有三家，分别是第2名的携程网、第7名的去哪儿网、第13名的同程。如果把传统的港中旅集团、中国国旅集团、中青旅控股股份、上海春秋国际旅行社等的旅行社业务独立分割出来与其对比，传统旅行社已经完败于互联网旅行社，未来的旅行社业态，互联网企业才是真正的王者。为此，国际传统旅行社的发展定位也必将以网上旅行社为根本。但是，再强大的网上旅行社，也离不开线下实体旅行社的支撑，携程网、同程网、去哪儿网的基本模式都是抢占线上创新模式先

机，再线下布局实体旅行社，这种模式，成就了它们的快速发展，但同时，也成为制约它们深入发展的瓶颈。

鉴于目前在线旅游市场仍然处于烧钱抢流量、模式混乱、诸侯混战阶段，国际传统旅行社的发展策略应该明确为：集团化发展，先行依托各地区域性资源，聚集旅行社区域发展优势，以布局区域子公司、打造区域性优势在线平台为基础，通过复制再造，抢占线上制高点，编制线下实体支撑网络，融合文化、科技、旅游优势资源，实现旅游产业规模化发展。

（二）切入策略

在目前的市场状况下，布局容易发展难。国际传统旅行社要想实现各区域公司的良性发展，必须依托资源优势，找到合适的切入点。国际传统旅行社应找到自己的优势就是各地分公司拥有的公园、酒店资源和人脉资源。对此，在各地发展初期，独家垄断特色市场开发（如大、中、小学生市场，电子票市场、自驾游市场等），既能避免与同业发生直接冲突，又能协助拓展特色市场，同时也能将本地的游客有效转化为自己的客户，这是最佳的市场切入策略。

（三）突破策略

未来，各地域子公司的核心作用，是地方产业发展的链接者和线上发展的线下服务机构，为此，旅行社要具备极强的地域性发展优势。从各区域旅行社建设之初，就必须高度重视地域优势资源的掌控与整合，因此，以周边自由行、自驾游、周末游景点门票、住宿、交通、攻略等单项及组合旅游产品为核心业务，细分、细化周边游市场，打造周边游区域性优势在线旅游网站，避开与大型在线网站的恶行竞争。树立区域优势，既符合各地方现阶段的发展利益，更是实现地域性突破发展的首要策略。

（四）布局策略

国际旅行社的子公司布局落点，首要考虑的是目前公司所在城市，其次要考虑的是极度重要的目的地或客源地城市，同时，布局进度与布局模式必须谨慎。布局前期要以稳进为主，设立一个，成功一个；布局中期，要加快步伐，以全资收购目标城市优势地域资源明显、资产清晰的第二集团旅行社为主要模式，避免战线太长、遗留过多问题，快速完成覆盖目标区域的网络布局；布局后期，以产业化发展需求为目标，不惜代价，按需落点，弥补产业链缺失。

（五）整合策略

遵循先内、后外、再内的整合途径，先对集团内部可利用、可整合资源进行前期整合，聚集旅行社内部优势，放大内部优势；外延整合，掌控区域性外部资源；在实现各区域公司良性发展的基础上，再强化整合内部相关资源，建立各区域相对完善的产业链条及集团化运营模式，通过地域性强强组合与融合，实现横向互动、纵向互通的产业化发展目标。

综上所述，通过有效的商业策略，可以看出未来的旅行社业发展机遇与挑战并存。传统旅行社研究新型的商业策略具有战略意义，未来旅游产业的发展也将给旅行社业拓展广阔空间。面对汹涌发展的信息化、数据化时代，传统的旅游方式发生着本质变化，传统旅行社只有不断调整，持续创新，才能找到真正适合企业发展的最佳途径，不断前行。

参考文献

[1] 邓琼芬．旅游电子商务背景下的旅行社发展对策分析［J］．价值工程，2012（1）．

[2] 何忠诚，劾红娟．中小型旅行社发展现状及对策研究［J］．经济视角，2011（10）．

[3] 郭伟锋，郭进辉．新《旅行社条例》背景下的旅行社发展战略研究［J］．重庆科技学院学报（社会科学版），2010（24）．

河南省山地休闲旅游业发展研究

———以栾川县为例

王庆伟
（郑州大学）

【摘　要】河南省悠久的历史文化旅游资源和丰富的山地自然旅游资源，为休闲旅游业的发展提供了先决条件。曾以“栾川模式”轰动旅游业的栾川县急需适应休闲旅游的需求，将其旅游发展目标定位为：“山地休闲旅游地”，但是栾川旅游业发展中存在诸多问题，如核心龙头旅游企业带动不强、旅游产品业态比较单一、旅游业与其他产业融合不足、区域融合不够等，因此本文针对这些问题提出产业化、产品提升、差异化、集团化等战略政策建议。

【关键词】山地休闲旅游　产业融合　栾川县

一、栾川县旅游资源分析

（一）旅游资源总量调查

栾川县位于河南省西部山区，伏牛山、熊耳山、遏遇岭自西向东将全县分为南北两大沟川，是典型的深山区县，素有“四河三山两道川、九山半水半分田”之说。栾川县位于亚热带向暖温带过渡地带，属暖温带大陆性季风气候，气候温和，雨量充沛。春天山花烂漫，夏天可以避暑，秋天色彩斑斓；冬天可以滑雪。栾川的环境和景观构成了一个适合四季旅游的休闲度假地区。

依据《国家标准—旅游资源分类》（2003 年），栾川旅游资源分为 8 大类、26 个亚类、84 种基本类型，融奇山、险峰、溶洞、温泉等为一体，被誉为“中国百里画廊”。

（二）旅游资源开发现状

栾川县是国家首批 17 个“中国旅游强县”之一。旅游资源已开发的 A 级景区共有 19 家，其中老君山、鸡冠洞为国家 5A 级景区，重渡沟、龙峪湾、伏牛山滑雪场为 4A 级景区。

二、栾川县旅游业现状分析

（一）旅游业处于深化发展阶段

栾川县旅游业已形成叫响全国旅游界的“栾川模式”。2014 年栾川旅游业总收入达到 50.7 亿元，同比增长 36.1%，占全县 GDP 的 36%，成为支柱产业。栾川县旅游业发展较成熟，县城和旅游景区周边兴建有旅游集散中心、旅游商品交易中心。目前，栾川县已拥有星级饭店 28 家、家庭宾馆 506 家，其中 5 星级酒店两家（还有 2 家正在兴建）、4 星级酒店三家，日接待能力 1.7 万人次。2014 年实现接待游客 951 万人次，同比增长 8.16%，其中团队游客 75.3 万人次。

（二）加强生态保护和环境治理

栾川大力实施碧水蓝天保护工程，加强生态保护和环境治理，建立健全矿山、尾矿库生态环境恢复补偿机制，下大力气整治重点流域、区域和重点行业，淘汰落后产能。同时以农村生活污水处理为重点，大力开展农村饮用水水源地保护、农村生活污水和垃圾处理，并对历史遗留的工矿污染进行了治理。全县地表出境水质综合达标率达到 98% 以上，城区空气质量优良率达到 96.2%。

（三）没有发挥龙头带动作用

栾川县旅游业以伏牛山为龙头，但没有形成体系，并没有发挥龙头带动作用，而且客源市场结构过于单一，高中低端多样化市场层次未形成，没有把山地休闲度假试验区的品牌打响，缺少大的支撑项目，无法带动全县旅游业全面发展。

（四）产品业态比较单一

产品业态比较单一，没有形成与山地休闲度假胜地相吻合的多姿多彩的旅游产品。目前，栾川已形成了观光旅游产品、度假旅游产品和特种旅游产品并存的多元化产品供给结构，但仍以观光旅游产品为主，各旅游产品没有形成互补效应。

（五）产业融合不足

栾川县曾获得“全国休闲农业与乡村旅游示范县”荣誉，但是整体来看，产业融合不足，其工业、农业、林业、体育文化业等都是单独的个体，产业链向外延伸不够。现有旅游项目、产品、业态单一，未能突出栾川特色，与农业、林业、房地产业、会展业、健康体育业等产业未能形成良性互动，旅游产业延伸不够，旅游大产业体系尚未构建，产业融合优势没有得到全面释放。

（六）区域融合不够

栾川县各个景区内已经形成了各具特点并相对独立完善的旅游体系，但城乡与景区之间缺少联动，没有形成一个大的旅游区域，缺少休闲度假的整体氛围。没有形成深度融合与联动发展，没有打破产业之间、城乡景区之间的边界。

三、栾川县旅游业发展战略定位

根据栾川旅游业发展现状及我国旅游发展趋势，将其打造为山地休闲旅游地。

（一）产业化战略

站在“大旅游”的层面上，实施产业化战略。充分发挥伏牛山景区的龙头带动作用，完善休闲度假产业要素，纵深发展旅游产业各节点，优化旅游收入结构。

（二）产品提升战略

栾川目前旅游产品体系集中体现在观光旅游上，在未来发展中，应由个体旅游景区发展模式向旅游集团化转型，由经济型农家乐经济向高端庄园经济转型，由单个景区开发向目的地整合转型。注入高端休闲元素，由单一的观光旅游产品向观光、休闲、度假复合型产品转化。

（三）差异化发展战略

县内各区域旅游发展要严格遵循全县旅游发展战略格局，充分发挥“节点”功能，实施差异化战略，在资源同质的情况下，寻找各自的独特卖点。

（四）集团化战略

壮大栾川旅游产业规模，推进资源整合，集团化运作将是必然选择。通过集团化运作，促使产品升级，产品市场向资本运作转化。

乡村旅游的新框架：基于地方感的探讨

王 苗 王诺斯
（东北财经大学旅游与酒店管理学院，大连财经学院工商管理学院）

【摘 要】学术界对乡村旅游的研究由来已久，学者们认可“乡村性”是乡村旅游的核心，但对于乡村性的研究多来自于地理学和社会学的渗透，忽视了乡村性在旅游语境中的特殊性。本研究从地方感这一新的视角出发，通过对乡村旅游地方感的来源和内容分析，试图获得对乡村性与乡村旅游的进一步认知与界定。

【关键词】乡村性 乡村旅游 地方感

引 言

乡村旅游100多年前初始于欧洲，我国乡村旅游从20世纪80年代兴起。学术界对乡村旅游的关注也越来越多。然而，在研究过程中，乡村旅游不可避免地出现了被“异化”现象，在学术文本与具体开发实践中似乎都和农家乐混为一谈。在乡村旅游研究中，学者们认可“乡村性”（rurality）是乡村旅游的核心，但对于乡村性的研究多来自于地理学或社会学的渗透，而忽视了乡村与乡村性在旅游语境中的独特性。

乡村作为一个整体的空间与地方概念，同样承载着旅游者的主观性[1]。这种人与地方的情感联系，被Tuan界定为“地方感”（sense of place）。[2]从这一新的视角出发，通过对乡村旅游地方感的维度分析，本研究试图获得对乡村性与乡村旅游的进一步认知与界定。

一、乡村旅游与乡村性

（一）乡村旅游概念的回顾

对于乡村旅游概念的界定，国内外学者曾做了大量的研究，得出了大量的结论，综合起来，大概可以分为如下几种类型。

第一类将乡村旅游定义为发生在乡村的旅游活动，[3][4]此类定义强调旅游发生的区域是在乡村。例如，OECD（Organization for Economic Cooperation and Development，经济合作与发展组织）将乡村旅游定义为发生在乡村的旅游活动；[5] Arie，Oded和Ady则认为，乡村旅游就是位于农村区域的旅游。[3] Opperman认为，乡村旅游就是旅游者在人们从事各种活动的非城市区域进行旅游，[4]等等。

第二类将乡村旅游定义为被乡村风情所吸引而进行的旅游活动，强调旅游吸引物是与乡村有关的。例如 Fleischer 和 Pizam 认为，人们在乡村旅游的过程中可以获得愉悦，这些愉悦来自于乡村环境的吸引。[6] 乡村旅游是指乡村地域的乡村风情为吸引物，吸引旅游者前往进行休息、观光、学习，以满足旅游者娱乐、求职和回归自然等需求的旅游活动。[7][8]

第三类将乡村旅游的定义与观光农业和休闲农业混同。"乡村旅游，即以农业文化景观、农业生态环境、农业生产活动以及传统的民族习俗为资源，融观赏、考察、学习、参与、娱乐、购物、度假为一体的旅游活动"。[9]

上述概念从不同侧面界定了乡村旅游的含义，都有其局限性。虽然综合的定义对乡村旅游的不同方面进行了揭示，但对乡村旅游的核心问题仍然缺乏认识。直到有学者提出，将乡村性作为界定乡村旅游的核心，于是乡村旅游的界定才逐渐清晰起来。

（二）乡村性：本真或建构

何景明在评述国外学者对乡村旅游的定义之后得出结论，由于乡村旅游概念的复杂性，学者们无法达成一致，但基本上认同"乡村区别于城市的、根植于乡村世界的乡村性是吸引旅游者进行乡村旅游的基础，是界定乡村旅游的重要标志"。[10]

OECD 指出，"乡村性是乡村旅游整体推销的核心和独特卖点"。[5] 但我们对于乡村性的描述和表达是模糊不清的，因为在很多研究者看来，乡村性是客观存在的，是社会建构出来的。乡村性包含三个维度：第一，乡村的表征或观念（representations of the rural）；第二，乡村区位（rural localities），也就是通过人类活动和自然环境展现出来的农村地区；第三，乡村生活（lives of the rural），[11] 即传统的生活方式、社会活动方式以及人际交往方式。这三个维度互相作用、互相影响，形成了一个基于社会空间性的乡村性以及乡村空间。[12] 具体来看，乡村表征，是指乡村在正式的场合中是如何被描述的，比如政府文件、规划书等，在旅游业中，则是指乡村观念引导下的旅游企业方案、产品设计等。[13] 乡村区位，是指那些对乡村旅游产品进行消费活动的特定的空间区域。[12] 在这些区域里，空间是被充满了"真实（real）"的元素构成的。这个维度所涉及的是乡村空间的物质构成，用旅游学的术语表述就是旅游目标物及其物质环境，比如周围景观或者目的地的构成元素等。[13] 乡村生活，是指人们通过日常活动对乡村进行的重塑。[12] 从旅游的角度来看，这一维度与旅游者和旅游目的地居民的旅游活动相关，与利益相关者受雇支持想象中的乡村性策略相关，与旅游者和旅游目的地居民如何扮演好各自的角色及其与旅游产品的互动关系相关。[14] "在乡村空间中，与当地居民与外来人口的认同联系在一起的物质与意义的再生、巩固与竞争的方式，可以看作是检验乡村性如何舞台化以适应特殊的要求。通过某些特定角色呈现出的特征与其表演空间的关系，乡村性被千篇一律地制造出来"。[15]

我国学者认为，乡村的聚落建筑、民俗民风、传统生活形态以及田园景观、地域辽阔、社会变迁缓慢等是乡村性的主要体现。[16][17] 冯淑华等在总结了国内外学者关于乡村性的定性分析之后提出乡村性的内涵可以归纳为地域条件（乡村旅游发生在非城市区域）、旅游资源特性（乡村性物质和文化形态的具体表现）、社区参与（社区居民的全过程参与）、旅游产业本地化（旅游资源为当地人所有）以及可持续发展（古老遗存文化和现实生活中的传统文化的传承）五个部分。[18]

乡村并不总是人们想象中的“净土”或者永远不变的“桃花源”，随着现代农业的发展，乡村生活已经发生了巨大的改变。[19]旅游者之所以对乡村抱有很大兴趣，是因为在乡村旅游的过程中，可以“与传统和自然有亲密接触的机会，享受宁静祥和的氛围，逃避都市喧嚣和工作压力，暂时脱离现代社会淡薄的人际关系，体会怀旧的感觉”。[19]尽管乡村旅游越来越受到关注，并不是所有的“乡村”都会对游客产生吸引力，只有那些被认为是“理想的风景画”的乡村，才具有“乡村魅力”，才能吸引旅游者；而贫瘠的土地、污染的河流、贫寒的生活、肮脏的环境、鸟兽罕至的农村，是没有人愿意去游览的。[19]另外，乡村在农忙时段也不会吸引游客前来游览，居民们紧张地劳动，会对游客产生某种心理上的压抑感。“一个工作着的农村，很难形成一种风景画”。[19]由此我们不难看出，现实中的乡村是既含有吸引游客的“理想的风景画”，也含有不吸引游客的时段和场景的。旅游者或者潜在旅游者对于乡村以及乡村旅游的期望和想象大多是“理想的风景画”的乡村，而不是现实中的乡村。因此，与其说乡村旅游是旅游者在“乡村空间”的旅游，不如说是其在“乡村概念”中的旅游。[20]“乡村魅力”对于都市人群来说不只是换一个“地方”，而是换一种体认“价值”。[20]也就是说，从乡村和乡村性的角度去定义乡村旅游，更多倾向于现实中的乡村空间，而非旅游者心中的乡村概念。若要将乡村旅游定义的更让人信服，必须从旅游者角度来定义。

从上述对乡村性的描述来看，学术界目前对于乡村性的理解大多是从地域性或者乡村资源本身属性的角度出发。地域性和乡村资源本身是客观存在的，或者是被社会建构的。显然，这些对乡村性的描述缺失了从乡村旅游者角度对乡村性的认识和感知。

二、乡村旅游的新框架：地方感

地方感是一个既包括地方本身特性，又包含人对地方的情感依附与认同，以人类地方体验的主观性为基础的概念。[21]地方感是旅游者对乡村性进行体验过程中产生的必不可少的感知和认同的过程，地方感的提出有助于人们更好理解和体验乡村性。

（一）地方感概述

Tuan Y F. 认为当人们把空间（space）赋予了某种意义之后便成了地方（place），“地方与人之间存在着一种特殊的依赖关系”，并称之为“恋地情结（topophilia）”[22]。之后Relph于1976年提出“地方感（sense of place）”的概念。他认为“人们会因为空间发生过有意义的事件或者充满着有意义的经验而对其产生认同感和安全感”[23]，地方感是“人与自然的一种结合，这种结合以某种美妙的体验为中心。这种体验和意识集中于某些特别的设施。它们是基于体验的现实世界的现象，现实的物体。由此，人们正在进行的活动似乎都充满了意义，变成了个人和地方特性的重要来源，这种特性带着强大的情绪和心理联系。[23]" 人们通过与地方互动过程中的体验，去建构地方的意义和特质。[23]同时，人们可以借此直接体验到真实世界中的各种现象，这些现象是具体的而非抽象的。这些与地方有关的意义和特质可能来自于自然环境，但更多地来自于景观的自然和文化特征的共同作用，当然，还包括人。因此，地方除了物理环境，还包含了人的活动、社会和心理的过程、[25]意义和价值。[26]学者们将人对环境这种复杂的情感称为地方感。地方感，作为一个重要的中介变量，构建了人、地方以及事件[27]。地方感是人赋予地方的意义，它并不是地理学家发明的，而是人们生来就有的能力，它存在于每个个体身上，连接个体与这个世界，它是我们对周围环境进行体验的不可或缺的组成部分。[23]

人文地理学关注不同地方的差异，地方之间的差异体现在各个地方特点的差异上。[2]人们可以通过感官感受到地方，各种感受的综合形成了地方感。[2]Tuan Y F. 认为人的主观性是地方感产生的主导因素，在其著作《空间与地方》中他指出，地方感一般包括两个方面的含义：地方固有的特性（地方性）和人们对这个地方的依附感（地方依附）。[2]地方感是一个地方的感觉结构，地方可以被认为有一种精神或者性格，但只有人才有地方感。地方感是由地方产生，并由人赋予的一种体验。当人们把情感或者审美意识投向地点或者区位时，就显示出地方感。人具有建构地方的各种能力，人在一个地方生活一段时间，就会对这个地方周围的环境的山水、草木等产生感情，这种情感是主观的，即使身处同样的地方，每个人可能都有着不同的地方感。[2]这种地方感一旦产生，地方对于人的意义也就产生，因此，换个角度来说，地方感也是地方对于个人的意义。

（二）乡村旅游的地方感的来源

乡村为什么能够吸引旅游者前来旅游，是因为人们通过乡村旅游获得了地方感；换言之，人们以乡村特有的乡村性作为媒介，获得了"乡村"这一"地方"对于人们的意义。个人通过对事物的视觉性意象或符号表现出的需求形成了地方感。[28]人们对于地方的感受来自于长期的记忆、与地方的内在经验、外在世界和社会参与的综合作用。[28]地方感比较主观，对不同的个体来说，形成地方感的事物不尽相同，即使在相同地区的人们之间，也有地方感的差异，每个人的地方感都是自己经验的独特积累。

1. 怀旧：个人经历

人们对地方的长期的记忆，或许总是藏在心底，在旅游过程中，人们会因为眼前的景象而引发对于以往的个人经历和生活的怀念，而主动将回忆与眼前的现实串联起来，这是地方感的一个重要来源。乡村常被人们描述为诗情画意般的、秩序井然的、安逸祥和的形象，[29]这种形象特别适合旅游者进行怀旧旅游，获得怀旧感受。在中国的文化中，人们天生就有着怀旧情结。旅游者怀旧情结的背后是中国古老的农耕文化。中国人对家、对根的怀念是深植于心底的。乡愁、怀旧是潜藏于每个人心底的思念的情绪。在不同类型的乡村旅游目的地中，有不同体现。比如自然的乡村环境，旅游者在这样的环境中，回归原始，回归祖先生活过的地方；比如古朴的田园乡村，旅游者在此类地方游览，感受的是对“家”的追寻，对历史文化的追求，对田园生活的追求与体验。人们不能回到过去，但是如果回到一些过去生活过的或者祖辈生活过的地理场景（比如乡村），通过视觉、味觉、嗅觉等感觉去体会过去，回忆过往，会使旅游者在旅游的过程中感到莫名的亲切与喜爱，愉悦进而产生。

怀旧是游客的旅游动机，也是旅游行为中“景观”的一种魅力。旅游的主要动力之一是来自于时空距离，“渴望逃脱当时、当地的生活去寻求自然、文化或历史的过去”[30]。从现代性的角度来看，“现代人不仅身在异乡，而且在新的秩序的建构中集体失忆，成为没有乡愁的异乡人”[30]。怀旧包括时间（怀念过去：源于线性时间观）、空间（怀念彼此：源于思乡情结）以及属性（“家”的归属感：源于意义认同），时空落差或心理距离，以及在此基础上的实在感、充实感和自在感的跌落是怀旧发生的原因。[30]“所有的旅游形式，与其他类型的仪式一样，都是从怀旧到惊喜的一个连续过程。[31]”旅游的本质是体验，旅游者在体验中获得愉悦。[32]怀旧是“对过去的沉迷，对逝去的事物进行的短暂而美好的回忆”[33]，旅游者在怀旧过程中认为过去的事情是美好的，并且渴望回到过去。怀旧这种行为需要通过旅游这种方式，到达自己或者祖辈曾经工作过或者生活过的地方，并且借助于想象、联想、情感体验获得短暂摆脱现实状况的愉悦。乡村旅游对于个人的意义表现为怀念过去，获得这种心灵上的体验。

2. 放松：社会压力

18 世纪末期到 19 世纪早期的工业化和城市化进程，使人们开始从对宗教的迷恋转移到对自然风景（尤其是乡村风景）的迷恋。它填补了人们由于繁忙的城市生活产生的精神空虚，使人们在情感上有了慰藉。[34]虽然人们对乡村风景这种近乎神奇的作用还有质疑，但不可否认的是，从 19 世纪早期开始，乡村一直在吸引着大量的“逃避现代性（refuge from modernity）”的旅游者。[35]换句话说，人们对于乡村的看法在上两个世纪经历了一个彻头彻尾的转变，从原来的偏僻、危险、贫穷变成了人们眼中宁静、浪漫、充满田园气息的地方。[36]乡村所具备的纯真自然、传统文化、生活节奏、古朴风景最能让那些强烈的回归自然、追溯历史的现代城市人寻得心灵上的情感共鸣，人们无法长期忍受现代化带来的人与自然的距离，忙中偷闲地品味湖光山色，感受树叶飘落的宁静、感悟自然万千变化，以获得心灵的暂时宁静和愉悦，[37]人们对地方的情感便油然而生。

现代性是对传统社会的超越，是西方社会文艺复兴后出现的一种崭新的社会秩序和制度形式。然而，现代化过程中，自然环境的恶化、生活节奏的加快、工作刻板化、人情冷漠、虚情假意盛行等，使人们必须寻求一种“解脱”的方式。[38]社会学认为旅游源于人们对现代性阴暗面的反应和抵抗，是人们对现代性所造成的异化、生态环境恶化以及生活节奏程式化等状况的“解脱（escape）”。[39]旅游是人们对现代性不满和怨恨的镜子。在旅游中，人们寻求回归自然、体验日常生活中所缺失的自然和简朴，乡村为现代人提供了暂时的“避难所”，为他们展示了另外一个被美化了的“梦幻世界（dream world）”。[38]乡村对于个人的意义表现为摆脱压力，放松自我。

3. 乡村旅游地方感内容

（1）意象：乡村的整体意义

旅游目的地意象是地方（place）的有关信息在人们大脑中形成的一种简要的表达，是一种地方意境的表达，[40]是“个人对目的地的整体信念（beliefs）、观念（ideas）、感知（perception）和印象（impressions）的总和”[41]。乡村意象是人们对乡村的整体感觉和印象，是人们对乡村的反馈和映射在心理上的积淀。[42]乡村意象强调的是乡村的整体氛围。比如孤独、安静、荒僻，是到访英格兰湖区的乡村旅游者对目的地的整体感受。[37]英国乡村旅游者认为乡村旅游目的地让人“放松和惬意”，能够享受“新鲜空气”，体验“平和宁静”；法国人对乡村的认知是“平静与安宁”“放松”“绿色植物与纯净空气”；西班牙乡村旅游者认为乡村是“宁静的”“体验自然的”。[17]乡村意象是由乡村性决定的，它更是客观的乡村性在人们头脑中的映射和心理上的积淀，[42]换句话说，是由“乡村性”和“人”共同决定的。乡村意象可以认为是乡村性在人们头脑中的反映，不同的旅游者，由于其本身各方面的差异，对于乡村性的认识是有差异的。

不难看出，意象是人们赋予地方的整体意义。地方所包含的有特色的景点都可以被视为旅游目的地意象的来源。Lynch 认为，当人们来到一个陌生环境，能够吸引其产生认识的最初因素，不是历史景点的背景，而是人对独特景色的兴趣。[43]人们会通过对环境的熟悉程度来评估对地方的认知程度，并产生情感作用。人们对地方意象的感知过程是一种经历了心理作用之后反映出来的知觉表现。游客选择到旅游目的地进行体验，经历了一个先是在脑海中对目的地意象进行感知，进而对地方寄托情感，最终赋予旅游地深刻的意义的过程。对于游客来说，旅游目的地的意象是能够被区别、组织和赋予意义的，所以游客就会对这个地方产生认知，进而产生持续的情感。[44]这种情感，就是地方感。

（2）旅游凝视：乡村旅游对不同旅游者的具体意义

意象产生于具体的“凝视”对象，“乡村意象”的元素有：景观（陆地景观和海洋景观）；野生动植物、种类繁多的生物；土地；新鲜的空气；郁郁葱葱的植物；农家小院；居民聚集区；历史特征（古村落建筑）；具有乡村特征的代表性景物（拖拉机、山径、马道）；河流、小溪、池塘；洁净的水；森林和种植园；当地民俗、语言、服装、食物、工艺品、节庆活动、生活方式等。[45] Chen 和 Kerstetter[46]曾对到美国宾夕法尼亚州乡村旅游的国际学生进行调查后发现，国际学生对于当地的乡村意象主要分为如下几类：

①乡村旅游设施（tourism infrastructure）：包括完善的基础设施、交通设施、通信设施；种类丰富的餐厅、住宿设施、休闲场所、夜生活场所；可进入性较好、优质的服务、令人满意的购物设施和场所；高标准的生活设施；舒适的气候、发达、丰富的本地信息；当地游览的景点多，丰富的文化和历史景点等。

②自然环境带来的愉悦（natural amenity）：令人沉醉的风景，美丽的公园，丰富的野外活动，美丽的绿色植物，有探险的机会，种类丰富的户外活动，许多名胜古迹可以去参观。

③农家生活（farm life）：有许多农田，有年长的老人，单一的人口种类，简单的生活方式。

“旅游是一个收集照片、收集符号的过程，旅游凝视就是某特定景点意义符号的生产与消费”。[19] 它不仅仅是“观看”这一动作，而是将旅游需要（Needs）、旅游动机（Motive）和旅游行为（Travel）融合并且抽象化的结果，代表了旅游者对地方（place）的一种作用力。[47] 首先，游客来到旅游地，所消费的其实就是意义符号建构起来的地方的特殊性。其次，旅游地由于旅游者的到访和消费，而被社会性地重新建构（Social Restructuring）。最后，游客对地方不断的凝视和消费会使地方原有的特质慢慢消失殆尽，最终演变为一个“完全被消费的地方”（all - consuming Place）。旅游凝视是“旅游者在旅游活动中把日常生活当中的责任义务暂时搁置，而以独特的心态、方式去看待旅游过程中的事物”，[48] 在这个过程中，事物的真实感和存在感是旅游者自身与其他因素共同作用形成的一种印象，由于旅游者不是“简单地寻找事物的客观意义”，而是主观地“凭借自己的经验和想象来探求事物的真实本源”，因此旅游凝视带有明显的主观色彩。[48]

由于旅游凝视的主观性，旅游者在旅游目的地的关注点就会由于个人主观认识不同而显现出巨大差异。在旅游过程中，人们选择看或者不看，选择看什么直接折射出人们的欲望和缺失。[49] 旅游凝视反映出人们期望通过旅行完善自己的欲望，比如有的乡村旅游者关注田园风光，有的关注村落文化，有的甚至只关注乡村美食。

我们可以尝试根据乡村旅游者的关注点的不同，来对乡村旅游凝视的类型进行划分：

第一类是以欣赏田园风光为目的的，旅游者主要关注自然风光、农业生产活动、农业文化景观以及生态环境。

第二类是以欣赏村落文化为目的的，旅游者主要关注乡村建筑形式、聚落形态和乡村传统节日等。

第三类是以体验乡村特有的美食为目的的，旅游者主要关注有别于城市的乡村特有的传统烹饪方式、天然的食材以及新鲜的味道。

三、结语：乡村旅游概念的重构

通过上述对乡村旅游地方感来源和内容的表述，我们对乡村旅游的概念进行重新界定，即乡村旅游是以乡村性为媒介，提供旅游者愉悦体验的旅游方式。这种方式通过旅游者对乡村的地方感表现出来。

参考文献

[1] Tuan Y F. Topophilia: A study of environmental perception, attitudes, and values [M]. Columbia University Press, 1974.

[2] Tuan Y. Space and place: The perspective of experience [M]. U of Minnesota Press, 1977.

[3] Reichel A, Lowengart O, Milman A. Rural tourism in Israel: service quality and orientation [J]. Tourism Management, 2000, 21 (5): 451 -459.

[4] Oppermann M. Rural tourism in southern Germany [J]. Annals of Tourism Research, 1996, 23 (1): 86 -102.

[5] Organization for Economic Cooperation and Development. Tourism policy and international tourism in OECD countries: 1991 -1992, 1994.

[6] Fleischer A, Pizam A. Rural tourism in Israel [J]. Tourism Management, 1997, 18 (6): 367 -372.

[7] 刘德谦．关于乡村旅游、农业旅游与民俗旅游的几点辨析 [J]．旅游学刊，2006，21 (3)：12 -9.

[8] 杜江，向萍．关于乡村旅游可持续发展的思考 [J]．旅游学刊，1999 (1)：15 -18.

[9] 郭焕成，刘军萍，王云才．观光农业发展研究 [J]．经济地理，2000，20 (2)：119 -124.

[10] 何景明．国外乡村旅游研究述评 [J]．旅游学刊，2003 (1)：76 -80.

[11] Halfacree K. Rural space: constructing a three -fold architecture [J]. Handbook of Rural Studies, 2006: 44 -62.

[12] Halfacree K. Trial by space for a ' radical rural ': Introducing alternative localities, representations and lives [J]. Journal of Rural Studies, 2007, 23 (2): 125 -141.

[13] Frisvoll S. Power in the production of spaces transformed by rural tourism [J]. Journal of Rural Studies, 2012 (32).

[14] Frisvoll S. Conceptualising Authentication of Ruralness [J]. Annals of Tourism Research, 2013 (43): 272 -296.

[15] Edensor T. Performing rurality [J]. Handbook of Rural Studies, 2006: 484 -495.

[16] 何景明，李立华．关于“乡村旅游”概念的探讨 [J]．西南师范大学学报（人文社会科学版），2002，28 (5)：125 -128.

[17] 尤海涛，马波，陈磊．乡村旅游的本质回归：乡村性的认知与保护 [J]．2012，22 (9)：158 -162.

[18] 冯淑华，沙润．乡村旅游的乡村性测评模型——以江西婺源为例 [J]．地理研究，2007，26 (3)：616 -624.

[19] Urry J. Consuming places [M]. Routledge, 2002.

[20] 彭兆荣. 旅游人类学视野下的“乡村旅游”[J]. 广西民族学院学报（哲学社会科学版），2005，27（4）.

[21] EYLES J. Senses of place [M]. London: Pion, 1985.

[22] Tuan Y F. Geography, phenomenology, and the study of human nature [J]. The Canadian Geographer/Le Géographe canadien, 1971, 15 (3): 181 – 192.

[23] Relph E. Place and placelessness [M]. London: Pion, 1976.

[24] Harvey D. Spaces of capital: Towards a critical geography [M]. Routledge, 2001.

[25] Gieryn T F. A space for place in sociology [J]. Annual Review of Sociology, 2000: 463 – 496.

[26] Sampson K A, Goodrich C G. Making place: Identity construction and community formation through “sense of place” in Westland, New Zealand [J]. Society and Natural Resources, 2009, 22 (10): 901 – 915.

[27] Williams D R, Stewart S I. Sense of place: An elusive concept that is finding a home in ecosystem management [J]. Journal of Forestry, 1998, 96 (5): 18 – 23.

[28] Altman I, Low S M. Place attachment [J]. 1992.

[29] Thrift N. Images of social change [J]. The Changing Social Structure, 1989: 12 – 42.

[30] 董培海，李伟. 旅游，现代性与怀旧——旅游社会学的理论探索 [J]. 旅游学刊，2013，28（4）.

[31] Crompton J L. Motivations for pleasure vacation [J]. Annals of Tourism Research, 1979, 6 (4): 408 – 424.

[32] 谢彦君. 旅游体验研究—— 一种现象学视角的探讨 [M]. 天津：南开大学出版社，2005.

[33] 赵静蓉. 怀旧：永恒的文化乡愁 [M]. 北京：商务印书馆，2009.

[34] De Botton A. The art of travel [M]. Penguin UK, 2003.

[35] Short J R. Imagined country: Society, culture and environment [J]. Routledge, London, 1991.

[36] Newby H. Rural Sociology and Its Relevance To The Agricultural Economist [J]. Journal of Agricultural Economics, 1982, 33 (2): 125 – 165.

[37] Sharpley R, Jepson D. Rural tourism: a spiritual experience? [J]. Annals of Tourism Research, 2011, 38 (1): 52 – 71.

[38] 王宁. 旅游，现代性与“好恶交织”[J]. 社会学研究，1999（6）：93 – 102.

[39] Cohen S, Taylor L. Escape attempts: The theory and practice of resistance in everyday life [M]. Psychology Press, 1992.

[40] Mayo E J. Regional images and regional travel destination [C] //Proceedings of The Fourth Annual Conference of TTRA. 1973: 211 – 217.

[41] Crompton J L. Motivations for pleasure vacation [J]. Annals of Tourism Research, 1979, 6 (4): 408 -424.

[42] 熊凯. 乡村意象与乡村旅游开发刍议 [J]. 地域研究与开发, 1999 (18): 71 -74.

[43] Lynch K. The image of the city [M]. The MIT Press, 1960.

[44] Echtner C M. The semiotic paradigm: implications for tourism research [J]. Tourism Management, 1999, 20 (1): 47 -57.

[45] Garrod B, Wornell R, Youell R. Re - conceptualising rural resources as countryside capital: The case of rural tourism [J]. Journal of Rural Studies, 2006, 22 (1): 117 -128.

[46] Chen P J, Kerstetter D L. International students' image of rural Pennsylvania as a travel destination [J]. Journal of Travel Research, 1999, 37 (3): 256 -266.

[47] 刘丹萍. 旅游凝视: 从福柯到厄里 [J]. 旅游学刊, 2007, 22 (6): 91 -95.

[48] 朱煜杰. 旅游中的多重凝视: 从静止到游动 [J]. 旅游学刊, 2012 (11): 20 -21.

[49] MacCannell D. Tourist agency [J]. Tourist Studies, 2001, 1 (1): 23 -37.

第 2 编
休闲经济与旅游经济

2001—2012 年入境旅游者特征变化规律分析

冯文勇　付小军　于韶梦　任瑞萍
（忻州师范学院旅游管理系）

【摘　要】本文以 2001—2012 年《中国旅游统计年鉴》数据为基础，通过考察增长量、平均增长量、增长速度、平均增长速度等指标，综合分析了 2001—2012 年入境旅游者的特征变化规律。结果表明：2001—2012 年间不同客源区域的入境旅游者都呈快速增长态势。此外，在年龄方面，25～44 岁和 45～64 岁的旅游者居多，但 14 岁及以下和 65 岁及以上的旅游者增长速度快；性别方面，以男性居多，但女性游客数量增长较快；旅游目的，以观光休闲为主，会议/商务和其他为辅，探亲访友的旅游者比例不断减少；入境方式，以乘坐飞机为主，选择徒步方式的旅游者数量较少，但增长最为迅速。

【关键词】入境旅游　旅游者　中国

入境旅游市场一直是学者们关注的焦点，例如，刘智兴[1]、万春燕[2]、陈兴中[3]、任瑞萍[4]、杜彦荣[5]等分别对内蒙古自治区、福建省、四川省以及京沪穗口岸和沿海地区的入境旅游市场特征的分析；钟静[6]、王良举[7]对入境旅游市场的时空特征的研究；孙盼盼[8]等从不同角度对入境客源市场的探讨；武传表[9]通过灰色关联度分析，对入境旅游市场发展变化的探讨；雷平[10]对入境客源市场的景气指数的研究，等等。

本文通过对选定的多个定量指标的分析，研究 2001—2012 年中国入境旅游者特征及变化规律，试图揭示入境旅游者数量变化的规律。

一、数据来源和研究方法

（一）数据来源

本文数据来源于 2002—2013 年《中国旅游统计年鉴》。在《中国旅游统计年鉴》中，入境旅游者包括港澳台旅游者和外国旅游者，本文仅研究后者。

（二）研究方法

采用描述性统计分析法，选择增长量、平均增长量、增长速度、平均增长速度等定量指标，对 2001—2012 年入境旅游者的特征变化规律进行综合分析。

二、结果与分析

在 2001—2012 年入境旅游市场的发展变化中，日本、韩国、俄罗斯、美国、马来西亚、新加坡、菲律宾以及蒙古始终以高于60%的市场份额位居我国前八大客源国。因此本文除研究五大洲客源市场外，还需研究这八大主要客源国的旅游者在2001—2012年间来我国入境旅游的特征变化规律，以此来反映入境旅游者特征在这12年间的变化规律。特别注意的是，在本文所选择的2001—2012年这个时间段中，经历了2003年的“非典”和2008—2009年的全球“金融危机”等特殊事件，鉴于其对旅游业产生影响的特殊性，在本文的分析和讨论过程中，不再对这三年的情况进行特殊说明。

（一）年龄特征

1. 入境外国旅游者

按照《中国旅游统计年鉴》中的划分，旅游者的年龄结构分为14岁及以下、15~24岁、25~44岁、45~64岁以及65岁及以上。2001—2012年入境旅游者人数（按年龄分，外国）如图1所示，入境旅游者中，25~44岁年龄段的旅游者人数最多，并且处于不断增长趋势，由2001年的545.42万人次增长到2012年的1229.72万人次，其平均增长量为62.21万人次。其次是45~64岁年龄段，2001—2011年间处于增长趋势，由2001年的384.84万人次增长到2011年的992.28万人次，但到了2012年却下降了3.58万人次，其平均增长量为54.90万人次。同样在2012年呈现负增长的还有14岁及以下入境旅游者，比2011年减少了0.15万人次。虽然14岁及以下、15~24岁和65岁及以上入境旅游者人数较少，但他们在12年间的平均增长速度却很高，分别是11.85%、10.06%和13.60%；而旅游者人数最多的25~44岁年龄段平均增长速度最低，为8.61%。

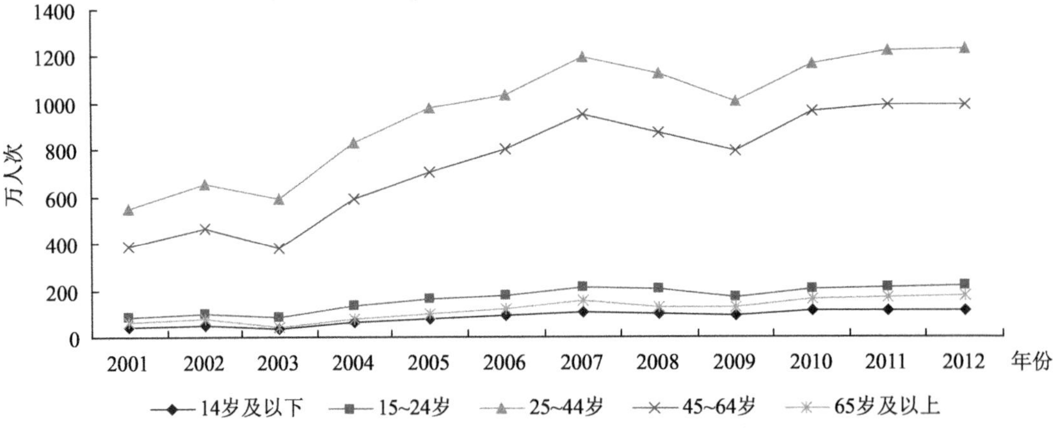

图1 2001—2012年外国入境旅游者人数（按年龄分）

2. 五大洲入境旅游者

（1）亚洲

2001—2012年亚洲入境旅游者人数（按年龄分）如图2所示。对图1和图2进行对比可以发现，除入境旅游者人数的数值不同外，其特征和变化趋势十分相似。入境旅游者人数最多的是25~44岁年龄段，其次是45~64岁年龄段，其他三个年龄段旅游者人数较少且较为接近。在平均增长速度上位于前两位的也是65岁及以上年龄段和14岁及以下年龄段，分别是12.80%和11.72%，而旅游者人数最多的25～44岁年龄段也只有8.79%。

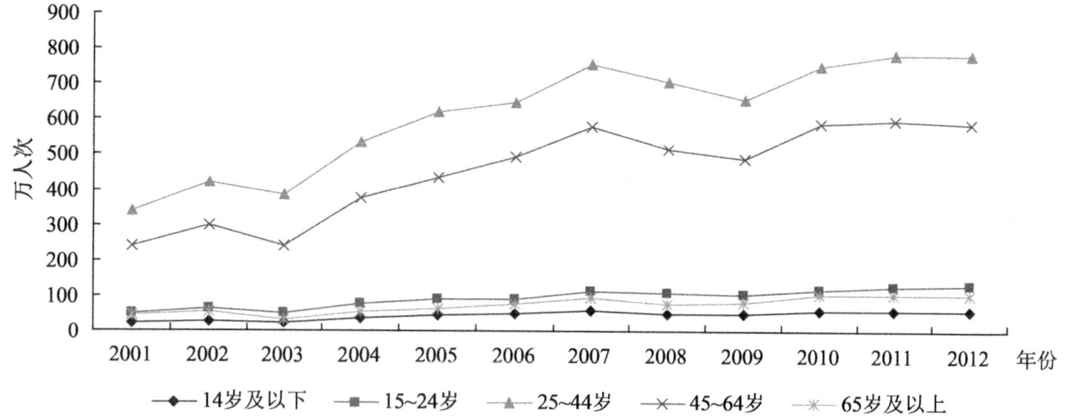

图2　2001—2012年亚洲入境旅游者人数（按年龄分）

（2）欧洲

2001—2012年欧洲入境旅游者人数（按年龄分）如图3所示，旅游者人数最多的是25～44岁年龄段，除2012年比2011年有所下降外，其余年份都在增长，平均增长量为12.54万人次。其次是45～64岁年龄段，也处于增长趋势，由2001年的81.62万人增长到2012年的213.62万人。位于第三位的是15～24岁年龄段，该年龄段的旅游者人数在2008年仍有所上升，但在2012年也有所下降，比2011年减少了2.74万人次。14岁及以下和65岁及以上年龄段的旅游者人数及变化特征都较为接近，虽人数较少，但均处于增长状态，且二者的平均增长速度很快，分别为15.89%和16.12%。15～24岁和45～64岁年龄段的平均增长速度分别为9.65%和10.76%，而旅游者人数最多的25～44岁年龄段平均增长速度只有7.81%。

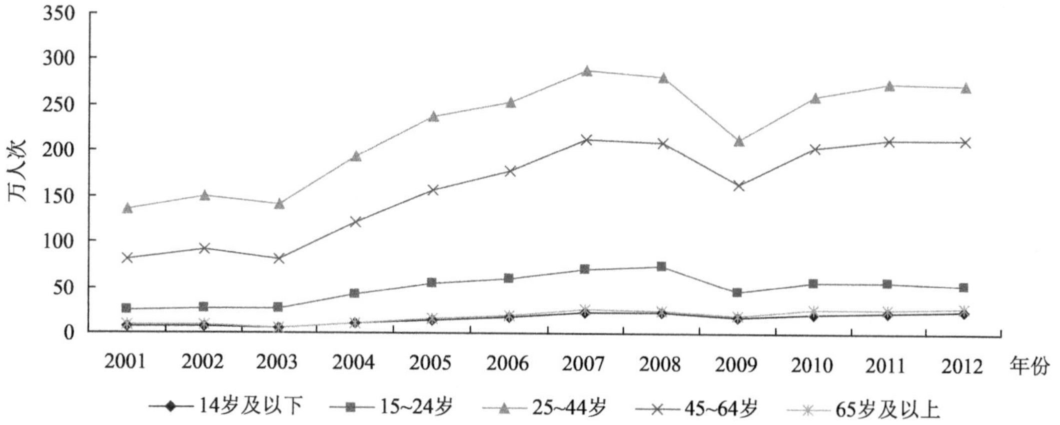

图3　2001—2012年欧洲入境旅游者人数（按年龄分）

（3）美洲

2001—2012 年美洲入境旅游者人数（按年龄分）如图 4 所示，入境旅游者人数最多的是 45 ~ 64 岁年龄段，其次是 25 ~ 44 岁年龄段，但在 2001—2003 年二者的旅游者人数十分接近，从 2004 年开始 45 ~ 64 岁年龄段才逐渐明显高于 25 ~ 44 岁年龄段，且差距越来越大，二者在 2001—2011 年均处于增长状态，且都在 2012 年有所下降。剩余三个年龄段入境旅游者人数较少且很接近，其中只有 14 岁及以下年龄段和 15 ~ 24 岁年龄段在 2012 年人数有所下降。在平均增长速度上，最快的是 65 岁及以上年龄段，达到 14. 12%；其次是 15 ~ 24 岁年龄段，为 13. 34%；第三位是 45 ~ 64 岁年龄段，为 11. 29%；而 14 岁及以下年龄段和 25 ~ 44 岁年龄段的平均增长速度分别是 9. 88% 和 8. 51%。

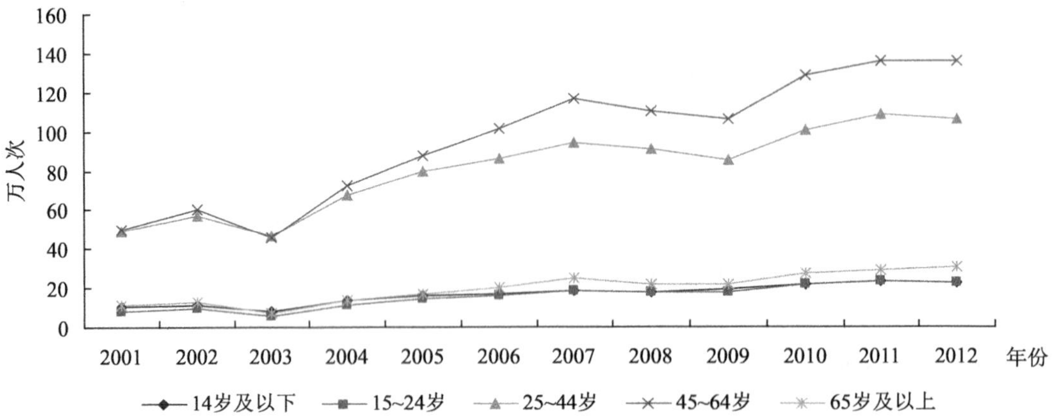

图 4　2001—2012 年美洲入境旅游者人数（按年龄分）

（4）大洋洲

2001—2012 年大洋洲入境旅游者人数（按年龄分）如图 5 所示。据图 5 可知，大洋洲入境旅游者人数较多的是 25 ~ 44 岁和 45 ~ 64 岁年龄段，其中在 2001—2007 年，25 ~ 44 岁年龄段入境旅游者人数始终多于 45 ~ 64 岁年龄段；而 2007—2012 年，45 ~ 64 岁年龄段逐渐多于 25 ~ 44 岁年龄段；二者均在增长，其平均增长量分别为 1. 57 万和 2. 41 万人次。其他三个年龄段的入境旅游者人数较少且较为接近，其变化态势也很相似。在平均增长速度上，最快的是 65 岁以上年龄段，达到 20. 35%；15 ~ 24 岁年龄段和 45 ~ 64 岁年龄段分别是 14. 39% 和 14. 14%；14 岁及以下年龄段为 10. 94%；而 25 ~ 44 岁年龄段只有 8. 01%。

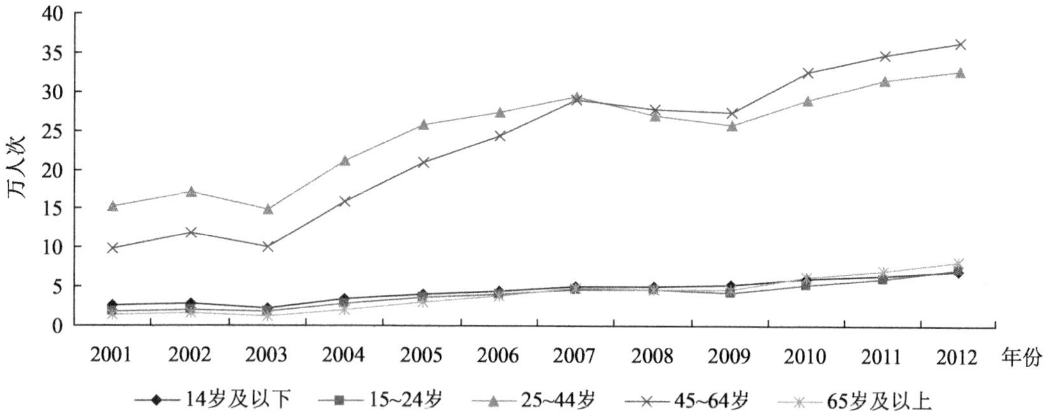

图 5　2001—2012 年大洋洲入境旅游者人数（按年龄分）

（5）非洲

2001—2012 年非洲入境旅游者人数如图 6 所示。非洲入境旅游者人数最多的是 25～44 岁年龄段，增长速度很快，由 2001 年的 4.68 万人次增长到 2012 年的 33.36 万人次。其次是 45～64 岁年龄段，也在不断增长，平均增长量为 1.17 万人次。其余年龄段入境旅游者人数较少且较为接近。相比其他四大洲，非洲各年龄段入境旅游者的增长速度较快。其中平均增长速度最快的是 45～64 岁年龄段，高达 23.12%；其次是25～44 岁年龄段，达到 20.88%；15～24 岁年龄段达 19.03%，65 岁以上年龄段为 17.54%，而 14 岁及以下年龄段也达到了 13.48%。

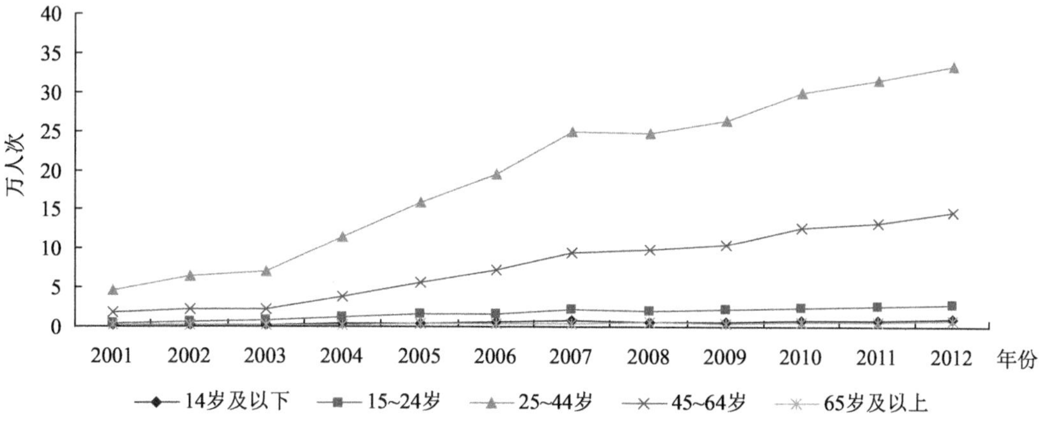

图 6　2001—2012 年非洲入境旅游者人数（按年龄分）

3. 前八大客源国

（1）日本（见图7）

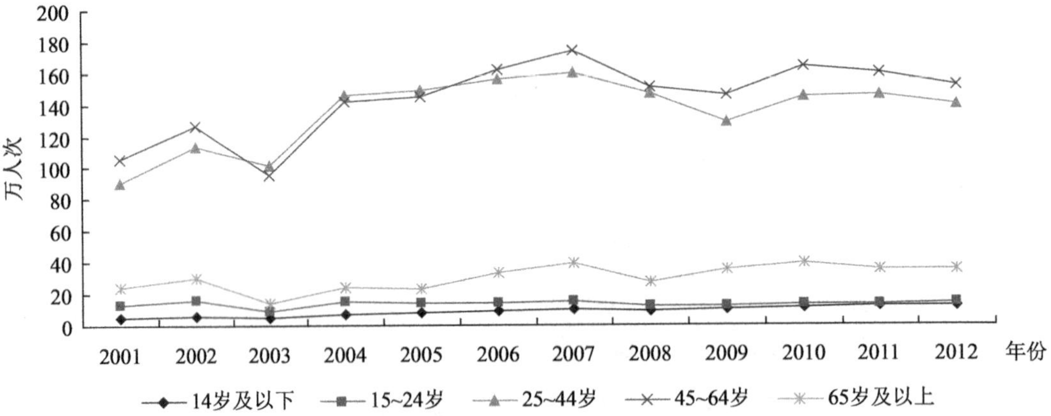

图7　2001—2012年日本入境旅游者人数（按年龄分）

（2）韩国（见图8）

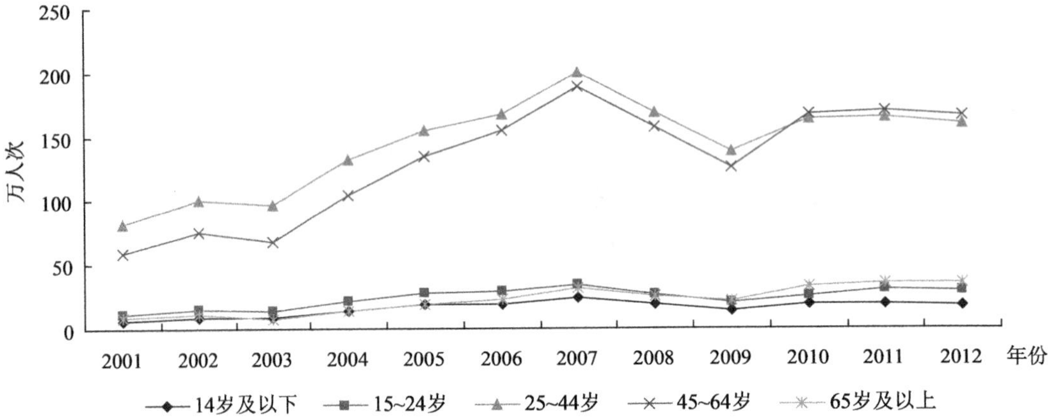

图8　2001—2012年韩国入境旅游者人数（按年龄分）

（3）俄罗斯（见图9）

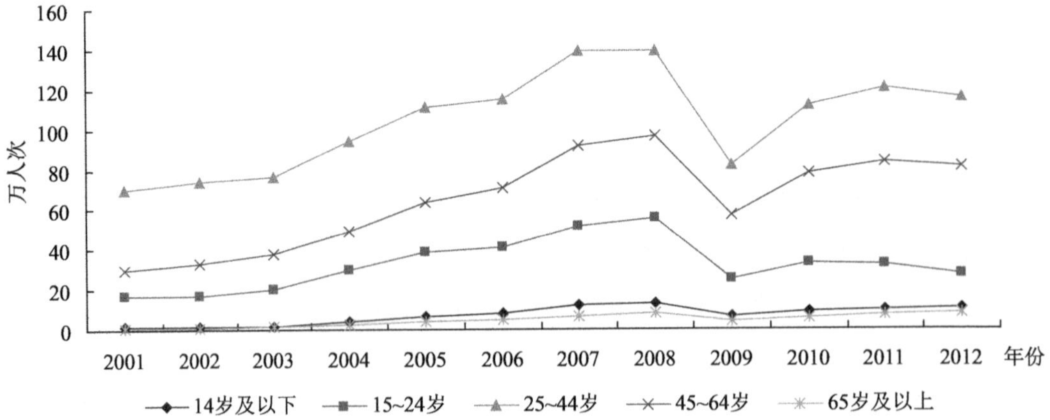

图9　2001—2012年俄罗斯入境旅游者人数（按年龄分）

（4）美国（见图10）

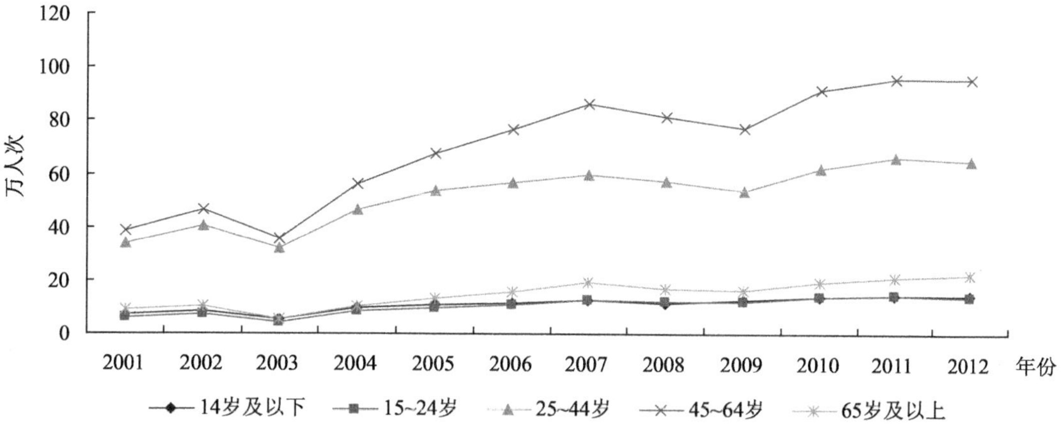

图10 2001—2012年美国入境旅游者人数（按年龄分）

（5）马来西亚（见图11）

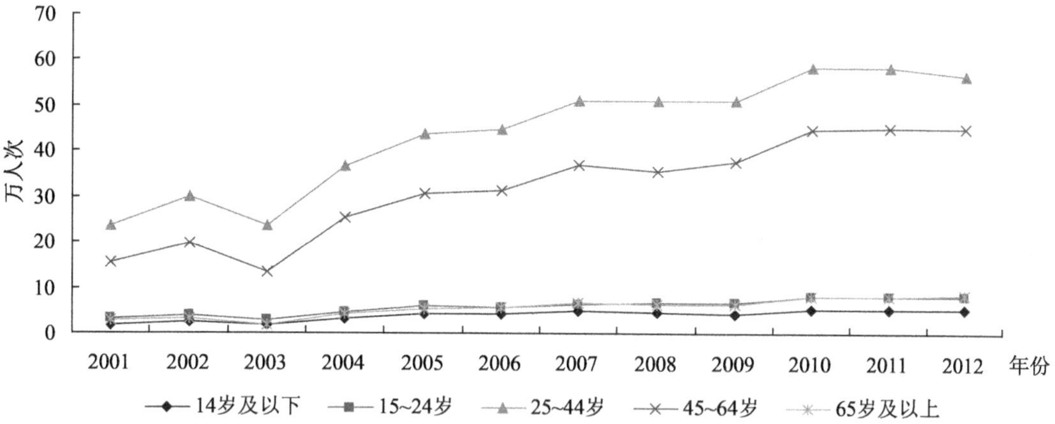

图11 2001—2012年马来西亚入境旅游者人数（按年龄分）

（6）新加坡（见图12）

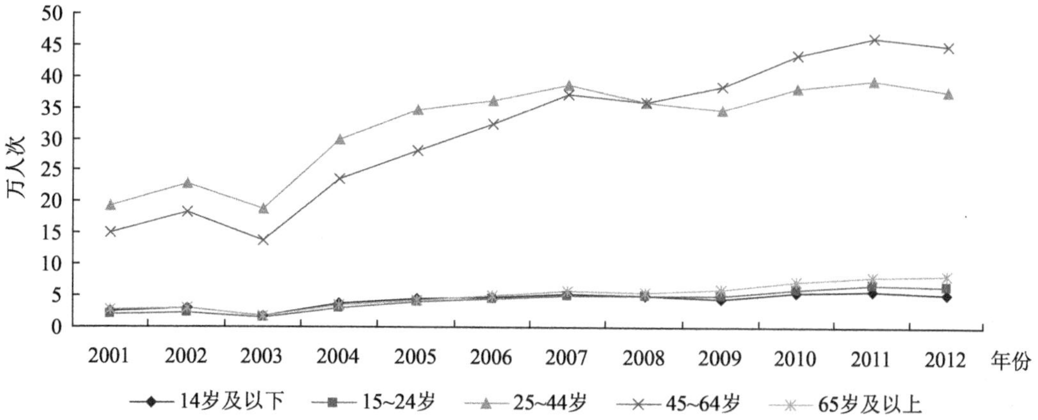

图12 2001—2012年新加坡入境旅游者人数（按年龄分）

（7）菲律宾（见图13）

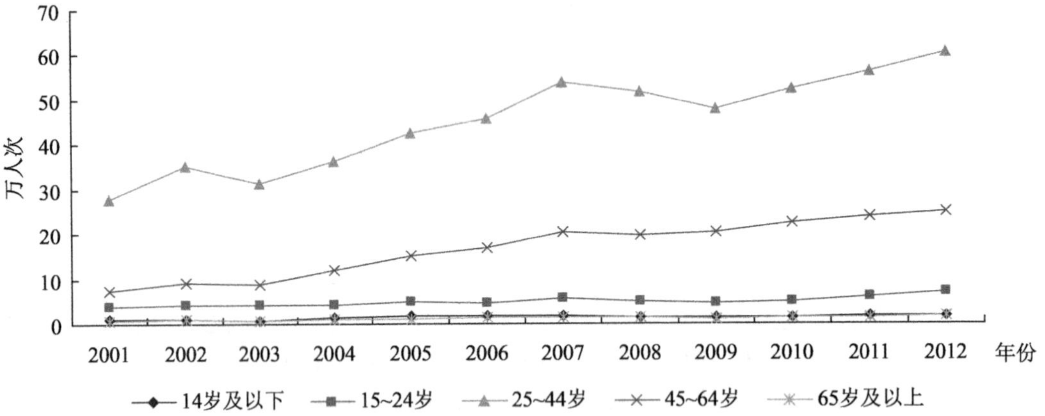

图13　2001—2012年菲律宾入境旅游者人数（按年龄分）

（8）蒙古（见图14）

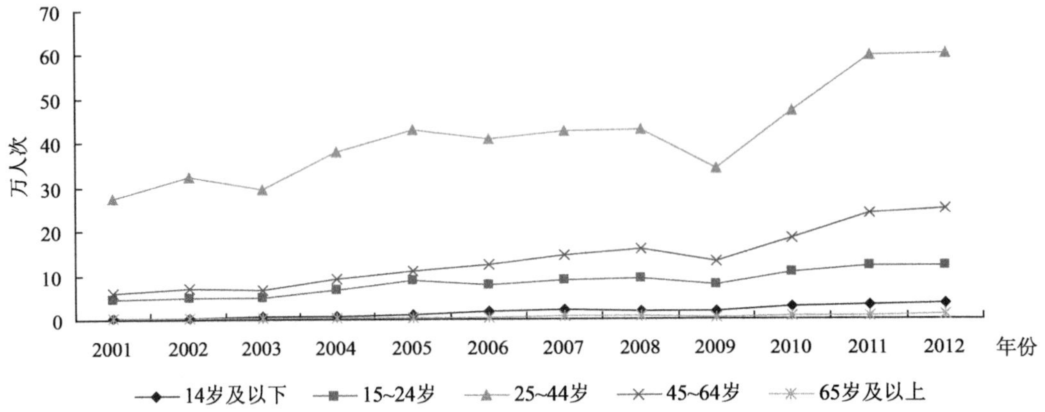

图14　2001—2012年蒙古入境旅游者人数（按年龄分）

根据图7至图14按年龄分析2001—2012年来自日本、韩国、俄罗斯、美国、马来西亚、新加坡、菲律宾以及蒙古的入境旅游者人数情况。来自日本、韩国以及新加坡的旅游者人数较多的是25～44岁和45～64岁年龄段，这两个年龄段旅游者人数除在2012年有所减少外，其余年份都在增长；来自俄罗斯、马来西亚、菲律宾和蒙古的旅游者人数最多的是25～44岁年龄段，其次是45～64岁年龄段，除俄罗斯这两个年龄段旅游者和马来西亚25～44岁年龄段旅游者在2012年有所减少外，其余年份都在增加；而来自美国的旅游者人数最多的是45～64岁年龄段，其次是25～44岁年龄段，并且在2001—2011年都在增长，2012年有所下降。其余三个年龄段的旅游者人数，除俄罗斯的15～24岁年龄段以较高的优势领先于其他两个年龄段外，其他7个国家的这三个年龄段的旅游者人数在各自国家中都很接近，且人数较少。从平均增长速度上看，日本、韩国、俄罗斯、美国以及马来西亚增长最快的是65岁及以上年龄段，分别为9.11%、18.54%、26.77%、12.92%和18.50%；新加坡增长最快的是15~24岁年龄段，达到15.83%；菲律宾增长最快的是45~64岁年龄段，达12.40%；蒙古增长最快的是14岁及以下年龄段，高达23.76%。另外，韩国、俄罗斯、美国、马来西亚、新加坡和蒙古平均增长速度最慢的是25~44岁年龄段，分别为7.54%、6.74%、7.31%、9.85%、7.72%和8.63%；而日本和菲律宾增长最慢的是15~24岁年龄段，分别为3.05%和6.07%。

（二）性别特征

1. 外国入境旅游者

2001—2012年外国入境旅游者人数（按性别分）如图15所示。其中男性旅游者人数始终高于女性。男性旅游者的人数从2001年的728.83万人次增长到2012年的1737.76万人次，平均增长量为91.72万人次；女性旅游者人数从2001年的393.80万人次增长到2012年的981.40万人次，平均增长量为53.42万人次。整体上，二者都在增长，但男性旅游者在2012年减少了7.65万人次。从增长速度来看，女性要快于男性，女性的平均增长速度为10.60%，而男性是9.25%。

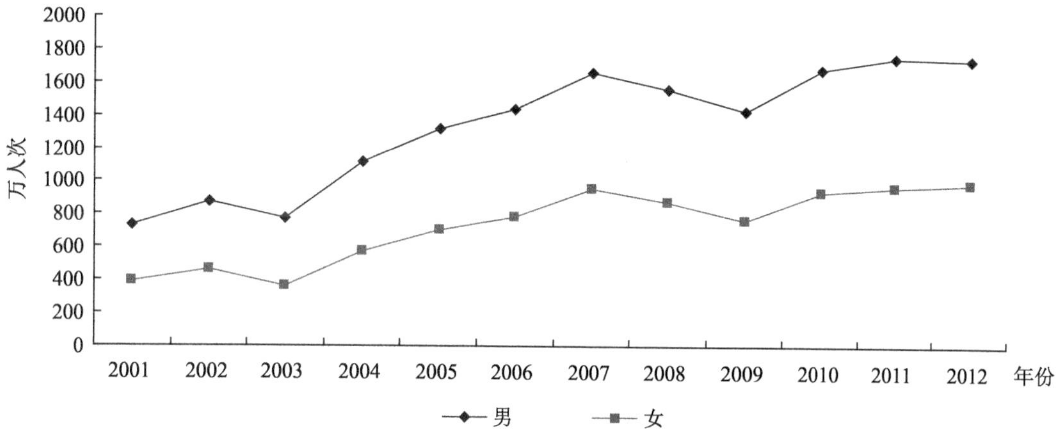

图15 2001—2012年外国入境旅游者人数（按性别分）

2. 五大洲入境旅游者

（1）亚洲

2001—2012年亚洲入境旅游者人数（按性别分）如图16所示。来自亚洲的男性旅游者人数始终要高于女性，除男性旅游者在2012年下降了13.90万人次，其余保持着增长趋势。但女性的增长速度要快于男性，女性的平均增长速度为11.08%，而男性的平均增长速度为8.87%。

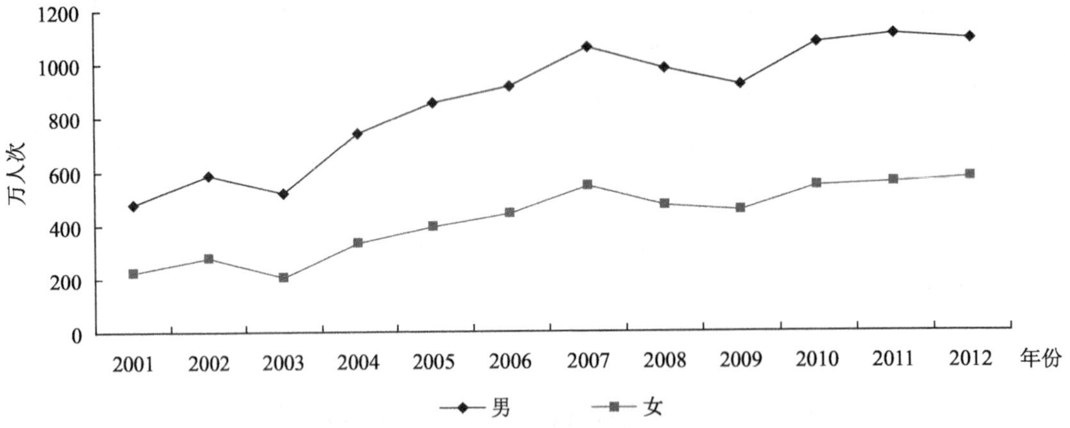

图 16　2001—2012 年亚洲入境旅游者人数（按性别分）

（2）欧洲

2001—2012 年欧洲入境旅游者人数（按性别分）如图 17 所示。据图 17 可知，来自欧洲的男性旅游者人数始终高于女性，但差距相对较小。男女旅游者的增长速度也非常接近，平均年增长速度分别为 9.48% 和 9.46%。

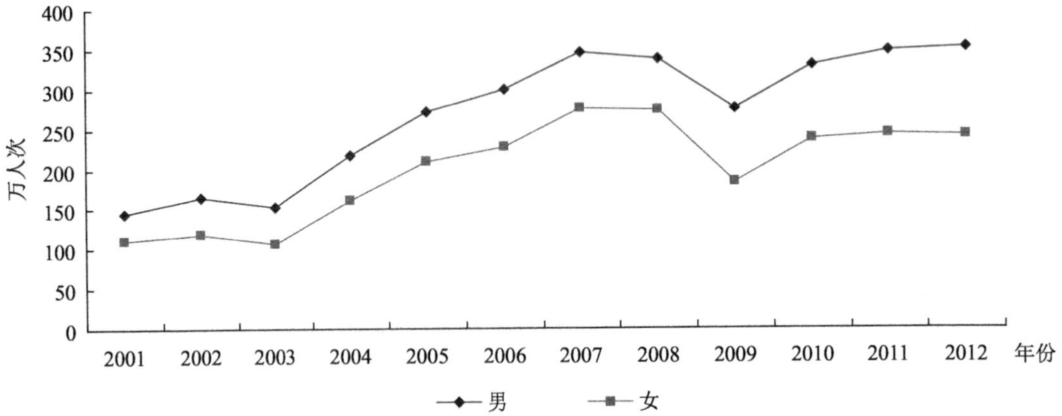

图 17　2001—2012 年欧洲入境旅游者人数（按性别分）

（3）美洲

2001—2012 年美洲入境旅游者人数（按性别分）如图 18 所示。据图 18 可知，来自美洲的男性旅游者人数始终要高于女性，男性旅游者在 2012 年减少了 2.54 万人次，其余年份都在增长。在增长速度上，女性的平均增长速度要快于男性，女性为 11.32%，男性为 9.97%。

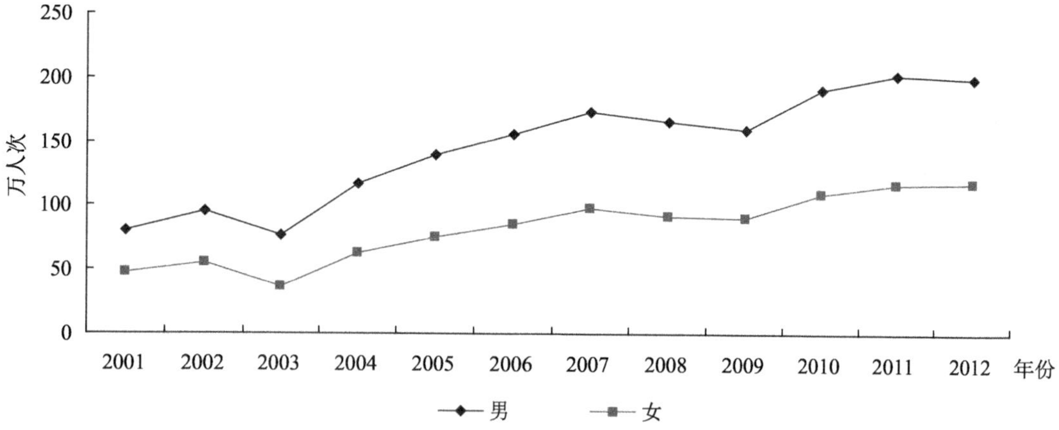

图 18　2001—2012 年美洲入境旅游者人数（按性别分）

（4）大洋洲

2001—2012 年大洋洲入境旅游者人数（按性别分）如图 19 所示。据图 19 可知，来自大洋洲的男性旅游者人数始终要高于女性，且二者均保持着增长趋势，并且在 2009 年之后保持直线上升。在增长速度上，女性要略高于男性，女性的平均增长速度为 12.88%，男性的平均增长速度为 10.75%。

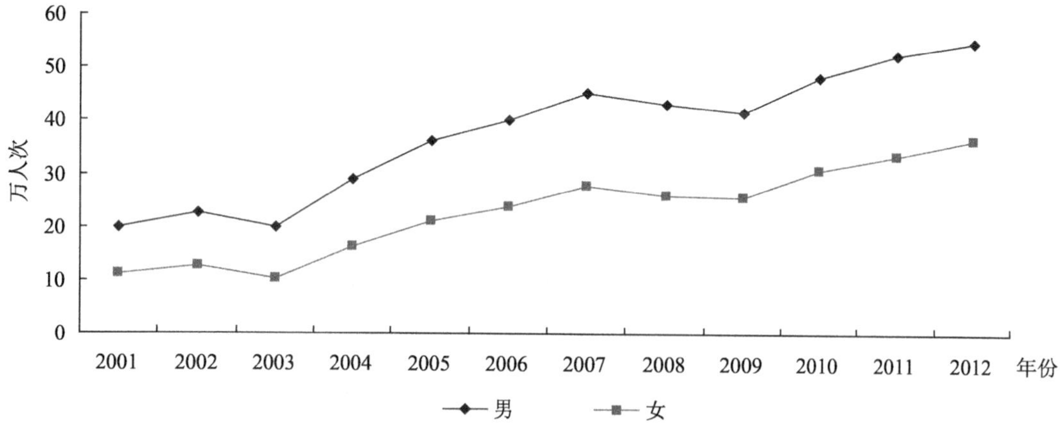

图 19　2001—2012 年大洋洲入境旅游者人数（按性别分）

（5）非洲

2001—2012 年非洲入境旅游者人数（按性别分）如图 20 所示。据图 20 可知，来自非洲的男性旅游者人数要始终高于女性，且二者均保持着快速增长速度。虽然男性旅游者的人数远远高于女性旅游者人数，但女性旅游者以高于男性旅游者的增长速度在追赶，女性旅游者的平均增长速度高达 25.10%，而男性旅游者为 19.80%。

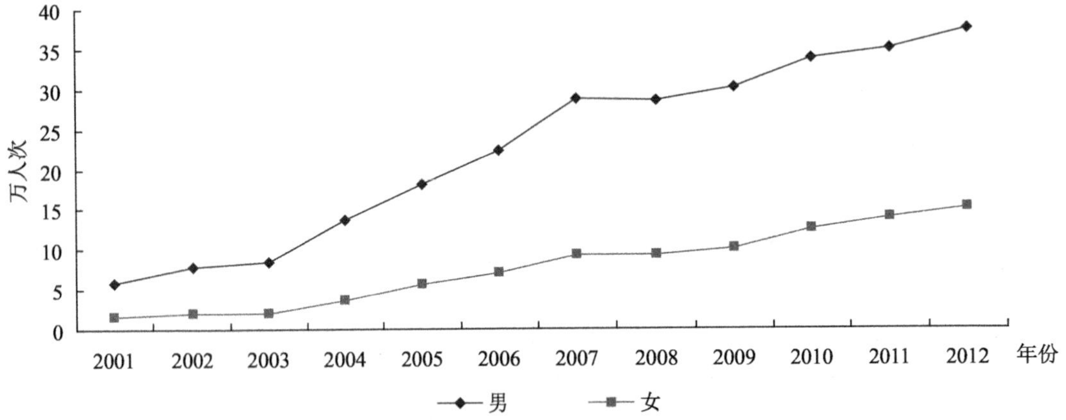

图 20　2001—2012 年非洲入境旅游者人数（按性别分）

3. 前八大客源国

（1）日本（见图21）

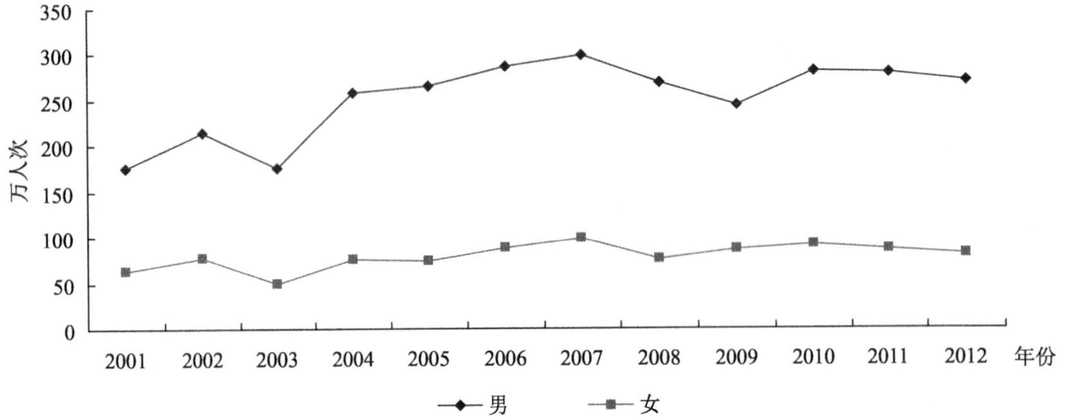

图 21　2001—2012 年日本入境旅游者人数（按性别分）

（2）韩国（见图22）

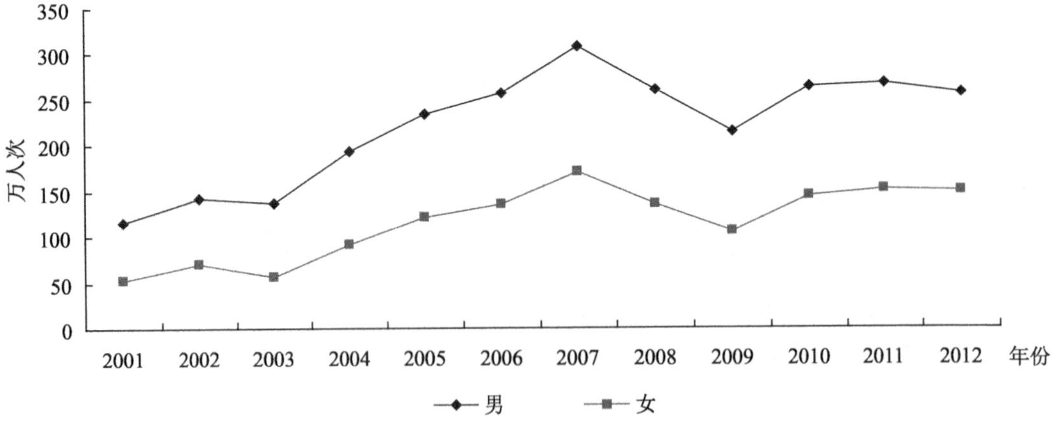

图 22　2001—2012 年韩国入境旅游者人数（按性别分）

（3）俄罗斯（见图23）

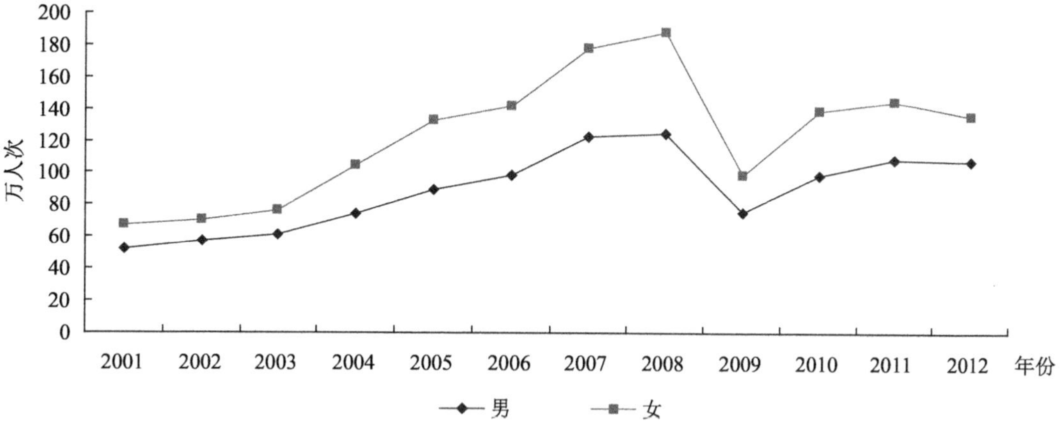

图23　2001—2012年俄罗斯入境旅游者人数（按性别分）

（4）美国（见图24）

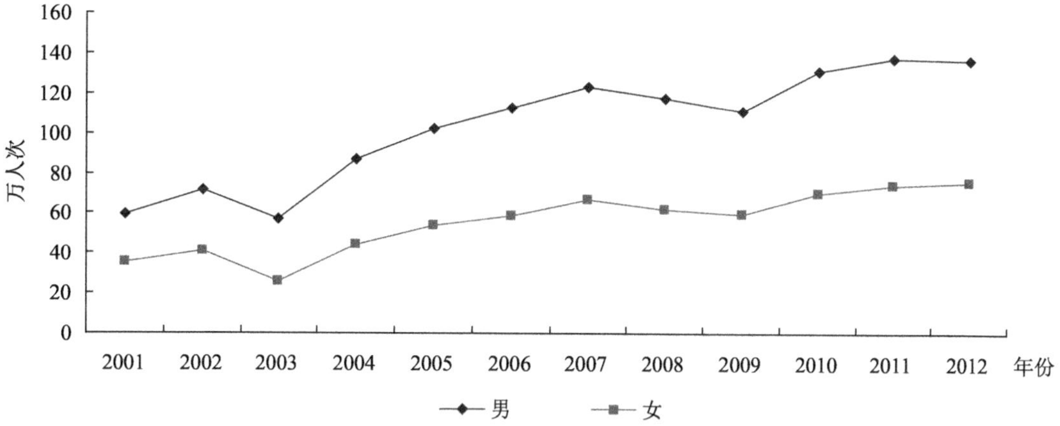

图24　2001—2012年美国入境旅游者人数（按性别分）

（5）马来西亚（见图25）

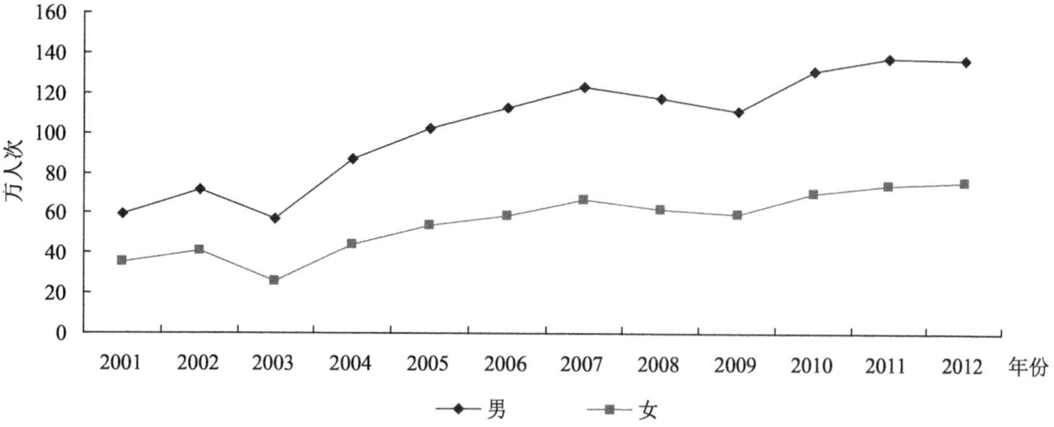

图25　2001—2012年马来西亚入境旅游者人数（按性别分）

（6）新加坡（见图26）

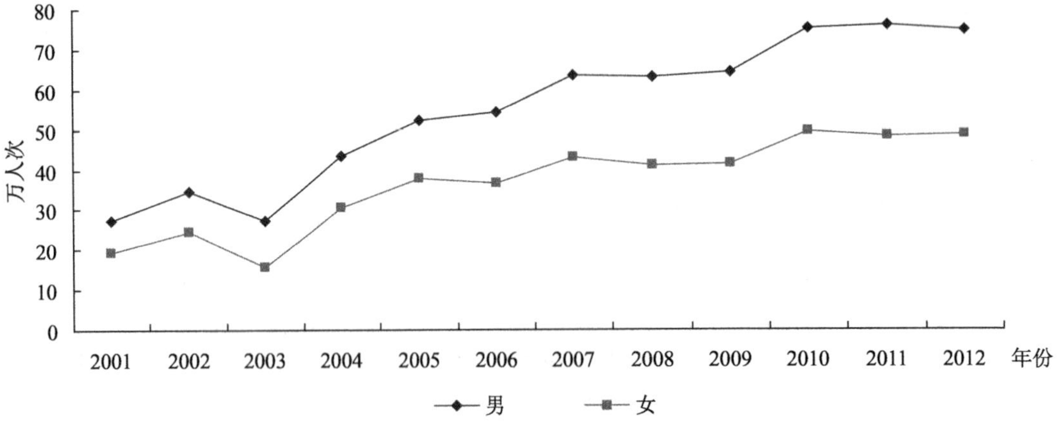

图26　2001—2012年新加坡入境旅游者人数（按性别分）

（7）菲律宾（见图27）

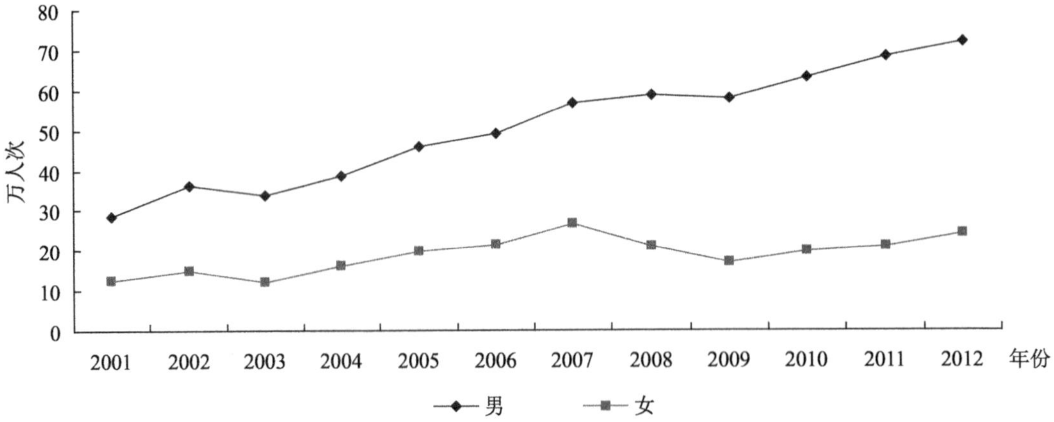

图27　2001—2012年菲律宾入境旅游者人数（按性别分）

（8）蒙古（见图28）

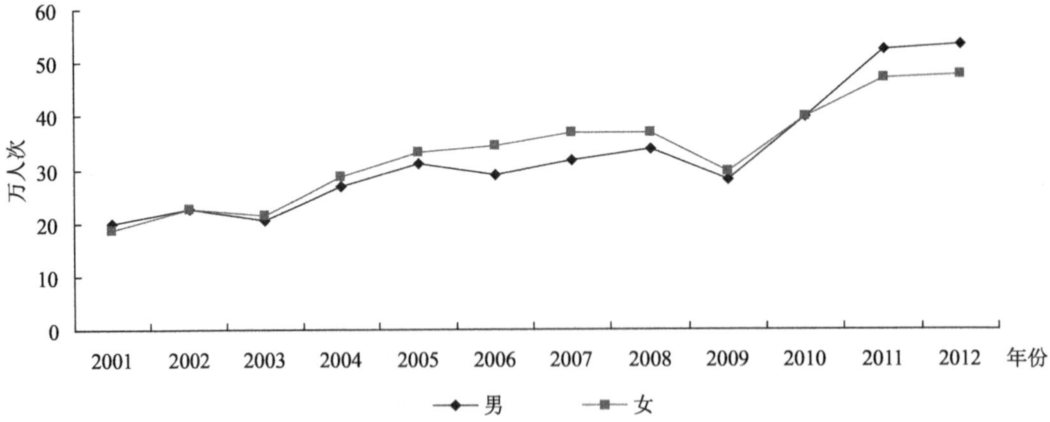

图28　2001—2012年蒙古入境旅游者人数（按性别分）

根据图21至图28按性别分析2001—2012年来自日本、韩国、俄罗斯、美国、马来西亚、新加坡、菲律宾以及蒙古的入境旅游者人数情况。从日本、韩国、美国、马来西亚、新加坡以及菲律宾入境旅游的男性旅游者人数要明显高于女性；俄罗斯与之相反，女性旅游者要多于男性；而来自蒙古的旅游者中，男女旅游者人数相当，2010年之前，女性旅游者的人数要略高于男性，2010年之后，男性旅游者人数开始高于女性。从平均增长速度来看，韩国、俄罗斯、美国和新加坡的女性快于男性；日本、马来西亚、蒙古和菲律宾的男性要快于女性。

（三）旅游目的特征

1. 入境外国旅游者

2001—2012年外国入境旅游者人数（按旅游目的分）如图29所示。据图29可知，旅游者人数最多的是以观光休闲为目的的，由2001年的393.90万人次增长到2010年的1238.20万人次，2011年和2012年均有所下降，平均增长量为69.91万人次；其次是会议/商务，由2001年的296.93万人次增长到2011年的632.64万人次，2012年下降了4.62万人次，平均增长量为30.10万人次；再次是其他类，由2001年的263.63万人次增长到2012年的630.99万人次，平均增长量为33.40万人次；服务员工虽人数不多，但呈现明显的增长状态；而探亲访友旅游者人数本就不多，却还在不断减少。从增长速度来看，平均增长速度最快的仍是观光休闲，达到13.26%；其次是其他类、会议/商务和服务员工，增长速度分别是9.50%、8.21%和7.76%；而探亲访友呈现了负增长状态，平均增长速度为-4.61%。

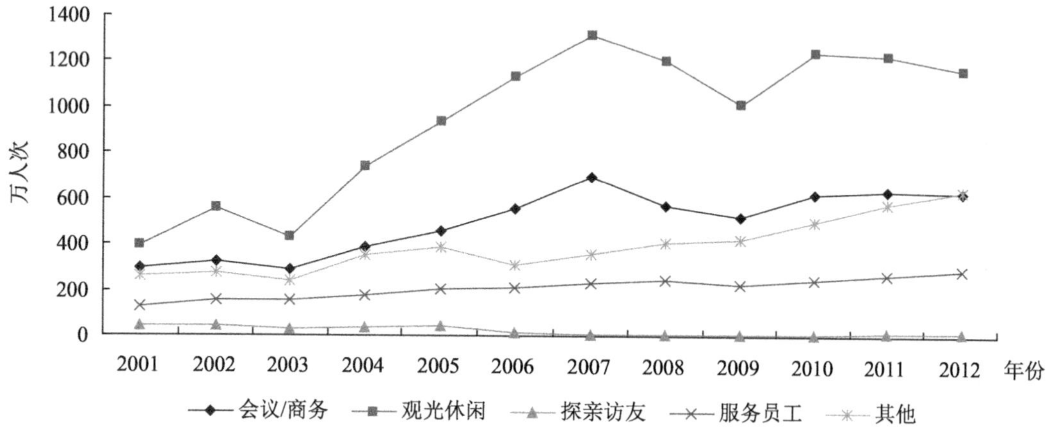

图29 2001—2012年外国入境旅游者人数（按旅游目的分）

2. 五大洲入境旅游者

（1）亚洲

2001—2012年亚洲入境旅游者人数（按旅游目的分）如图30所示。据图30可知，来自亚洲的旅游者中，以观光休闲为目的人数最多，由2001年的245.07万人次增长到2010

年的695.83万人次，2011年和2012年均有所下降；其次是会议/商务类和其他类，二者的旅游者人数较为接近，但在2010年之后，会议/商务旅游者人数不断减少，其他类仍呈直线上升状态；再次是服务员工类，这类旅游者人数不多，但处于缓慢增长中；旅游者人数最少的是探亲访友类。在增长速度上，观光休闲的平均增长速度最快，达到12.64%；其次是其他类，达到10.60%；服务员工类和会议/商务类的平均增长速度分别为8.16%和6.84%；而探亲访友类呈现了负增长，平均增长速度为-2.72%。

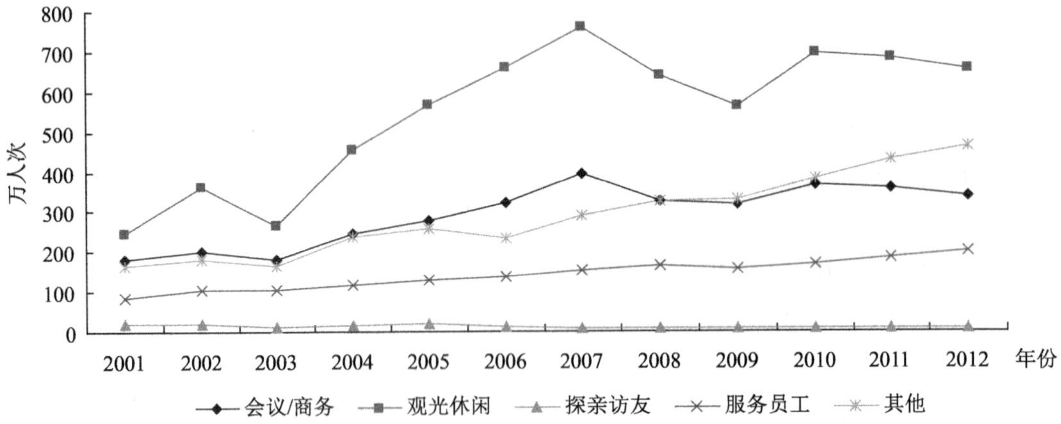

图30　2001—2012年亚洲入境旅游者人数（按旅游目的分）

（2）欧洲

2001—2012年欧洲入境旅游者人数（按旅游目的分）如图31所示。据图31可知，来自欧洲的旅游者人数最多的是以观光休闲为目的的，2001—2010年呈现增长趋势，2011年和2012年有所下降，平均增长量为15.47万人次；其次是以会议/商务为目的的，由2001年的72.52万人次增长到2012年的179.77万人次，平均增长量为9.75万人次；再次是服务员工类和其他类，2001—2005年二者旅游者人数十分接近，但2006年之后，其他类呈直线上升，服务员工类则缓慢增长。旅游者人数最少的是探亲访友类。在增长速度

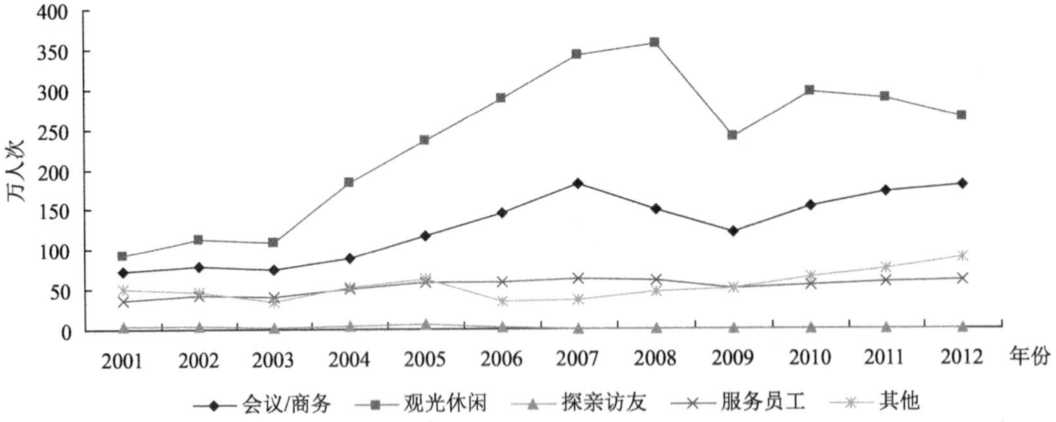

图31　2001—2012年欧洲入境旅游者人数（按旅游目的分）

上，最快的依然是观光休闲类，达到12.73%；其次是会议/商务类，为10.02%；其他类和服务员工类分别是8.86%和5.22%；增长最慢的依然是探亲访友，仅有1.20%。

（3）美洲

2001—2012年美洲入境旅游者人数（按旅游目的分）如图32所示。据图32可知，来自美洲的旅游者人数最多的是以观光休闲为目的的，由2001年的44.17万人次增长到2011年的177.95万人次，2012年下降了4.82万人次，平均增长量为11.72万人次；其次是会议/商务类和其他类，2001—2005年其他类旅游者人数略高于会议/商务类，而2005年之后，会议/商务旅游者人数不断增长，高于其他类；探亲访友和服务员工旅游者人数较少，2001—2005年探亲访友旅游者人数高于服务员工类，2005年之后，服务员工类人数开始高于探亲访友类，并逐渐拉大差距。在增长速度上，观光休闲的平均增长速度仍属最快，达16.80%；其次是服务员工类，达到13.80%；会议/商务类是10.00%；其他类是7.25%；探亲访友类只有3.60%。

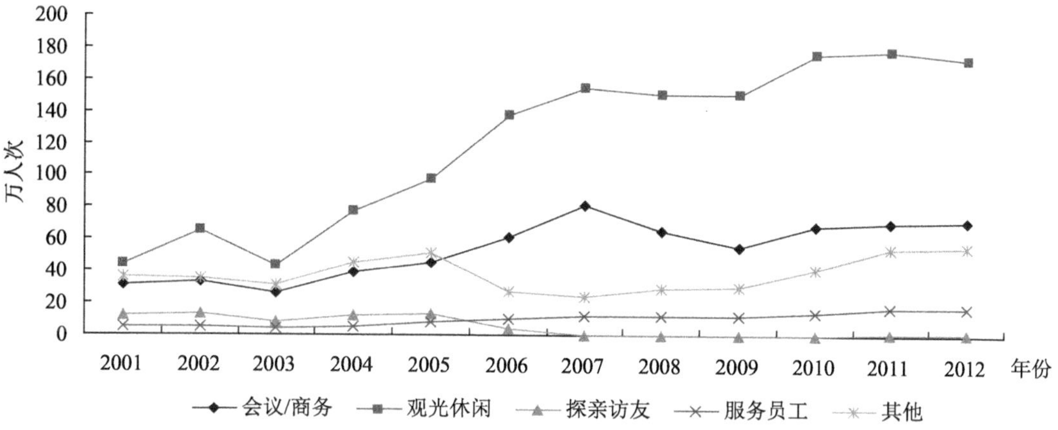

图32　2001—2012年美洲入境旅游者人数（按旅游目的分）

（4）大洋洲

2001—2012年大洋洲入境旅游者人数（按旅游目的分）如图33所示。据图33可知，来自大洋洲的旅游者人数最多的是观光休闲为目的的，由2001年的10.47万人次增长到2011年的52.48万人次，2012年下降到51.47万人次，平均增长量为3.73万人次；其次是会议/商务类和其他类，二者的旅游者人数较为接近，2001—2005年，除2002年会议/商务旅游者人数略高外，其余时间其他类旅游者较多，2005—2011年，会议/商务旅游者人数较多，2011年后，其他类旅游者人数又高于会议/商务类；旅游者人数较少的是探亲访友类和服务员工类，2001—2004年探亲访友旅游者人数较多，而从2004年之后，服务员工旅游者人数开始高于探亲访友类，并逐渐拉大差距。在增长速度上，平均增长速度最快的依然是观光休闲类，达到17.94%；其次是其他类和服务员工类，分别是11.88%和11.05%；会议/商务类达到了8.78%；而最慢的是探亲访友类，为3.04%。

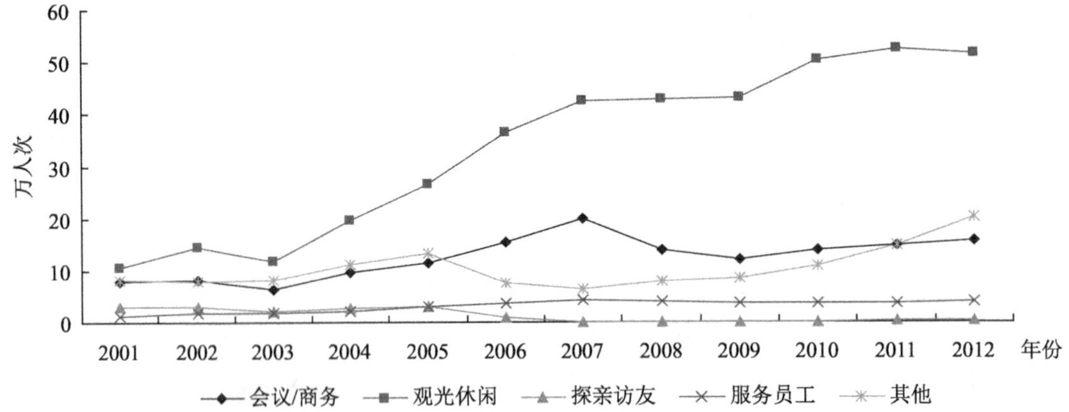

图 33　2001—2012 年大洋洲入境旅游者人数（按旅游目的分）

（5）非洲

2001—2012 年非洲入境旅游者人数（按旅游目的分）如图 34 所示。据图 34 可知，从非洲入境的旅游者主要是以会议/商务和观光休闲为目的，2001—2007 年，会议/商务类人数略高于观光休闲类；2007—2010 年，观光休闲类实现反超；而 2010 年之后，观光休闲类不断下降，会议/商务类又开始高于观光休闲类；从 2004 年以后，随着二者的快速增长，拉大了与其他旅游目的的差距，其次是其他类，2001—2003 年间其旅游者人数位于会议/商务类和观光休闲类之间，2006 年由于特殊因素的影响，发展水平迅速降低后，始终保持着缓慢发展的趋势。服务员工旅游者人数虽然较少，但始终处于增长状态，并从 2008 年开始多于其他类。旅游者人数最少的是探亲访友类。在增长速度上，平均增长速度最快的是观光休闲类，高达 30. 26%；其次是服务员工类，达到 28. 64%；再次是会议/商务类，达到 23. 12%；而其他类是 9. 71%；最低的是探亲访友类只有 3. 19%。

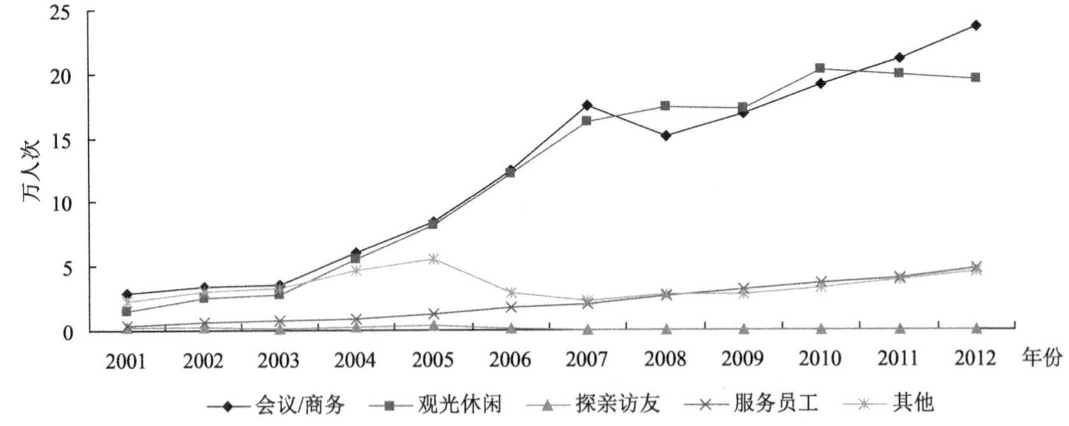

图 34　2001—2012 年非洲入境旅游者人数（按旅游目的分）

3. 前八大客源国

2001—2012 年来自日本、韩国、俄罗斯、美国、马来西亚、新加坡、菲律宾以及蒙古的入境旅游者人数（按旅游目的分）如图 35 至图 42 所示。

（1）日本（见图 35）

据图 35 可知，2001—2008 年，来自日本的旅游者以观光休闲为目的的人数最多，但 2010 年之后不断下降；其次是会议/商务类和其他类，2007 年之后其他类旅游者人数不断增长，超过会议/商务类，并又在 2008 年开始超过观光休闲类；服务员工类和探亲访友类旅游者人数较少。从平均增长速度上看，其他类的平均增长速度最快，为 11.57%，位居第二位的服务员工类仅为 5.76%；而最慢的探亲访友类，只有 2.16%。

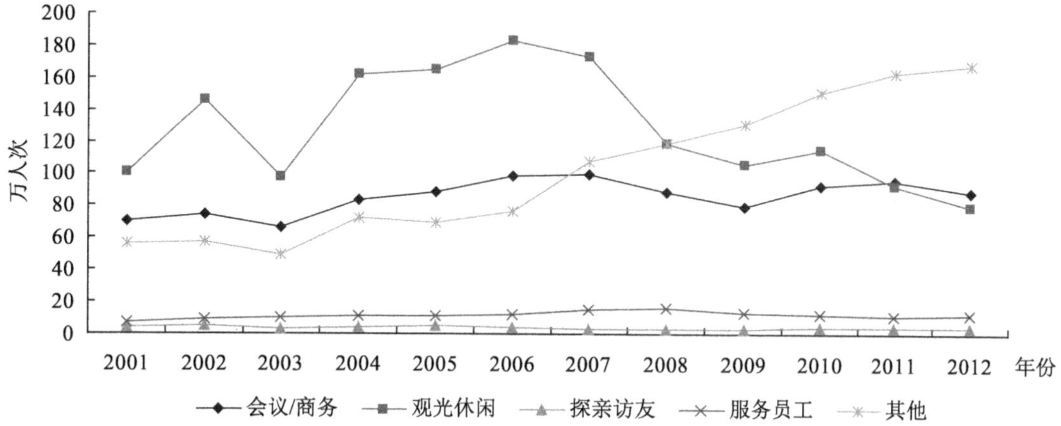

图 35　2001—2012 年日本入境旅游者人数（按旅游目的分）

（2）韩国（见图 36）

由图 36 可知，来自韩国的旅游者人数最多的始终是观光休闲类，2001—2011 年保持着增长，2012 年减少了 10.73 万人次，其平均增长速度为 16.06%；其次是会议/商务类，

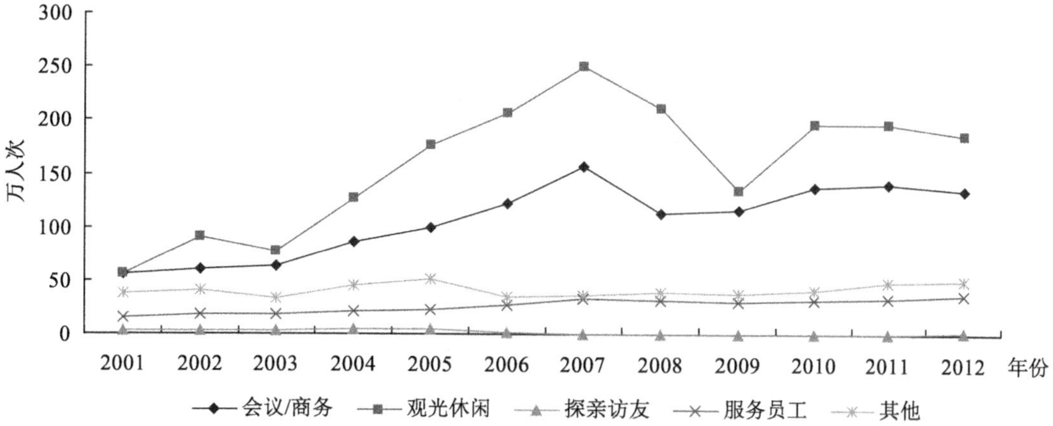

图 36　2001—2012 年韩国入境旅游者人数（按旅游目的分）

其旅游者人数只在2012年有所下降，平均增长速度为9.84%；再次是其他类，但从2005年之后发展较缓慢，平均增长速度为4.01%；最后是服务员工类，虽旅游者人数较少，但保持着良好的增长态势，平均增长速度为8.89%；探亲访友类人数较少且不断减少，呈现了负增长，平均增长速度为-5.06%。

（3）俄罗斯（见图37）

据图37可知，来自俄罗斯的旅游者人数最多的是观光休闲类，只有在2012年有所下降，平均增长速度为12.83%；其次是会议/商务类，保持不断增长，平均增长速度为7.24%；再次是服务员工类，但其增长较为缓慢，平均增长速度仅为3.10%；其他类和探亲访友类的旅游者人数虽相对较少，但其平均增长速度较快，分别是12.29%和17.83%。

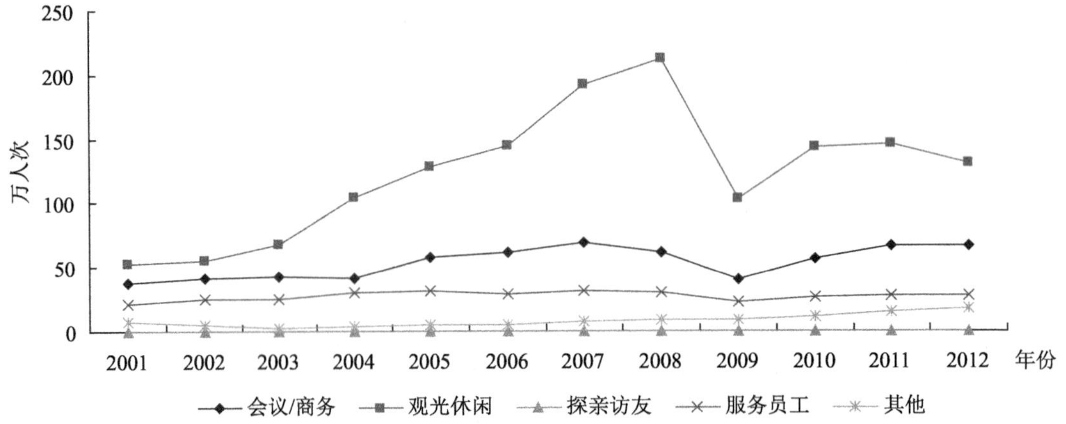

图37　2001—2012年俄罗斯入境旅游者人数（按旅游目的分）

（4）美国（见图38）

由图38可知，来自美国的旅游者人数最多的是观光休闲类，2010年之后人数不断减少，平均增长速度为14.73%；其次是会议/商务类，2012年人数有所下降，平均增长速度为10.22%；再次是其他类，除2006年人数大幅下降外，一直保持增长状态，平均增长

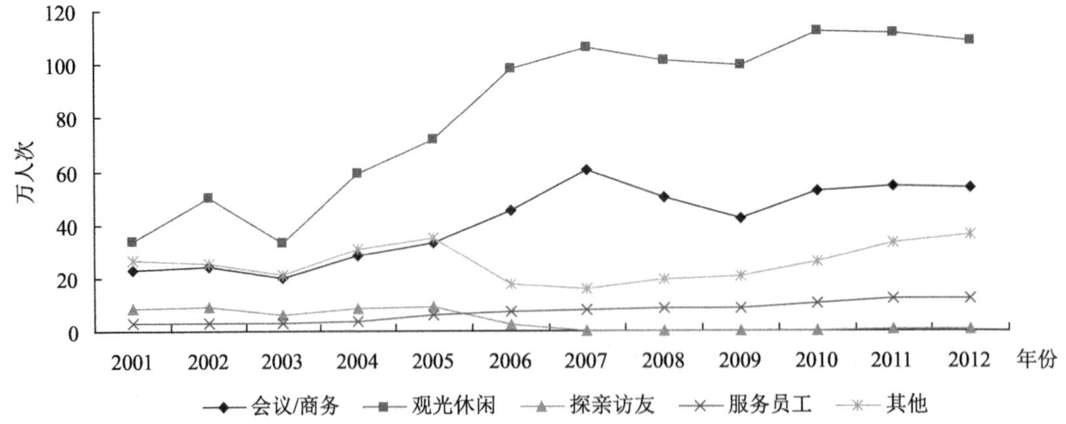

图38　2001—2012年美国入境旅游者人数（按旅游目的分）

速度为6.58%；服务员工类和探亲访友类旅游者人数较少，但服务员工类不断增长，而探亲访友类不断下降，其平均增长速度分别为14.28%和0.96%。

（5）马来西亚（见图39）

由图39可知，来自马来西亚的旅游者人数最多的是观光休闲类，并以17.75%的平均增长速度快速增长，从2001年的23万人次增长到2012年的95.21万人次；2001—2005年，其他类旅游者人数略高于会议/商务类，2005—2007年，其他类旅游者人数持续降低，而会议/商务类人数继续增长，直至超过其他类，而2007年之后，会议/商务类持续下降，其他类保持缓慢增长，直至两者差距越来越小；服务员工类旅游者人数较少，但以8.20%的平均增长速度在不断增长；探亲访友类旅游者人数较少，且呈现负增长，平均增长速度为-5.53%。

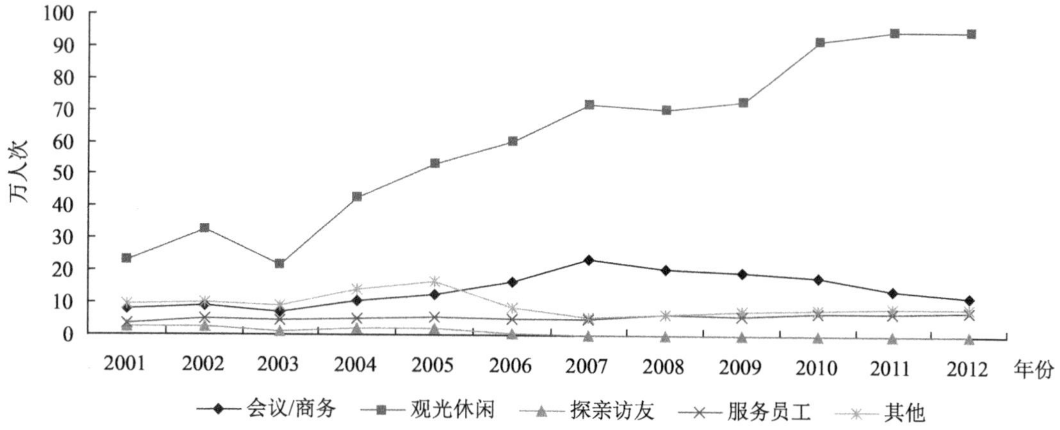

图39　2001—2012年马来西亚入境旅游者人数（按旅游目的分）

（6）新加坡（见图40）

由图40可知，来自新加坡的旅游者人数最多的是观光休闲类，从2001年的18.63万人次增长到2011年的41.03万人次，2012年下降到37.86万人次，年平均增长量为1.75万人次；其次是其他类，从2001年的7.73万人次增长到2011年的37.67万人次，2012年下降到36.95万人次，以16.31%的年平均增长速度快速增长；会议/商务类的旅游者人数位居第三，只在2012年有所下降，平均增长速度为7.42%；服务员工类旅游者人数虽不是很多，但却和观光休闲类保持着相近的平均增长速度，分别为10.28%和10.44%；探亲访友类旅游者人数较少，但不断增长，只在2012年有所下降，平均增长速度为5.27%。

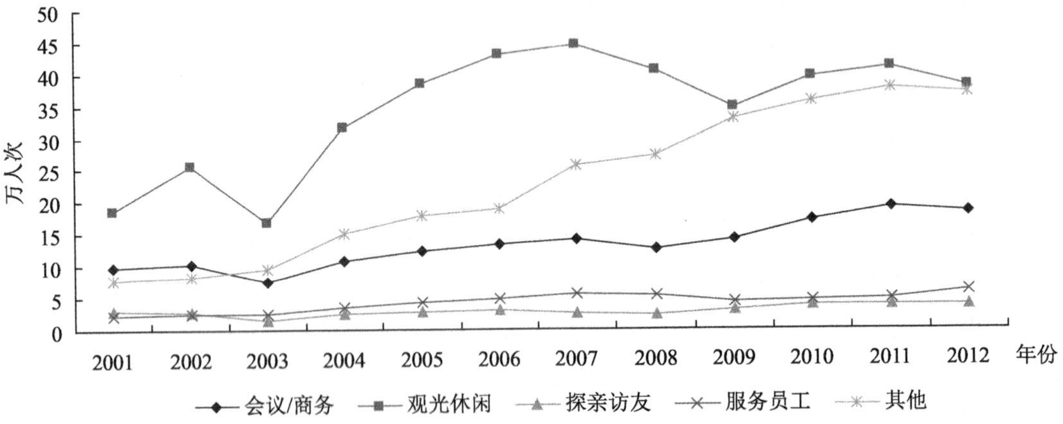

图40　2001—2012年新加坡入境旅游者人数（按旅游目的分）

（7）菲律宾（见图41）

根据图41，来自菲律宾的旅游者人数最多的是服务员工类，并以8.81%的平均增长速度持续增长，由2001年的22.94万人次增长到2011年的56.11万人次；其次是观光休闲类，平均增长速度为11.40%；其他类的旅游者人数由2001年的4.95万人次增长到2012年的12.75万人次，平均增长速度较快发展，为11.73%；会议/商务类旅游者人数波动增长，只有在2011年有所下降，平均增长速度为5.94%；探亲访友类旅游者人数很少，并不断减少，从2001年的8454人到2012年的700人，呈现了严重的负增长状态，平均增长速度为-11.04%。

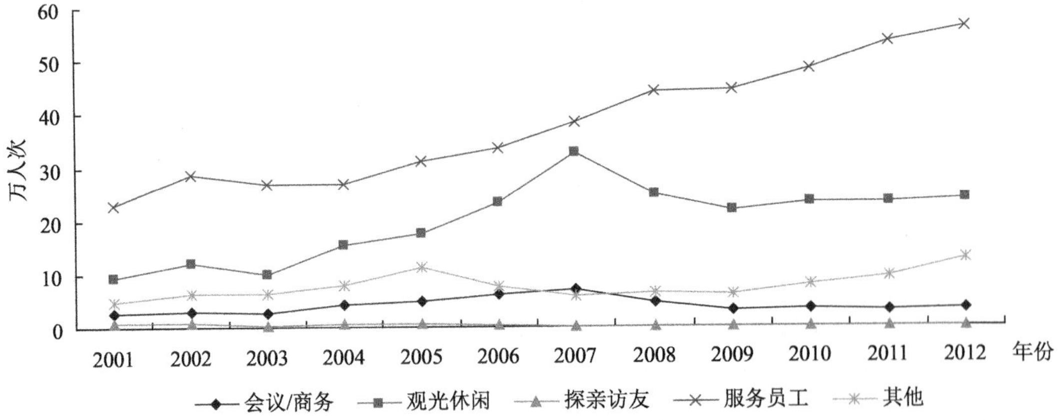

图41　2001—2012年菲律宾入境旅游者人数（按旅游目的分）

（8）蒙古（见图42）

据图42可知，来自蒙古的旅游者人数最多的旅游目的是“其他”，遥遥领先且不断增长，平均增长速度为12.02%；其次是服务员工和会议/商务类，其旅游者人数在2006—2007年均出现大幅度减少，但其后又快速增长，会议/商务在类2012年又有所下降，二者的平均增长速度分别为 15.09% 和 6.80%；再次是观光休闲，其旅游者人数在 2002 年和 2005 年均有所下降，其后波动上升，平均增长速度为 10.61%；探亲访友旅游者人数很少，并呈现负增长，平均增长速度为 -3.48%。

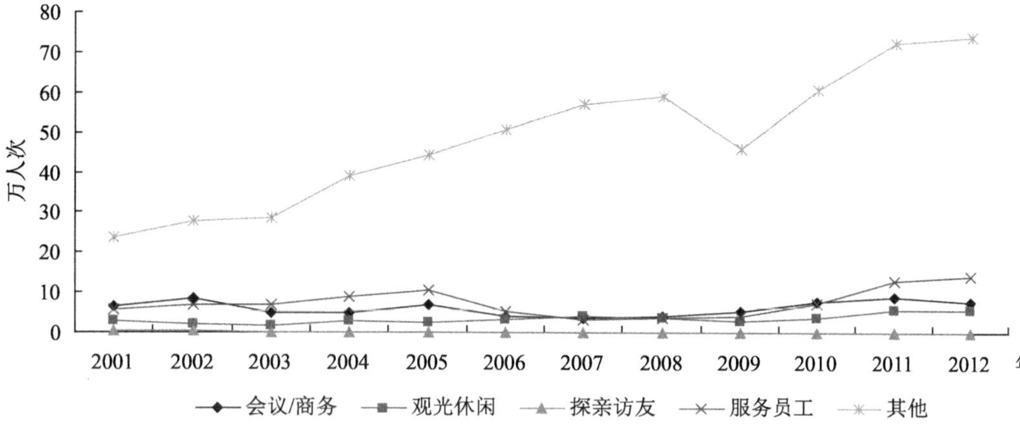

图 42　2001—2012 年蒙古入境旅游者人数（按旅游目的分）

（四）入境方式特征

1. 外国入境旅游者

2001—2012 年外国入境旅游者人数（按入境方式分）如图 43 所示。据图 43 可知，入境旅游者的首选交通工具是飞机，并且一直在增长，由 2001 年的 599.90 万人次增长到 2012 年的 1637.37 万人次，平均增长量为 94.32 万人；选择船舶、汽车或徒步作为入境方式的旅游者人数相当，其中除选择船舶和汽车旅游者人数在 2006 年和 2012 年有所减少，其余年份均保持增长态势；选择火车作为入境方式的入境旅游者人数较少，2001—2011 年波动增长，由 44.63 万增长到 67.56 万人，但在 2012 年又出现大幅下降，减少到 56.46 万人次。在增长速度上，平均增长速度最快的依然是选择飞机的旅游者，达到 11.55%；徒

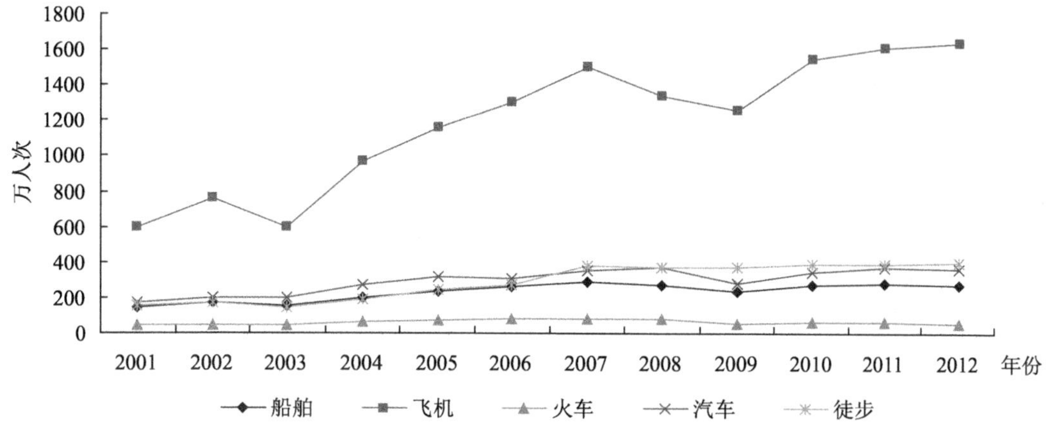

图 43　2001—2012 年外国入境旅游者人数（按入境方式分）

步以10.15%的增长速度屈居第二；再次是选择汽车和船舶的旅游者，分别是7.71%和6.30%；而选择火车的旅游者只有4.03%。

2. 五大洲入境旅游者

（1）亚洲

2001—2012年亚洲入境旅游者人数（按入境方式分）如图44所示。据图44可知，选择飞机的旅游者人数最多，且波动上升，平均增长量为53.43万人次；其次是选择徒步、船舶和汽车，2001—2004年三者旅游者人数差距较小，2005年之后，徒步旅游者人数快速增长，开始明显多于选择船舶和汽车的旅游者，其中选择徒步、船舶的旅游者人数分别在2011年和2012年有所下降，选择汽车的旅游者人数在2006年和2012年均有所减少；选择火车的旅游者人数较少，且缓慢上升。在增长速度上，平均增长速度最快的是徒步，达11.89%；其次是飞机，为10.47%；然后是汽车和船舶，分别是8.99%和5.56%；增长最慢的是火车，为3.77%。

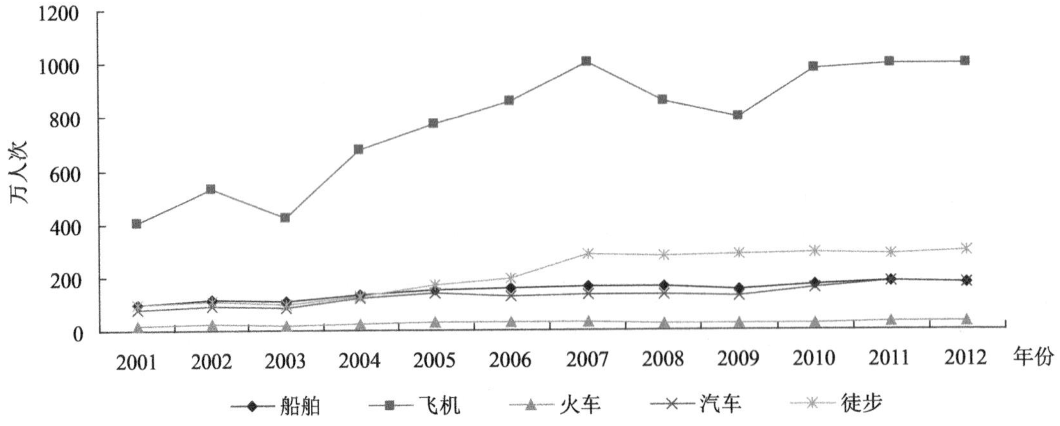

图44 2001—2012年亚洲入境旅游者人数（按入境方式分）

（2）欧洲

2001—2012年欧洲入境旅游者人数（按入境方式分）如图45所示。据图45可知，入境方式选择飞机的旅游者人数最多，且快速增长，平均增长速度为13.40%；其次选择是汽车的旅游者，再次是选择船舶的旅游者，二者旅游者人数均在2001—2010年波动增长，但其后不断减少，平均增长速度分别为6.49%和10.06%；选择徒步和火车的旅游者人数较少，但选择徒步的旅游者不断增长，选择火车的旅游者增长缓慢，平均增长速度分别为8.82%和3.80%。

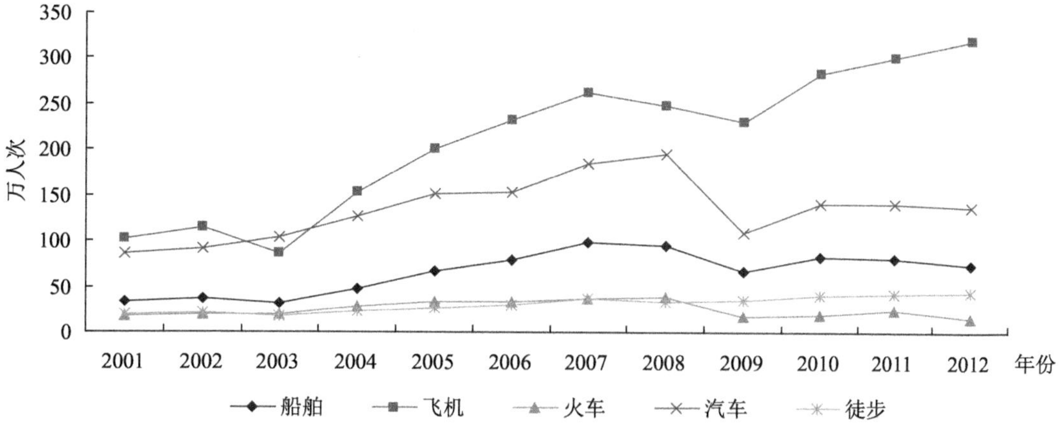

图 45　2001—2012 年欧洲入境旅游者人数（按入境方式分）

（3）美洲

2001—2012 年美洲入境旅游者人数（按入境方式分）如图46 所示。据图46 可知，选择飞机的旅游者人数最多，平均增长速度为 13. 04%；其次是选择徒步的旅游者，其旅游者人数在 2012 年有所下降；再次是选择汽车的旅游者，其旅游者人数在 2008 年和 2009 年仍在上升，但在 2012 年有所下降，平均增长速度为 11. 67%；选择船舶的旅游者人数增长缓慢，平均增长速度仅为 2. 96%；选择火车的旅游者人数较少，平均增长速度为6. 32%。

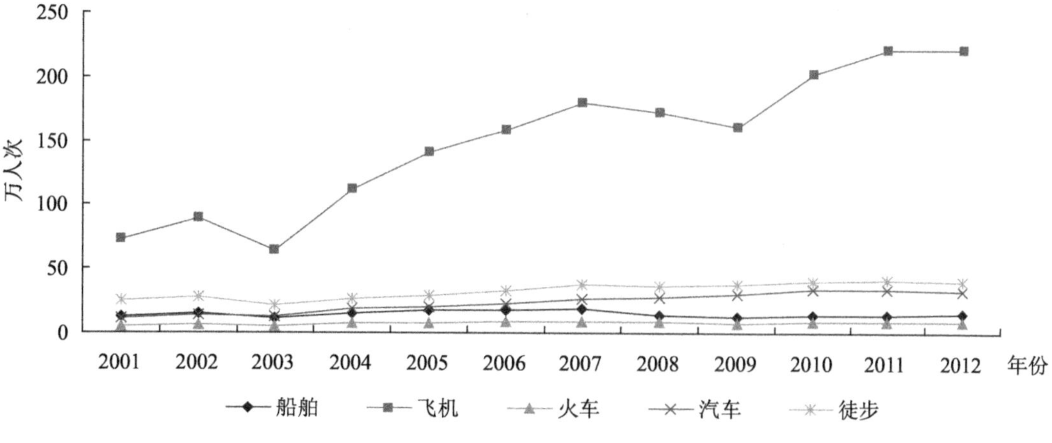

图 46　2001—2012 年美洲入境旅游者人数（按入境方式分）

（4）大洋洲

2001—2012 年大洋洲入境旅游者人数（按入境方式分）如图 47 所示。据图 47 可知，选择飞机的旅游者人数最多，且快速增长，平均增长速度为 15. 33%；其次是徒步，2001—2010 年间保持着增长趋势，但其后不断下降；再次是选择汽车的旅游者，在2001—2010 年波动增长，2011—2012 年有所下降，其平均增长速度为 11. 60%；选择船舶和火车的旅游者人数较少，但选择火车的旅游者的增长速度要略快于选择船舶的旅游者，平均增长速度分别为5.31%和7.36%。

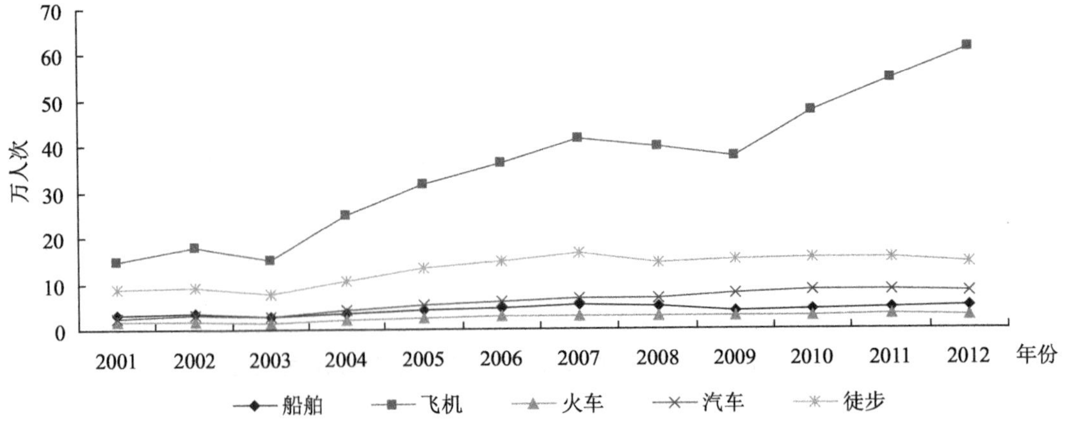

图47　2001—2012年大洋洲入境旅游者人数（按入境方式分）

（5）非洲

2001—2012年非洲入境旅游者人数（按入境方式分）如图48所示。据图48可知，选择飞机的旅游者人数最多，并从2003年开始呈直线上升，其平均增长速度高达26.34%；其次是徒步，其旅游者人数在2006年和2012年均有所下降，平均增长速度为10.83%；选择汽车和火车的旅游者人数较为接近，且都在2011—2012年有所下降，平均增长速度分别达到了17.40%和26.34%；选择船舶的旅游者人数较少，但不断增长，平均增长速度达11.53%。

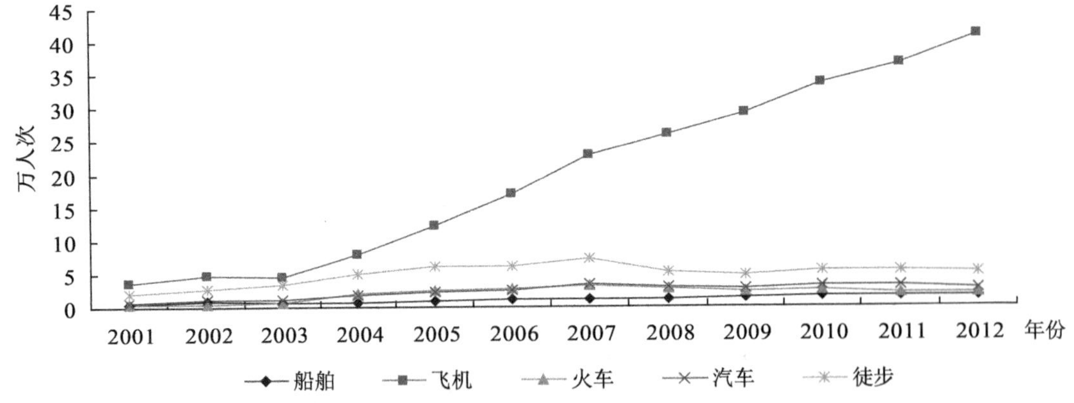

图48　2001—2012年非洲入境旅游者人数（按入境方式分）

3. 前八大客源国

2001—2012年来自日本、韩国、俄罗斯、美国、马来西亚、新加坡、菲律宾以及蒙古的入境旅游者人数（按入境方式分）如图49至图56所示。

（1）日本、韩国、美国、马来西亚、新加坡（见图49至图53）

据图49至图53可知，日本、韩国、美国、马来西亚以及新加坡选择飞机的旅游者人数最多，其中除日本和马来西亚分别在2010年和2011年有所下降外，其余年份都在增长；其次是选择徒步旅游者人数在2012年均有所下降；再次是选择汽车和船舶的旅游者，选择汽车的旅游者人数相对较多，且都在2012年有所下降，选择船舶的旅游者增长速度较慢，日本甚至出现了负增长，平均增长速度为-3.16%；选择最少的入境方式是火车，其旅游者人数较少，且在2012年均有所下降，但其增长速度却处于中间水平，韩国平均增长速度高达15.11%最快。

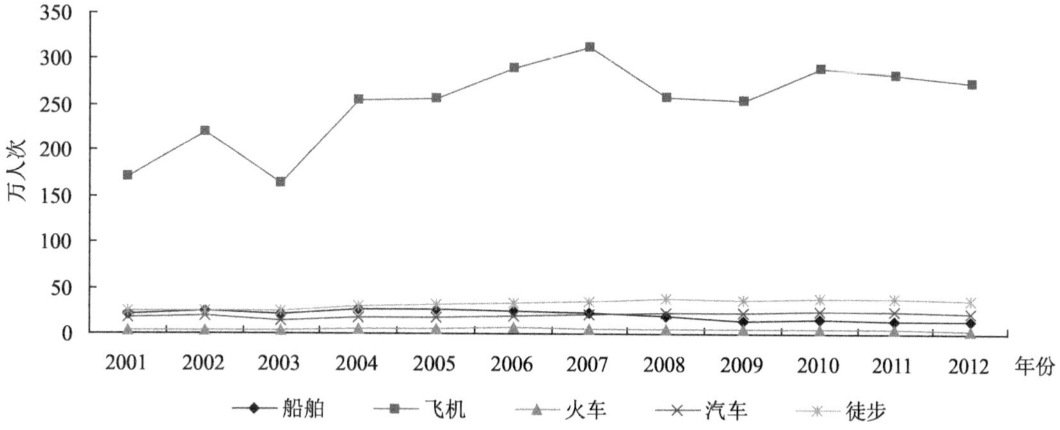

图49　2001—2012年日本入境旅游者人数（按入境方式分）

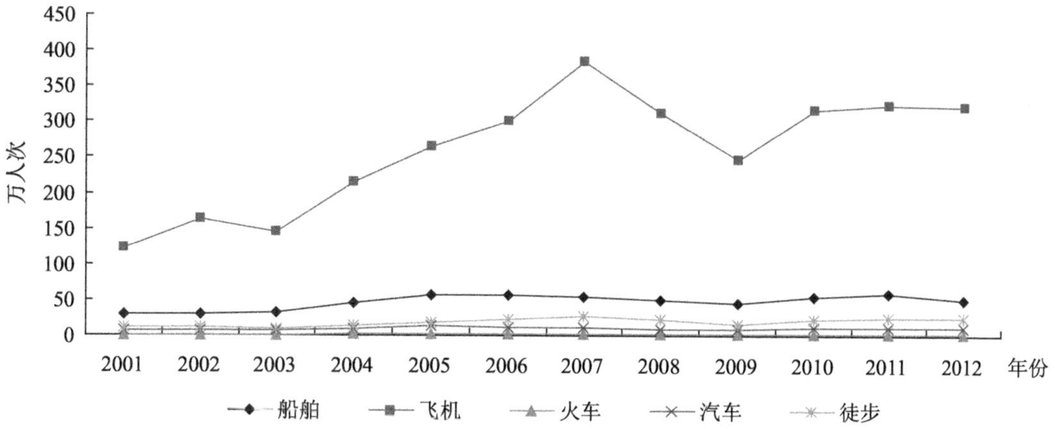

图50　2001—2012年韩国入境旅游者人数（按入境方式分）

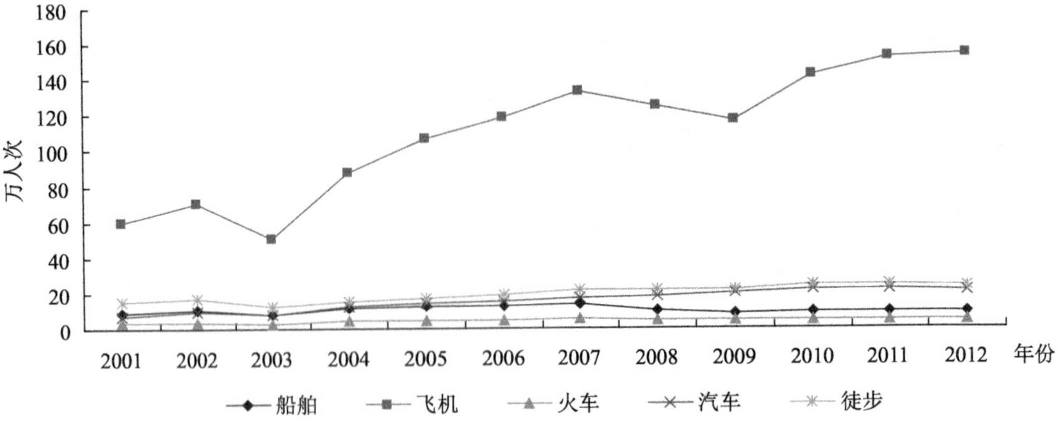

图 51　2001—2012 年美国入境旅游者人数（按入境方式分）

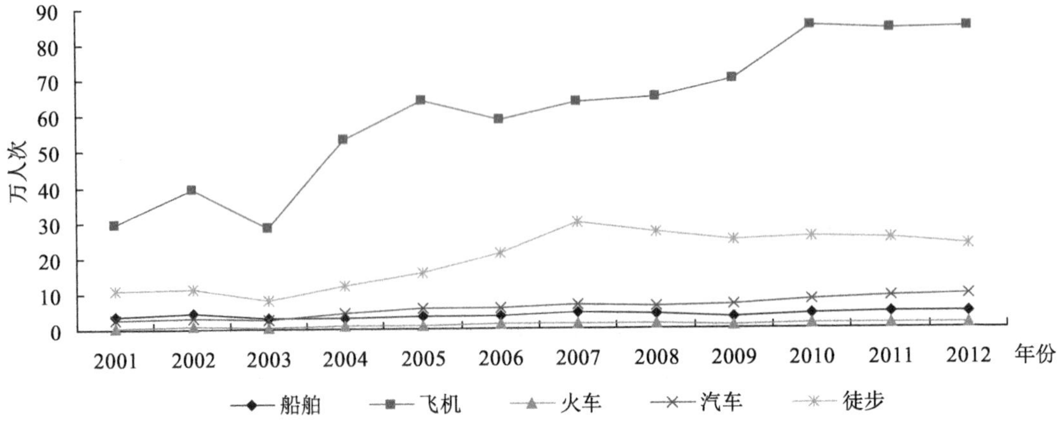

图 52　2001—2012 年马来西亚入境旅游者人数（按入境方式分）

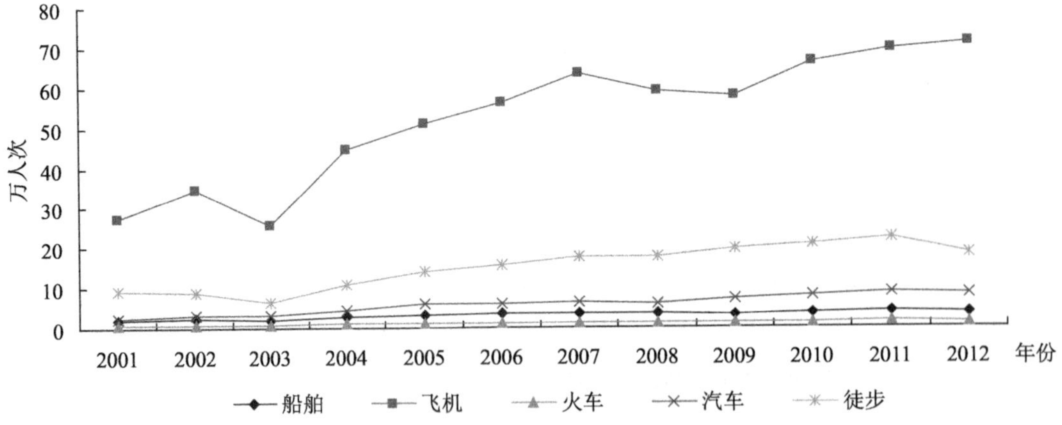

图 53　2001—2012 年新加坡入境旅游者人数（按入境方式分）

（2）俄罗斯（见图54）

由图54可知，来自俄罗斯的旅游者人数最多的入境方式是汽车，但旅游者人数在2006年和2010年后均有所下降，平均增长速度只有6.28%；其次是选择船舶和飞机的旅游者，2001—2011年选择船舶入境的旅游者人数相对选择飞机的旅游者较多，且都保持增长，但2010年后选择船舶的旅游者人数不断减少，选择飞机的旅游者仍在上升，2011年开始选择飞机的旅游者人数超过选择船舶的旅游者，平均增长速度分别为14.43%和17.72%；选择火车的旅游者人数在2001—2008年与选择飞机的旅游者较为接近，但在2009年大幅下降后没有出现明显上升趋势，且在2012年再一次降低，所以导致选择火车的旅游者的平均增长速度最低，仅为4.56%；徒步旅游者人数在2001—2005年很低，最高也仅有3773人，但从2006年开始出现大幅度增长且直线上升，2012年达到15.13万人次，所以徒步的旅游者平均增长速度最快，高达78.25%。

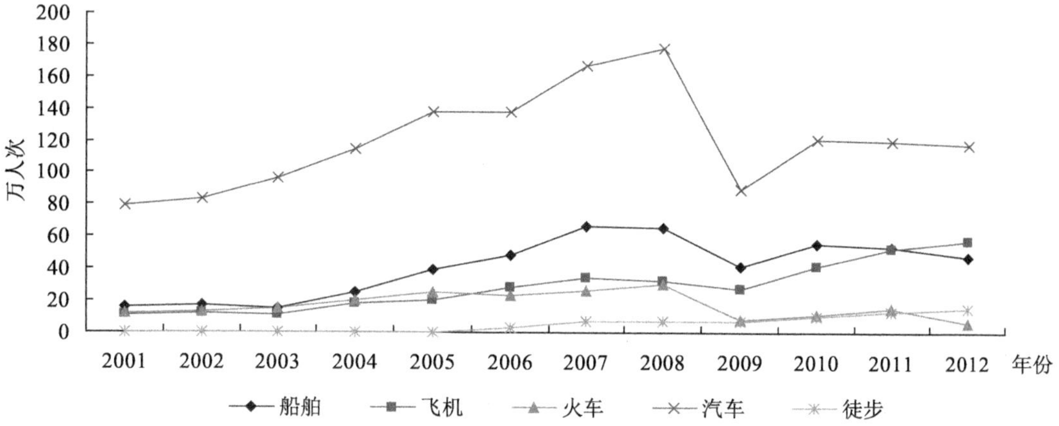

图54　2001—2012年俄罗斯入境旅游者人数（按入境方式分）

（3）菲律宾（见图55）

由图55可知，来自菲律宾的旅游者采用最多的入境方式是船舶，并且不断增长，从2001年的23.65万人次增长到2012年的54.15万人次，平均增长速度为8.16%；其次是选择飞机和徒步的旅游者，2001—2008年，选择飞机的旅游者人数少于徒步的旅游者，但因为选择飞机的旅游者增长速度快，所以在2008年之后，选择飞机的旅游者人数超过徒步的旅游者，因徒步旅游者在特殊年份出现大幅度下降之后出现缓慢增长，所以导致选择飞机和徒步的旅游者平均增长速度差距较大，分别是18.05%和4.34%；选择汽车的旅游者人数从2001年的1.59万人次增长到2012年的3.87万人次，其平均增长速度达到10.37%；选择火车的旅游者人数较少，平均增长速度也最慢，为8.02%。

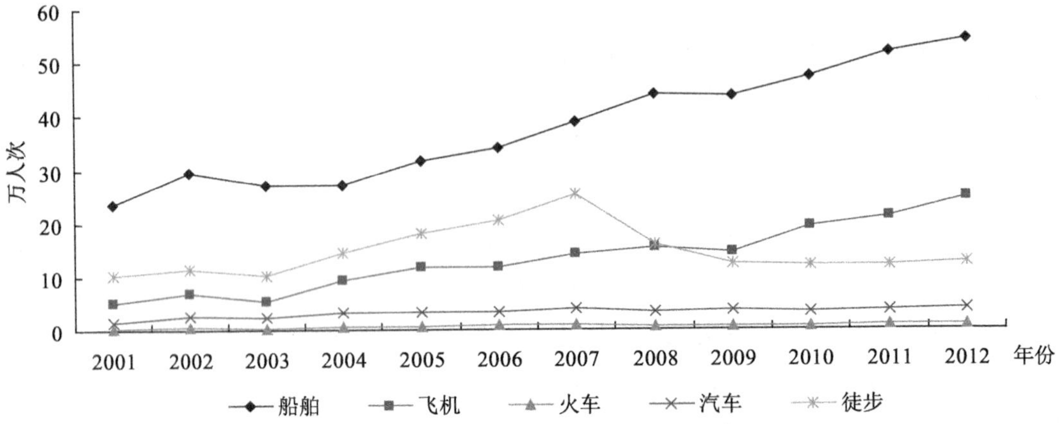

图55　2001—2012年菲律宾入境旅游者人数（按入境方式分）

（4）蒙古（见图56）

由图56可知，来自蒙古的旅游者选择最多的入境方式是汽车，其旅游者人数在2006年有所下降，其他年份在增长，平均增长速度达11.03%；其次是选择飞机和火车的旅游者，2001—2007年选择火车入境旅游者人数多于选择飞机的旅游者，但选择火车的旅游者人数在2008—2009年大幅度下降，选择飞机的旅游者实现反超，2009年后选择火车的旅游者呈直线上升，选择飞机的旅游者人数在2012年有所下降，二者差距开始缩小；再次是选择徒步的旅游者，人数在2005年和2009年有所下降，其余年份都呈直线上升态势，由2001年的2600人增长到2012年的4.10万人次，平均增长速度高达37.07%；选择船舶的旅游者人数较少，且发展缓慢，2010年后不断下降。

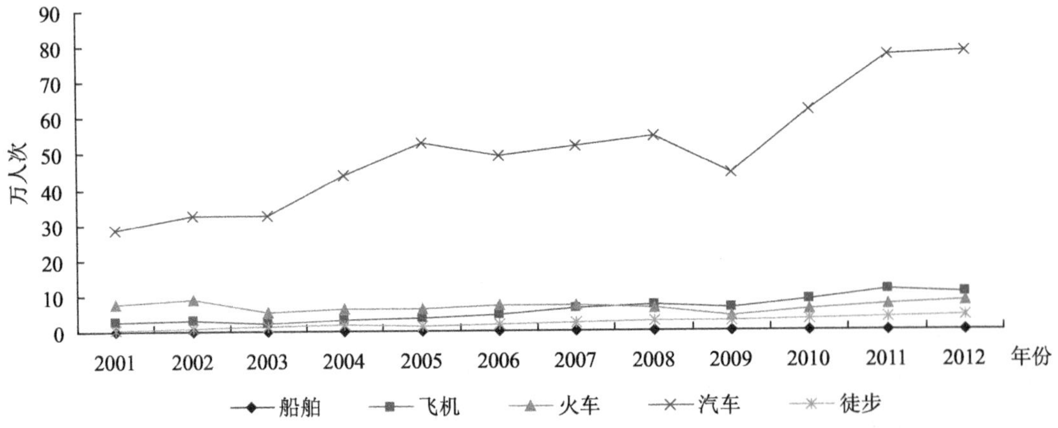

图56　2001—2012年蒙古入境旅游者人数（按入境方式分）

三、结论

通过上述研究发现，2001—2012年间，因受经济、社会等特殊因素的影响，在2003

年、2008年及2009年各项数据均明显下降，随之导致2004年和2010年的各项数据大幅度上升。除此之外，不同的入境客源市场在年龄、性别、旅游目的和入境方式等特征方面虽都有各自的特性，但同时也具有一般规律，主要表现在以下几个方面。

（1）年龄在25~44岁和45~64岁的旅游者居多，其他年龄段旅游者人数较少；但25~44岁和45~64岁旅游者增长缓慢，14岁及以下年龄段和65岁及以上年龄段旅游者增长速度快。

2001—2012年，入境旅游者以25~44岁年龄段和45~64岁年龄段的旅游者人数较多，但增长较为缓慢，平均增长速度分别是8.61%和10.54%。15~24岁年龄段的旅游者人数位于中间水平，其增长也较为缓慢，平均增长速度为10.06%。14岁及以下年龄段和65岁及以上年龄段的旅游者人数较少，但增长迅速，平均增长速度分别是11.85%和13.60%。

（2）性别以男性居多，女性偏少；但女性旅游者增长速度比男性快。

2001—2012年，大多数入境客源市场的男性旅游者人数要远多于女性旅游者，但男性旅游者的增长速度要落后于女性旅游者，平均增长速度分别为9.25%和10.60%。但俄罗斯无论从旅游者人数还是增长速度都是女性占优势。而以日本、马来西亚、蒙古及菲律宾为代表的客源市场在入境旅游中表现出男性占绝对优势。

（3）旅游目的以观光休闲为主，会议/商务和其他类的为辅，而以探亲访友为目的的旅游者人数不断减少。

2001—2012年，入境旅游者始终把观光休闲作为主体，其中旅游者人数在2011年和2012年有所下降，平均增长量为69.91万人次；但其增长速度最快，平均增长速度为13.26%。其次是会议/商务和其他类，其中会议/商务的旅游者人数在2012年下降了4.62万人次。服务员工类的旅游者人数较少，但其平均增长速度与会议/商务和其他类相差不大，达到7.76%，会议/商务和其他类的平均增长速度为8.21%和9.50%。以探亲访友为旅游目的的旅游者人数最少，并且人数在不断减少，平均增长速度为-4.61%。

（4）入境方式以乘坐飞机为主，其他的交通方式为辅；而选择徒步的旅游者人数不断增加，发展迅速。

在入境方式的选择上，飞机无疑是入境旅游者的首选，并且始终保持着增长趋势，平均增长速度达到11.55%，处于明显的优势地位。徒步是近年来正在快速发展的一种入境方式，平均增长速度为10.15%，除欧洲的旅游者外，选择徒步的入境旅游者人数也相对较多。除欧洲、蒙古等个别客源市场，选择汽车的旅游者人数始终处于中间水平，其总人数在2006年和2012年分别减少了5.35万人次和8.37万人次；选择船舶的入境旅游者人数较少，并且在2012年减少了14.36万人次；火车是被选择最少的一种入境方式，其入境旅游者人数一直不多，在2012年又出现大幅下降，减少了11.10万人次，且增长速度缓慢，平均增长速度仅为4.03%。

参考文献

[1] 刘智兴，马耀峰．内蒙古入境旅游外国客源市场分析［J］．干旱区资源与环境，2014，28（01）：204－208.

[2] 万春燕，杨建明．福建省入境外国游客客源结构的优化分析［J］．山西师范大学学报（自然科学版），2010，24（03）：116－122.

[3] 陈兴中，帅希权．国际入境旅游市场结构对比分析——以中国及四川为例［J］．乐山师范学院学报，2007，22（05）：33－35.

[4] 任瑞萍，吴晋峰，韩立宁，等．京、沪、穗口岸入境外国旅游市场特征对比研究［J］．资源开发与市场，2012，28（07）：642－646.

[5] 杜彦荣．中国沿海省市入境旅游流市场结构及转移特征研究［D］．中国海洋大学，2012.

[6] 钟静．中国入境旅游外国市场时空特征研究［J］．经济问题探索，2008，（09）：122－126.

[7] 王良举．中国入境旅游外国客源市场的空间结构分析——兼论中国入境旅游的核心客源市场［J］．内蒙古农业大学学报（社会科学版），2009，11（02）：78－80.

[8] 孙盼盼，李翠林．新疆入境旅游业的波动周期及影响因素研究——基于时间序列数据［J］．新疆职业大学学报，2013，21（06）：22－25，38.

[9] 武传表．中国入境旅游市场灰色关联度分析及启示［J］．旅游论坛，2012，05（04）：91－94.

[10] 雷平．中国外国游客入境旅游市场景气指数的编制与应用［J］．旅游学刊，2009，24（11）：36－41.

中国城市旅游经济发展的空间效应研究

张 博　顾方哲
（中国社会科学院财经战略研究院，济南大学历史与文化产业学院）

【摘　要】 近年来，我国旅游经济发展迅猛。在此背景下，旅游业无疑承担了新时期经济资源交互的"信使"角色。在这种交互过程中，旅游经济的发展也因城市地理位置的不同而呈现一定的空间特性，进而产生一定的空间效应。本文通过对我国 287 个地级市 2003—2011 年旅游经济统计数据研究发现，GWR 模型拟合呈现出较为显著的空间异质性，表明我国市域层面的旅游业发展由于个体之间属性（如自然资源、经济结构、基础设施等）差异较大，未能形成地理上的空间集聚效应，也未能有效利用自身的空间地理位置——"地利"这一重要先天资源禀赋，呈现出独立发展的趋势特征。

【关键词】 旅游经济　城市　GWR　空间异质

一、前言

城市作为多种产业的复合型载体，在不同的历史时期，因其产业功能侧重点的不同而呈现出不同样态的产业格局。当和平与发展成为人类社会普遍认可的主题时，旅游业的兴起将在满足人们精神欢愉与休闲养生诉求的动机下，逐渐影响、甚至改变城市原有功能重心，而这种改变也将在其与外界的资源交换中形成某种空间效应，进而对其周边环境产生影响，这也是地理学第一定律所揭示的事物本质——"临近的事物将具有更强的相似性"

近年来，我国旅游经济得益于经济大环境的稳健增长而发展迅速，尤其是最近的 20 多年，我国旅游总收入从 864 亿元（1993 年）增长到 3. 73 万亿元（2014 年），年均增长率约 18%（中国国家旅游局，1993—2014）。

迅猛增长的旅游经济也导致了区域间旅游业发展的巨大差异，这种差异在微观经济单元（县、市域经济体）中的表现更为明显，个别地区出现国内旅游收入连年翻倍增长的现象。对于这种现象的出现可以从多个角度予以解释。从空间经济学角度来说，经济体间因地理空间位置的不同而引发经济增长相异的现象则是普遍被学术界所接受的，这在现实中也是客观存在的。就"投入—产出"理论来看，不管是旅游是生产行为还是消费行为，旅游要素均存在着明显的跨区域流动性，区域旅游经济的发展也都存在着普遍的空间效应。旅游经济的发展是否会因空间地理位置而呈现某种空间特性？这种特性又会在经济体中的何种层面、何种时期、何种程度呈现出何种的表现样态？这种样态在旅游产业与城市之间的内部互动式发展中是怎样作用的？

为揭示以上疑问，本文将从空间计量经济学的角度，结合近年来我国城市旅游业的相关面板数据进行实证分析，旨在对我国城市发展过程中，旅游经济发展所呈现出来的空间效应进行描述，为不同层级的旅游规划与设计提供参考。

二、研究综述

目前，对于旅游经济空间效应的直接研究尚未多见，但就研究方法来说，相关研究在空间统计学（20 世纪 50 年代初）、计量经济学（20 世纪 90 年代中）和地理信息系统（20 世纪 70 年代末）三个学科较为丰富；并且，随着时间的推移，基于以上三学科交融而成的空间计量经济学（20 世纪 90 年代）逐渐显示出广阔的应用前景，其在旅游学领域的应用也备受期待。

美国早期（20 世纪 70 年代）的旅游消费研究体现了空间计量经济学在旅游业态研究中应用的思想。Wilkinson（1973）与 Romsa（1973）等人对于旅游业态的三种属性（需求、供给、媒介）予以剖析，这为后来 Mitchell（1984）根据他们的研究首次将这三种属性从空间形式上划分为三种不同的类型提供了基础。这三种空间类型分别为客源空间、供给空间，以及二者间的媒介连接空间，同时，针对每种空间 Mitchell 都提出了较为典型的考察方法。这类考察整体上反映了消费在旅游经济中的空间运行特性，也为后来区域旅游经济中的空间效应研究奠定了理论基础和数据来源。

20 世纪 80 年代末至 90 年代，随着空间计量经济学研究框架的逐渐清晰，其应用也逐渐向旅游学领域深入。Anselin（1988）的《空间计量经济学：方法和模型》被视为此领域的里程碑，后续学者的研究主要以模型驱动和数据驱动两条主线展开研究（Vasiliadis，1999）。旅游学领域中的延伸也在此时代以这两条主线展开，前者关注于决策主体以独立存在或相互作用两种不同模式产生的各种效应的空间建模研究（Anselin，2003；Rey，2004；Elhorst，2003；Baltagi & Li，2004）；后者则关注于受空间数据及其处理技术的驱动而开展的在旅游学领域的实证性研究（Hafeznia，2004；Yang Yang，2014）。

旅游学与空间计量经济学领域的交叉研究无论是数量上还是深度上都滞后于传统三大学科在此领域的延伸，国内亦如此。这一方面是因为空间计量经济学科在国内本身还处于起步阶段，尽管近 10 年发展迅速，但还属新兴学科，国内旅游学领域的研究主要集中于由地理学科和统计学科衍生而来的实证性研究（向艺，2012；吴玉鸣，2014；舒晓琳，2014；曹芳东，2013），且数量有限；另一方面，国内较国外尤其是发达国家，整体上学术研究脉络发展的时滞性也是此领域相关研究较少的原因。总的来看，国内旅游学科在此领域的研究还处于起步阶段。

三、研究方法

对于旅游经济发展的空间效应问题，本研究以空间变系数回归模型（Spatial Varying - Coefficient Regression Model）中的地理加权回归模型（Geographically Weighted Regression，

GWR）作为切入点，对我国城市旅游经济发展中的空间异质性进行考察。

空间异质性（空间不均匀性、空间差异性）是指每一个空间单元上的事物和现象都具有区别于其他单元上事物和现象的特点，这种区别在区域经济中表现为不同区域之间经济行为（如增长或创新）关系的不稳定性。各地区之间因要素禀赋或经济发展水平不同存在个体上差异，这种差异表现在地理空间上则形成发达地区和落后地区、中心（核心）和外围（边缘）地区等经济地理结构，从而导致经济社会发展和创新行为存在较大的空间上的差异性（陶长琪，2012）。

GWR 的模型可表示为：

$$y_i = \beta_0(u_i,v_i) + \sum_{j=1}^{k}\beta_j(u_i,v_i)x_{ij} + \varepsilon_i$$

其中，(u_i,v_i) 是第 i 个样本点的空间坐标，β_j 系数的下标 j 表示与其观测值联系的 $m \times 1$ 阶待估计参数向量，是关于地理位置 (u_i,v_i) 的 $k+1$ 元函数。ε_i 是第 i 个区域的随机误差，满足零均值、同方差、相互独立等球形扰动假定。

实际上，该模型可以表示为在每个区域都有一个对应的估计函数，其对数似然函数可以表示为：

$$\begin{aligned} log_L &= L\ [\beta_0\ (u,\ v),\ \cdots,\ \beta_k\ (u,\ v)\ \mid M] \\ &= \frac{1}{-2\sigma^2}\sum_{i=1}^{n}\ [y_i - \beta_0\ (u_i,\ v_i)\ - \sum_{j=1}^{k}\beta_k\ (u_i,\ v_i)\ x_i]^2 + a \end{aligned}$$

其中，α 为常数，$M = [y_i, x_{ij}, (u_i,v_i), i = 1,2\cdots n, j = 1,2\cdots k]$。由于极大似然法的解不是唯一的，Hastie（1993）认为用该方法求解是不恰当的，提出了局域求解法，其估值为：

$$\widehat{\beta_j} = (X'W_0^2X)^{-1}(X'W_0^2Y)$$

其中，W_0 为 $[W(d_{01},), W(d_{02},), \cdots, W(d_{0n})]$ 的对角线矩阵。可以看出，GWR 的估计值是随着空间权值矩阵 W_{ij} 的变化而变化的，因此 W_{ij} 的选择至关重要，一般由观测值的空间坐标（经纬度）决定。

常用的空间权重核函数有均值核函数（OLS）、盒状核函数（Boxcar）、二次核函数（Bisquare）、立方体核函数（Tricube）等，其中以高斯核函数（Gaussian）最为常用，表达式为：

$$w_{ij} = e^{-(1/2)(d_{ij}/b)^2}$$

其中，b 为权值被设置为0时的距离（带宽），d_{ij} 是样本点观测值 i 和 j 之间的距离。当 $d_{ij} \leqslant b$ 时为高斯权值函数计算值，否则 $W_{ij} = 0$。

对于带宽 b，一般采用 Cleveland（1979）和 Bowman（1984）提出的十字交叉法（Cross - Validation，CV）来确定，其计算公式为：

$$CV = \sum_{i=1}^{n}\ [y_i - \widehat{y}_{\neq i}(b)]^2$$

其中，$\widehat{y}_{\neq i}(b)$ 是 y_i 的拟合值，当 CV 值达到最小值时，对应的 b 就是最佳带宽，由于采用不同的空间加权函数会得出不同的带宽，为了获得最佳带宽，Fotheringham（2002）等提出：当 GWR 模型的赤池信息准则（Akaike Information Criterion，AIC）值最小时，即为最佳带宽。

四、中国城市旅游经济发展的空间计量模型检验、结果分析与政策建议

（一）数据来源、处理及所用软件

本文的研究样本为中国大陆287个地级以上城市，鉴于统计数据的可得性和省、市域统计数据的差异性，本文的时间跨度设定为2003—2011年。本文的数据来源于《中国旅游统计年鉴》（副本）、《中国统计年鉴》《中国经济数据库》《地方年度国民经济与社会发展统计公报》《中国区域经济统计年鉴》《中国城市统计年鉴》。

由于目前还没有这一时期旅游类的价格指数可参考，为了消除时间序列各地价格变化的影响，本文将所有涉及金钱结算的指标值按国内生产总值指数折算，基准年为2003年。

（二）模型构建

1. 初步 OLS 估计

根据相关研究（王琪延，罗栋，2010；付向阳，黄涛珍，2015）及数据的可得性，本文选取人均可支配收入（X_1）、国内旅游者人数（X_2）、旅客输送量（X_3）、私家车数量（X_4）、人口（X_5）作为解释变量，建立无空间关系的普通 OLS 回归模型来考察各解释变量性态，用以初步剔除不合适的变量，筛选标准主要有三方面：具有经济意义、t 统计量显著、冗余合适（VIF <7.5），限于篇幅，仅将2011年城市 OLS 模型回归结果列表1并分析。

表1　中国城市旅游经济 OLS 估计结果（2011）

Var	Coe	St. D	t	Sig（t）	VIF	R^2	F	Sig（F）
C	-17773.41	2990.070	-5.944	<0.05	-	0.8880	445.993	<0.05
X_1	0.145	0.152	5.893	<0.05	1.52			
X_2	0.726	0.045	18.368	<0.05	3.92			
X_3	-0.095	5.391	-2.969	<0.05	2.95			
X_4	0.267	3.638	5.470	<0.05	5.99			
X_5	-0.053	0.302	-1.539	0.125	2.93			

注：Var 为变量；C 为截距；Coe 为系数；t 为 t 统计量；Sig（t）、Sig（F）分别为 t 统计量和 F 统计量的显著性水平；VIF 为方差膨胀因子；R^2 为判决系数；F 为 F 统计量值。各参数除判决系数外均保留2位有效数字，被解释变量为市域2011年国内旅游收入（Y_{C_2011}）。

由此可确定2011年城市面板的线性回归方程形式为：

$$Y_{C_{2011}} = -18701.52 + 0.141X_1 + 0.716X_2 + 0.164X_4 + u$$

其中，u为随机误差。

模型的判决系数达到0.888，接近1，F值显著，说明模型整体的回归情况较好；根据模型及变量选择的经济意义，变量系数出现负值的予以剔除，据此，变量中的X_3、X_5予以剔除；根据t值和Sig（t）值，无统计显著性的t值所对应指标应予以剔除，据此，市域变量中的X_5予以剔除；各变量VIF均小于7.5，符合标准。

由以上分析，初步得出2011年城市面板的解释变量为X_1、X_2、X_4，其他各年以此类推。

2. OLS模型与GWR模型对比结果

作为对比，OLS模型与GWR模型的拟合参数汇总表见表2。

表2 中国城市旅游经济面板数据OLS/GWR模型拟合参数汇总（2003—2011）

年份	R^2		AIC	
	OLS	GWR	OLS	GWR
2003	0.866	0.927	5458	5302
2004	0.907	0.950	5492	5327
2005	0.910	0.954	5547	5372
2006	0.905	0.952	5632	5453
2007	0.900	0.947	5736	5572
2008	0.900	0.950	5786	5603
2009	0.903	0.943	5864	5726
2010	0.892	0.939	6011	5863
2011	0.868	0.935	6165	5979

注：AIC为赤池信息量准则，其值较小的为优选模型。

3. 结果分析与政策建议

从2003年到2011年，整体上，对于市域样本来说，与旅游经济发展空间效应较为相关的变量主要有人均可支配收入（X_1）、国内旅游者人数（X_2）和私家车数量（X_4）。不同年份的变量建模数据显示，GWR模型的拟合程度都优于不含空间变量的一般OLS模型，说明空间效应存在于我国城市旅游经济的发展之中，并且这种效应主要表现为空间异质性，即各地级市间呈现出因各自属性、作用因素、地理空间等的差异而显现的空间效应。产生这种现象的原因通常是由于个体差异（如经济结构、创新能力等）而导致的在空间上表现出的不一致性，进而呈现出各自独立发展的特征趋势。

我国的旅游经济近年来呈现出迅猛发展的势头，但旅游经济的发展也应循序渐进。过快的旅游发展一方面对旅游地的自然资源带来不利影响，另一方面也给旅游地的城市承载能力带来负面效应（张博，2014）。以本文的视角来看，旅游经济的发展应重视旅游地的区位效应，在发展的过程中应充分利用自身的区位优势，形成以点带面的集聚效应。

从政策层面来说，对于我国城市旅游业，各级政府应对本地区区位特征予以分析，在旅游规划与开发中应结合自身实际，因地制宜，若所处地理位置具有临近旅游经济发达城市的区位优势，则应充分利用此优势，逐步形成以旅游经济发达城市为中心的集聚区，进而形成本地旅游产业链。另外，由于旅游产业的特殊性，其在产业开发过程中可以创造性地设计旅游资源，因此，若城市所处地理位置难以利用空间优势，则可结合自身资源禀赋及经济发展实际情况，采取自主式发展的战略模式。

本文的研究只是对我国目前城市旅游经济发展呈现出的空间结构现象予以描述，至于空间异质性这种效应在旅游产业开发中的优劣与效果，尚需更多不同国家、长时期的样本进一步观察和研究才能发现其中的规律。

参考文献

[1] 中华人民共和国国家旅游局. 中国旅游统计年鉴（1993—2004）[M]. 北京：中国旅游出版社，1994—2005.

[2] Wilkinson, P., The Use of Models in Predicting the Consumption of Outdoor Recreation [J]. Journal of Leisure Research, 1973, 5 (3): 34－48.

[3] Romsa, G., A Method of Deriving Outdoor Recreational Activity Packages [J]. Journal of Leisure Research, 1973, 5 (4): 34－46.

[4] Mitchell, L. S., Geography of Tourism and Leisure [J]. GeoJournal, 1984, 9 (1): 5－15.

[5] Anselin, L.. Spatial Econometrics, Methods and Models [M]. Boston: Kluwer Academic, 1988.

[6] Vasiliadis, A. K.. Spatial Analysis—an Application of Nearest—neighbor Analysis to Tourism Locations in Macedonia [J]. Tourism Management, 1999, (20): 141－148.

[7] Anselin, L., Spatial externalities, spatial multiplier, and spatial econometrics [J]. International Regional Science Review, 2003, 26 (2): 153－166.

[8] Rey, S. J., Boarnet, M. G., A Taxonomy of Spatial Econometric Models for Simultaneous Equations Systems. In Advances in Spatial Econometrics: Methodology, Tools, and Applications, ed. by L. Anselin, R. J. G. M. Florax. And S. J. Rey. Springer. 2004: 99－119.

[9] Elhorst, J. P.. Specification and Estimation of Spatial Panel Data Models [J]. International Regional Science Review, 2003, 26 (3): 244－268.

[10] Baltagi, B. H., Li, D.. Prediction in the Panel Data Model with Spatial Correlation. In

Advances in Spatial Econometrics: Methodology, Tools, and Applications, ed. by L. Anselin, R. J. G. M. Florax. And S. J. Rey. Springer. 2004: 283 – 295.

[11] Hafeznia, M. R., Ramazani Darabi E A. A Comparative Study on Spatial Effects of Tourism Policies in Pre and Post Islamic Revolution of Iran Case Study: Babolsar in the Coast of Caspian Sea [J]. Journal of Applied Sciences. 2007, (12): 3836 – 3847.

[12] Yang, Y., Timothy F. Spatial Effects in Regional Tourism Growth [J]. Annals of Tourism Research, 2014, 5 (46): 144 – 162.

[13] Lesage, J. P.. The Theory and Practice of Spatial Econometrics [M]. Toledo: Department of Economics, University of Toledo, 1999.

[14] Anselin, L.. Thirty Years of Spatial Econometrics [J]. Papers in Regional Science, 2010, 89 (1): 3 – 25.

[15] 龚曙明. 应用统计学 [M]. 第2版. 北京: 北京交通大学出版社, 2007.

[16] Tobler, W.. A Computer Movie Simulating Urban Growth in the Detroit Region [J]. Economic Geography, 1970, 46 (2): 234 – 240.

[17] Bohlin, K. M., Ironside, R. G.. Recreation Expenditures and Sales in the Pigeon Lake Area of Alberta: A Case of Trickle-Up [J]. Journal of Leisure Research, 1976 (8): 275 – 288.

[18] 沈体雁, 冯等田, 孙铁山. 空间计量经济学 [M]. 北京: 北京大学出版社, 2010.

[19] 陶长琪. 计量经济学教程 [M]. 上海: 复旦大学出版社, 2012.

[20] Anselin, L., Raymond J. G. M. Florax, Sergio J. Rey. Advances in Spatial Econometrics: Methodology, Tools and Applications [M]. Berlin: Springer – Verlag, 2004.

[21] 吴玉鸣, 李建霞. 基于地理加权回归模型的省域工业全要素生产率分析 [J]. 经济地理, 2006 (26).

[22] Hastie, T., Tibshirani, R., Varying Coefficient Models [J]. Journal of the Royal Statistical Society: Series B, 1993 (4): 757 – 796.

[23] Cleveland, W. S., Robust Locally Weighted Regression and Smoothing Scatter Plots [J]. Journal of the American Statistical Association, 1979 (74): 829 – 836.

[24] Bowman, A. W., An Alternative Method of Cross – Validation for the Smoothing of Density Estimates [J]. Biometrika, 1984 (2): 353 – 360.

[25] Fotheringham, A. S., Brunsdon C., Charlton M. E.. Geographically Weighted Regression [M]. Chichester: Wiley, 2002.

[26] 王琪延, 罗栋. 中国城市旅游经济影响因素结构研究: 基于291个地级以上城市的统计调查资料 [J]. 统计与信息论坛, 2010 (1).

[27] 付向阳, 黄涛珍. 内蒙古旅游经济影响因素的灰色关联分析 [J]. 统计与决策, 2015 (3).

[28] 张博. 旅游目的地居民社会心理承载力研究: 以日本东京都浅草寺为例 [J]. 旅游学刊, 2014 (12).

城乡分割与老年人休闲生活影响因素研究

——基于 Order Probit 模型的实证分析

王 丽

（南开大学周恩来政府管理学院）

【摘 要】中国老年人口规模大、增速快、地区分布不均衡的特征与城乡分割视角下微观个体和宏观制度的差异，影响着城乡老年人不同休闲生活的安排。本研究使用2010年中国综合社会调查（CGSS）数据，分析老年人个体因素、家庭因素、社会因素对老年人各类休闲生活的影响，结果发现：城乡老年人的个体因素、社会因素对休闲生活的影响大于家庭因素，农村地区老年人社会交往型、休息放松型、学习充电型休闲生活城乡分割劣势效应明显。整体上，城市地区老年人个体因素和农村地区老年人家庭和社会因素对休闲生活的影响作用在加强。未来人口迁移和流动的背景下，老年人休闲生活的发展城市地区应避免两极分化，农村地区应降低脱离需求的风险。

【关键词】城市地区 农村地区 老年人 休闲生活

一、研究背景

自1999年中国60岁及以上老年人口占总人口的比重超过7%，中国正式进入老龄化社会以来，老年人口规模迅速扩张、比重快速提升，引发养老、医疗、劳动力资源、生育等多个领域的广泛讨论和研究。尤其是建立在传统小农经济基础上，与子女（通常主要是儿子）共同居住的养老模式逐渐式微，新型的与村/居委会相结合的居家养老/社区养老模式缓慢成长，老年人休闲生活在努力适应传统养老模式向现代养老模式过渡和利用传统资源与现代资源融合中逐渐推进。但经济发展不均等下的城乡分割体制形成了差异较大的城乡老年人口分布和休闲方式，城乡老年人个体、家庭、社会因素影响休闲生活的方向和程度差异性明显。

中国老年人口分布、增长城乡差异明显，城市增速快、农村规模大、城乡差距逐渐缩小是中国老年人口城乡变动的基本特征。根据2000年全国第五次人口普查数据，60岁及以上老年人口数量城市为4440.98万人、农村为8556.81万人，农村是城市的1.93倍；全国老年人口总规模为1.3亿人。根据2010年全国第六次人口普查数据，60岁及以上老年人口数量城市达到7829.11万人，农村达到9930.33万人，农村是城市的1.27倍；全国老年人口总规模为1.78亿。10年间，全国60岁及以上老年人口增幅达到4800万人，增长36.63%。分城乡看，城市老年人口规模扩大3388.14万人，增长76.29%；农村老年人口规模扩大1373.52万人，增长16.05%。[1]受20世纪50至70年代初“婴儿爆炸”出生队列惯性作用和人口转变迅速的叠加影响，老年人口的增速居于各年龄段之首，高龄老人的增速远高于低龄老人，21世纪中国老龄化与高龄化并行（原新，2013）。[2]

同时，人口迁移流动的速度、方式间接地影响了老年人休闲生活的开展。一方面，流动人口总量大幅增长，1982年为657万人，1990年突破2000万人，2000年超越1亿人，2010年上升为2.21亿人，2014年达到2.53亿人；32年增幅超过2.5亿人（段成荣，杨舸，张斐等，2008）。[3][4]流动人口比重上升迅速，1982年流动人口占全国人口的比重不到1%，1900年小幅增长为1.89%，2000年缓慢上升为7.90%，2010年突破10%，2014年达到18.6%，超过全国常住人口的1/6（段成荣、袁艳、郭静，2013）。[5]青壮年劳动力不断外流，农村空巢老人、留守老人比重迅速提高，农村地区老龄化程度不断加深。另一方面，人口流动方式由个体逐渐向家庭转变，随子女迁移的老年人口数量增长迅速。老年人口城乡分布的差异性混合了个体、家庭和社会因素多种选择效应，趋向复杂和多元。这一发展趋势对老年人休闲生活有重要影响。

二、相关理论与实证研究

城乡二元结构以城市和农村经济发展不均等为基本特征，主要表现为城市经济发展迅速、农村经济相对落后，城市以第二产业、第三产业为主拉动经济增长，农村以第一产业为主促进经济发展。产业结构的转型升级和不同产业经济投资回报率差距的扩大，进一步拉大了城乡经济发展水平差距，经济发展的不平衡性逐渐深化到人口分布、社会文化、制度政策等多个领域，形成城市人口聚集、农村人口疏散的人口分布格局，城市融合传统与现代文化共存、农村传统文化强势的社会文化趋势，城市公共服务投入和水平高于农村地区的制度政策设计。但随着人口流动，城乡分割由传统的明晰的地理位置差异转变为混合社会身份、生活方式差异的“象征二元结构”（王建民，2008）。[6]城乡老年人休闲生活不仅受到居住地位置的影响，更受到出生地、户籍地生活范式、社会文化的影响。根据马斯洛的需求理论，经济发展和社会文化变迁影响老年人休闲生活具体内容和活动频率的意愿及老年人的健康水平和生活质量（露丝·本尼迪克特，1988）。[7]根据文化决定论，城乡社会文化的不同发展轨迹比经济发展的差距对老年人休闲生活的作用强度更大（恩格斯·卡西尔，2013）。[8]当然，作为社会文化的承载者和传播者，老年人自身的主观能动性也不容忽视。但城乡相异的经济、文化、制度形成的社会因素和老年人的个体因素对休闲生活的意愿和质量有重要影响，并且影响的方向和强度不同。

国内外有关老年人休闲的定义尚未统一，但休闲与健康、教育对老年人生活质量的同等重要性成为共识，休闲是经济发展、文化变迁、社会进步的重要部分（埃德加·杰克逊，2009）[9]。根据研究对象和目的，本文将老年人休闲定义为两部分：一部分主要是指退休后（主要指参加工作的城市地区老年人）或退出劳动力市场后（主要指以务农为主的农村地区老年人），在能够自由支配的时间内，依据自身的意愿进行的，以满足个人社会交往、休息放松、学习充电等目的的各项活动；另一部分指与劳动生生活同时进行的闲暇生活。科学、合理、适量的休闲生活可显著提高老年人身体健康水平，降低抑郁症、阿兹海默症发病率，并有预防骨质疏松等常见老年疾病的积极作用（McCormick，McGuire，1996）。[10]目前国内老年人休闲生活以低频率、低效率为主要特征，城市地区老年人休闲生活频率总体高于农村地区（马惠娣，邓蕊，成素梅，2002）。[11]城市地区老年人休闲生活以居家为主、附近活动为辅，公园离家距离越近花费时间越长；男性高于女性；低龄偏爱社会交往型活动，高龄偏爱益智发展型活动；内容集中、形式单调，以娱乐交往和体育锻炼活动为主（孙樱、陈田、韩英，2001；付敏红，2005）。[12][13]农村地区老年人休闲生活内容单一，以看电视为主，其他活动较少；受限于较低的文化程度，阅读活动少，但也积极关注健康养身的相关知识；家庭收入与休闲生活相关性较强；休闲生活质量较低（胡仕勇、郭浩，2012）。[14]此外，老年人休闲生活的意愿和选择还受到地区气候条件、居住地区安全性、公共设施便利性等社会因素的影响（李享、宁泽群、马惠娣等，2010；孙樱、陈田、韩英，2001；付敏红，2005）。[12][13][15]

总体来看，老年人休闲生活的研究以分别对城市和农村老年人休闲生活的基本特征进行描述性分析为主，缺少城乡分割视角下，对比研究城乡老年人休闲生活影响因素的不同及成因；此外，研究范围多以某一城市小样本特征描述为主，全国性的综合个体、家庭、社会多方面分析影响因素的较少。本文以城乡分割视角出发，对全国老年人个体、家庭、社会因素对休闲生活的作用机制进行分析，为因地制宜地提高城乡老年人休闲生活频率、发展城乡老年人休闲文化、实现健康老龄化提供参考。

三、数据、变量与方法

（一）数据来源

本研究采用2010年中国综合社会调查（Chinese General Social Survey，CGSS）为数据源。该调查由中国人民大学联合全国各地的学术机构共同执行，通过定期、系统地收集关于中国人和中国社会各个方面的数据，总结社会变迁的发展轨迹，是国内最早的全国性、综合性、连续性社会调查项目。本研究主要采用多阶段分层概率抽样，覆盖了全国100个县（区）和北京、上海、天津、广州、深圳5大城市，共计480个村/居委会，约12 000个家庭。主要包括健康（EASS）、迁移、生活方式、社会态度、阶级认同、家庭、宗教、环境（ISSP）等内容。依据研究目的，选取60岁及以上的老年人为研究对象，剔除缺失值，共获得2732个样本，其中城市地区1612个（59%），农村地区1120个（41%）。

（二）变量设置

1. 因变量

将老年人社会交往型、休息放松型、学习充电型休闲生活频率作为因变量。老年人社会交往型休闲生活定义为亲戚聚会、与朋友聚会；老年人休息放松型休闲生活定义为看电视、外出看电影、逛街购物、听音乐、看展览、参加体育锻炼、观看体育比赛等；老年人学习充电型休闲生活定义为读书、上网、做手工（比如刺绣、木工）。老年人三个类型休闲生活频率从低到高依次定义为“从不”“很少”“有时”“经常”“非常频繁”5个等级，分别赋值1~5分，“从不”为1分，“非常频繁”为5分，其他依次类推。

2. 自变量

以老年人个体因素、家庭因素、社会因素三个方面作为自变量。依据已有研究文献，将个体因素划分为性别、年龄、受教育年限、户口性质（农业户口/非农业户口）、身体健康水平（很不健康、不健康、一般、健康、很健康）、心理健康水平（很不健康、不健康、一般、健康、很健康）。家庭因素划分为婚姻状况（有配偶/无配偶）、子女状况（有孩子/没有孩子）、经济状况（远低于平均水平、低于平均水平、平均水平、高于平均水平、远高于平均水平）、幸福感（很不幸福、不幸福、一般、幸福、很幸福），既包括了客观家庭结构，也包括主观感受。社会因素划分为地区类型（东部地区/中东部地区）、环境适宜性（不同意、一般、同意）、休闲设施便利性（不同意、一般、同意）、医疗保险（参与/未参与）、养老保险（参与/未参与）。

四、主要发现

（一）描述性分析

老年人休闲生活频率城乡差异显著。通过T检验发现，城市地区老年人社会交往型、休息放松型、学习充电型休闲生活频率均显著高于农村地区老年人（见表1）。这其中老年人的个人因素和社会因素有重要影响。

首先，老年人个人因素城乡差异显著。城市地区老年人的平均年龄、受教育年限、非农业人口、身心健康水平均高于农村地区老年人。老年人个体因素是开展休闲生活的基础，尤其是受教育年限越长，学习能力和休闲意识越强，休闲生活频率越高。身心健康水平是老年人休闲生活的动力系统，并存在相互促进和相互抵消的关系。城乡老年人个人因素的显著差异对休闲生活的影响机制和强度不同。

表1　研究与控制变量

变量名称		城市地区		农村地区		T检验
		均值或比例（%）	样本数	均值或比例（%）	样本数	
1. 因变量	社会交往型	2.53（1.06）	1589	2.24（0.99）	1115	***
	休息放松型	3.82（0.98）	1602	3.52（1.08）	1114	***
	学习充电型	1.8（1.1）	1589	1.23（0.62）	1114	***
2. 个体因素	性别					**
	女性	49.57	799	46.52	521	
	男性	50.43	813	53.48	599	
	年龄	69.14（7.17）	1609	68.48（6.7）	1120	**
	受教育年限	7.68（4.6）	1611	3.88（3.69）	1119	***
	户口性质					***
	非农业户口	16.81	271	7.41	83	
	农业户口	83.19	1，341	92.59	1，037	
	地区类型					***
	东部地区	56.51	911	21.79	244	
	中西部地区	43.49	701	78.21	876	
	身体健康水平	3.12（1.04）	1609	2.89（1.16）	1119	***
	心理健康水平	3.86（1.05）	1602	3.44（1.04）	1117	***
3. 家庭因素	婚姻状况					*
	有配偶	72.77	1173	69.46	778	
	没有配偶	27.23	439	30.54	342	
	家庭子女状况					
	有孩子	98.33	1585	97.77	1095	
	没有孩子	1.67	27	2.23	25	
	家庭经济水平	2.65（0.77）	1605	2.43（0.82）	1119	***
	家庭幸福感	3.89（0.84）	1609	3.73（0.96）	1118	***

续表

变量名称		城市地区		农村地区		T检验
		均值或比例（%）	样本数	均值或比例（%）	样本数	
4. 社会因素	环境适宜性	0.43（0.8）	1612	0.38（0.76）	1120	*
	休闲设施	0.33（0.72）	1612	0.08（0.35）	1120	***
	医疗保险	0.89（0.31）	1612	0.91（0.29）	1120	
	养老保险	0.66（0.47）	1612	0.24（0.43）	1120	***

注：（1）数据来源：2010年中国综合社会调查（CGSS）。
（2）显著性水平* $p<0.1$；** $p<0.05$；*** $p<0.01$。
（3）括号中数字为标准差。

其次，中国传统以家庭为基本单元、以共同居住为基本条件的家庭养老模式对老年人休闲生活有重要影响。配偶和子女是家庭构成的基本元素，经济和幸福是家庭履行的重要功能，构成了老年人家庭因素的主观和客观部分。城市老年人有配偶的比例、家庭经济水平和幸福感都高于农村老年人，开展各类休闲活动的情感支持、经济支持、心理支持更充裕，由此形成城乡老年人休闲生活频率的差异化发展。

最后，社会环境是影响老年人休闲的重要因素。户籍地在东部地区的比例、城乡绿地建设、公共休闲设施供给的城市优势突出，进一步强化了城市地区老年人休闲生活频率高于农村地区的趋势。从社会保障看，城市地区老年人参加养老保险的比例显著高于农村地区，体现出制度层面的城乡差异特征。

总体来看，老年人个体因素、家庭因素、社会因素对休闲生活的影响机制存在明显的城乡差异。经济层面的城乡二元结构与社会文化层面的城乡分割形成了多样化的老年人休闲生活模式，同样的社会交往、休息放松、学习充电休闲目的的达成，实现过程的活动内容、活动场所、陪同伙伴、时间长短和活动频率相异，表现出城市和农村地区老年人休闲生活发展基础、过程和结果差距大的特征。

（二）影响因素分析

因变量城乡老年人社会交往型、休息放松型、学习充电型休闲生活的值由"从不"到"总是"具有从低到高的等级顺序结构，所以采用Order Probit模型，分析个体因素、家庭因素和社会因素对老年人休闲生活的影响，并进一步分析显著影响因素对城乡老年人休闲生活的边际效应。表2的回归模型结果汇报了各自变量的回归系数。

表 2　分城乡老年人三类休闲生活回归模型结果

变量名称	社会交往型		休息放松型		学习充电型	
	城市	农村	城市	农村	城市	农村
男性	-0.049 (0.057)	0.079 (0.075)	-0.001 (0.059)	0.075 (0.075)	0.155** (0.065)	0.163 (0.112)
年龄	-0.006 (0.004)	-0.004 (0.005)	0.020*** (0.004)	0.021*** (0.005)	0.000 (0.004)	-0.001 (0.009)
受教育年限	0.027*** (0.007)	0.016 (0.010)	0.012* (0.007)	-0.011 (0.010)	0.121*** (0.009)	0.121*** (0.016)
农业户口	-0.079 (0.084)	-0.212 (0.135)	0.026 (0.083)	-0.248** (0.100)	-0.513*** (0.107)	-0.281** (0.143)
身体健康水平	0.123*** (0.029)	0.087** (0.037)	-0.032 (0.030)	-0.031 (0.034)	0.087*** (0.034)	0.104** (0.050)
心理健康水平	-0.001 (0.952)	0.039 (0.043)	0.049 (0.032)	0.041 (0.040)	0.026 (0.037)	-0.015 (0.053)
有配偶	0.023 (0.069)	0.134* (0.081)	0.012 (0.070)	0.018 (0.080)	0.036 (0.079)	0.146 (0.134)
有孩子	0.255 (0.215)	-0.042 (0.233)	0.359 (0.221)	-0.241 (0.217)	0.309 (0.227)	0.283 (0.369)
家庭经济水平	0.107*** (0.038)	0.111** (0.048)	-0.044 (0.039)	-0.011 (0.047)	0.029 (0.045)	0.022 (0.073)
家庭幸福感	0.038 (0.039)	-0.006 (0.042)	0.115*** (0.038)	0.120*** (0.038)	0.075 (0.046)	0.098 (0.063)
东部地区	0.144*** (0.057)	-0.057 (0.083)	0.228*** (0.057)	0.448*** (0.084)	-0.010 (0.066)	-0.378*** (0.122)
环境适宜性	0.036 (0.059)	0.080 (0.060)	0.095 (0.062)	0.114* (0.060)	0.104 (0.067)	-0.016 (0.097)
休闲设施便利性	0.127*** (0.057)	-0.044 (0.102)	-0.013 (0.057)	-0.015 (0.648)	0.082 (0.061)	0.016 (0.145)

续表

变量名称	社会交往型		休息放松型		学习充电型	
	城市	农村	城市	农村	城市	农村
医疗保险	0.046 (0.099)	-0.054 (0.113)	-0.093 (0.096)	-0.020 (0.113)	-0.025 (0.115)	-0.018 (0.194)
养老保险	0.006 (0.063)	-0.061 (0.079)	0.140** (0.064)	-0.034 (0.081)	0.026 (0.073)	0.329*** (0.106)

注：显著性水平* $p<0.1$；** $p<0.05$；*** $p<0.01$。

1. 个体因素

传统社会“男主外、女主内”的性别观念降低了女性的受教育水平和劳动参与率，但对老年人而言，城市地区男性逐渐退出劳动生产领域、农村地区女性长辈角色的逐渐形成，性别对社会交往型和休息放松型休闲生活的影响不显著。城市地区男性老年人较高的受教育程度显著提高了学习充电型休闲生活，农村地区男性和女性老年人受教育水平相差不大，对学习充电型休闲生活的影响不显著。

年龄以退出劳动力市场、身体健康水平下降等多种形式与老年人休闲生活紧密相关（王莉莉，2011）。[16]低龄和高龄阶段对休闲生活的偏好、意愿、能力各不相同。城乡老年人的年龄对休闲生活的意义差别较大，城市老年人有明确的退休年龄规定，退出劳动力市场后，经济水平有退休工资和养老保险保障，完全进入自由时间选择休闲生活的阶段；而农村老年人参与农业生产活动没有明确的退休年龄规定，缺乏稳定持久的老年经济保障体系，劳动时间和休闲时间界限模糊，劳动和休闲共同构成了生活的重要的内容，但随着年龄的增长，农村地区老年人因身体原因也逐渐退出农业生产。与低龄老年人相比，高龄老年人休息放松型休闲生活频率显著提高。

教育是人力资本的重要内容，老年人受教育年限越长，获得的教育投资回报越多，经济能力、社会福利越好，学习能力越强。一方面，受教育年限越长，老年贫困的发生率越低，退出劳动生产领域的自由度越大，拥有的自由时间越多。另一方面，学习能力是老年人进入老年阶段实现再社会化以适应老年生活的重要条件，受教育年限越长，对更有利于养老的优良生活方式的认识、了解和实践能力越强（钟英莲，阎志强，2000）。[17]分城乡来看，城市地区随着教育年限的增长，老年人社会交往型、休息放松型、学习充电型休闲生活频率显著提高；而农村地区仅学习充电型休闲生活频率显著提高。农村地区老年人受教育年限的内部差异较小，以未上学为主要受教育水平，多以农民为职业，所以受教育年限的增长对社会交往型和休息放松型休闲生活频率的影响不显著。

户口性质与城乡福利体系、社会保障功能的重要关联，对老年人休闲生活影响显著。居住地的改变对户口性质的社会保障、社会福利功能的影响较小。部分非农业户口老年人为了更好的生态环境、更清静的居住环境，选择在农村地区养老，其生活方式以满足休闲放松、健康养生为主要目的，与农业户口老年人出于提高经济收入的需要必须参加农业生产活动明显不同。所以，在农村地区，农业户口老年人休息放松型休闲生活频率显著低于非农业户口老年人。此外，农业户口老年人局限于较低的受教育水平和有限的经济保障，学习充电型休闲生活频率低于非农业户口老年人，且无城市和农村之别。

身体健康水平是老年人进行各项休闲活动的重要条件（Paillard Borg S，2009）。[18]老年人的致残率、致病率远高于其他年龄人口，自身行动能力、自我照料能力是评价生活质量的重要标准。城市和农村老年人身体健康水平对休闲生活的影响具有相同特征，身体健康水平越高，老年人社会交往型和学习充电型休闲生活频率越高。同时，心理健康水平对城市和农村老年人休闲生活频率的影响不显著，与中国对心理疾病缺乏认知有关，老年人自杀率的逐年攀升与忽视心理健康的社会现象需提高对老年人心理健康的重视。

2. 家庭因素

传统家庭养老模式和重视家族文化发展的家庭对老年人休闲生活有着不可替代的意义。配偶和子女是老年人获得家庭经济支持、日常照料、精神慰藉的主要来源，子女对老年人支持的有效性和幸福感可替代性低（杜鹏，武超，1998）。[19]但随着单身户老年人和夫妇共居老年人比例的提高，[20]家庭子女对休闲生活的影响逐渐弱化。城市地区老年人社会支持网络的构建由血缘、亲缘、业缘构成，通常业缘占比较高；农村地区血缘和地缘是社会支持的主要组成部分，基于业缘建立的社会支持极少，传统的家族文化进一步强化了配偶对老年人社会交往型休闲生活的重要性。所以农村地区有配偶显著提高老年人社会交往型休闲生活频率。

家庭经济水平和家庭幸福感是衡量老年人经济支持和情感支持状况的重要指标。良好的经济条件为老年人开展休闲生活提供更多自由时间和资金投入，情感交流良好的家庭氛围为子女督促、鼓励、参与老年人休闲生活提供更多机会，家庭成员是老年人休闲的主要陪同者（齐莉莉，2011）。[21]城市地区和农村地区老年人家庭经济水平越高，社会交往型休闲生活频率越高；家庭幸福感越强，休息放松型休闲生活频率越高；城乡差别不显著。

3. 社会因素

地区经济发展的不平衡性逐渐深化影响着各个地区老年人的休闲生活。东部开放、中部崛起、西部开发依次进行的经济发展战略，对各个地区的经济水平、文化变迁、社会发展、制度政策影响深刻（李学，2006）。[22]与中西部地区相比，东部地区的经济发展优势保障了老年人良好的生活水平，更对传统的家庭养老文化、公共服务体系等有积极的辐射作用，促进了地区休闲氛围的形成，提供了便利的休闲设施。此外，自然环境、气候条件、人口密度、地域文化对老年人休闲生活影响明显（张建国等，2012）。[23]中西部地区适宜外出活动的天气相对较少、人口密度低，城市和农村地区老年人休息放松型休闲生活频率都显著低于东部地区，城市地区老年人社会交往型休闲生活频率显著低于东部地区，农村地区学习充电型休闲生活频率显著高于东部地区。

居住地区的环境良好和设施完善明显增进老年人休闲生活频率（付敏红，2005）。[13]随着城乡统筹公共服务体系的构建和完善，城市地区绿地面积、活动设施、公园广场、社区中心、图书馆的人均拥有量和配备逐渐趋向平衡，但休闲设施越完善，越能满足老年人休闲生活的多样化需求，增加与朋友和亲戚聚会、交流的场所和机会，尤其是社区老年活动中心是满足城市老年人与朋友参加休闲活动的重要场所。而农村地区各个方面的发展程度仍相对滞后，环境适宜进行体育锻炼，显著提高老年人休息放松型休闲生活。

良好的社会保障状况有利于提升老年人休闲生活频率。社会保障制度与就业、经济条件强相关，医疗和养老保险的参与行为本身具有生活水平的筛选性，参加医疗和养老保险的城乡老年人经济支付能力相对更高，同时，降低了因病返贫、因病致贫、老年贫困的多重风险。老年人达到领取养老保险年龄后，有养老保险的城乡老年人经济来源更丰富，对休闲生活的自主选择余地大（姜向群，郑研辉，2013）。[24]城市地区，有养老保险的老年人休息放松型休闲生活频率更高，农村地区有养老保险的老年人学习充电型休闲生活频率更高。

五、结果与讨论

通过对老年人个体因素、家庭因素和社会因素的细分和综合考察可以发现，老年人个体因素和家庭因素对休闲生活的影响大于社会因素，城乡老年人个体差异、社会政策差异对休闲生活的影响大于家庭因素。除此之外，进一步明晰了个体因素、家庭因素、社会因素对老年人分类休闲生活的影响，家庭经济水平、身体健康水平对社会交往型休闲生活影响显著，年龄、家庭幸福感、东中西部地区对休息放松型休闲生活影响显著，受教育水平、户口性质、身体健康水平对学习充电型休闲生活影响显著。这些因素对老年人各类休闲生活的影响是城乡共有；但城市地区老年人的累积优势明显，各类休闲生活频率均高于农村地区老年人。

社会交往型休闲生活的主要对象为亲戚和朋友，城市老年人业缘群体提供的社会支持削弱了家庭因素对社会交往型休闲生活的影响，农村地区血缘和地缘提供的社会支持的较低替代性，使婚姻状况对社会交往型休闲生活的影响显著。提高老年人社会交往型休闲活动，促进老年人与他人的交流和互动，提升生活质量应区分城乡不同的侧重点。城市地区以小区为单位集中居住的模式，大力发展社区老年教育，培养和传播休闲生活方式，普及健康、养生和常见疾病预防知识，能充分发挥老年人自身的主观能动性和朋辈群体的积极性，互相鼓励、督促、陪同，提高社会交往型休闲生活的频率。此外，东部地区较中西部地区的气候具有温热潮湿的特点，老年人户外活动较多，对休闲设施的利用率和满意度高于中西部地区。休闲设施要发挥最大功效能需要结合当地的气候条件和老年人的使用习惯，选择合适的设置地点，区分室内外和适宜的活动项目。

休息放松型休闲生活的主要内容为代际和朋辈互动，活动场所多集中在家里，年龄越大、家庭幸福感越好，居住在东部地区，休息放松型休闲生活频率越高；且无城市和农村之别。但公共服务设施的完善，尤其是居住地周围环境适宜锻炼可显著提高农村地区老年人休息放松型休闲生活频率；农村地区农业户口老年人休息放松型休闲生活频率显著低于非农业户口老年人。休息放松型休闲生活体现出高龄、幸福、东部、环境适宜、非农业户口相对较高的特征。传统家庭养老模式实现的难度越来越大，社区居家养老模式逐渐盛行，老年人休闲生活对提高生活质量积极作用的发挥需搭建广泛的社区支持平台，从提供经济援助、日常照料、心理咨询，缓和老年人面对养老模式子女缺席的紧张感，培养新的依托社区资源的现代休闲生活模式。同时要特别重视对农村地区居住相对分散的空巢老人的关注，建立一套休闲激励机制，为农村地区老年人找到更多生活的意义，有助于降低自杀率。

学习充电型休闲生活对自主学习能力要求较高，城市和农村地区老年人受教育年限越高，身体健康水平越好，学习充电型休闲生活频率越高。但农村地区老年人还受到户口性质、东中西部地区、社会保障的消极影响，农村地区城乡二元结构的劣势关联效应明显。城市地区相对集中的居住模式和较高的受教育水平更适合开展社区老年人专项技能培训活动或交流活动，满足老年人多样化的学习需求。农村地区面对劳动年龄人口减少和老年人农业生产经济效益低下的现状，学习充电型休闲生活的开展可以实现提高休闲生活频率和增进农村地区老年人经济收入的双重目标，如政府协助农村地区符合一定条件的老年人发展农村生活体验、农家乐等因地制宜的休闲旅游项目等。

从城乡分割的整体视角出发，城市地区老年人个体异质性在不断增强，家庭和社会因素的同质性水平逐渐上升；农村地区老年人个体同质性特征明显，家庭和社会因素的异质性影响逐渐显现。未来人口迁移和流动的趋势下，城乡老年人的分布将进一步复杂化，城市地区避免老年人休闲生活的两极分化状况，农村地区降低老年人休闲生活脱离需求的风险，提高老年人各类休闲生活频率和质量的难度将明显加大，但提高城乡老年人休闲生活频率和质量对实现健康老龄化有深远意义。

参考文献

[1] 中华人民共和国国家统计局．普查数据［DB/OL］．http：//www.stats.gov.cn/. 2015-9-15.

[2] 原新. 以少子化为特征的人口老龄化进程及其对家庭变迁的影响 [J]. 老龄科学研究, 2013 (1): 34-43.

[3] 段成荣, 杨舸, 张斐, 等. 改革开放以来我国流动人口变动的九大趋势 [J]. 人口研究, 2008 (6): 36-43.

[4] 国家人口和计划生育委员会人口服务管理司. 2014 中国流动人口发展报告 [M]. 北京: 中国人口出版社, 2014.

[5] 段成荣, 袁艳, 郭静. 我国流动人口的最新状况 [J]. 西北人口, 2013, 6 (34): 1-12.

[6] 王建民. 社会转型中的象二元结构——以农民工群体为中心的微观权力分析 [J]. 社会, 2008 (2): 77-111.

[7] 露丝·本尼迪克特. 文化模式 [M]. 北京: 生活·读书·新知三联书店, 1988.

[8] 恩格斯·卡西尔. 人论: 人类文化哲学导引 [M]. 上海: 上海译文出版社, 2013.

[9] 埃德加·杰克逊. 休闲与生活质量: 休闲对社会、经济和文化发展的影响 [M]. 杭州: 浙江大学出版社, 2009.

[10] Bryan P. McCormick, Francis McGuire. Leisure in community life of older rural residents [J]. Leisure Sciences, 1996, 18 (1): 77-93.

[11] 马惠娣, 邓蕊, 成素梅. 中国老龄化社会进程中的休闲问题 [J]. 自然辩证法研究, 2002 (5): 58-62.

[12] 孙樱, 陈田, 韩英. 北京市区老年人口休闲行为的时空特征初探 [J]. 地理研究, 2001, 20 (5): 537-546.

[13] 付敏红. 影响城市老年人休闲生活的因素及对策——以南宁市老年人为例 [J]. 广西社会科学, 2005 (12): 173-176.

[14] 胡仕勇, 郭浩. 农村老年人口闲暇生活状况与影响因素分析——基于湖北省长阳县农村调查数据 [J]. 社会工作, 2012 (1): 71-73.

[15] 李享, 宁泽群, 马惠娣, 等. 北京城市空巢老人休闲生活满意度研究——以北京市三大典型社区为例 [J]. 旅游学刊, 2010 (4): 76-83.

[16] 王莉莉. 老年人闲暇活动的参与意愿及其影响因素——基于 2000 年和 2006 年的对比分析 [J]. 南京人口管理干部学院学报, 2011 (3): 15-20.

[17] 钟英莲, 阎志强. 大城市老年人闲暇生活的特征及对策 [J]. 市场与人口分析, 2000 (4): 69-71.

[18] Paillard Borg S, Wang H X, Winblad B, et al. Pattern of participation in leisure activities among older people in relation to their health conditions and contextual factors: a survey in a Swedish urban area [J]. Ageing and Society, 2009, 29 (05): 803-821.

[19] 杜鹏, 武超. 中国老年人的主要经济来源分析 [J]. 人口研究, 1998 (4): 51-57.

[20] 国家卫生和计划生育委员会. 2014 中国家庭发展报告 [M]. 北京: 中国人口出版社, 2015.

［21］齐莉莉. 芜湖城市老年人休闲活动和休闲体验研究［J］. 安徽师范大学学报，2011（3）：269－274.

［22］李学. 城乡二元结构问题的制度分析与对策反思［J］. 公共管理学报，2006（4）：87－93.

［23］张建国，刘同记，李春阳，等. 长三角老年人运动休闲特征研究［J］. 体育文化导刊，2012（6）：50－53.

［24］姜向群，郑研辉，中国老年人的主要生活来源及其经济保障问题分析［J］. 人口学刊，2013（2）：42－48.

经济发展与休闲设施建设关系研究

——以上海为例

李丽梅　楼嘉军
（华东师范大学商学院）

【摘　要】 本研究基于1978—2013年上海人均生产总值与文化场馆数量、公园景区数量的时间序列数据，通过建立向量自回归模型，对经济发展和休闲设施建设的关系进行分析。研究发现，第一，人均生产总值分别与文化场馆数量、公园景区数量之间存在长期均衡关系；第二，公园景区数量和人均生产总值、文化场馆数量之间存在单向的格兰杰因果关系，其他因果关系不成立；第三，脉冲响应分析表明公园景区数量增加有助于提升经济发展水平，但一定程度上会抑制文化场馆的投资建设；第四，公园景区数量增加对于人均生产总值变动的贡献度，以及人均生产总值水平的提升对于文化场馆数量贡献度均较大。

【关键词】 经济发展水平　休闲设施　向量自回归模型　上海

一、引言

随着社会经济的持续高速发展，居民收入水平显著提高，休闲欲望呈现不断高涨态势，人们希望在城市中获取游憩、娱乐，渴望获得乡村田野式的绿地、公园，满足精神需求。于是，作为居民工作和生活载体的城市发生了深刻的变化，主要表现为城市的休闲功能逐渐凸显和不断完善，演变为城市转型发展的一个重要特征。实际上，早在1933年，国际现代建筑协会发布的《雅典宪章》就明确提出休闲是城市的基本功能，该观点至今仍对城市的转型发展产生重要影响。城市的休闲功能可以理解为一个城市为满足本地日常的休闲活动需求和外来游客的旅游活动需求所提供的服务和发挥作用的总和。从要素角度讲，休闲设施是城市休闲功能的重要表现形式，亦是满足本地居民和外来游客休闲旅游消费需求的重要载体。当一座城市的休闲设施日渐完善时，它所引致的休闲消费力会转化为巨大的生产力，从而促进产业结构的调整和经济增长方式的改变。显然，经济发展与休闲设施建设之间存在一定的关联，即社会经济的平稳较快发展，会引发城市投资建设休闲设

［作者简介］李丽梅，华东师范大学商学院博士生，电话：15961875620，通讯地址：上海虹梅南路5800号华东师范大学研究生公寓11舍316，电子邮件：prettylyly2008@163.com。楼嘉军，华东师范大学商学院旅游系教授、博士生导师。

施；人们对休闲设施的消费和享用，会增强城市经济的发展活力。

目前学术界鲜有直接探讨经济发展与休闲设施建设关系的文献，但一些学者的观点间接佐证了这一关系。Briggs（1969）研究指出，维多利亚女王时代中后期，随着工作条件的改善和生活水平的提高，城市管理部门加大了休闲设施供应的投入。[1]“二战”后，推动休闲娱乐设施与项目大量增长的一个重要因素是国民财富的积累（Daniel D. McLean；Amy R.，Ph. D. Hurd；Nancy Brattain Rogers，2004）。[2]马惠娣、王国政（2000）认为，现代城市经济的良性循环在很大程度上越来越依赖于各种休闲需求的实现，而一个地区如果拥有并创造公园绿地、艺术场馆等设施，对于今后的经济繁荣起着关键的作用，[3]而这又会进一步创新休闲服务供给功能，从而拉动休闲消费需求和推动休闲服务业发展（卿前龙，2006）。[4]总的来说，社会经济发展水平是城市休闲基础环境改善、居民休闲消费能力提升、休闲产业结构优化的前提和基础（楼嘉军、李丽梅、许鹏，2015）。[5]显然，经济发展与休闲设施建设的关系得到了研究者的认同，但稍显遗憾的是，这些观点主要建立在学术思辨和主观判断的基础上，尚缺乏系统的理论依据和有力的数据支撑。

有鉴于此，本文尝试通过1978—2013年上海经济发展水平与休闲设施建设的时间序列数据建立VAR模型，来系统考察二者之间的关系。之所以选择上海作为研究对象，原因有三：一是上海城市休闲发展周期相对较长，统计数据比较完整；对上海经济发展与休闲设施建设关系进行考察和分析，有助于提炼出具有代表性的规律。二是上海人均生产总值已从1978年的1445美元上升到2013年的14 547美元，居民生活状态明显改善，居民用于休闲或休闲相关的消费对社会经济的影响力与日俱增。探讨上海经济发展与休闲设施建设关系，得出的规律性特征将对国内诸多城市的休闲发展产生重要影响。三是上海是全国最大的工商业城市，休闲设施配置相对完善和成熟，这使得研究不仅在理论层面加深对经济发展与休闲设施关系的科学认识，而且能够在实践层面为经济发展新常态下我国城市休闲的深化发展提供经验借鉴。

二、上海休闲设施建设概况

（一）休闲设施分类

从一般意义上讲，所谓休闲设施主要是指由政府管理部门或者社会力量建设和举办的，用于满足人们休闲娱乐活动需求的经营性和公益性的场馆、场地、景区、设备等。显而易见，休闲设施是由一定的空间要素与设施要素共同构成的一个可供人们从事休闲活动的物质空间。[6]根据休闲设施功能，可将休闲设施大致分为五类，如表1所示。

表1　休闲设施类别

类别	设施
文化艺术	电影院、音乐厅、大剧院、戏院、博物馆、美术馆、展览馆、文化活动中心
体育	体育场、体育馆、游泳馆、球馆、健身馆
休闲	公园、广场、绿地、旅游景区（点）、酒吧、咖啡馆、茶馆、卡拉OK厅、舞厅、网吧
科技	科技馆、科普中心、图书馆、社区阅览室、休闲技能培训中心
媒体传播	电视、网络、广播、报纸、杂志

资料来源：楼嘉军．论休闲与休闲时代［M］．上海：上海交通大学出版社，2013.

考虑到规范的量化研究成为可能，要求相关统计数据较为系统和完备，本文在休闲设施分类基础上，选择文化馆、博物馆、图书馆、剧院/影剧院等文化场馆和国家4A级以上景区、国家地质公园、国家森林公园、城市公园等公园景区两类休闲设施作为研究对象。

（二）上海休闲设施发展历程及特征

基于以上分析，本文将通过文化场馆、公园景区数量的变化，来反映上海休闲设施的发展历程。由图1和图2可知，第一，改革开放以来，上海文化场馆中剧场/影剧院始终保持较大规模，其发展轨迹呈现“N”形曲线；第二，从2000年起，博物馆数量上升趋势明显，并于2011年超过文化馆和图书馆；第三，文化馆和图书馆数量经历了相似的发展轨迹，即先升后降；第四，公园景区中城市公园规模相对较大，且呈现快速上升态势；第五，2001年起，国家4A级以上景区数量不断增长，这主要源于1999年国家旅游局制定实施的《旅游景区质量等级的划分与评定》，促进了各地加快景区等级评定工作；第六，国家地质公园和国家森林公园数量始终处于较低的规模水平。

可以看出，上海休闲设施的配置中，剧场/影剧院和城市公园发展规模较大。一方面，从市民角度讲，剧场/影剧院本身的娱乐性比较强，成为本地居民乐于选择的一种休闲场所。据一项调查显示，上海市民对剧场影院等娱乐场所的选择比例要高于图书馆、博物馆，[①] 这说明上海市民对一些文化性较强的场馆的选择要略微低于娱乐性较强的场馆，这间接反映出上海剧院/影剧院的数量规模较大的原因。另一方面，从城市发展角度讲，公园是城市绿地系统的重要组成部分，发挥着巨大的生态效益和社会效益。改革开放以来，为适应城市政治经济的发展，上海的城市公园得到空前发展，并于2003年成功创建“国家园林城市”。目前，上海共有城市公园161座，其中142座公园实行免费开放，年游客接待量超过2亿人次。相比旅游景区，城市公园在满足本地居民户外休闲游憩活动需求方面的职能更为显著，在推动城市经济和社会发展方面的作用也更为明显，相应地，城市公园的规模要大于旅游景区。

① 调查结果来自于华东师范大学休闲研究中心《城市居民休闲方式调查2014》。

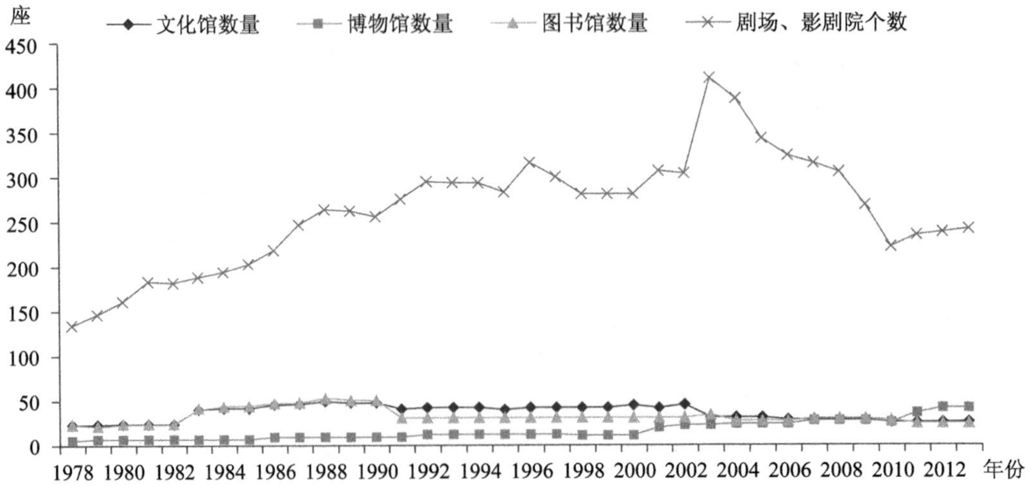

图 1　上海文化场馆数量（1978—2012 年）

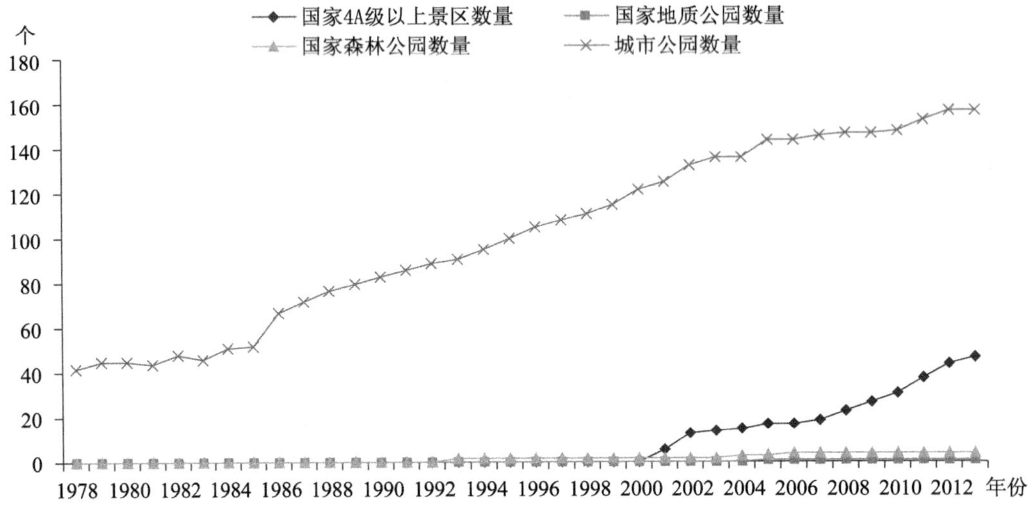

图 2　上海公园景区数量（1978—2012 年）

由图 3 可知，1978—2013 年上海的人均生产总值水平大幅度提升。1978 年为 1445 美元，1997 年后突破 3000 美元，2008 年后超过 10 000 美元，2013 年达到 14 547 美元。同一时期，上海的文化场馆数量呈现波动性发展，2003 年达到最大值后下降明显，下降到 2010 年之后又开始回升；而公园景区数量则呈平稳发展态势，并与文化场馆数量之间的差距渐小。

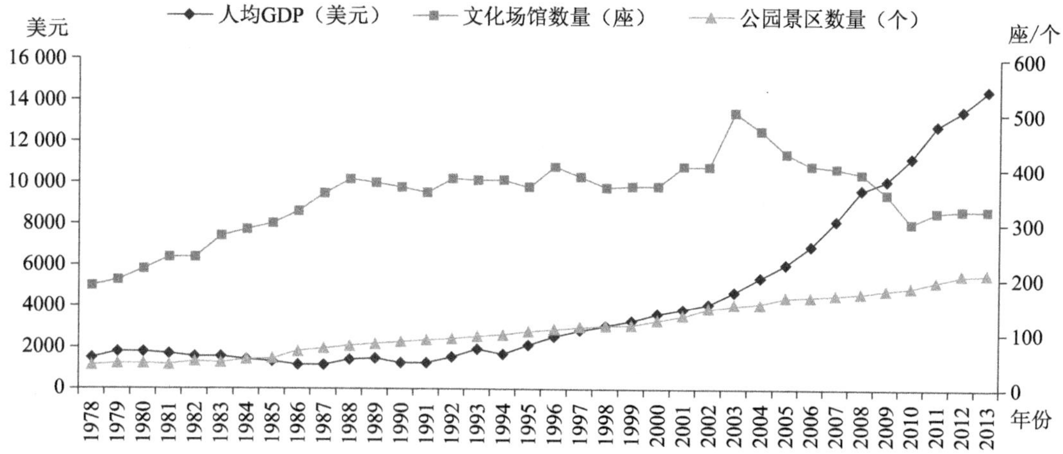

图3 上海人均GDP水平、文化场馆数量、公园景区数量趋势图（1978—2013年）

三、变量选择与数据说明

本文运用向量自回归（VAR）模型来探究经济发展与休闲设施建设的关系，原因有三：一是将所有变量视为系统的内生变量，由此避免了以回归分析为基础的研究方法可能存在的内生性问题；二是解释变量均为滞后变量，从而利于刻画变量之间的动态关系；三是基于VAR模型可对变量间的格兰杰（Granger）因果关系进行检验，并进行脉冲响应分析。

本文选取1978—2013年上海人均生产总值、文化场馆数量、公园景区数量这三个变量来分析经济发展与休闲设施建设之间的关系。相关数据来自三个方面，一是《上海市国民经济和社会发展历史统计资料（1949—2000年）》；二是1997—2013年的《上海市国民经济和社会发展统计公报》；三是1998—2014年的《上海统计年鉴》。为减少异方差性的影响及实现非线性关系的线性化处理，分别对原始数据进行自然对数处理，记为logpercap、logculvenues和logparksce。本文使用的软件为Stata SE 12.0。

四、经济发展与休闲设施建设的协整及因果关系检验

为了分析上海经济发展与休闲设施建设之间的关系，需要对时间序列数据进行协整检验。协整理论主要用于寻找两个或多个非平稳变量之间的均衡关系。如果某两个或多个同阶时间序列向量的某种线性组合可以得到一个平稳的误差序列，则这些非平稳的时间序列之间存在长期均衡关系，即具有协整性。

（一）平稳性检验

在运用协整理论对时间序列数据进行分析之前，需要对序列中各变量进行单位根检验，以考察序列的平稳性。本文采用ADF检验法来检验变量的平稳性。以PERCAPITA表

示人均生产总值水平，CULVENUES 表示文化场馆数，PARKSCENIC 表示公园景区数量，DPERCAPITA、DCULVENUES、DPARKSCENIC 分别表示各自的一阶差分。检验结果显示，PERCAPITA、CULVENUES、PARKSCENIC 在 10% 的显著水平上均不平稳，而 DPERCAPITA、DCULVENUES、DPARKSCENIC 在 1% 的检验水平上均是平稳序列，这说明 PERCAPITA、CULVENUES、PARKSCENIC 均是一阶单整序列，符合协整检验的要求（见表 2）。从协整检验趋势图也可以看出，经过差分处理后，原有的时间序列不存在自相关问题（见图 4）。

表 2　上海人均生产总值、文化场馆数量和公园景区数量的单位根检验结果

变量	ADF 统计量 t 值	检验类型	临界值			是否平稳
			1%	5%	10%	
PERCAPITA	-2.544	(C, T, 1)	-4.297	-3.564	-3.218	不平稳
CULVENUES	-1.728	(C, T, 1)	-4.297	-3.564	-3.218	不平稳
PARKSCENIC	-1.441	(C, T, 1)	-4.297	-3.564	-3.218	不平稳
DPERCAPITA	-4.511	(C, 0, 0)	-3.689	-2.975	-2.619	平稳
DCULVENUES	-4.882	(C, 0, 0)	-3.689	-2.975	-2.619	平稳
DPARKSCENIC	-6.323	(C, 0, 0)	-3.689	-2.975	-2.619	平稳

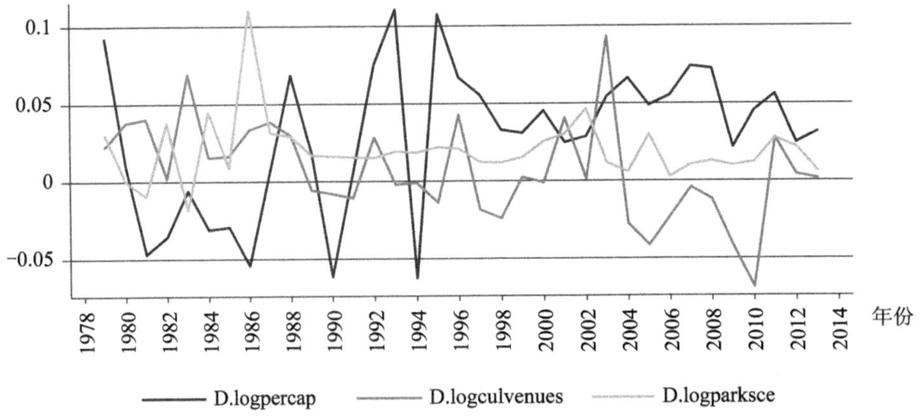

图 4　DPERCAPITA、DCULVENUES、DPARKSCENIC 一阶差分趋势图

（二）协整检验

本文采用基于 VAR 模型的 Johansen 协整检验法进行检验。在协整检验前，首先需要选择 VAR 模型的滞后期。从表 3 可看出，VAR 模型的滞后期是 1；其次判断 VAR 模型是否稳定。由图 5 可知，VAR 模型的全部特征根均小于 1，且在单位圆内，因此该 VAR 模型是一个稳定的系统。

表 3 VAR 模型滞后期的检验结果

lag	LL	LR	df	p	FPE	AIC	HQIC	SBIC
0	84. 0066	NA	NA	NA	1. 3E – 06	– 5. 06291	– 5. 01736	– 4. 9255
1	216. 002	263. 99	9	0. 000	5. 8E – 10 *	– 12. 7501 *	– 12. 5679 *	– 12. 2005 *
2	221. 42	10. 836	9	0. 287	7. 4e – 10	– 12. 5262	– 12. 2074	– 11. 5644
3	230. 603	18. 367 *	9	0. 031	7. 7E – 10	– 12. 5377	– 12. 0822	– 11. 1636
4	233. 224	5. 2409	9	0. 813	1. 2E – 09	– 12. 139	– 11. 5469	– 10. 3526

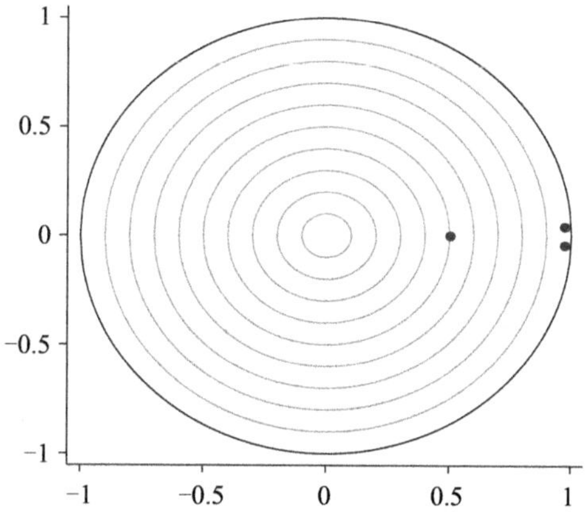

图 5 VAR 模型全部特征根的位置图

进一步，通过协整秩迹检验（trace statistic）结果表明，只有一个线性无关的协整向量，而最大特征值检验（max statistic）也表明，可以在 5% 的水平上拒绝"协整秩为 0"的原假设，但无法拒绝"协整秩为 1"的原假设（见表 4）。这说明，人均生产总值、文化场馆数量、公园景区数量之间存在长期稳定关系。

表 4 人均生产总值、文化娱乐场馆数量和公园景区数量的协整检验结果

Maximum rank	parms	LL	eigenvalue	Trace statistic	5%critical value	Max statistic	5%critical value
0	12	216. 60554		34. 1139	29. 68	24. 7762	20. 97
1	17	228. 99363	0. 51747	9. 3377 *	15. 41	8. 4865	14. 07
2	20	233. 23689	0. 22089	0. 8512	3. 76	0. 8512	3. 76
3	21	233. 66247	0. 02472				

（三）格兰杰因果检验

Johansen 协整检验结果显示，上海人均生产总值、文化设施数量、公园景区数量之间

存在着长期稳定的均衡关系。可通过格兰杰因果检验进一步确认三变量之间的均衡关系是否存在因果关系（表5）。

表5　人均生产总值、文化娱乐场馆数量和公园景区数量的格兰杰因果检验结果

原假设		X^2	P值
Logpercap 方程	文化场馆数量增加不能导致人均生产总值水平提高	2.3351	0.311
	公园景区数量增加不能导致人均生产总值水平提高	9.3608	0.009
	文化场馆、公园景区数量增加不能同时导致人均生产总值水平提高	21.05	0.000
Logculvenues 方程	人均生产总值水平提升不能导致文化场馆数量增加	3.5829	0.167
	公园景区数量增加不能导致文化场馆数量增加	9.6539	0.008
	人均生产总值水平提升、公园景区数量增加不能同时导致文化场馆数量增加	12.888	0.012
Logparksce 方程	人均生产总值水平提升不能导致公园景区数量增加	1.9948	0.369
	文化场馆数量增加不能导致公园景区数量增加	1.2183	0.544
	人均生产总值水平提升、文化场馆数量增加不能同时导致公园景区数量增加	3.7811	0.436

表5的检验结果表明：第一，公园景区数量增加是导致人均生产总值水平提升的格兰杰原因，说明公园景区建设能够推动城市经济发展；第二，公园景区数量增加是导致文化场馆数量增加的格兰杰原因，说明城市公园景区建设能够带动主要满足本地居民休闲娱乐的场馆数量的建设；第三，人均生产总值水平和文化场馆规模并不是导致公园景区数量增加的格兰杰原因，说明可能存在其他未纳入模型的、与公园景区数量建设之间有更明显的因果关系的变量。

综上所述，公园景区数量和人均生产总值、文化场馆数量之间存在单向的格兰杰因果关系。一方面，公园景区建设能够推动城市经济发展水平，但经济发展水平的提升并不能导致公园景区数量增加；另一方面，城市公园景区的规模化发展有助于文化场馆的投资建设。

（四）向量误差修正模型

格兰杰因果检验只给出了变量的相互影响关系，但并没有对变量之间的影响程度给出定量分析。因此，在因果检验基础上，本文进一步对所有变量做向量误差修正模型（VECM），该模型是用Johansen的最大似然估计（MLE）方法估计的向量误差修正模型，可在施加长期均衡约束的情况下，用来分析变量间的短期关系。误差修正模型的结果为：

D_ logpercap =

$-0.3447L1.cel + 0.1279LD.logpercap + 0.1481LD.logculvenues + 0.0455LD.logparksce + 0.0016$

D_ logculvenues =

$0.2047 L1.cel + 0.0529 LD.logpercap - 0.0366 LD.logculvenues + 0.6369 LD.logparksce + 0.0063$

D_ logparksce =

$-0.0030 L1.cel - 0.1275 LD.logpercap + 0.0927 LD.logculvenues - 0.1791 LD.logparksce + 0.0242$

D_ logpercap 方程中，L1. cel = －0. 3447 表明，如果人均生产总值水平提升，则短期内，文化设施数量和公园景区数量会减少；D_ logculvenues 方程中，L1. cel = 0. 2047 表明，如果文化场馆数量增加，则短期内，人均生产总值水平和公园景区数量都会上升；D_ logparksce 方程中，L1. cel = －0. 0030 表明，如果公园景区数量增加，则短期内，人均生产总值和文化场馆数量会减少。

进一步，通过协整方程，可以得到人均生产总值、文化娱乐场馆数量、公园景区数量之间的长期均衡关系：

$$logpercap = -12.2099 + 3.4066logculvenues + 3.8574logparksce$$

长期看来，文化场馆数量对上海人均生产总值的弹性为 3. 4066，而公园景区数量的弹性是 3. 8574，这表明，首先，公园景区建设对经济发展水平的正向作用更为明显，而且在统计上是显著的；其次，文化场馆数量虽然在长期内与人均生产总值水平的正向关系稍弱于公园景区数量，但在统计上却是不显著的。

五、经济发展与休闲设施建设的脉冲响应及方差分解

（一）脉冲响应函数

脉冲响应函数描绘的是特定变量对各种冲击的反应轨迹。以下部分基于 VAR 模型的脉冲相应函数，进一步刻画人均生产总值、文化场馆数量、公园景区数量之间相互影响的关系。

以最长期为 20 期来考察人均生产总值、文化场馆数量、公园景区数量的响应轨迹（见图 6）。可以看出，首先，在本期给 logculvenues 一个标准差冲击后，文化场馆自身受到的是负向响应；公园景区在第 1 期受到正向响应，然后保持平稳发展态势；人均生产总值在前 3 期受到负向效应，随后则表现为上升趋势。其次，在本期给 logparksce 一个标准差冲击后，文化场馆数量在第 1 期的增长效应明显，第 2 期开始逐步下降；公园景区数量受到自身的冲击后，在第 1 期受到负向响应，随后保持平稳发展态势；而人均生产总值水平表现为明显的正向波动。这说明，城市通过投资建设文化场馆、公园景区等休闲设施，

可以带动经济发展水平的提升。最后，在本期给 logpercap 一个标准差冲击后，文化场馆数量在前 2 期受到的是负向效应，第 3 期开始表现为正向波动，但波动速度较缓；公园景区数量在第 1 期受到负向效应，随后保持稳定发展态势；而人均生产总值受到自身冲击后，一直产生负向效应。以上结果说明，第一，文化场馆数量和人均生产总值之间存在双向关系，从长期看文化场馆数量的增加对人均生产总值的提升更为明显；第二，文化场馆数量和公园景区数量之间存在单向关系，长期看公园景区数量的增加会导致文化场馆建设力度降低，但文化场馆数量增加对公园景区建设力度的抑制作用微乎其微，这在一定程度上反映出城市休闲产业的发展一定程度上有利于旅游业的发展，但城市在大力推进旅游业发展过程中，有可能会忽视了主要满足本地居民的休闲设施的投资建设；第三，公园景区数量和人均生产总值之间存在单项关系，长期看公园景区建设能够提升城市的经济发展水平，但经济发展水平对公园景区建设的推动作用不明显。

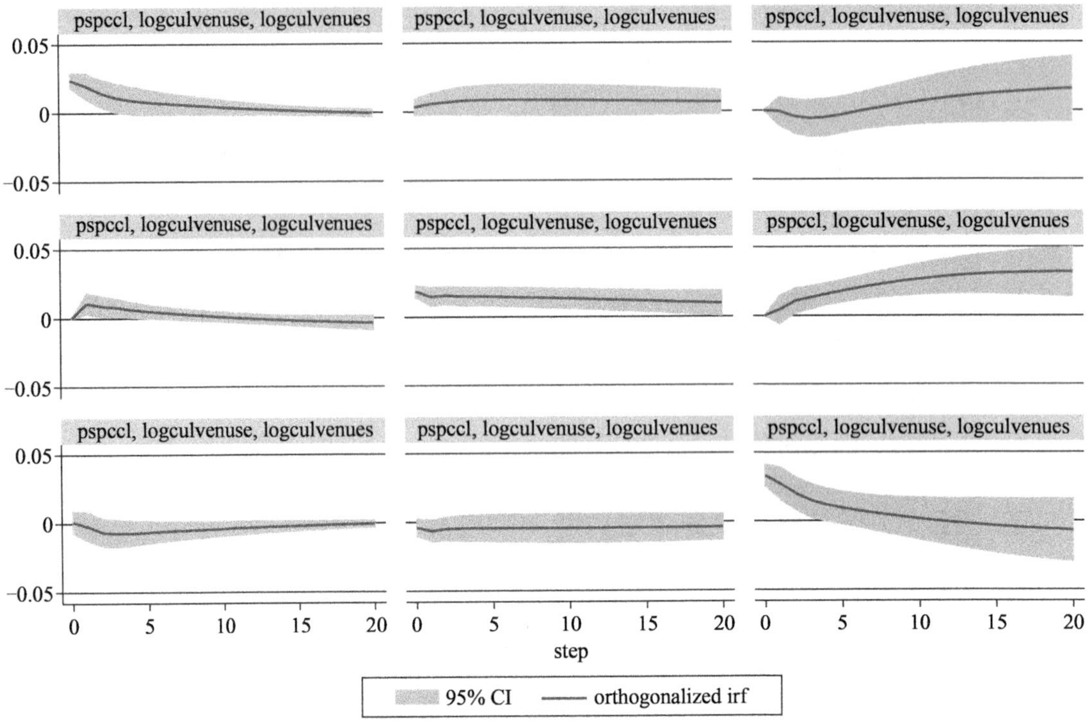

图 6　正交化脉冲响应图（变量次序为 logparksce，logpercap，logculvenues）

（二）方差分解

为了进一步了解各变量对于其他变量的贡献程度，通过基于 VAR 模型的方差分解，评价各内生变量对预测方差的贡献度。

表 6、表 7 显示，第一，对上海人均生产总值水平进行向前一年的预测，其预测方差完全来自于本身。但如果作 20 年预测，则人均生产总值的预测方差有 72. 7333% 来自于公

园景区，17.9275%来自于人均生产总值本身，其余9.3392%来自文化场馆。这表明，公园景区数量对人均生产总值水平有较大影响。第二，对上海文化场馆数量进行向前一年的预测，其预测方差主要来自于文化场馆本身。即便向前作20年的预测，也依然有68.0147%的预测方差来自文化场馆本身，其余的15.2363%与1.6749%分别来自人均生产总值与公园景区。这表明，文化场馆数量主要受到自身的影响，人均生产总值和公园景区的作用较小。第三，对上海公园景区数量进行向前一年的预测，其预测方差主要来自于公园景区本身，即便向前作20年的预测，也依然有69.9412%的预测方差来自公园景区本身，其余的8.1001%与21.9586%分别来自人均生产总值与文化场馆。这意味着，公园景区数量主要受到自身的影响，人均生产总值和文化场馆的作用较小。

以上结果进一步印证了人均生产总值与文化场馆数量、公园景区数量之间互动力量不平衡的关系，其中，公园景区数量增加对人均生产总值水平的推动作用要大于人均生产总值对公园景区的贡献度；人均生产总值水平对文化场馆建设的推动作用要大于文化场馆对人均生产总值的贡献度。

表6　人均生产总值的方差分解

时期	人均生产总值的方差分解（%）		
	Logpercap	Logculvenues	Logparksce
0	0	0	0
1	100	0	0
2	98.9162	0.0127	1.0711
3	93.5532	0.8154	5.6314
4	87.1537	1.8907	10.9556
5	80.3508	2.4781	17.1711
6	73.5608	2.5069	23.9322
7	66.7371	2.2676	30.9954
8	60.019	2.0315	37.9495
9	53.5954	1.9573	44.4473
10	47.6469	2.1049	50.2483
11	42.2896	2.4706	55.2398
12	37.5721	3.0183	59.4096
13	33.4875	3.7011	62.8114
14	29.9938	4.4728	65.5334
15	27.0301	5.2945	67.6753

续表

时期	人均生产总值的方差分解（%）		
	Logpercap	Logculvenues	Logparksce
16	24. 5294	6. 1357	69. 3349
17	22. 4257	6. 9739	70. 6004
18	20. 6585	7. 7934	71. 548
19	19. 1744	8. 584	72. 2416
20	17. 9275	9. 3392	72. 7333

表7　文化场馆数量、公园景区数量的方差分解

时期	文化场馆数量的方差分解（%）			公园景区数量的方差分解（%）		
	Logpercap	Logculvenues	Logparksce	Logpercap	Logculvenues	Logparksce
0	0	0	0	0	0	0
1	0. 1491	99. 8509	0	4. 3653	2. 8661	92. 7686
2	0. 5841	88. 4182	10. 9977	8. 7807	6. 1639	85. 0555
3	3. 607	82. 5601	13. 8329	8. 6236	8. 7309	82. 6455
4	6. 2654	78. 0853	15. 6493	8. 3365	11. 3599	80. 3036
5	8. 4298	75. 2586	16. 3115	7. 9851	13. 4076	78. 6073
6	10. 0298	73. 3963	16. 5739	7. 7664	14. 9938	77. 2398
7	11. 2555	72. 1611	16. 5834	7. 635	16. 207	76. 158
8	12. 2081	71. 3247	16. 4672	7. 5705	17. 1657	75. 2638
9	12. 9629	70. 7519	16. 2853	7. 5487	17. 9433	74. 5079
10	13. 565	70. 3532	16. 0818	7. 5562	18. 5908	73. 853
11	14. 0454	70. 0672	15. 8874	7. 5831	19. 141	73. 2758
12	14. 4256	69. 8497	15. 7247	7. 6235	19. 6164	72. 7602
13	14. 7216	69. 668	15. 6104	7. 6729	20. 0325	72. 2946
14	14. 9455	69. 4979	15. 5566	7. 7284	20. 4007	71. 8709
15	15. 1072	69. 3213	15. 5715	7. 7877	20. 7293	71. 4829
16	15. 2147	69. 1254	15. 6599	7. 8494	21. 0248	71. 1258
17	15. 2752	68. 9011	15. 8236	7. 9123	21. 2919	70. 7958
18	15. 2952	68. 6428	16. 062	7. 9755	21. 5346	70. 4899
19	15. 2804	68. 3475	16. 372	8. 0382	21. 756	70. 2057
20	15. 2363	68. 0147	16. 749	8. 1001	21. 9586	69. 9412

六、结论与启示

（一）结论

本文利用上海 1978—2013 年的时间序列数据，通过建立向量自回归模型，将经济发展和休闲设施纳入统一框架下来考察其关系，得到如下结论：

第一，经济发展水平与休闲设施之间存在协整关系，表现为人均生产总值水平与文化场馆数量、公园景区数量之间均呈现正相关关系。

第二，公园景区数量和人均生产总值水平、文化场馆数量之间均存在单向的格兰杰因果关系，公园景区建设有助于促进城市经济发展水平提升和文化场馆建设，但经济发展水平的提高和文化场馆的建设并不能带来城市公园景区数量的增加。

第三，脉冲响应分析表明：首先，文化场馆数量和公园景区数量增加有助于提升经济发展水平，从长期看，这种促进作用会逐渐增强；其次，短期内公园景区数量增加会促进文化场馆投资的需求，但长期看，公园景区数量增加会抑制文化场馆的投资建设，而且这种抑制作用会逐步增强；再次，短期看经济发展水平提升会抑制文化场馆数量和公园景区数量的增加，但长期看，经济发展水平提升会有助于文化场馆和公园景区的投资建设，并且对文化场馆数量增加的促动作用更为明显。

第四，方差分解结果表明，公园景区数量增加对于人均生产总值变动的贡献度，以及人均生产总值水平的提升对于文化场馆数量贡献度均较大。

（二）启示

首先，投资建设公园景区有利于推进城市经济发展水平。一方面，城市公园和旅游景区的建设有利于休闲产业的发展，这会改善经济发展所依赖的投资环境，从而促进城市经济结构的调整和合理化，增强城市经济发展的活力。另一方面，随着城市公园和旅游景区的开发规划，带动了周边地区房地产、商业和文化娱乐业等相关产业的发展和兴旺，从而有利于促进经济发展水平的提升。

其次，投资建设公园景区一定程度上会抑制城市文化场馆的投入。城市公园和旅游景区主要承担着满足本地居民和外来游客的户外休闲游憩活动需求的职能，而文化场馆是提供室内休闲娱乐活动的场所，二者理应成为相互呼应的发展格局。但是，城市在发展过程中，可能会为了增强旅游吸引力、完善城市绿地系统等目标，以及城市居民对生态休闲、体育休闲、低碳休闲等需求的渴望，导致公园和旅游景区的投建建设力度较大，而室内文化休闲场所数量往往跟不上其建设步伐。《全球城市公共文化服务发展报告》研究显示，尽管上海剧院、影院的数量较多，但博物馆、图书馆等的数量较少，尤其是与欧美发达国家的文化中心城市相比，上海室内的文化休闲场所数量是其短板。[7]

最后，休闲设施建设是培育城市休闲产业发展的一项重要内容，因此经济发展与城市休闲设施建设之间的关系可以进一步深化理解为经济发展与城市休闲产业之间的关系。从欧美发达国家经验看，休闲产业对社会经济发展的影响力与日俱增，目前已占 GDP 总量的50% ~60%。美国学者莫里托（1999）认为，从世界范围看，欧美发达国家将于2015年前后率先进入休闲时代，并坚信休闲将成为21世纪推动全球经济增长的第一动力。与此同时，经济增长过程中，不断提升的居民收入水平以及逐渐完善的休假制度，确保了居民消费中蕴藏的巨大休闲消费潜力会不断地转化为现实的消费需求，从而推动休闲产业的大力发展。

参考文献

[1] Briggs，A. Victorian Cities [M]. Harmondsworth：Penguin，1969.

[2] Daniel D. McLean；Amy R. , Ph. D. Hurd；Nancy Brattain Rogers. Kraus' Recreation and Leisure in Modern Society [M]. Jones & Bartlett Publishers，2004.

[3] 马惠娣，王国政. 休闲产业：新的经济增长点 [J]. 瞭望新闻周刊，2000（34）：40－41.

[4] 卿前龙. 城市化与休闲服务业的发展 [J]. 自然辩证法研究，2006，22（6）：89－92.

[5] 楼嘉军，李丽梅，许鹏. 上海城市休闲化协调发展研究 [J]. 华东师范大学大学学报，2015（3）：95－101.

[6] 马建业. 城市闲暇环境研究与设计 [M]. 北京：机械工业出版社，2002.

[7] 文汇报. 全球城市公共文化服务发展报告：上海博物馆太少 [EB/OL]. [2004－11－12]. http：//www. ce. cn/culture/gd/201411/12/t20141112_ 3886296. shtml.

第3编
休闲与技术、创新

The Technological Change in Twenty-first Century Leisure

Galit Nimrod
(Ben-Gurion University of the Negev, Israel)

Technology has shaped leisure since the early days of human history. It clearly affected, and still affects, the amount of free time individuals have, what people do in their free time, and how people experience leisure. As we proceed into the twenty-first century, people are spending more and more of their free time using technology. They play, socialize, shop, blog, read the news, listen to music, watch videos, date and enjoy many other technology-based activities. Furthermore, they use technology before, during and after participation in leisure activities to gain information, plan, and share their experiences with others. These trends call for an in-depth investigation of the various impacts of technology on leisure, and the specific roles leisure-technologies play.

This paper aims to present a conceptual framework for understanding the various roles technology plays in twenty-first century leisure. It argues that under current technological realities, technology may simultaneously play three different roles—as an instrument supporting participation in leisure activities and deriving benefit from them, as an activity in itself, and—in a somewhat negative role—as a constraint to leisure. Furthermore, it suggests that one should differentiate between "low" and "high" technology when exploring these roles. As the term high-tech is mainly used nowadays in reference to computer hardware and software, the discussion of high tech will focus primarily on Information and Communication Technology (ICT). Table 1 provides a summary of the discussion and presents the various roles played by each type of technology.

Table 1. The roles technology plays in leisure

	Technology supporting activity	Technology as an activity in itself	Technology as activity constraint
Low tech (non-ICT)	Technology-supported leisure (aids, gadgets)	Technology-based leisure (e. g., TV)	Technophobia Costs
High tech (ICT)	Pre and post-activity support (planning, sharing)	E-Leisure (e. g., online games, SNS)	Technophobia Technostress

Technology may have many positive impacts on leisure: It provides new activities for everyone, as well as some promising opportunities for negotiation of leisure constraints. It also promotes access to vital information on leisure services and products, facilitates pre and post-activity processes and may enhance well-being in various ways. At the same time, however, technology may have negative effects on leisure participation and experience and may also create a social divide between those who have access to technology and those who do not (and/or technophobes). Moreover, technostress may have negative effects on psychological well-being, and technology use may have negative influence on physical health by reducing participation in physically active and health-enhancing leisure activities.

Future research should further explore the three roles technology plays in leisure and the various positive and negative effects of technology on leisure. Research should examine how technology affects leisure participation, experiences, and psychological and physical well-being. Studies should also explore how technology can optimize recreation agencies' functioning and help them better serve their customers. Lastly, studies should investigate the social, cultural, political and economic effects of leisure-use-of-technology on communities and society at large.

Additional information: Nimrod, G. (forthcoming). The roles technology plays in twenty-first century leisure. In G. Walker, D. Scott & M. Stodolska (Eds.), Leisure matters: The state and future of leisure studies. State College, PA: Venture.

基于文本分析的慢旅游者旅游行为与需求研究

孟爱云　谭富美
（东北师范大学历史文化学院，大连市旅游中等职业技术专业学校）

【摘　要】 随着慢食运动的兴起和慢城运动的迅速扩展，慢旅游作为一种新型的旅游方式，受到越来越多的关注。慢旅游放慢旅行、低碳出行、深度体验的理念在满足旅游者休闲需求的同时，能够实现旅游者精神需求的升华，所以这一旅游方式已经成为众多旅游目的地实现旅游产品结构完善和升级的重要选择。本文在阐释慢理念与慢旅游内涵的基础上，通过对蚂蜂窝和百度旅游网站中相关的游记攻略的分析，得出慢旅游者的旅游行为方式与旅游需求具有以下特征：（1）慢节奏的行程；（2）对地域文化的浓厚兴趣；（3）向往并寻求旅途中的交流与体验；（4）较为缺乏的低碳环保意识。

慢旅游作为一种新兴的旅游方式，倡导慢速与体验，希望人们放缓旅行、游览速度，深度体验和品味旅游过程所传递的细节。国内外学者对这一旅游方式给予了较多的关注。国外研究的焦点主要集中于慢游的内涵、慢游交通方式对环境的影响、慢旅游者的决策与行为，以及慢游在部分地区的实践等。国内对慢旅游的研究仍处于起步阶段，目前主要关注慢旅游的理念与内涵、慢城与慢旅游、慢旅游目的地开发等方面。本研究在阐释慢理念与慢旅游内涵的基础上，对慢旅游者的旅游行为与旅游需求进行分析，以期为旅游目的地慢旅游体系的构建提供参考与借鉴。

一、慢理念与慢旅游

（一）慢理念的起源与发展

"慢"理念最早可以追溯到20世纪80年代由意大利发起并倡导的"慢食"运动，该运动倡导人们放慢生活节奏，享受传统美食，以抵制日益成为主流的快餐饮食文化。之后的"慢城（citta slow）"运动延续"慢"理念，力求建立一种新的城市模式，拥有其独特的地方感、良好的环境、可持续的发展路径、生态健康的美食、悠闲的生活节奏和舒适的社区生活。目前，"国际慢城"已遍及25个国家，发展了150个会员城镇，江苏高淳县桠溪镇也已成为中国第一个慢城会员城镇。大多数学者认为慢旅游是"慢食运动"的一个自然的分支，借鉴于"慢食运动"强调当地生产的食品和可持续农业实践，以及减缓和品尝生活的艺术，慢旅游鼓励欣赏当地文化和进行环保的旅行。

（二）慢旅游的内涵

最早使用“慢旅游”的表述者之一是 Pauline Kenny，他在 2000 年创立了慢旅游网站（www. slowtrav. com）。他主张停留在一个地方，享受当地的生活，但没有提及到目的地的旅行。其他相关网站具体提到的有：避免驾车、乘飞机旅行和减少碳排放等（见表 1）。如 low carbon travel. com（2010）建议享受“慢和低碳旅行的乐趣”；Slow Moves（2009）建议“享受旅程和目的地：从超预算航空旅行和快速度假中转移到远途旅游中来，转向过夜火车旅行、单车旅行和家庭住宿”。

表 1　慢旅游网站案例

网站名称	网址	主要关注
Slow Travel	www. slowtrav. com	Slow Travel Selling holiday accommodation rentals Spending time in the immediate vicinity of rental accommodation
Slow Movement	www. slowmovement. com	Slowing the pace of life Making connections with the place visited
Slow Planet	www. slowplanet. com	Slowing the pace of life The richness of both travel to and the stay at destination
Slow Moves	www. slowmovesblog. blogspot. com/	Taking time on the journey to engage with people and place Avoidance of flights
Slow Travel Europe	www. slowtraveleurope. eu	Taking time on the journey to engage with people and place Avoidance of flights
Slow Canada	www. slowcanada. net	Slowing the pace of life
Slow-travel-for -women	www. slow-travel-for-women. com	The richness of the travel experience
Italy Slow Travel	www. italyslowtravel. com	The richness of the travel experience
Slow Travel Tours	www. slowtraveltours. com	Taking time on the journey to engage with people and place
Slow Travel	www. lowcarbontravel. com	Low-carbon travel Taking time on the journey to engage with people and place

资料来源：Dickinson J E. Slow travel：issues for tourism and climate change［J］. Journal of Sustainable Tourism，2011，19（3）：281－300.

2009 年旅行杂志《秘境欧洲》的撰稿人 Nicky Gardner 在《慢旅游宣言》中提出了慢旅游的基本原则。《慢旅游宣言》认为“现代化是有代价的，对速度的盲从让人精神紧张”，呼吁旅游者“放缓行程，放松身心，融入当地人生活，探查当地乡土人情”。

慢旅游的视觉符号包括足迹、蜗牛和螺旋。足迹作为慢旅游拒绝飞机和汽车的标志，代表徒步的意义，是一种在旅行中更深入体验地方和文化的方式。蜗牛是自然界中最悠闲的“旅行者”。螺旋图案既是慢食运动的标志，同时也是慢旅游运动的标志之一。如果说足迹代表的徒步站在飞机的对立面，那么螺旋的立意就是站在时间的对立面。与现代西方概念中时间是线性的、有限的相比，螺旋认为时间是循环的。正如 Gardner《在慢旅游宣言》中所说的：“慢旅游重新组织了时间，将它从稀缺转化为丰富。”

根据媒体及研究者对慢旅游的关注，可以得出慢旅游应该是一次对旅行过程的深度体验，这一体验过程需要通过选择低碳的出行方式、放缓旅行过程、探索当地文化等途径来实现。

二、本研究的数据来源

本研究选取的文本资料主要来源于蚂蜂窝网站和百度旅游网站上以东北为旅游目的地的旅游者攻略。在蚂蜂窝网站目的地栏键入关键字“东北”即显示有 651 个景点，742 篇游记，140 个问答，图片 42 392 张（截至 2015 年 3 月）。百度旅游攻略上键入“东北”则有 6697 篇游记（截至 2015 年 3 月），并可以通过“出发时间”“行程天数”“费用开销”和“出发地”进行自主选择浏览想要的游记攻略。选择蚂蜂窝网站主要原因是这个网站提供整理过的旅游攻略，通过旅游者的自助游、自驾游体验过程，分享旅游沿途经历的图片、游记、交通、美食、购物等旅游攻略信息，相对于其他旅游专门网站，更倾向于将旅游者作为网站主体。相对于蚂蜂窝网站的专业性，百度旅游网站则具备受众面更广阔的优势，因此，也将百度旅游攻略中的典型案例引入作为辅助分析的材料来源。

三、慢旅游者群体

从传统上对旅游者旅行方式的划分看，慢旅游者属于自助游（ backpacking）类型，大众所熟知的自由行（ free and independent travel）、独立旅行（ individual travel）都是自助游的不同表述方式；旅游业界将之与团队游相区分，称之为散 客（ frequent individual traveler，即 FIT）；而在国内外学术研究中则多称之为背包客，其内涵是一致的。这一群体的基本特征首先通过平均年龄层次体现出来，基本分布在 18 ~ 40 岁之间，且主要是 18 ~ 33 岁，处于完成高考、大学毕业、蜜月结婚以及工作转换的间隔阶段，是所谓的关键时期。旅游者自身所带的属性如性别、年龄、职业、来源地等会影响其旅游需求和体验，在年龄上分布的相近则缩小了这一差别。总体上看，这部分群体有很强的自主旅游意识，强调交流与体验，并且更倾向于将旅途所见、所闻、所感记录下来与世界分享，或细致或精炼，但因源自旅游者亲身体验而形象生动。这类旅游者与慢游者的特性不谋而合，因此这一群体的基本特征即为本研究中所关注的慢旅游者群体的基本特征。

四、慢旅游者的旅游行为及旅游需求分析

本文依据慢旅游追求深度体验的目标，以慢旅游旅行节奏、交通方式选择、文化敏感

度及环保意识作为主要指标，对蚂蜂窝和百度旅游网站中相关的游记攻略进行甄选，探析慢旅游者的旅游行为方式和旅游需求特点。

（一）慢节奏旅行行为方式

1. 慢旅游过程中不同阶段的旅游者

首先，从慢旅游过程中前、中、后期为划分依据，分析慢游者旅游行为。在前期准备阶段，旅游者分成两种：一种是在出发前做好详备的信息收集准备工作，从历史人文背景到旅行装备再到推荐美食、预订住所、游览线路等，细致程度不 一；一种则冒险意味更浓，不做过多准备，“走到哪里，在哪里搜寻”。

“这个完全是冲着名声去的，其实东西感觉很一般，俄国菜吃不来啊，而且好贵”,① “三角龙湾在《中国国家地理》东北专辑里面对于这个景点有介绍”,② “在蚂蜂窝上翻阅长白山的旅游攻略的时候，意外地看到了盘锦。Down 下来之后立马被里面壮美震撼的红海滩吸引到了，立刻买了大连—盘锦的车票”,③ “青旅的暖气很足，住房也很紧张，为避免出现没有房间耽误出行，我提前了两三个月就在网上订了房间。”

其次，旅行途中，虽仍有时间限制，但是旅行节奏放缓，随意性增强，原先制订的行程计划会随着心境和环境的改变发生变化。

“本来想玩 3 天，在他的建议下改两天，后来合计一下也是，还不如提前回哈尔滨住，漠河的物价因为旅游业的发展很高，住的贵吃的贵”,④ “之前设计的行程中独独缺了个沈阳。因为我在长白山的旅伴是从白河直接坐 K 字头车到沈阳，然后从沈阳乘动车回北京，我便随之动了心。”,⑤ “我们一边沿着大路走一边等那辆开往满洲里的客车。况且这里风景这么棒，我希望那车晚点到。”“火车是晚上 10 点多钟的，是现存最慢的绿皮车，摇摇晃晃 30 多个小时，25 号早上抵达沈阳。”⑥ “因为是临时决定去漠河的，只有坐票了。”⑦

最后是旅途结束后，对整个旅游体验的回顾和感受，一般是以文字加图片的形式呈现在博客、攻略上。在众多游记中或将旅行攻略系统提炼，或将攻略写进感想体会之中，其中旅行经验丰富的旅游者会将攻略系统规制化，一般多以旅行回忆纪实形式呈现。慢游者

---

① 永恒白色东三省 19 天全攻略 + 游记，梨园 liyuan，深圳/台北，LV10，蚂蜂窝。

② 20120922 - 1004 东北自驾——长白山、伊春、扎龙、哈尔滨、蛟河红叶谷、老爷岭、兰兔兰、上海，LV12，蚂蜂窝。

③ 未尝深爱已无情（一个人的闯关东：大连—盘锦—长春—长白山—沈阳），筱之又筱，北京，LV7，蚂蜂窝。

④ 在北方狂奔（超详细穷游攻略，哈尔滨、漠河、北京、天津），立青，广东惠州，LV5，蚂蜂窝。

⑤ 未尝深爱已无情（一个人的闯关东：大连—盘锦—长春—长白山—沈阳），筱之又筱，北京，LV7，蚂蜂窝。

⑥ 慢游东北 17 天（沈阳、哈尔滨、呼伦贝尔、满洲里、漠河），Varnish 某某，安徽六安，LV7，百度旅游。

⑦ 冰冻的青春里有你：南京—北京—雾凇岛—哈尔滨—漠河半月游，维维，南京，LV8，蚂蜂窝。

的游记与一般自助游者不同之处主要在于对差异文化的发觉，对既有印象的升华和共鸣，对所见所闻意象的感悟，最终上升到“高峰体验”，从客观的世俗世界一跃进入“神圣旅程”，获得超越自我实现的境界。（申葆嘉，2010）

“吃过晚饭一直在江边待着，那时我就一个人那么静坐在那里，安静地看着这眼前的一切，地图上蜿蜒的黑龙江就在我眼前，遥远辽阔的俄罗斯此时也距我不过几十米。此刻沈阳什么样？那些同学在哪里？又是什么促使我来到这片土地？世界太大，心也随着慢慢变大。……行走的路上邂逅梦想，我在邂逅另一个自己，一个不同于平时的我。也许这就是我的梦想。”① “‘北’在这里是一个旅游符号。‘找北’是在江边丛林深处的沙洲岛上的一个广场找有无数各种字体的‘北’字，有的写在树上，有的刻在石中。这个‘北’是经典颜体，那个‘北’是唐太宗所书，从古至今，几乎包揽了所有能找到的名家所书的‘北’字。”“晨出莫尔道嘎第一站是镇北山头上的成吉思汗弯弓射大雕的雕塑。莫尔道嘎意为骏马出征，这里是铁木真当年西征出发的地方。我们马上要走出的大兴安岭山脉其实是被我们忽略的英雄辈出的神秘之地，一些著名的草原民族最早都发源于这里，鲜卑、契丹、女真、蒙古族、满族分别都起源于广袤大兴安岭的不同区域，而后走出山林走出草原，叱咤风云地进入中原。”② “中央大街上一块块方形花岗岩砖，细细密密地散发着一个世纪以来的气息，有多少人的足迹，才将岩石踏得如此富有光泽。路边文艺复兴式的各色建筑，掩盖不了现代流行元素的汇集。”③

2. 慢游者的食住行游购娱

慢旅游者偏向于选择火车作为主要的出行交通工具，景区之间则多选择汽车（包括顺风车），但远距离的旅行也会选择飞机作为交通工具。住宿一般选择青年旅舍和家庭旅馆，并根据自身体会通过游记和攻略向外界传递或褒或贬的口碑信息。饮食较前两项更为执着，无论做好还是没有做好前期准备工作，都会自发追寻当地美食特产。游览上，在确定大目的地后，具体行程会根据实际情况进行舍弃和再选择，具有很大自由性。在购买旅游产品上，主要是以特产为主，慢游者多选择到当地居民日常生活的市场、小摊上购买。

“K7059 次列车又跟以前坐过的不一样：里面座位都刷绿漆，窗户竟然是下拉式的，可以打开，顶上还有两排电扇。这就是传说中的绿皮车。”④ “跟团拼车（这个团是游雪乡—长白山—雾凇岛的），中途拼了餐饭，行程完全不跟团”，“这个地方其实开始并没有计划，所以也没有抱什么期望。只是因为没有订到火车票，改乘飞机，多了两三天时间，

① 慢游东北 17 天（沈阳、哈尔滨、呼伦贝尔、满洲里、漠河），Varnish 某某，安徽六安，LV7，百度旅游。

② 从东北之北到额尔古纳河右岸，陈荣华，LV5，蚂蜂窝。

③ 永恒白色东三省 19 天全攻略 + 游记，梨园 liyuan，深圳/台北，LV10，蚂蜂窝。

④ 毕业旅行之东北十城记，jojo2316，广州，LV10，蚂蜂窝。

于是就加上了这个地方。其实带着悠闲的心情去旅游，无论什么地方都会找到美好之处的。"[①] "听人说这是家名店，但是我们到了中央大街后发现它在很不起眼的角落里，店也破破烂烂的，我们还以为走错了。但是等熏肉一端上桌，我们就发现没走错！真赞！"

（二）对地域文化的浓厚兴趣

对慢旅游认知不同的慢旅游者会带着不同的期待而获得深浅不一的旅游体验，但慢旅游者均对区域文化的差异性较为敏感，慢旅游者对于东北地区的关东文化，北方人的性格、习俗，气候（冰雪）、历史传说有着强烈的兴趣。一些东北人熟悉的风俗习惯对于初来东北的南方人来说具有很强的吸引力。对于本区内的慢旅游者，则更倾向于寻找地域文化归属感。

"在白茫茫一片中，……渐冷的寒意并不能阻挡我们的热情，直到司机召唤我们上车，大家才依依不舍地离开"，"车窗上开始结厚厚的冰，这是南国永远见不到的场景呀！"[②] "看到那一望无际的黑土地，那笔直笔直的道路，还有那连绵的玉米地、大豆地，我们还是觉得很震撼，这样的风景我们是很少看到的，很壮阔，很大气，真想骑着单车在路上撒欢。"[③] "从东北菜扯到东北人生活，感觉蛮有趣的是每到冬天东北人都要囤粮食，萝卜土豆都是100斤去买，长知识了。"[④]

（三）向往并寻求旅途中的交流与体验

从游记中慢游者所表达的快乐情绪，可以看出慢旅游者对于旅途中的交流是非常看重的，想要交流的对象主要是旅途中相熟的陌生人，包括旅友、司机、接待者等。通过与同是天涯旅途人的沟通，会产生"一类人"的情感共鸣，深化游览情趣。而与当地服务者和居民的触碰，或因友好热情成为慢游者旅行回忆的精彩之处，也可能因为恶意欺骗而对慢游者的旅行体验产生负面影响。对于旅游感官和精神体验的获得，慢旅游者更倾向于通过游记攻略表达出来，值得注意的是由于旅游者在外会产生"独在异乡为异客"的心理焦虑，如若能遇到陌生人的帮助（包括旅友和服务者），会使得这种温暖扩大化，产生心理安慰感和安全感，这也是游客产生故地重游意向的重要触发因素。通过与当地人的交流也使得旅游者对跨区域文化的好奇得到满足，从中接触到"真实"的地域文化，风俗民情。

慢旅游者对于旅途之中体验的期待值和获得途径更为高而广，这根源于慢游者最初的出游欲望与目的、文化积淀与敏感度以及慢节奏的旅行方式。从饮食到景物，从参与到交

---

① 祸祸东北行（南昌—哈尔滨—五大连池—北极村—漠河—呼伦贝尔），稻草人，LV14，南昌，蚂蜂窝。

② 霭霭东北，倾其曼妙，冥其粗犷（哈尔滨、雪谷、雪乡、长白山、雾凇岛、沈阳），Vagabond，Lv5，广州，蚂蜂窝。

③ 祸祸东北行（南昌—哈尔滨—五大连池—北极村—漠河—呼伦贝尔），稻草人，LV14，南昌，蚂蜂窝。

④ 毕业旅行之东北十城记，jojo2316，广州，LV10，蚂蜂窝。

流，慢旅游者会因为一处晚霞、一缕炊烟、一弯皎月而驻足一地；也可以忘记时间和调整行程，只是为了坐在那里望着天，想着自己，想着一切——只要是产生了共鸣。这也验证了旅游体验的深度结构，首先是感官与身体的体验，再到情感与精神，最后直至旅游者的心灵。

"一个陌生人凭什么帮你？不为什么，只因我们有共同的兴趣、共同的梦想：旅行；只因我们都在路上。一场触及灵魂的旅行，主角必定是人，而非景。……远在他乡，一群来自各地的朋友聚在一起祝福彼此。我们都不孤单，因为我们都是朋友。"

"就这样呆呆地坐在木栈道上，腥腥的海风扑面而来，眼前一片火红，头顶不时有海鸟飞过。你可以思考很多事情……"①

"包车游还有个好处就是在同行之前在网上有交流……其中一段烂路，我们的车里开始放 Mp3 里的歌曲，后来听着不过瘾，就开始举行车内演唱会，气氛很是热闹。""饭后大伟及家人又邀请我们一起尝尝他们的饭菜，印象深刻是江里打的鱼，还有自家的蓝莓酒，入口挺舒服。桌上所有司机朋友都一致反映我们这个团队是活跃的，特好玩，带着很开心，尤其我们今天在车上唱歌。……路旁的伐木工人向我们兜售他们采摘的蓝莓，开始时我还以为他们是修路的拿起相机就猛拍。这个大姐说：'别拍了，都不好意思了'。"②

"'大哥，我给你重新拍张吧！你站好，对，就是这姿势，帅！我倒数了啊，3……咔嚓！''你咋不数 2 和 1？'心想我之所以跟你说倒数，不就是要你放松点，要是数完了，你不就僵了。我问他：'大哥，这么早，你去哪里啊？'他说：'我去看病，（把医药箱给我看）看着没，红十字，我是乡村医生'。"③"离别之时，我跟阿姨说以后夏天我还会再来一次长白山，我也一定还住她家。不为别的，就想看看叔叔阿姨，吃吃阿姨做的手工馒头，看看黄松浦的变化……我始终不后悔选择了在这家旅馆住，选择了在交通不便的黄松浦住。不后悔，因为，有太多美丽的意外与我邂逅了。某天想起来，我许会热泪如注。"④

（四）较为缺乏的低碳环保意识

从游记和攻略之中可以摸索到慢旅游节奏慢、文化敏锐性强以及对沟通交流的向往，但目前慢旅游者尚未将低碳环保意识作为甄选旅程路线的首要考虑因素。一部分慢旅游者会将潜意识中对环境的关注倾注于游记感悟之中，表达对旅游地生态环境和人文环境的感叹、尊重或遗憾。这样的关注也表现在这部分群体的旅行行为之中，具体来说包括对交通工具的选择，手中废弃物的处理，对历史古迹的珍视，等等；并呼吁更多旅游者能够在旅途中保护环境，期望管理部门慎重加以开发规划。而另一部分慢旅游者的游记中没有将笔

---

① 未尝深爱已无情（一个人的闯关东：大连—盘锦—长春—长白山—沈阳），筱之又筱，北京，LV7，蚂蜂窝。

② 从东北之北到额尔古纳河右岸，陈荣华，LV5，蚂蜂窝。

③ 冰雪北国——东北三省之行，乐柏君，重庆，LV15，蚂蜂窝。

④ 霭霭东北，倾其曼妙，冥其粗犷（哈尔滨、雪谷、雪乡、长白山、雾凇岛、沈阳），Vagabond，Lv5，广州，蚂蜂窝。

墨分给低碳环保意识，但是会表达出对神奇大自然和瑰丽地域文化的惊叹和赞美。

“遗憾的是我们能看到的基本都是20世纪大规模采伐后的次生林，很多路边的树木甚至都很细弱。”① “根河湿地里面还可以徒步和露营，但这样好像会对湿地生态系统造成一定破坏，为了可持续发展，真不建议到湿地里面露营。”“第二天去完星海广场以后再次坐上有轨电车，没想到在大连这繁忙的城市当中也保留着不少历史痕迹，而且能够与城市快速发展所并存，这是现在很多中国大城市所无法做到的。”②

五、结论

慢旅游的标志性特征是慢行、低碳、本土，慢旅游者追求深度旅游体验的目标，因此慢旅游者就是在旅行中践行慢旅游核心理念的实践者，这一群体通常倾向于将旅程放缓，选择火车或汽车等低碳的出行方式，在旅途中渴望并寻求与不同人群的交流，对地域文化有着浓厚的兴趣，期望了解真实的文化并沉浸其中，但环保意识的体现并不明显，并没有将这一因素作为旅行线路选择的必要条件。

参考文献

[1] 陈才．旅游体验的性质与结构——基于博客游记的探讨［M］．北京：旅游教育出版社，2010.

[2] 申葆嘉．旅游学原理——旅游运行规律研究之系统陈述［M］．北京：中国旅游出版社，2010.

[3] 谢彦君．旅游体验研究——一种现象学的视角［M］．天津：南开大学出版社，2006.

[4] 曹宁，明庆忠．“慢旅游”开发的基本理念与开发路径探讨［J］．旅游论坛，2015（01）.

[5] 黄华，朱喜钢，赵宁曦．慢城、慢旅游及其旅游规划运用［J］．浙江农业科学，2013（06）.

[6] 黄华．慢城—慢旅游及其旅游规划运用［J］．浙江农业科学，2013（06）.

[7] 李君轶，唐佳，张高军．慢游概念、特征及动因［J］．思想战线，2012（06）.

[8] 李庆雷．慢旅游的基本理念［N］．中国旅游报，2013－11－01（12）.

[9] 李庆雷．慢旅游特征小议［N］．中国旅游报，2013－07－12（11）.

[10] 廖珂．对国内慢旅游研究的思考［N］．中国旅游报，2013－05－15（11）.

[11] Dickinson JE. Slow travel: Issues for tourism and climate change［J］. Journal of Sustainable Tourism, 2011, 1 9（3）: 281.

① 从东北之北到额尔古纳河右岸，陈荣华，LV5，蚂蜂窝。

② 毕业旅行之东北十城记，jojo2316，广州，LV10，蚂蜂窝。

[12] Gardner, N. (2009, March/April). A manifesto for Slow Travel. Hidden Europe. Retrieved October10, 2009, from http://www.hiddeneurope.co.uk/a-manifesto-for-slow-travel.

[13] Les M, Lumsdona, Peter McGrath. Developing a conceptual framework for slow travel: A grounded theory approach [J]. Journal of Sustainable Tourism, 2011 (3): 265-279.

[14] Ralf Buckley. Tourism under climate change: Will slow travel supersede short breaks [J]. AMBIO, 2011, 40 (3): 328-331.

[15] Sarah Pink. Sense and sustainability: The case of the Slow City movement [J]. Local Environment, 2008 (2).

福建省绿道旅游可持续发展对策研究

王　芳
（华侨大学旅游学院）

【摘　要】随着大众旅游休闲时代到来，在美丽中国和低碳理念的科学发展观指引下，绿道升级为绿色基础设施，漫游绿道变成现代时尚生活中新的休闲旅游方式，并逐渐大众化、常态化。本文通过调研福建省福州、厦门、漳州、泉州和武夷山等绿道建设与旅游开发的现状，分析福建省绿道建设与旅游开发的相互影响因素，提出福建省绿道旅游可持续发展的战略对策：即规划布局合理化、建设使用多样化、运营管理多元化、价值评估效益化、安全保障达标化、宣传教育普及化等，为福建省绿道营建和旅游开发提供政策建议，以顺应福建生态建设、发展低碳旅游的时代需求。

【关键词】绿道建设　旅游开发　发展对策　福建省

一、前言

福建省旅游资源丰富独特，奇山秀水美不胜收，文物古迹遍布八闽大地。旅游业是福建省重要支柱产业之一和“十二五”规划的积极发展行业。2014 年福建省旅游总收入 2707 亿元，同比增长 18.4%；累计接待游客 2.34 亿人次，同比增长 16.8%。同时，福建省绿道规划与建设蓬勃发展，2012 年 5 月，《福建省绿道规划建设导则（试行）》出台；2012 年 12 月，《福建省绿道网总体规划纲要（2012—2020）》实施；2014 年 10 月 30 日，《福建省绿道规划建设标准》执行。应福建省政府要求，厦门、漳州、泉州、福州及武夷山等各市县在 2012 年底及 2013 年初基本上编制完成各城市绿道网规划，并启动省级绿道建设。福建省绿道主要沿山林、水景（海、江、湖、河、溪等）、道路等建设，包括都市型绿道、郊野型绿道和生态型绿道。绿道建设多以自然生态为主，辅以人工景观。截至 2014 年底，厦门市已完成绿道建设 218.8 千米；漳州市已建绿道长度 109.5 千米；泉州市共建成绿道 186.7 千米；2015 年福州市绿道总长度将达到 472.5 千米。福建省绿道网建设取得阶段性成效。

二、福建省绿道建设与旅游开发的相互影响

绿道建设是资源供给“源”，旅游开发是资源需求“流”，在资源供需匹配这一矛盾统一体基础上，形成绿道旅游综合系统，该综合系统在相互利用和相互制约中寻求平衡发展状态。

（一）绿道建设对旅游开发的影响

1. 绿道建设提升旅游环境效应

福建省绿道建设为城乡发展提供线性绿色生态环境，形成旅游新资源，成为旅游开发的新产品；绿道整合旅游资源，将各旅游景点串联起来，优化旅游线路，使旅游线路生态环境得到改善；绿道传承地方特色，延续自然人文特色差异化，烘托旅游资源主要景点；绿道改善城市景观环境，提升城市旅游形象，为城市进一步发展旅游提供机遇。

2. 绿道建设促进旅游配套设施建设

绿道建设促进旅游配套设施进一步完善。部分绿道营建和旅游开发结合较成功的绿道（例如厦门环岛路）从市民和游客的双重需要角度配套各类服务设施，沿路开设旅游咨询点，提供餐饮、自驾车租赁、网络电信、洁净用水，娱乐设施等服务，并加快旅游安全救援、旅游集散中心和游客咨询中心、旅游标识系统、自行车驿站、停车场、休息区、旅游厕所、加油站、零售店等服务设施建设。绿道标志系统清楚明确，使陌生游客能够迅速适应陌生环境。绿道促进旅游交通环境改善，使旅游景点间交通衔接更加密切，使旅游线路的环境也具有可游性，例如武夷山滨江绿道。

3. 绿道促进旅游体验参与性

绿道倡导慢生活，在欣赏绿道景色同时骑自行车，进行健身运动、散步漫游等活动，促进游客参与体验健康旅游、观赏绿道景色。此外绿道沿线的农家乐、渔家乐等促进游客体验特色美食与绿道景色的乐趣。

（二）旅游开发对绿道发展的影响

1. 旅游带动绿道沿线经济效应

旅游带动绿道沿线人气，刺激绿道沿线经济效应，促使绿道沿线土地增值、房地产升值，改善沿线居住环境品质；旅游促进城乡统筹对接，推动乡村产业转型，促进沿线农民就业与致富；旅游带动绿道沿线农家乐、自行车租赁等相关行业发展，在增加居民和政府经济收入的同时，从而推动绿道进一步完善发展。

2. 旅游丰富绿道文化内涵

福建省自然与文化旅游资源丰富，拥有迷人的武夷仙境、浪漫的鼓浪琴岛、神圣的妈祖朝觐文化、奇特的水上丹霞、动人的惠女风采、神奇的客家土楼、光辉的古田会址、悠久的昙石山文化、神秘的白水洋奇观、壮美的滨海火山，等等，具有"山海一体，闽台同根，民俗奇异，宗教多元"的鲜明特色。绿道网络将这些旅游资源衔接起来，促进旅游景区可达性的同时，也丰富了绿道本身的文化内涵，使得绿道既能够依存于旅游景区和城市绿地，又可以根据旅游资源和地方特色，挖掘或设置绿道多元文化主题，融入地方特色民俗活动，促使绿道功能多样化，吸引更多游客参与。例如福州西湖公园，融地方特色表演、游乐观赏活动、休憩健身运动等多功能为一体，沿绿道两侧布局，拓展绿道空间，丰富了绿道文化内涵。

3. 旅游促使绿道建设发展

为吸引越来越多的游客进入绿道，绿道需要保持最起码的整洁卫生，这样才有利于城市品牌形象，尤其是旅游城市厦门、武夷山等。其次绿道旅游带来交通、住宿、餐饮等方面的经济收入，为绿道建设、管理、维护提供支撑资金，从而促进绿道可持续发展。

三、福建省绿道建设与旅游开发存在问题

福建省绿道尚处于规划和初期建设阶段，绿道旅游尚未主动融入海西城乡统筹的绿道建设和旅游开发中；绿道低碳环保理念和旅游经济发展之间矛盾尚且存在，绿道旅游未实现区域、城市、场所等多层次系统整合等。本文通过调研福建省厦门、漳州、泉州、福州、武夷山五个绿道建设比较典型的城市，根据绿道规划结构和已建部分绿道的现状，分析福建省绿道旅游规划、建设、使用、管理、效益、宣传等方面存在的问题。

（一）绿道规划未与旅游规划衔接

福建省山脉水域阻隔较大，如武夷山脉、闽江流域、晋江流域、九龙江流域等分隔性强，旅游景点资源较为分散，不少资源景点间车程较长，绿道串联旅游景点资源较为困难，使得绿道规划与旅游规划融合衔接有限。同时福建省绿道规划多由城乡规划、研究院部门承担，多考虑其生态功能和为城市市民提供休闲健身活动场所，部分考虑旅游因素，如旅游城市厦门市和武夷山市，未与旅游规划密切结合，旅游六要素“吃、住、行、游、购、娱”在绿道规划中考虑不全，绿道选线与旅游线路未较好融合，绿道旅游发展前景预测不够，绿道规划与旅游规划衔接较弱。

（二）绿道建设速度慢，旅游配套设施少

福建省各城市绿道规划进程较快，但绿道总体建设速度尚未跟上旅游发展速度。绿道基本配套服务设施尚未齐全，旅游配套设施更是少之又少，部分城市在统计绿道建设数量时，把已有的无任何配套设施的绿色廊道纳入，这实际上并不是真正意义上的绿道（例如泉州部分绿道），需要按照绿道标准进一步完善建设。有些绿道在原有较好绿化基础上建设，但旅游配套设施仍跟不上，例如漳州西溪亲水公园，相应的商店、旅馆、驿站等大部分尚未开放投入使用，绿道旅游配套设施仍欠缺。相反厦门环岛路，典型地具备了绿道休闲与绿道旅游双功能，绿道建设和配套相当成熟，仅需要简单设置绿道统一标志牌即可。在调查过程中，43%的游客认为难以参与绿道旅游的主要因素在于配套服务设施差；54%的游客认为旅游六要素中的娱乐设施、交通设施、餐饮设施、购物配套等旅游服务设施欠缺，尤其是泉州、福州城市绿道旅游服务设施亟待完善；36%的游客认为绿道安全设施无保障，包括安全标志、路灯、报警、投诉、医疗等服务设施。

（三）绿道使用频率低，旅游人气不够旺

调查问卷统计中，71%的游客参与绿道旅游只是作为偶尔的短途游憩休闲的旅游方式，游客对绿道旅游过程中的满意度只有38%。在调研过程中发现，厦门环岛路、漳州碧湖生态园和福州西湖公园绿道已有的较为成熟的绿化基础，绿道休闲旅游功能较强，使用频率相对较高；漳州郊野公园绿道虽然是新建设的，但绿化环境优美，服务设施较为完善，使用频率也较高，尤其是周末和节假日，使用频率很高；福州、泉州、武夷山绿道使用频率就相对较低，尤其是武夷山作为旅游城市，绿道建设与旅游开发本应融合发展，然而人气明显不足；福州白马河、晋安河人文底蕴丰厚，理应属于市民休闲和游客旅游的好去处，但却了无生气。除厦门环岛路绿道是由游客和市民共享外，其他绿道基本上都是供本地市民休闲使用，也未考虑设置过多的旅游活动。

（四）绿道维护管理差，旅游环境跟不上

福建省绿道维护管理大多采用属地管理体制。由于绿道建设后需要大笔资金进行持续维护管理，而绿道本身现有经济效益有限，资金缺口导致绿道维护管理不到位，例如福州白马河、晋安河绿道初建成时成为福州文化展示窗口，然而几年下来，当前除附近市民休闲之外，几乎没什么游客。调查问卷中，31%的游客建议加强绿道环境卫生的维护管理。笔者在实地考察中发现，绿道环境卫生维护存在欠缺，环卫管理缺失，保洁员数量仍然需要增加。调查发现位于景区、公园的绿道环境卫生状况较好，如武夷山景区绿道、福州西湖公园绿道、厦门天竺山森林公园绿道、漳州碧湖生态园绿道等；位于社区附近绿道卫生状况一般，如福州白马河绿道、晋安河绿道；而位于郊区、使用者少的绿道地段以及无人管辖地段的绿道环境卫生则非常差。

（五）绿道资金投入大，旅游经济效益回报差

绿道投入资本包括建设资金和维护管理资金，耗资较大，而绿道短期内作为线性空间，环境容量有限，活动内涵丰富度有限，目前暂时吸引游客有限，旅游经济效益也有限，导致绿道带动交通、住宿和餐饮等联动效益也有限，因此绿道前期投入资金和绿道旅游支出价值无法平衡，部分绿道产生的社会效益和生态效益需要政府前期作为公共服务进行补贴。福建省闽南地区经济发展较为迅速，绿道资金投入回报效益尚有限，闽东、闽北、闽西等地区经济发展较为落后，绿道建设维护资金缺口更大。绿道前期吸引游客较少，低使用率与高成本投入形成反差，绿道旅游的不良经济效益凸现出来，增加绿道建设、维护难度。

（六）绿道宣传推广少，旅游品牌效应差

在调研过程中，被采访者当问及是否听说过绿道时，几乎近半的市民或游客反问"什么是绿道?"绿道属于近几年蓬勃发展起来的新兴事物，需要进行大力宣传，快速普及绿道基本知识，让使用者认知和了解绿道，然后认可和推广绿道，才能逐渐形成绿道旅游品牌。

四、福建省绿道旅游可持续发展的战略对策

在绿道建设与旅游开发相互制约、相互促进过程中，需要从规划布局合理化、建设使用多样化、运营管理多元化、价值评估效益化、安全保障达标化、宣传教育普及化等提出可持续发展的战略对策。

（一）规划布局合理化

绿道建设与旅游开发可持续发展规划布局可从区域规划特色化、城市空间增长点轴式和场所设计因地制宜等不同层次进行系统整合。

1. 区域规划特色化

（1）地域规划特色化

闽中优先完善绿道旅游，闽南全面建设绿道旅游，闽北优化建设绿道旅游，闽东生态建设绿道旅游，闽西链接建设绿道旅游。

闽中地区位于福建省中心位置，宜优先建设绿道旅游，尤其是省会城市福州，山水及古文化底蕴深厚，河湖水系发达，闽江、晋安河、白马河、森林公园等绿道已经先行建设，相对较成熟，只需要进一步优化和完善，再将各景区绿道衔接起来，推动绿道旅游的进一步发展，为闽中绿道旅游提供示范。

闽南地区同城化发展速度较快，城市化程度较高，绿化基础相对较好，可借鉴珠三角绿道旅游发展模式，迅速展开全面规划与建设，完善绿道网络系统，链接旅游景区，融入旅游要素，如漳州郊野公园、碧湖生态园、水仙大道等绿道，厦门环岛路滨海绿道、天竺山森林公园山林绿道、铁路文化绿道，五缘湾通勤绿道等，推动绿道旅游迅速全面覆盖建设。

闽北地区，尤其是武夷山作为世界自然和文化双遗产旅游城市，生态环境优越，旅游资源丰富，应在现有旅游资源基础上，充分利用景区资源优化建设绿道，包括已建成和正在建设的武夷山景区绿道、武夷山市区—武夷山度假村绿道、武夷山市区—武夷新区绿道、度假区滨江绿道等，给游客多个选择的旅游体验项目，提升武夷山城市形象与品位。

闽东地区自然生态环境优越，但景区景点分布较为分散，例如白水洋、太姥山、嵛山岛等景点相距几个小时的车距，可借鉴日本绿道串联名山大川的做法，将绿道规划与旅游规划衔接，用生态型绿道将各景点衔接起来，同时优化旅游途中绿道自然风景，使绿道选线与旅游线路形成较好融合。

闽西地区经济发展相对较为缓慢，旅游资源相对较少，可适当引导南部资金到闽西区域投资生态休闲和度假旅游业，吸引其他地区市民去闽西旅游休闲，促进闽西绿道发展。

（2）城乡规划统筹化

城市绿道规划与城市绿地系统联系，乡村绿道建设与乡村旅游、美丽乡村建设、新农村建设衔接。

福建省城市绿道规划应与城市绿地系统规划衔接起来，融入旅游规划，发展城市绿道旅游，提升沿线土地价值，丰富城市文化内涵，优化生活环境和投资环境，提升城市形象。大尺度高等级的绿道规划应注重发挥其生态环保性、整体性、系统性和战略性功能；小尺度低等级的绿道规划应尽可能靠近社区、公园等，方便周边就近休闲健身，提高可达性和利用率。绿道建设应链接城市各旅游景区景点，在绿道中融入部分旅游要素，使游客就近或部分借助城市能够满足吃、住、行、游、购、娱等旅游需求。此外，城市绿道还应担负着为定居或路经城市的鸟类等野生动物提供栖息地，完善生态旅游建设的重任。

福建省乡村绿道建设可借鉴于台湾关山亲水公园和关山环镇自行车道所构建的多样绿道系统，采用"乐活"、永续利用等理念，与当前美丽中国背景下的美丽乡村、新农村建设联系起来，串联乡村旅游景区景点，盘活绿道沿线农家乐、农业绿色产业，升级优化乡村环境。着重策划农家乐、农作物认知、认养菜田、民俗展示、田园风光摄影等参与性和趣味性浓郁的农业科普休闲活动，大力发展乡村体验式旅游、特色农业观光式旅游。同时通过城乡绿道交通衔接，使城市市民到乡村旅游和消费，带动农村经济发展，促进农民致富，为城乡统筹发展提供实质性支撑。

2. 城市空间增长点轴式

根据福建省城市化进程、经济发展状况、绿地建设基础、自然生态资源等实际情况，福建省绿道旅游建设不能采取珠三角地区全面快速推进的方式，两三年建设完成投入使用，而应在绿道规划与旅游规划并重前提下，采用"点轴式"空间增长模式，在城市旅游景区景点、城市公园、滨水绿地、城市景观大道、特殊地段等绿化基础较好地段或易于建设地段进行先期建设，例如武夷山景区、福州西湖公园、厦门环岛路、漳州水仙大道等；条件允许的话，以某城市或城市某个区先行建设，例如厦门海沧区绿道旅游先行进行绿道示范性建设。截至2014年10月20日，海沧区绿道建设完成163千米，完成绿道长度占全市绿道总长的74.5%。类于海沧区绿道旅游示范性建设带动厦门，漳州绿道旅游示范性建设带动闽南地区，闽南地区绿道旅游示范性建设带动整个福建省，绿道旅游呈"点轴式"由点至面扩张增长，最终使绿道旅游网络全面覆盖整个福建省。

3. 场所设计因地制宜

（1）挖掘文化型绿道

福建省绿道建设应以传承历史文化特色为前提，以绿道沿线的历史文化街区、历史名镇、古村落、民俗文化集中区等文化节点为载体，围绕不同主题在绿道不同路段制定不同景观文化主题，建设文化型绿道，通过塑造各种高品质、高品位、丰富多彩的文化空间，丰富人们对闽文化的体验，延续历史文脉和传承历史文化，进一步发扬光大武夷山世界文化和自然遗产文化、永定和南靖土楼世界文化遗产，福州三坊七巷、白塔，泉州开元寺、老君岩历史文化和石雕文化、陶瓷文化，厦门鼓浪屿海文化、武夷山茶文化等，注重绿道文化培育。

（2）优化滨水型（滨海、沿江、沿溪）绿道

福建省沿海岸线风光优美，内河溪流水系发达，闽江、晋江、九龙江等滨水景观秀丽，绿道可沿滨海、沿江、沿溪建设，充分利用水景风光，打造亲水宜人的滨水型绿道。例如厦门环岛路绿道沿海将各旅游景点串联起来，形成市民和游客休闲与旅游的好去处；漳州西溪亲水公园借用九龙江建设绿道成为郊野型绿道的典范；福州借用白马河、晋安河形成绿道就近为周边居民提供休闲服务，借用闽江为城市市民提供休闲健身运动的好去处。

（3）开发山地型绿道

福建省山多且形态优美，山中空气清新，也是绿道选线的重点，可多建设生态保护型绿道。尤其是已经开发为景区的山体更宜串入绿道网中，作为山地型绿道进行建设。例如武夷山景区，泉州大坪山、清源山，厦门天竺山等，可开展森林观光、登山览胜、探险旅游等。结合高山、森林等自然生态环境优美地段，开辟山地探险型绿道，开展徒步旅行、森林探险、野外生存、山地穿越、定向越野等探险旅游活动。

（4）修复生态型绿道

链接景区景点的郊外绿道宜采用生态型绿道建设模式。生态型绿道建设应采取低影响开发模式，减少对原地形、地貌的破坏，降低建设成本。可充分利用沿海防护林，借用高铁线路、高速公路及国道、省道等原有的便道系统，按照技术指引进行建设。应减少大开大挖现象，规避征地难题，巧妙利用城市废弃物，采用循环低碳的建筑材料，最大限度保留原生植被和采用野生树种，恢复和保护原有生态景观，持续发展生态绿道。

（二）建设使用多样化

1. 主题丰富化

利用当地特色文化营造绿道主题，或者人为创造绿道主题，拓展绿道空间至周边景区景点，使线性空间绿道主题丰富化，例如泉州洛阳桥可以古桥为依托，将桥的历史文化与周边红树林自然生态相结合，根据当地人文和自然特色设置系列主题，类于深圳2号省立绿道进行分段的功能定位及主题策划。厦门铁路文化公园绿道应挖掘铁路文化，形成系列主题等。

2. 功能多样化

借鉴国外案例，绿道承载休闲和旅游双功能同时，可进一步拓展至多功能，使其集游憩休闲、体育健身、旅游观光、文化展示、乡村体验、野营郊游、科普教育等功能于一身，同时满足城乡生态维护，区域连通、休闲游憩、文化遗产保护和统筹城乡发展等功能多样化。

3. 活动多元化

绿道活动除骑自行车、步行外，还应举办促进绿道休闲旅游时尚的活动，带动和促进绿道骑行慢生活体验。例如开展花样骑行比赛、体育竞技、趣味运动会、全民健康运动等

活动；举办美术、书法、摄影等比赛，开办文化沙龙等；推广名胜、名景、名剧、名人、名产等，展示地方文化特色，带动旅游餐饮、住宿、房地产和文化娱乐等活动。可利用节假日打造相应的活动，类于东莞黄江“三大主题节日”打造绿道文化，即黄江国际自行车节、黄牛埔踏青节、桐花节，并根据森林公园内原种植的荔枝、龙眼、黄皮等果林推出两个主题活动——金牛登山节、夏日采果节。绿道可举办多种活动，如美食节、购物节、园林节、音乐节、艺术节、创意节、低碳节、情人节、恋人节等，以及植物花卉展、踏青游、采风游、读书日、沙滩派对、寻根游等。

4. 设施人性化

从环境行为认知角度，不易见的设施不利于使用者行为的认知识别，易造成行为的无序性和不定性，这种行为易激起使用者的反感情绪。绿道配套服务设施首先应易认知识别，让使用者轻而易举地能够发现自己所需要的服务设施。其次绿道配套服务设施应配备齐全，满足人性化需求。例如自行车租赁系统智能化，并配备骑行安全防护装备头盔、护膝等，同时可类似于深圳畅游自行车行，采用团购租赁服务；设置自动售卖机，满足游客购物需求；免费提供手机充电、上网服务；设置条形码扫码站，电脑手机扫描条形码则自动上网，提供该站周围各种动植物资讯；采用电子显示屏，滚动播放绿道路况资讯，提供绿道最新信息等。

5. 标志明确化

从环境行为学角度，陌生环境让人尽快熟悉起来的措施就是良好的图文说明和标志性指导。标志系统对于熟悉环境的市民起到提示和提醒作用，对旅游者来说，清楚明确的标志系统则能引导游客迅速熟悉陌生的环境，并在陌生环境中满足自己的休闲需求，统一规范的标志系统有利于使用者在环境中减压和放松。

（三）运营管理多元化

1. 政府实行属地管理，鼓励“认管”模式协管

欧洲国家将绿道作为公共产品纳入政府财政予以保证；香港将各种游径和郊野公园等作为供给市民休闲快乐的社会福利和公共产品，一般管理和庇护均由政府负责。福建省城市市区范围内绿道可按区进行划分，政府实行属地化管理，由各区负责统一管理，同时鼓励以“认管”模式协管，具体操作可参考借鉴深圳、珠海、肇庆等城市绿道管理模式。

2. 实行针对化的维护管理

附属于旅游区风景区等有产权单位的绿道，可委托原产权单位对该段绿道进行维护管理，例如武夷山景区内部绿道，厦门天竺山森林公园内部绿道等。对促进城市经济发展、带动沿线经济增长的绿道或具有特殊意义的绿道，如福州白马河绿道和晋安河绿道，可采用公开招标方式，对绿道整体维护管理或部分路段、部分单项如绿化、绿道道路等进行维护管理。

3. 采取灵活的经营管理模式

参考国内外绿道网运营管理的经验方法，借鉴深圳绿道管理经营模式，联系福建省各地实际，探索适合福建省各城市特色的绿道运营方式，采用政府机构运营模式、市场化运营模式及NGO（公益组织）运营模式等多种经营模式，建立绿道长效运营管理机制。

采用市场化方式对绿道进行经营管理，包括对道路游径和配套设施的经营管理，其中配套设施包括管理设施、交通设施、游览设施、餐饮设施、购物设施、运动设施、保健设施、科普教育设施、市政工程设施以及消防安全设施等。例如珠海房产商投资经营绿道驿站，金湾区的祥祺驿站所在位置则是楼盘会所。

推行特许经营制度，将绿道的服务单项实行专业化管理，如自行车的租赁管理，实行全市绿道网络化管理，全市联网借还车，方便绿道使用。

引导绿道经营准入项目，在绿道沿线结合服务点，通过招商引资对服务点实施整体招租，经营小商品买卖、绿道服务、自行车租赁等。

4. 多元化管养模式

参考公园管理模式，实行政府统一管理、市场灵活协调、企业积极参与的三位一体的管养模式。充分发挥政府的宏观调控作用、市场的资源配置作用和企业的责任参与作用，实现绿道管养的多元化模式。有经营潜力的绿道，例如福州森林公园木栈道，可借鉴广东增城模式，请专业旅游公司运营，做成旅游胜地，用经营收入庇护和发展绿道；经营空间小的绿道，例如福州白马河、晋安河等社区绿道，则可参考社区公园经营管理形式，政府供给补助，通过社会投标，由社会企业管养。

5. 公众参与管理维护

绿道作为社会公益性公共产品，应积极发动公众参与，共同维护。应建立有效的绿道建设、使用、维护、管理的公众意见反馈机制，并促使公众实质参与监督绿道建设、工程质量、维护管理和开发利用等过程。同时利用传统媒体和新兴网络媒体等增加公众参与平台，形成共建、共管、共享绿道的公众参与氛围。

（四）价值评估效益化

绿道价值评估应充分考虑在绿道生态效益、经济效益、社会效益最大化基础上，在市场化的前提下，综合平衡绿道营建的投入资本和绿道旅游的产出资本，以满足利益平衡，实现价值导向。

1. 绿道营建的投入资本

绿道营建的投入成本包括绿道建设投入和绿道管理维护投入。根据绿道功能多样化特色可采用不同的投资模式，位于城市以市民休闲为主的绿道采取市政投资；位于景区以游客旅游为主的绿道采取景区投资；位于偏僻边缘地段的绿道，尤其是郊野绿道线路长，“管”比“建”成本更高，可采取属地投资，政府补贴。绿道投入资金来源方面，各城市均需要适宜地将之纳入财政预算，根据绿道功能多样化并鼓励社会捐赠、认建、认养、认管等方式，发动社会力量参与绿道建设、管理和运营，实现可持续。

2. 绿道旅游的产出资本

绿道建设链接城乡分散的风景名胜、公园、生态保护区、名胜古迹等景区景点及历史文化遗址，发挥绿道规划中旅游六要素"吃、住、行、游、购、娱"功能特色，以绿道为实体旅游线路将大大提高旅游景区的可进入性和旅游参观人次，促进旅游产品热销；绿道旅游发展刺激交通、住宿、餐饮等旅游要素需求，带动地方经济发展；绿道旅游带动美丽乡村建设，促使农产品消费，促进城乡投资机遇和农民增收；绿道沿线生态环境建设，有利于宜居环境创造，提升居民生活品质；绿道建设提供休闲健身活动场所，有利于市民就近休闲运动，提高市民幸福指数等。

3. 利益平衡与价值导向

绿道效益应从生态效益、经济效益和社会效益等多角度进行定量和定性评估，从实用、质量、管理是否到位、维护是否达到水平等方面评价，从绿道数量和质量是否满足公共需求程度作出价值判断，形成有效的评估结论，达到"以评估促进建设，以评估促进改善，以评估促进管理"的目的，引起政府部门和社会公众对绿道的正确认识。

（五）安全保障达标化

1. 设施安全

绿道安全设施是使用者在绿道休闲旅游时必要且直接的安全保障，应处于显眼位置，并且配备齐全，让游客以最简单、最直接的方式进行识别和认知。绿道危险地段应设置护栏、护坡，划出警示线，放置警示牌；偏僻地段以及治安和刑事案件多发路段，应设置电子眼、安全报警电话等设备，安装无死角的监控设施，加强巡逻治安管理；慢行道下陡坡急转弯处事故多，宜降低坡度，裁弯取直；绿道连接线沿线与机动车道之间应设置绿化隔离带、隔离墩、安全护栏、安全护坡等隔离设施；拥挤度较高地段可扩大周边用地面积，或者拓宽绿道路面宽度；绿道经过环境复杂地段，应设置提醒标志、警示标志、禁止标志等，数量多且清楚易见；在滑坡和泥石流等地质灾害易发地段采取设置截水沟、进行植被防护、加固护坡等安全防护措施；完善绿道路灯、夜行标志亮化等基本设施；配备防火、消防、警务、医疗救生等安全用具及设备等。

2. 行为安全

环境行为学中，人的行为习性具有无序性和不定性。绿道作为一个线性空间，方向性强，使人的无序性和不定性行为在一定程度上受到限制。但也存在人流相互性矛盾，再加上所有活动都在宽度有限的绿道上完成，又易造成行为的无序性和不定性，导致不安全系数增加。结合现场调研，绿道使用者行为安全主要存在于骑行者骑行摔倒，骑行者相互碰撞，骑行者与其他交通工具碰撞，骑行者与步行者冲突，骑行者碰撞场地、骑行者被抢劫、骑自行车故意飙车等系列行为安全问题。管理部门要定期检查绿道设施，检查绿道路面状况、绿道安全标志、警告标示的完好程度，对存在安全隐患的设备要及时维护和整改，确保绿道设施安全性。

加强绿道安保工作，加强绿道安全监控，加强绿道巡逻，严禁机动车进入绿道，规定进入绿道骑行必须配备基本骑行装备；制定绿道安全管理细则，明确绿道管养责任主体，制定事故预警和反应机制；发挥新闻媒体网络舆论作用，加强绿道安全宣传教育。绿道使用者也应加强安全常识学习，掌握自救技巧，提高自身突发事件处理能力。

3. 生态安全

政府作为公共事务管理者，在规划建设和管理维护绿道过程中，必须从生态系统安全角度，考虑生物通道、生态修复及环境容量等众多因素，避免在海岸、河畔、山林等生态敏感区域影响及危害生态可持续发展，立法保障绿道生态空间不受侵蚀，控制绿道生态环境容量，保护湿地、鸟类，营造人与自然和谐的绿道环境。

（六）宣传教育普及化

绿道管理部门应联合宣传、旅游等部门共同制订绿道宣传方案，经营绿道品牌，设计绿道形象标志和提出绿道旅游宣传口号；设立绿道旅游专门网站，开展绿道旅游网络营销；与旅行社建立业务合作，纳入旅游线路推介等。加大对各类主题绿道和经典绿道的宣传推介力度，打响绿道品牌，促进更多的人参与到绿道慢生活中。

五、结语

当前福建省绿道休闲旅游尚处于发展阶段，区域规划建设与城市空间发展差异化较大，公众关注度、参与度还不高。随着绿道迅猛建设，绿道逐渐成为城乡新名片，越来越多的市民和游客将改变出行方式，选择低碳环保的绿道作为休闲旅游的活动场所，绿道旅游将积极主动融入海西城乡统筹的绿道建设和旅游开发中，逐步实现区域、城市、场所等多层次系统整合。绿道旅游管理也将逐渐制度化、智能化，让更多公众参与到“发展绿道休闲旅游，共建低碳生态家园”中，共同促进绿道休闲旅游的可持续发展。

参考文献

[1] 林玉莲，胡正凡．环境心理学［M］．北京：中国建筑工业出版社，2000.

[2] 胡卫华，等．绿道旅游存在问题及开发对策——以珠三角绿道网为例［J］．热带地理，2013（4）．

基于最优尺度分析的游客高聚集场所安全风险研究

殷 杰 郑向敏 董斌彬 焦念涛
（华侨大学旅游学院，黎明职业大学土木工程学院，
青岛酒店管理职业技术学院旅游与酒店管理学院）

【摘 要】 大众旅游时代下，游客蜂拥出游，极易在局部空间形成游客高聚集，安全风险骤增。加强游客高聚集场所的风险认知及探究其在时空维度的风险表征具有重要的实践意义。本研究在界定游客高聚集场所概念的基础上阐述了其高风险性。选取2004—2015年间游客高聚集场所的相关案例，利用频数统计辨识和分析了游客高聚集场所的类型及其时空特征，并借助最优尺度分析中的非线性典型相关分析探求时空因素与安全风险变量间的具体内在关系。游客高聚集场所的安全风险具有一定的时空特征，因此提出了“因时制宜”和“因地制宜”的安全防控策略。

【关键词】 游客高聚集场所　安全风险　非线性典型相关分析

随着大众旅游时代的到来，出游人数激增，多数景区、旅游场所等出现了大量的聚集游客。这类场所内游客聚集数量大、密度高，风险隐患众多，且易发生旅游安全事故。2013年“十一”黄金周期间，大量游客滞留九寨沟，游客拥堵在游客中心集中，瞬间形成高密集游客群体，由于游客群缺乏有效管理，最终游客中心被“攻陷”。2014年12月31日，上海外滩的跨年活动中，大量人群涌入外滩，密度极高的游客群体最终失控，发生踩踏事故。2015年青岛海昌极地海洋世界极地馆内聚集大量游客，游客在排队进场时，两组家庭在馆内发生摩擦扭打，导致现场秩序混乱，人流四散。

国家旅游局明确将旅游安全作为5大发展目标之一，并将“构筑旅游安全保障网”作为十大行动之一。旅游安全尤其是游客高聚集场所的旅游安全需要重点关注。建设游客高聚集场所的旅游安全管控体系需要明确以下几个问题：一是游客高聚集场所的界定问题。聚集多少游客？游客密度多大？二是哪些场所是常见的游客高聚集场所？有哪些特征？三是游客高聚集场所易发哪些安全事故？时空因素与安全事故间是否存在相关性？基于此，

［基金项目］本研究受国家社科基金（15BGL119）资助。

［作者简介］殷杰（1991—），男，汉族，江苏无锡人，华侨大学博士研究生，研究方向为旅游安全；郑向敏（1954—），男，汉族，福建永春人，华侨大学旅游学院教授、博导，主要从事旅游安全、饭店管理研究等。

本研究拟对游客高聚集场所进行界定，并搜索分析相关案例，探究游客高聚集场所及其发生安全事故的类型与特征，分析时空因素与游客高聚集场所安全事故的相关性，针对性地提出游客高聚集场所安全管控的管理策略。

一、游客高聚集场所及其高风险性

（一）游客高聚集场所的概念

游客高聚集场所，从字面解读，可以将其简单理解为游客高度聚集的场所。但在字面理解的同时也会产生两个问题：其一是聚集多少游客量才能达到“高度聚集”？其二是单位密度多大才可称为“高密度”？因此，界定游客高聚集场所必须回答清楚这两个问题。

国内外目前尚未对游客高聚集场所进行明确界定，而关于人员密集场所的定义在国内外的一些政策、规章制度以及学术研究中已经出现。因此，在界定游客高聚集场所时可以借鉴人员密集场所的定义，并利用列举的方式界定其范围。此外，在界定游客高聚集场所时需要考虑两大因素：一是游客的聚集程度，即空间范围内的游客密度和游客数量；二是场所类型。

通过对国内外相关政策法规、研究成果的归纳分析发现，50人（NFPA101、NFPA 5000、《关于开展人员密集场所消防安全疏散通道、安全出门专项治理的实施意见》均有相关数量规定）是衡量人员密集场所的一项重要指标，故可以将其作为衡量游客聚集数量的一个重要标准。由于人群的流动性，即使是高于50人的场所也可能不是人员高度密集的点，因此界定人员密集场所除了要考虑场所人员的总数之外，还应考虑人员的分布和流动。[1]人群密度则可以很好地衡量场所内人员的分布和流动。Polus等人将人群密度在1.25~2人/m^2的人群划分为很密集人群；[2]寇丽萍则将人群密度大于2人/m^2的公共场所定义为人员密集场所；[1]张英烈则认为人群密度在1.19~1.73人/m^2的人群归为高密度人群。[3]由此可见，可以将2人/m^2作为划分高密度人群的重要标准。

游客高聚集需要满足两方面的要求：一是聚集游客数量大，二是单位面积内游客密度高。基于此，本研究将游客高聚集场所定义为局部空间内聚集游客数大于50人且游客密度大于2人/m^2的场所，这类场所通常包括旅游集会场所、旅游大型活动场所、景区售票点、游客中心、缆车上下车站点、旅游购物点、景区交通枢纽、景区关键节点等。

（二）游客高聚集场所的高风险性分析

游客高聚集场所既可以是开放的室外景区也可以是相对封闭的室内区域，因此游客高聚集场所可能遭受自然灾害风险、公共卫生风险、事故灾难风险、社会安全风险以及人群聚集风险等风险。游客高聚集场所的高风险性要求管理者必须加强风险识别和风险防控。

1. 自然灾害风险

随着经济社会的发展，自然环境逐步恶化，由此引发的灾害事件逐渐增多。近年来，随着出游人次的不断增加，热门旅游景区往往成为游客高聚集场所。相对而言，户外景区更易遭受自然灾害风险的侵袭。自然灾害主要包括地震、水灾、旱灾、冰雹、沙尘暴、泥石流、流沙、雷电、海啸、飓风等。[4]其中，水灾、大风、雷电、冰雪等气象灾害是游客高聚集场所常见的自然灾害。如2013年底，云南昆明突降大雪，1400人被困雪中近20小时，游客只能徒步去村庄寻找食物。

2. 公共卫生风险

由于游客高聚集场所游客密度大，人与人接触频繁，公共卫生风险极易发生。其中，传染疾病、集体中毒发生的可能性较大。据不完全统计，2014年我国共发生涉旅传染病疫情8起。[5]集体中毒事件起因各异，突发性强，虽然其致死率一般比较低，但波及面往往十分广泛，涉及人员众多。游客食物中毒是游客高聚集场所最常见的集体中毒类型。如2012年，三亚141名游客在酒店共同用餐后出现食物中毒现象。

3. 事故灾难风险

国家旅游局1993年发布的《重大旅游安全事故报告制度试行办法》（国家旅游局在2010年11月30日公布的规范性文件清理结果时，将其列为"继续有效的规范性文件"）明确指出造成海外旅游者人身重伤、死亡的事故，涉外旅游住宿、交通、游览、餐饮、娱乐、购物场所的重大火灾及其他恶性事故，造成其他经济损失严重的事故均属于重大旅游安全事故。游客高聚集场聚集游客众多，密集大，管控十分困难，极易发生重大旅游安全事故。较为常见的事故灾难风险主要表现在以下几个方面：

（1）群体性踩踏事件。由于高度聚集的游客群难于管理、难控难疏，且基本上处于无序状态，一旦触动风险源，踩踏事故便极易发生。如2014年年底的上海外滩踩踏事件。

（2）火灾事故。游客高聚集场所一旦发生火灾将会造成群死群伤。如2011年5月，吉林一家如家酒店发生火灾，造成10人死亡，40多人受伤。

（3）其他事故。群体性踩踏事件、火灾事故等发生后往往会引发一些其他事故，如由群体性踩踏事件引起的游客群体骚乱，如由火灾事故引起的爆炸、建筑物坍塌等。

4. 社会安全风险

社会安全事件主要包括恐怖袭击事件，经济安全事件和涉外突发事件等[6]。游客高聚集场所面临的社会安全风险主要是指恐怖袭击风险。游客高聚集场所游客数量大，一旦发生袭击事件将产生重大的社会影响，这使得游客高聚集场所往往成为恐怖袭击的对象，如2015年8月17日，泰国曼谷市中心旅游景点四面佛附近发生炸弹袭击事件，爆炸至少造成22人死亡，123人受伤。

5. 人群聚集风险

有学者指出，人员密集场所面临的最大公共安全风险就是人群聚集风险。游客高聚集场所同样面临着人群聚集风险。人群的过度聚集本身就是一种潜在的风险，[7]游客高聚集场所内聚集大量游客，存在大量风险隐患，极易产生人群聚集危害，如拥挤、摔倒等，并有可能进一步引发其他安全风险。

二、数据来源与研究方法

（一）数据来源

数据的采集与获取一直是旅游安全研究的难点之一。在研究过程中，一方面难以调研足够数量的事故亲历者，另一方面问卷调查等传统研究方法很难对真实发生的事故进行全面的信息模拟和反馈，[8]因此，基于案例统计的方法是一种可行的选择。[9]此外，网络资源作为学术研究的数据来源，目前已大量应用于旅游研究。[10]随着我国逐渐进入网络时代，互联网以及微博微信等新媒体传播、反馈作用愈发强大。大部分具有一定社会影响的典型事件一般都会通过网络的方式进行反馈和传播，这对于搜集具有典型意义的游客高聚集场所安全事故案例提供了便利。

为广泛搜集与游客高聚集场所安全相关的案例数据，本研究通过百度、谷歌等主流搜索引擎以及新浪微博进行网络搜索和案例遴选。以“游客＋聚集”“游客＋堵塞”“节事活动＋事故”以及“节事活动＋伤人”等作为搜索关键词进行搜索，案例甄选的基本标准包括：

（1）案例发生时间应为2004年1月1日至2015年8月31日；

（2）案例信息应来自报纸媒体的网络版；

（3）案例应具有基本齐全的信息要素，即涵盖了本文在案例信息编码时所要求的80%以上的编码信息内容；

（4）新浪微博搜索的游客高聚集场所相关案例需要有图片作为支撑。

根据以上标准，本研究共搜集到2004—2015年间游客高聚集场所相关案例106起，利用内容分析法对甄选后的游客高聚集场所相关案例进行信息分解，信息分解的变量主要包括时间因素（年度、月份、节假日）、空间因素（发生地域、场所类型）以及事故因素（发生原因、事故类型）。

（二）研究方法

本研究主要使用频数统计法和聚类分析法分析游客高聚集场所及其安全风险的类型与特征。随后，利用最优尺度分析（Optimal Scaling）中的非线性典型相关性分析（Overals）进行时空因素与游客高聚集场所安全风险的相关性分析，探究游客高聚集场所安全风险的发生规律，寻求游客高聚集场所与安全风险之间的内在关联性。

对应分析（Correspondence analysis）与最优尺度分析（Optimal scalaig）是由荷兰Leiden大学DTSS课题组研制、于SPSS11.0之后新增的两个应用程序。通过主成分分析来描述两个或多个分类变量各水平间的相关性，用多维图示方法反映变量之间的相互关系。[11]最优尺度分析允许任何变量类型，可以研究多个变量间的关系，但其不像多元回归方法那样可以自动筛选变量，因此变量较多时可能会掩盖真实联系，同时图形较为混乱，需要耐心筛选。从现有文献来看，游客密集场所甚至是人员密集场所的相关研究少有应用此方法。本研究尝试使用此方法，丰富游客高聚集场所的研究方法。

三、游客高聚集场所的类型与特征

（一）游客高聚集场所的类型

本研究将游客高聚集场所定义为局部空间内聚集游客数大于50人且游客密度大于2人/m^2的场所，这类场所通常包括旅游集会场所、旅游大型活动场所、景区售票点、游客中心、缆车上下车站点、旅游购物点、景区交通枢纽、景区关键节点等。通过对106起案例的分解分析发现常见的游客高聚集场所主要有以下几类：景区缆车站点、轮渡游船码头、景区接驳车站点等旅游交通节点（25.47%）；旅游文化节、各类节庆活动会场等户外集会会场（22.64%）；景区出入口、地下通道出入口等出入口（15.09%）；北京长城、南京夫子庙、云南丽江古城等热门景点（8.49%）；游乐园、主题公园等游乐场所（7.55%）；体育馆、室内音乐节等室内集会会场（6.60%）；各类旅游活动的售票点（5.66%）、游客中心（2.83%）、观众看台（2.83%）、海滩（1.89%）以及旅游购物场所（0.94%）。

（二）游客高聚集场所的特征

从游客聚集的场所类型来看，游客聚集现象带有一定的时空规律性。如海滩发生游客高聚集现象多数发生在夏季；节假日出现游客高聚集现象的概率明显高于其他时段；旅游交通节点、各类出入口更容易出现游客高聚集现象。基于此，本研究将从时间、空间两大维度对游客高聚集场所进行解析。

1. 时间特征

游客高聚集场所的形成与出现在时间维度上存在一定的分布特征。本研究对搜索到的游客高聚集场所案例进行时间维度上的统计分析，结果如图1所示。研究发现：从月份分布来看，2月、7月、8月以及10月是游客高聚集场所出现游客高聚集现象的高发期，其分布比例分别为15.09%、11.32%、12.26%以及16.04%，其中2月的春节黄金周、10月的“十一”黄金周极易出现游客高聚集现象。此外，游客高聚集场所在4~10月出现游客高聚集现象的比例高达67.92%。从季度分布来看，游客高聚集场所出现游客高聚集现象在第三季度的比例明显高于其他三个季度，其分布比例达29.24%。从发生的时间段分布来看，上午（6:00—12:00）游客高聚集场所出现游客高聚集现象的比例遥遥领先与其他三个时段，其比例达36.79%。

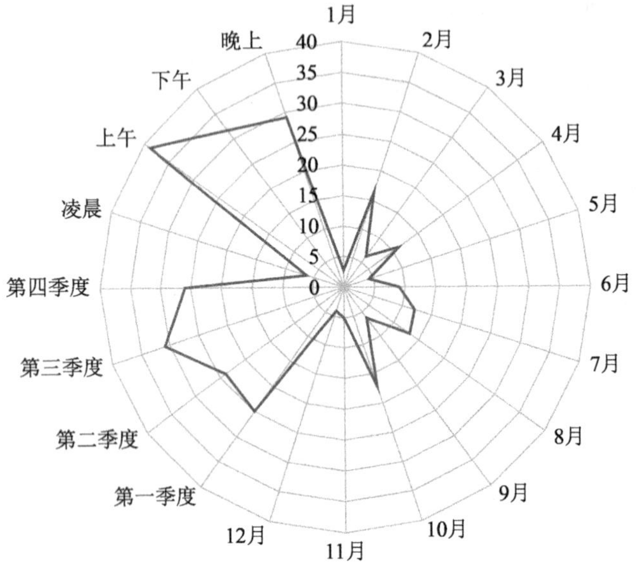

图1　游客高聚集现象的时间分布规律

2. 空间特征

本研究搜集到的相关案例涉及15个国家，其中发生在我国的案例涉及27个省级行政区划。对游客高聚集场所出现的地域、局部场所进行统计分析，结果如表1所示。其中，华东地区（江苏、浙江、安徽、福建、江西、上海、山东和台湾）游客高聚集场所出现游客高聚集现象的比例达21.70%，遥遥领先于其他地区，这主要是因为华东地区人口密集，出游人数众多，较易形成游客的高度聚集；而旅游景区（51.89%）和节庆活动场所（32.08%）形成游客高聚集的比例极高，因此需要加强对旅游景区以及节庆活动场所的风险防范与安全管控。

表1　游客高聚集场所空间分布规律

发生区域	分布比例（%）	发生区域	分布比例（%）
海外	31.13	西北	8.49
华东	21.70	华北	7.55
华中	12.26	西南	6.60
华南	11.32	东北	0.94
场所类型	**分布比例（%）**	**场所类型**	**分布比例（%）**
旅游景区	51.89	公共场所	4.71
节庆活动场所	32.08	购物场所	0.94
游乐场所	9.43	宗教场所	0.94

四、游客高聚集场所与安全风险的相关性分析

（一）时间因素与游客高聚集场所安全风险的相关性分析

时间因素是影响旅游突发事件的重要表现因素，[12]且游客高聚集场所的分布具有一定的时间规律，基于此，本研究将利用最优尺度分析中的非线性典型相关分析探求时间因素与游客高聚集场所安全风险的相关关系。

本研究将游客高聚集场所形成的聚集因素、所面临的安全风险、安全事故的诱发因素以及形成游客高聚集场所的季度、月份和时间段进行非线性典型相关分析，其输出结果如图 2 所示。图 2 表示时间因素与游客高聚集场所安全风险变量的多元对应辨别度量。图 2 中聚集因素、安全风险与诱发因素和时间变量间存在紧密的锐角关系，这说明三者与时间因素变量具有相关关系。

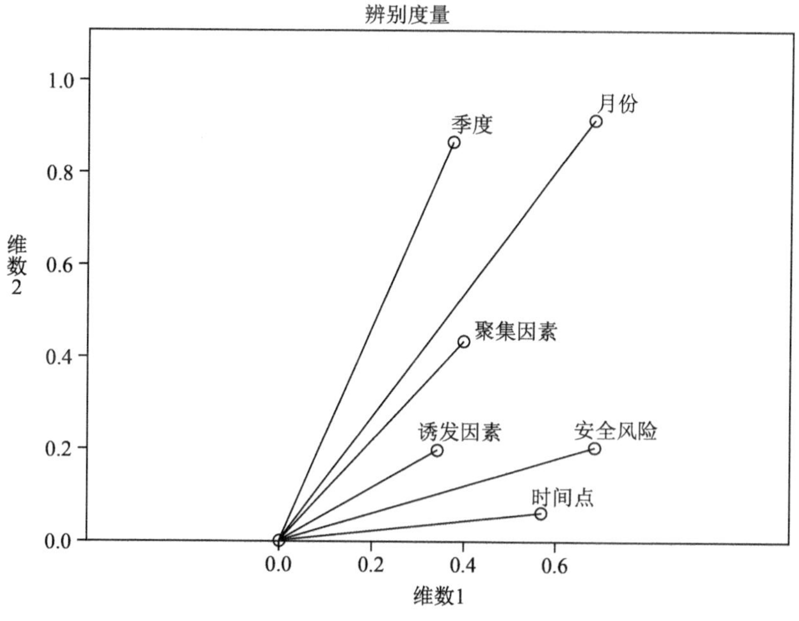

图 2　时间因素与安全风险变量的多元对应辨别度量

时间因素与游客高聚集场所的聚集因素、安全风险以及诱发因素的具体关系如图 3 所示。为了便于分析，本研究分别添加以原点为圆心，0.5 和 1 为半径的两个虚线圆。变量间的具体相关关系如下：

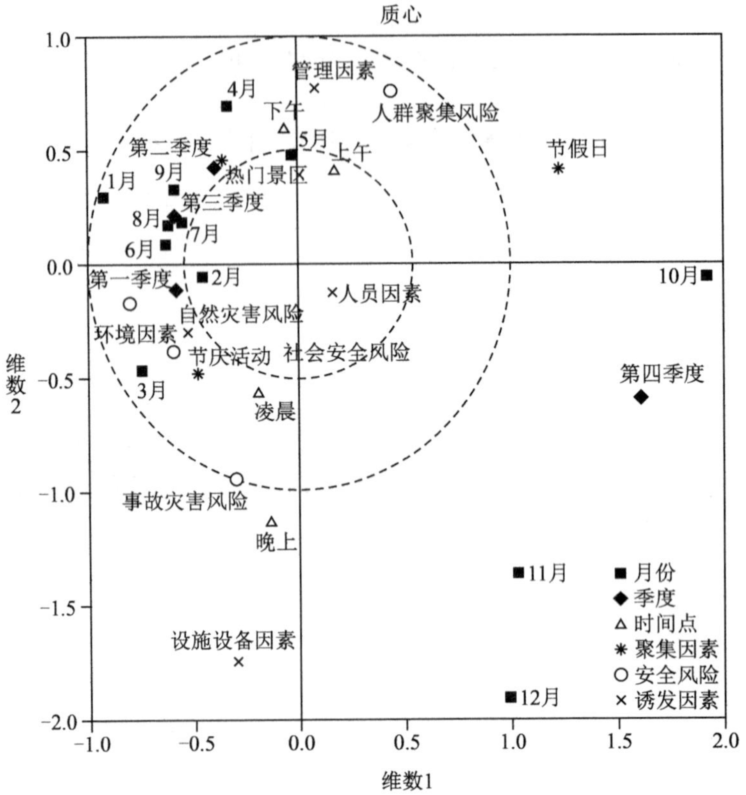

图3　时间因素与游客高聚集场所的聚集因素安全风险以及诱发因素的具体关系

（1）从发生频数来看，人员因素位于第一圈层内，且离原点较近，这说明由人员因素引发的安全风险发生较为频繁，而2月位于第一圈层内部，且离原点较近，说明2月是形成游客高聚集场所以及遭受安全风险的高发期。其中，12月份的质点远离第二圈层，这说明12月份并非是游客高聚集现象的高发期。

（2）从聚集因素与时间因素的相关关系看，节假日的凌晨、上午易出现游客高聚集现象，如游客凌晨在泰山山顶聚集，等待日出，且这种情况多见于第一季度，其中2月份尤为明显；而节庆活动的上午易发生游客高聚集现象，其与月份和季度因素并没有显著的相关性。值得指出的是由于节庆活动形成的游客高聚集场所易受到社会安全风险和人群集聚风险的威胁。下午则是热门景区出现游客高度聚集的高发时段，且这种情况多发于第二、第三季度，集中分布在4月、5月和9月。

（3）从游客高聚集场所面临的安全风险与时间因素的相关关系来看，人群聚集风险易发生在上午，且在2月、3月和5月较为集中，其与季度因素并为呈现显著的相关性；游客高聚集场所遭受的自然灾害风险容易发生在第一季度，集中分布在2月，这是因为第一季度容易形成极端天气。此外，上午也是自然灾害风险的高发时段；社会安全风险则容易出现在第一季度，2、3月份是其高发期，上午时段也较容易遭受社会安全风险的侵袭；

事故灾难风险的发生时段主要发生在上午、凌晨以及晚上，这些时段都容易出现管理盲点。

（4）从安全事故的诱发因素与时间因素的相关关系来看，人员因素是第二、第三季度及5 ~9 月游客高聚集场所安全事故的主要诱发因素，且容易发生在热门景区；第一季度、2 月份的安全事故主要由环境因素引发，且节庆活动的安全事故极易由环境因素引发；由管理因素引发的安全事故多发于晚上，5 月份是其高发期。此外，管理因素是造成热门景区、节庆活动安全事故的主要因素。

（二）空间因素与游客高聚集场所安全风险的相关性分

旅游活动空间包括宏观地域空间、行程要素空间和景区游览空间三种典型的空间结构类型。[12]地区各类旅游要素可以通过宏观地域空间综合表现，而游客聚集空间则可以用聚集点及聚集场所来衡量。基于此，本研究利用最优尺度分析中的非线性典型相关分析探求宏观地域空间、游客聚集空间等空间因素与游客高聚集场所安全风险之间的相关关系，其输出结果如图 4 所示。图 4 表示空间因素与游客高聚集场所安全风险变量间存在紧密的锐角关系，这说明空间因素与游客高聚集场所安全风险间存在相关关系。

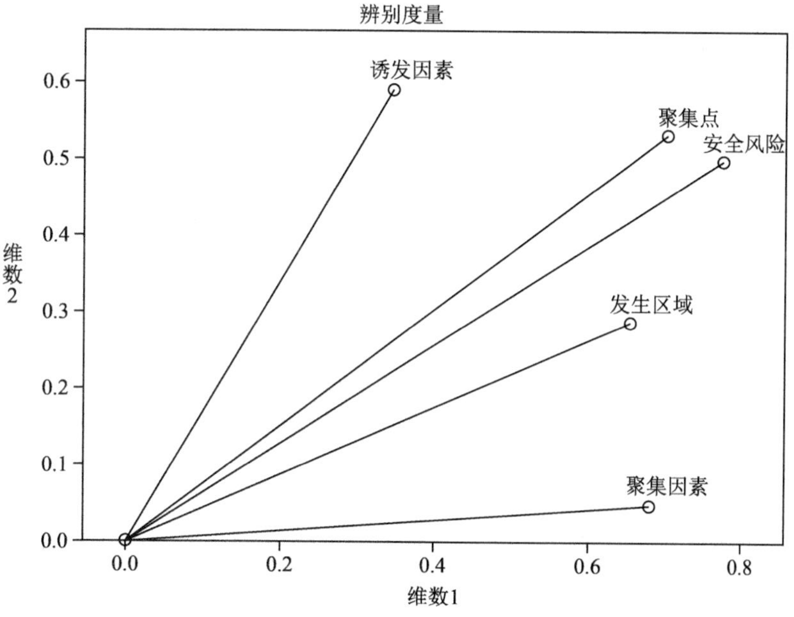

图 4　空间因素与安全风险的多元对应辨别度量

空间因素与聚集因素、安全风险以及事故诱发因素间的具体关系如图 5 所示。为了方便分析，本研究添加以原点为圆心，1 为半径的虚线圈。空间因素变量与游客高聚集场所安全风险变量间的关系如下。

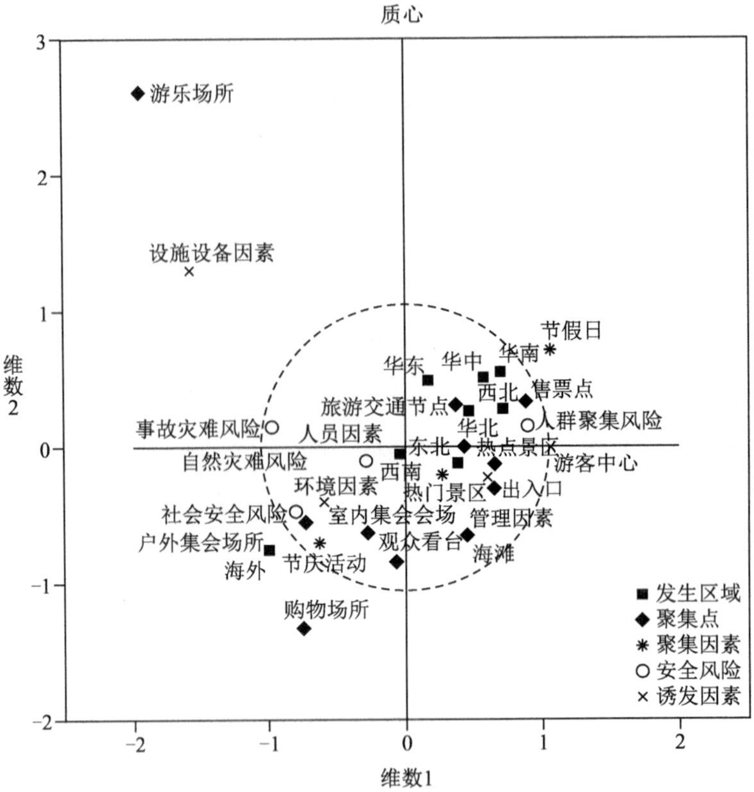

图5 空间因素与游客高聚集场所安全风险的关系质心

（1）旅游热门景点、旅游交通节点、各类出入口等微观空间变量位于虚线圈以内，且离圆心较近，这说明该类场所容易形成游客高度聚集。此外，多数变量质点均位于虚线圈以内或者边缘附近，游乐场所这一质点则远离虚线圈，这说明其发生游客高聚集场所安全事故的频数较少。

（2）从聚集因素与空间变量之间的关系看，节假日期间，华南、华中、华北以及西南地区易出现游客高聚集现象，且在旅游交通节点、售票点以及户外集会会场聚集；华中、华东、西南以及海外的节庆活动中易发生游客高聚集现象，且游客大量在活动会场以及旅游交通节点聚集；热门景区的出入口、游客中心以及热门景点容易出现游客高度聚集现象，且多发于西南地区。

（3）从游客高聚集场所面临的风险与空间因素的关系来看，西北、西南以及华北地区容易遭受自然灾害的风险，且这类风险多发于售票点、热点景区以及户外集会场所；社会安全风险则多发于西北、西南以及海外等地区，户外集会场所、旅游交通节点以及售票点容易遭受社会安全风险的侵袭；东北、西南则是事故灾难风险的高发区域，其中游客中心、热点景区以及各类出入口发生频数较高；人群聚集风险则是华北、西南地区的主要安全风险，且售票点、热点景区、游客中心以及旅游交通节点容易出现。

（4）从安全事故的诱发因素与空间因素的关系来看，由设施设备因素引发的安全事故多发于东北、西南地区，且各类出入口、海滩以及旅游交通节点等游客聚集点；海外、华南、华中、西北以及华北容易发生由环境因素引发的游客高聚集场所安全事故，且主要发生于户外集会场所、旅游交通节点以及售票点；西南以及东北的游客高聚集场所安全事故则多缘于管理因素，且游客中心、各类出入口以及热点景区的管理存在不足；人员因素则是热门景点以及游客中心等聚集点安全事故发生的主要因素。

五、结论与讨论

（一）研究结论

游客高聚集场所及其安全风险存在一定的时空特征。分析游客高聚集场所安全风险在时空维度的外在表征，探求游客高聚集场所的安全风险变量与时空因素变量间的内在联系，能够为提出"因地制宜"和"因时制宜"的风险防范策略提供借鉴与参考。本研究在界定游客高聚集场所概念的基础上，利用网络搜索以及新浪微博等工具搜集到 2004—2015 年间 106 起游客高聚集场所安全风险相关案例，对案例信息进行分解、编码，在分析游客高聚集场所类型与特征的基础上，借助最优尺度分析中的非线性典型相关分析挖掘时空因素与游客高聚集场所安全风险间的内在联系，并得出以下结论。

1. 界定并提出了游客高聚集场所的概念

游客高聚集场所是指局部空间内聚集游客数大于 50 人且游客密度大于 2 人/m^2 的场所，这类场所通常包括旅游集会场所、旅游大型活动场所、景区售票点、游客中心、缆车上下车站点、旅游购物点、景区交通枢纽、景区关键节点等。

2. 阐述了游客高聚集场所的类型及其时空特征

常见的游客高聚集场所主要有旅游交通节点、户外集会会场、出入口、热门景点、游乐场所、室内集会会场、售票点、游客中心、观众看台、海滩以及旅游购物场所等。游客高聚集场所在时间段、月份以及季度等时间维度和形成区域以及场所类型等空间维度存在一定的规律与特征。

3. 时空因素变量与游客高聚集场所安全风险变量间存在密切的内在相关性

从时间维度上看，形成游客高度聚集的聚集因素、游客高聚集场所面临的安全风险以及安全事故的诱发因素均与时间因素存在相应的相关关系。从空间维度看，发生区域变量以及聚集点变量与聚集因素、安全风险以及诱发因素间同样存在密切关联。

（二）研究讨论

聚集众多游客且单位密度极高的游客高聚集场所由于风险隐患众多、信息传递困难，其聚集游客难控难疏，管理难度极高，因此构建科学有效的风险防范与安全防控策略极其重要。针对游客高聚集场所的类型及其时空分布规律，结合时空因素与其安全风险间的内在联系，我国旅游管理部门应建立行之有效的风险防范与安全防控策略，减少游客高聚集场所安全事故的发生概率，保障游客安全，促进旅游业健康发展。为此，需要注重以下管理策略的实施。

第一，“因地制宜”和“因时制宜”地建立游客高聚集场所风险防范与安全防控机制，即以空间和时间为基准建立防控机制。各地区立足区域内部的时空特征，针对性地提出游客高聚集场所的安全管控措施。此外，游客高聚集场所的安全管控措施要有时空针对性，并提升管控措施的可行性。

第二，建立基于不同季度、月份以及时间段等时间尺度的安全管控策略。依据游客高聚集场所安全风险与时间变量间的相关关系，建立事前的风险预警监测机制，完善风险评估体系，并制定针对性的风险预防机制，如第一季度加强环境风险的监管，尤其是2月份的环境风险。

第三，建立基于不同游客聚集点和事故发生区域等空间尺度的安全管控策略。立足各区域的空间特征，并结合区域内易发生游客高度集聚的游客聚集点特征，形成相应的安全管控机制和应急救援体系，如加强售票点、旅游交通节点等游客聚集点人群聚集风险的管控，建立西南、西北以及华北等地区自然灾害风险的防范。

第四，基于游客高聚集场所安全风险的时空分布规律，做好游客的安全管理工作。首先，面向游客提出相应的宣传、引导方案，尽量避免形成游客高聚集场所。其次，在游客易聚集的场所加强人员管理，对游客进行疏导管控，减少风险隐患。最后，加强游客高聚集场所的应急救援工作。就近设置安全应急救援站，一旦发生安全事故，确保第一时间开展救援工作。

第五，建立游客高聚集场所的应急救援平台。首先，将游客高聚集场所的安全管控工作纳入当地政府部门的安全管控内容中，推动当地政府资源的介入，加强安全管控工作力度。其次，由政府牵头建设应急救援平台，实现资源在时空尺度上的自由调配，强化应急救援的资源保障能力。

第六，建立游客高聚集场所安全事故案例库，系统记录和整理游客高聚集场所安全事故的相关数据，系统分析安全事故的类型、特征、发生规律，了解本地区游客高聚集场所安全管控的现状与不足，为加强游客高聚集场所的安全防控工作提供借鉴与参考。

第七，编制游客高聚集场所安全应急预案。编制应急预案时要充分考虑时空因素的影响，并进行多方探讨、论证。此外，还需加强安全应急演练，反复验证应急预案的科学性与可操作性。

参考文献

[1] 寇丽萍. 人员密集场所脆弱性分析 [J]. 中国人民公安大学学报（社会科学版），2009，(3)：45－50.

[2] Polus A, Schofer J L, Ushpiz A. Pedestrian flow and level of service [J] Journal of Transportation Engineering, 1983, 109 (1): 46－56.

[3] 张英烈. 人群密度估计研究及其在医院中的应用 [D]. 杭州电子科技大学，2015.

[4] 寇丽萍. 人员密集场所风险评估理论与标准化方法研究 [D]. 中国地质大学，2008.

[5] 郑向敏，谢朝武. 旅游安全蓝皮书：中国旅游安全报告（2015）[M]. 北京：社会科学文献出版社，2015.

[6] 冯毅. 社会安全突发事件概念的界定 [J]. 法制与社会，2010 (25)：279－280.

[7] 倪慧荟. 城市人群聚集风险预警及客流安全管理 [J]. 现代职业安全，2015 (5)：30－33.

[8] 谢朝武. 我国酒店业盗窃案件的发生特征及其管理体系研究 [J]. 华侨大学学报（哲学社会科学版），2010 (3)：74－82.

[9] 胡晓娟. 人的安全心理特性研究方法的综述研究 [J]. 中国安全科学学报，2009 (7)：5－13.

[10] 于海波. 网络话题作为定性数据来源的研究方法探讨——以旅游动机研究为例 [J]. 旅游科学，2011 (1)：46－53.

[11] 贾士军. 对应分析与最优尺度分析在购房者行为研究中的运用 [J]. 系统工程，2005，23 (8)：121－126.

[12] 谢朝武，张俊. 时空因素与我国旅游突发事件的关联影响——基于最优尺度分析 [J]. 经济管理，2014 (3)：126－134.

基于场所依赖理论的绿道节点休闲活动研究

张西林　陈　苗
（肇庆学院旅游与历史文化学院）

【摘　要】绿道是一种线形绿色开敞空间，其建设发展体现了人类休闲活动的进一步发展。绿道节点是绿道上重要的休闲游憩场所，研究绿道节点上的休闲活动的情况及人们的满意度，促进其合理地发挥休闲功能、满足人们的休闲需求具有重要意义。本文基于场所依赖理论，以肇庆市城市绿道为例，通过问卷调查和实地观察记录等方法进行了相关研究。研究结果发现：休闲者对绿道节点的满意度较高，场所依赖程度较高；对场所认同度高，但对场所依靠程度较低。为此，提出了完善绿道节点相关设施和服务，提高休闲者对休闲节点的功能性依赖的多种对策，以提高休闲者对绿道休闲节点的场所依赖程度。

【关键词】场所依赖　绿道　节点　休闲活动　广东肇庆

一、前言

绿道是一种线形绿色开敞空间，通常是沿着山脊、溪谷、河滨、风景道路等自然和人工廊道建立，设有供行人和骑车者进入的景观游憩线路，把风景名胜区、主要的公园、自然保护区、历史古迹和城乡居民的住宅区串联起来，以生态联系、休闲旅游、户外运动等为主要功能。[1]近几年来，我国各大城市兴起的绿道成为人们休闲活动的重要场所之一，尤其是绿道上的重要节点，更是人群集聚之地。2011 年，广东省珠三角地区率先在全国大规模地建设绿道，规划到 2015 年年底在全省范围内建成绿道 8770 千米。绿道节点是人们绿道休闲的会聚之地，一般为城市的重要广场或公园，这些节点不仅吸引了到绿道休闲的人们，因此对于这些节点的休闲研究，不仅能为绿道的完善提供建设性建议，同时也能为城市休闲发展提供有益的建议。

二、相关理论综述

（一）场所依赖理论

场所依赖理论源于诺伯格·舒尔茨提出的场所理论体系。场所理论是建筑现象学的重要内容。它提倡的是人和建筑物是处在同一个境域中，是一个不仅包括观察事物的主体——人和被观察对象——建筑物，同时也是由人与建筑物之间相入相出和共同参与的关系构成的一个境域。其以人性特征和城市形体环境中的社会文化内涵为研究主题，提出在城市形象结构下人的一种非功利的精神追求——场所的精神的追求。人在这个场所得到的娱乐、生活体验都是一种场所感。[2]

场所感是指人在特定环境中的经历，比如在这个环境中引起的兴奋、愉快的心情而组成的感觉结构，[3]它包括两方面的含义：

（1）场所精神。每个场所不仅有实体内容，而且还有其独特的精神，这与其周围的环境，历史，文化等相系相关，也正因为有场所精神，场所才有其存在的真正意义和价值。

（2）场所依赖。在日常生活中，由于人的记忆，意向，习惯等，培养了对一个场所的深刻附着。它是人与场所之间基于感情（情绪、感觉）、认知（思想、知识、信仰）和实践（行动、行为）的一种联系。其中感情因素是首位因素。[4]

（二）场所依赖

对于场所依赖理论的概念的提出，先后经历了"恋地情结""场所感知"和"场所依赖"这三个不同的发展过程，而场所依赖的突破在于它从两个方面构建了人与场所之间的关系：场所依靠和场所认同，其合理地解释了"人与某些地方之间存在的一种特殊的依赖关系"这一客观现象，从地理学、社会学、心理学的角度解释了人们在什么样的情况下容易对一个地方产生依赖心理[5][6][7]。

1. 场所依靠

场所依靠是一种功能性依赖，突出了资源及其提供的设施对于想要开展的活动的重要性，表示一个场所能满足特殊活动目的的情况，它所依托的是外部环境所能提供的具有物理属性的物质，比如场所的距离能够满足人们对该场所进行经常性的访问，人们就容易形成对该场所的场所依赖[8]。

2. 场所认同

场所认同是一种精神性依赖，指个体与客观环境的依赖关系，这种关系依靠与该环境有关的个人的有意或无意的想法、偏好、信仰、感觉、价值观、目的、行为趋向和技巧综合形成的复合体而形成。场所认同强调的是在精神层面上，人们对某一个场所产生的归属感和认同感。学者们认为，当人与环境相互发生作用时，如果该环境能满足人们的某些需求，人们就容易对该环境形成一种归属感和认同感，这时该环境已形成一个场所，但又不仅仅是一个公共场所，还是一个专属于个人的场所，是人生活的一部分，从而形成一种场所认同感，这种认同感是人们区分该场所与其他场所的重要因素。[9]

有学者指出，人们一旦对某个场所形成了场所依赖，他将会贡献更多的时间和金钱在这个场所；休闲者对某个场所的场所认同程度越高，越能缓解其在该场所休闲时付费使用资源的反感程度，这些都说明了场所依赖对于休闲资源管理和休闲经营者有巨大的指导作用，诚如布朗森和谢尔拜（Brunson & Shelby，1993）提出的建议，"在更换游憩设施时将某些使用者的场所依赖作为一个重要的考量对象"。[10]

三、绿道节点休闲活动的场所依赖调查研究

（一）肇庆城市绿道节点休闲现状

1. 绿道节点概述

绿道节点是一个容易引人注目、吸引人前往聚集的地方或是交通汇集处。绿道上一般都会设有休息站，有的是被串联起来的城市公园或是广场，有的则是在绿道上开辟的一小块休息区域。一方面，这些节点能够给来到绿道上休闲旅游的人们提供一个休息的地方；另一方面，作为城市的主要公园或广场，这里也会聚了大量的城市居民到此休闲。这些被串联起来的城市公园或广场由于设施设备比较齐全，场地也比较宽广，会聚的人员也比较多，成为了绿道上重要的节点。

肇庆城市绿道的代表性地段首推星湖绿道。肇庆星湖绿道位于肇庆端州区中心市区，是广东省省立绿道1号线起点所在地。星湖绿道为城市绿道类型，环绕七星岩风景区、仙女湖湿地公园而建，全长19.1千米。绿道沿线串联起省立绿道1号线的起点广场、波海公园、牌坊广场、东门广场等多个环湖公园/广场。绿道沿线绿树成荫，风景优美，是市民休闲游憩的好去处。2011年，肇庆星湖绿道被中国城市竞争力研究会评定为“中国最美的绿道”。

肇庆星湖绿道节点众多，本次研究选取位于肇庆端州区较繁华地带的具有代表性的牌坊广场和东门广场这两个重要节点为研究对象。牌坊广场位于肇庆环星湖绿道和星湖国际广场的交会处，地理位置优越，独特的文化景观与七星岩的湖光山色相融合，融休闲、娱乐、购物等多功能为一体，使牌坊广场成为肇庆的一道重要景观（见表1）。

表1　牌坊广场基本特征

项目	基本特征
总体评价	牌坊广场位于肇庆市中心，紧靠星湖国际广场，地理位置优越，人流众多，为肇庆的重要地标。七星岩牌坊、牌坊广场、音乐喷泉三者的完美结合，已成为肇庆牌坊广场文化的一大标志
地理位置	位于肇庆市区，于环星湖绿道和星湖国际广场的交会处，紧邻星湖风景名胜区，靠近肇庆市区众多购物中心，地理位置优越
休闲功能	观光、旅游、购物、休闲、娱乐等
周边景点	周边景点集中，包括星湖绿道、音乐喷泉、七星岩风景区、宋城墙、牌坊公园等著名景点
休闲特征	牌坊广场由于地理位置优越，面积大、人流多，许多活动都在这里举行，如各种歌舞晚会、肇港两地少儿“庆回归”作品展览、自行车环湖游，等等。然而，牌坊广场更多的是每天早晨都可以看到相识或不相识的人们自发地或有组织地在做操、跳舞、练拳、耍剑、跑步……
发展特征	牌坊广场目前已经发展成为肇庆的一个独具特色的文化景观。牌坊广场的出现符合了肇庆特定的文化背景——牌坊广场独特的文化景观与七星岩的湖光山色融为一体，这些构成了肇庆牌坊广场文化得以迅速发展的先决条件。牌坊广场文化不仅是一种户外休闲文化，也成了肇庆精神文明建设的一个窗口

资料来源：根据实地考察整理。

东门广场位于肇庆城区著名旅游景点七星岩风景区东部，紧邻肇庆的主要景观干道——星湖大道，是城区与七星岩景区的重要联系枢纽，融“市民广场、景区入口、绿道节点、演艺中心”等多功能为一体（见表2）。

表2 东门广场基本特征

项目	基本特征
总体评价	东门广场临近七星岩，背倚仙女湖，具有岭南特色，融文化娱乐、旅游观光、市民休闲等为一体，是市民的公共休闲广场及七星岩景区的新入口
地理位置	东门广场位于肇庆市七星岩风景区东部，紧邻肇庆的主要景观干道星湖大道，是城区与七星岩景区的重要联系枢纽，远离市中心，人流较少，适合休闲
休闲功能	观光、旅游、休闲、娱乐等
周边景点	七星岩风景区、仙女湖、奥威斯酒店、星湖绿道等
休闲特征	东门广场是肇庆打造国际休闲旅游之都的重要公共配套设施，建设用地约67750平方米，整个广场分为中心广场区、休闲绿地区、文化服务区、环湖绿道亲水区、交通转换区和商业文化区六个区域。绿化配置按照广场的区域功能和内涵灵活布置，四季交替，广场的空间层次丰富，设备齐全，适合人们进行休闲活动
发展特征	优越的地理位置，独特的岭南特色园林景观，融文化娱乐、旅游观光、市民休闲等为一体的东门广场，成为市民的公共休闲广场和七星岩景区的新入口

资料来源：根据实地考察整理。

2. 绿道节点休闲活动考察概述

牌坊广场坐落在端州区的市中心，毗邻大润发、沃尔玛等购物中心，星湖绿道横卧其中，因此这里每天无论是早上、中午还是晚上，都是人流集中之地，各种各样的休闲活动也相应地在这里开展。每天6:30至9:00是晨练时间，成批的中年人和老年人在这里晨练，各种活动如散步、跳舞、舞剑、做操等随处可见。周末时间还有父母带着孩子到这里休闲、玩耍。9:00过后，在广场上进行休闲活动的人们主要是到大润发、沃尔玛或牌坊购物街等购物中心购物，或是到七星岩景区游玩。从晚上19:00开始，广场上呈现出热闹非凡的场面：许多家长带着孩子到这里散步或玩轮滑；有跳广场舞、舞剑、散步的老年人和中年人；有散步的情侣；也有一批又一批前来观景的游客们。到了晚上20:00，牌坊广场里中心湖的彩色音乐喷泉准时表演，更是吸引了无数市民游客前来观赏。直到晚上22:00广场上的人们才逐渐散去。

东门广场虽然不靠近市中心，但是到这里进行休闲活动的人还是络绎不绝。由于附近都是居住区，所以这里人们每天的休闲活动的时间特征都非常明显，一般是早上6:30到9:00，下午18:00到21:00为人群集中时间段。周末这里会呈现出一整天的热闹景象。东门广场设置了许多健身运动器材，并有供游客休息的长椅，有成片的绿化草地，设备齐全，风景优美，每天吸引了无数人前来这里休憩。早上6:30开始，许多住在广场附近的老年人、中年人开始到这里做操、打太极拳、散步、跳舞，进行各种各样的休闲活动。直至9:00左右，休闲人群才开始散去。晚上19:00开始，这里又重现了早上的热闹景象。每天在东门广场上进行休闲活动的不仅有附近的居民，也有许多外地游客。有时这里会搭建临时舞台，进行各种文艺表演。

（二）绿道节点休闲活动场所依赖调查

1. 调查过程及信度分析

笔者于2014年11月至12月对环星湖绿道上的牌坊广场和东门广场进行实地调查。本次调查对象主要是在两个广场进行休闲活动的市民、游客。调查以问卷为主，实地考察为辅。问卷现场填写，当场回收。本次总共发放问卷230份，剔除出问项空缺问卷后，有效问卷为200份。为了掌握研究结果的准确程度，必须对问卷中的场所依赖选项进行信度分析，以确定场所依赖量表的可信度。一般而言，Cronbachs Alpha 高于0.7，表明这一量表有较好的信度。从表3中可以看出，在调查对象的场所依赖选项的信度方面，α值和标准化后的α值均大于0.8，信度比较高，说明调查可信，问卷设计合理。

表3　可靠性统计量

Cronbach's Alpha	基于标准化项的 Cronbachs Alpha	项数
0.888	0.890	10

2. 调查对象的人口学特征

从表4数据分析中可以看出，调查对象在性别、年龄、客源地、职业和教育程度方面分布较好，有代表性。其中在被调查的休闲者中，男女比例近于1:1。在年龄构成方面，以19~44岁为主，占总样本数的49%；其次是≥60岁，占总样本数的18%。在休闲者的居住地方面，主要是以牌坊广场和东门广场各自为中心辐射出的居住区，只有少数的外地游客（5.5%）。在休闲者的职业构成方面，学生的比例比较高（45%），其次是自由职业者（21%），再者是退休人员（15.5%）。在休闲者的教育程度方面，被调查的休闲者的受教育程度普遍较高，大学及以上学历的休闲者占了总样本数的一半（50%）；其次是高中或中专学历（23.5%）；小学学历的比较少，仅占总样本数的9.5%。具体如表4所示。

表 4　调查对象的人口学特征

项目		频数	比例（%）	项目		频数	比例（%）
性别	女	114	57.0	职业	公务员，事业单位成员	16	8.0
	男	86	43.0		公司职员	21	10.5
年龄（岁）	≤14	24	12.0		学生	90	45.0
	15～18	16	8.0		退休人员	31	15.5
	19～44	98	49.0		自由职业者	42	21.0
	45～59	26	13.0	受教育程度	小学	19	9.5
	≥60	36	18.0		初中	34	17.0
居住地	牌坊广场附近	92	46.0		高中或中专	47	23.5
	东门广场附近	97	48.5		大学及以上	100	50.0
	外地	11	5.5				

3. 调查对象的行为特征

被调查的休闲者的行为特征包括休闲者对于星湖绿道上牌坊广场和东门广场这两个重要节点的熟悉程度、休闲频率、结伴者、休闲时间、休闲目的、休闲活动及与其他休闲者的互动七部分。具体如表 5 所示。

表 5　调查对象的行为特征

项目		频数	比例（%）	项目		频数	比例（%）
熟悉程度	很不熟悉	2	1.0	休闲目的	参加组织活动	9	4.5
	不熟悉	9	4.5		家庭亲子	28	14.0
	一般	65	32.5		结交朋友	3	1.5
	熟悉	94	47.0		强身健体	53	26.5
	非常熟悉	30	15.0		娱乐放松	107	53.5
休闲频率	很少来	67	33.5	休闲活动内容	晨练	10	5.0
	周末才来	59	29.5		纳凉休闲	38	19.0
	一周一次	15	7.5		骑自行车	64	32.0
	两三天一次	27	13.5		散步	78	39.0
	每天来	32	16.0		做操、跳舞	10	5.0

续表

项目		频数	比例（%）	项目		频数	比例（%）
休闲时间	半小时以内	20	10.0	与其他休闲者的互动	受到他人严重干扰	1	0.5
	半小时到一小时	54	27.0		受到他人一定干扰	7	3.5
	一至两小时	85	42.5		与他人互不相关	108	54.0
	两至三小时	29	14.5		与他人关系比较融洽	69	34.5
	三小时以上	12	6.0		与他人关系十分融洽	15	7.5
休闲结伴者	一个人	11	5.5				
	和家人结伴	80	40.0				
	和老友结伴	24	12.0				
	和同事（同学）结伴	72	36.0				
	和爱好者结伴	13	6.5				

如表5所示，在熟悉程度方面，休闲者对星湖绿道上的牌坊广场和东门广场这两个节点普遍熟悉，只有5.5%的休闲者表示不熟悉，说明这两个广场的知名度比较高。在休闲频率方面，占总样本数的33.5%的休闲者表示很少来这里，29.5%的休闲者表示只有周末才来，每天来广场上休闲的休闲者占总样本数的16%。在休闲活动方面，以散步为主的休闲者占总样本数的39%，其次是骑自行车（32%）。在结伴者方面，大部分的休闲者都是和家人结伴（40%）或是和同事、同学结伴而来（36%），只有极少数的休闲者是一个人到此休闲的（5.5%）。在休闲时间方面，休闲者大部分在广场上逗留的时间为一至两小时（42.5%），三小时以上的只占总样本数的6%。在休闲目的方面，休闲者的休闲目的主要是娱乐放松（53.5%）、强身健体（26.5%）和家庭亲子（14%）。在与其他休闲者的互动方面，占总样本数54%的休闲者表示自己的活动与他人互不相关，仅有4%的休闲者表示受到他人的干扰，占总样本数将近一半的休闲者（42%）表示与他人的关系融洽，说明广场的休闲气氛是比较和谐的。

4. 场所依赖程度分析

本研究从场所依赖的两组维度——场所认同和场所依靠出发，对绿道休闲者的场所依赖进行分析。一般而言，利用李克特（Likert）量表1~5等级评分值测量数据，均值1.0~2.4表示反对，2.5~3.4表示中立，3.5~5.0表示同意。[11]

本研究的场所依赖量表从场所认同和场所依靠两组维度进行考量，每组维度分为5个因子，共10个测量因子。根据对场所依赖的数据统计，星湖绿道节点的休闲者对整体场所依赖程度处于高等水平，均值为3.51，依赖程度较为稳定，标准差为0.836。休闲者的场所依赖的两大维度：场所认同处于高等水平，均值为3.66；场所依靠处于中等水平，均值为3.34，依赖程度也较为稳定，标准差为0.818和0.855。在“我感觉这里很适合从事休闲活动”这一问项的得分最高，均值为4.07，说明绿道节点的可休闲程度较高，得到大部分被调查的肯定。其次为“我喜欢这个地方”这一问项，均值为4.01，说明大部分的休闲者对现有绿道节点是比较认同的。得分最低的一项是“除了这里我很少去其他地方开展休闲活动”，均值仅为2.83，说明被调查者对这个说法持中立态度，在他们看来，尽管对现有绿道节点的评价高，但这里并不是他们唯一的休闲场所选择。具体如表6所示。

表6　休闲者对星湖绿道节点的场所依赖

维度	问项	均值	标准差
场所认同	1. 这个地方给我的感觉很亲切	3.77	0.721
	2. 我对这个地方非常满意	3.89	0.809
	3. 我喜欢这个地方	4.01	0.705
	4. 我感觉这里是我生活的一部分	3.21	0.917
	5. 我经常来这里	3.45	0.939
	场所认同	3.66	0.818
场所依靠	1. 我感觉这里很适合从事休闲活动	4.07	0.757
	2. 我有空最喜欢来这里活动	3.49	0.868
	3. 除了这里我很少去其他地方进行休闲活动	2.83	0.886
	4. 相对其他地方在这里活动让我更满意	3.31	0.852
	5. 没有一个地方可以给予我与这里相似的休闲体验	3.02	0.910
	场所依靠	3.34	0.855
场所依赖		3.51	0.836

注：采用 Likert 尺度，1 = 非常不同意，2 = 不同意，3 = 普通，4 = 同意，5 = 非常同意。
数据来源：根据调查问卷结果整理。

（三）不同节点的场所依赖对比分析

本次研究主要选取肇庆星湖绿道上的牌坊广场和东门广场这两个重要节点为研究对象，根据对这两个节点的数据分析，均值结果显示，东门广场的场所认同均值为3.70，牌坊广场的场所认同均值为3.62，东门广场的场所认同程度高于牌坊广场的场所认同程度；东门广场的场所依靠均值为3.37，牌坊广场的场所依靠均值为3.31，在场所依靠方面，东门广场也略高于牌坊广场。东门广场的休闲者的场所依赖程度高于牌坊广场的休闲者的依赖程度，东门广场的场所依赖均值为3.54，牌坊广场为3.47。两个节点的均值、标准差值较大的是“我对这个地方非常满意”“我喜欢这个地方”和“我经常来这里”这三个问项。关于问项“我对这个地方非常满意”，牌坊广场的均值是3.72，东门广场的均值是

4.05，说明牌坊广场和东门广场这两个节点，东门广场更让休闲者满意。

在调查中发现部分休闲者表示以前对牌坊广场的满意度是很高的，但近几年由于广场的商业化，设施设备更新不及时以及环境问题，休闲者对牌坊广场的满意度逐渐降低。关于问项“我喜欢这个地方”，牌坊广场的均值是3.90，东门广场是4.11，其差值较大。在调查中发现部分被调查者对于东门广场的认同度是比较高的。一方面是由于东门广场距离市中心较远，没有嘈杂的人流与车辆，有利于休闲者休闲放松，身心愉悦；另一方面，东门广场的绿化、休闲设施设备都优于牌坊广场，这导致了两个广场的休闲者的场所依赖不同（见表7）。

表7　牌坊广场和东门广场休闲者的场所依赖对比

维度	问项	均值		标准差	
		牌坊广场	东门广场	牌坊广场	东门广场
场所认同	1. 这个地方给我的感觉很亲切	3.68	3.86	0.723	0.711
	2. 我对这个地方非常满意	3.72	4.05	0.792	0.796
	3. 我喜欢这个地方	3.90	4.11	0.674	0.723
	4. 我感觉这里是我生活的一部分	3.27	3.15	0.863	0.968
	5. 我经常来这里	3.55	3.34	0.880	0.987
	场所认同	3.62	3.70	0.786	0.837
场所依靠	1. 我感觉这里很适合从事休闲活动	3.95	4.18	0.718	0.783
	2. 我有空最喜欢来这里活动	3.47	3.51	0.834	0.904
	3. 除了这里我很少去其他地方进行休闲活动	2.86	2.80	0.829	0.943
	4. 相对其他地方在这里活动让我更满意	3.25	3.36	0.770	0.927
	5. 没有一个地方可以给予我与这里相似的休闲体验	3.02	3.02	0.829	0.990
	场所依靠	3.31	3.37	0.796	0.909
场所依赖		3.47	3.54	0.791	0.873

注：采用Likert尺度，1=非常不同意，2=不同意，3=普通，4=同意，5=非常同意。

数据来源：笔者根据调查问卷结果整理。

（四）场所依赖现象对休闲者的影响分析

根据上文的分析，尽管休闲者在空气环境质量、设施设备等方面认为东门广场较之牌坊广场更令人满意，但对牌坊广场的场所依赖程度稳定性要高于东门广场。这说明场所依靠对休闲者在选择休闲场所时产生了重要影响。当外部环境所能提供的具有物理属性的物质能满足人们的休闲活动时，人们容易对该场所产生场所依靠。休闲者对牌坊广场产生了较强的场所依赖。由于常年在这里开展休闲活动，对这个场所产生了感情，即使这里的条件已退化，但人们依然选择在这里开展休闲活动。在调查中还发现到东门广场或是牌坊广场开展休闲活动的休闲者大部分都居住在广场附近。对休闲者来说，距离是他们选择的一个重要参考因素。当场所的距离能够满足人们对该场所进行经常性的访问，人们就容易形成对这个场所的场所依靠。许多被调查老年人表示每天都会到这里晨练、做操、散步，因为家就住在广场附近，比较方便。

四、改进措施及对策

场所依赖对于休闲者的休闲质量、思想观念及日常生活等都产生了重要影响。人们对某个场所的场所依赖程度越高，其满意度往往会越高，重游率也会越高，而且他们会向他们的亲朋好友推荐这个他们觉得满意的场所。因此，为了使绿道节点能真正发挥休闲功能，为人们提供休闲服务，需要提高绿道节点休闲场所的依赖程度。

（一）完善绿道节点的设施设备及相关服务，提高休闲者的满意度

在调查中发现，虽然东门广场和牌坊广场拥有不少休闲设施设备，但大部分比较陈旧，而且都是一些常规性的休闲器材，种类较少，难以满足人们多样化的休闲需求。部分被调查者还指出广场上的绿化较少，缺少可遮阴的树木，夏天天气较热，人们不得不减少休闲时间。作为休闲广场，缺少一些互动性的休闲娱乐项目，休闲娱乐气氛不是很高。

根据休闲者的需求，应及时完善绿道节点设施设备及相关服务工作，适时更新休闲设施设备，增添一些可供儿童游玩的设备，做好广场的绿化工作及安全管理工作，引入一些休闲娱乐项目，增加人们的互动性，以满足人们的多样化的休闲需求，提高休闲体验质量及满意度。只有提高休闲者对休闲场所的满意度，才能提高休闲者的场所依赖程度。

（二）发展积极健康的广场文化

文化是一个静态景区流动的灵魂，对于特定场所来说，文化是其历史的积淀和代表，使用者只有形成文化认知，才能提高对其的场所认同度。调查显示，在绿道节点的休闲者受教育程度普遍较高，文化素质较好，对于特定场所的文化追求也较高。因此，应做好绿道重要节点的文化发展工作，赋予其一定的文化内涵。如牌坊广场的牌坊文化、绿道文化等，使休闲者对该场所形成一定的文化认同感，增加重游率。

（三）对绿道节点进行差异化管理，提高场所依赖程度

调查结果表明，休闲者对于绿道节点的场所认同度略高于场所依靠度。人们到此的主要目的是娱乐放松、家庭亲子，其主要活动是散步和骑自行车，因此，应根据人们对场所依赖程度不同及休闲的需求，对绿道节点的进行差异化管理，满足人们的多样化需求。通过开展一些多样化的全民参与的休闲活动，鼓动人们走出家门到绿道节点上参与休闲活动。

（四）延长休闲者的停留时间，增强场所依赖情感

Moore & Graefe（1994）认为地方认同产生的前提是持续性的造访与长时间的参与所产生，长时间的活动是空间转化为场所的主要途径之一。[12]本次调查发现，休闲者在绿道节

点上的停留时间大多是在一至两个小时，近1/5的休闲者每天到此休闲。休闲时间较短，休闲频率较低，难以形成对该场所的依赖情感。因此，可在绿道节点增设更多的休闲设施或提供更多的休闲服务，满足休闲者开展多种休闲活动的需求。休闲者在节点上的休闲活动越丰富，停留时间越长，越容易对这里产生依赖情感。

五、结语

场所依赖对休闲者选择休闲场所产生重要的影响。休闲者的场所依赖程度越高，其满意度越高，重游率也越高。应提高休闲者对绿道节点的场所依赖程度，充分发挥绿道节点休闲功能的积极作用。

参考文献

[1] 蔡云楠，方正兴，李洪斌，等．绿道规划：理念·标准·实践［M］．北京：科学出版社．2013.

[2] 王亚红．试论场所理论［J］．美术观察，2008（12）：112.

[3] 李九全，张中华，王兴中．场所理论应用于社区研究的思考［J］．国际城市规划．2007，22（6）：85－90.

[4] Gieryn T F. A Space for Place in Sociology [J]. Annual Review of Sociology, 2000, 26 (1): 463－496.

[5] Tuan Y F. Topophilia, or Sudden Encounter with Landscape [J]. Landscape, 1961, 11 (1): 29－32.

[6] Williams D R, Patterson M E, Roggenbuck J W. Beyond the Commodity Metaphor: Examining Emotional and Symbolic Attachment to Place [J]. Leisure Sciences, 1992, 14 (2): 29－46.

[7] Gibbons S, Ruddell E J. The Effect of Goal Orientation and Place Dependence on Select Goal Interferences among Winter Backcountry Users [J]. Leisure Science, 1995, 17 (3): 171－183.

[8] Stokols D, Shumaker S A. People in Places: A Transactional View of Settings [M]. Harvey J H. Cognition, Social Behavior, and the Environment. Hillsdale NJ: Erlbaum, 1981: 441－488.

[9] 黄向，保继刚，Wall Geoffrey. 场所依赖：一种游憩行为现象的研究框架［J］．旅游学刊．2006，21（9）：19－24.

[10] Brunson M W, Shelby B. Recreation substitutability: a research agenda [J]. Leisure Science, 1993, 15: 67－74.

[11] 李文雯．基于场所依赖理论的青岛石老人海水浴场使用研究［D］．青岛中国海洋大学，2013.

[12] Moore R L, Graefe A R. Attachments to recreation settings: the case of rail trail users [J]. Leisure Science, 1994 (16): 17－ 31.

国外旅游业员工创新能力研究现状分析

于静静
[山东大学（威海）商学院]

【摘 要】旅游企业员工创新行为对组织具有积极的功效，如何有效地激励员工创新行为是管理者的基本职能之一。本文首先对员工创新行为进行了概念界定，然后对当前国外旅游业员工创新行为的影响因素、结果变量进行了系统的梳理及评析，最后指出了现有相关研究所存在的不足，并对未来旅游业员工创新行为研究的发展趋势进行了简要展望。

【关键词】创新能力　社会情境因素　个体特征因素

一、引言

在当今环境日益动荡、竞争加剧、技术不断革新的时代，越来越多的管理者意识到必须不断激励员工的创新行为。大量的证据表明，员工创新行为能从根本上促进组织创新、组织有效性及组织发展（Amabile，1996；Shalley、Zhou & Oldham，2004）。创新能力的概念在近60年的时间里得到了广泛的关注，涉及心理、教育、艺术和科学等领域。旅游业作为综合性的服务产业，对员工的创新和创造力更是具有非常高的要求。在全球化的国际背景下，旅游业的标准化经营模式逐渐向个性化和体验式的旅游模式方向发展，如何提高旅游企业的创新能力已经成为业内的共识。旅游企业员工作为旅游企业组织创新的微观载体，是创新链上关键的一个环节。关于旅游企业创新研究，目前国内学术界已经取得了一些成果，在旅游企业创新管理和创新模式的研究等方面都有一些突破，但在旅游企业员工个人层面创新行为方面还有很大的研究空间。

Sullivan和Ford（2010）对AMJ和JAP两个国际期刊在1998—2008年发表的有关创新能力的文献进行了梳理，对创新能力的概念进行了汇总，详见表1。

表1　创新能力概念汇总

作者及发表时间	发表期刊	概念定义
Ng and Feldman（2008）	JAP	员工产生新颖而有益的想法的程度
Pearsall et al.（2008）	JAP	没有对团队创新能力的正式定义，参与者指导他们产生“原创性的、实践性的想法”
Shin and Zhou（2007）	JAP	团队创新能力是新颖而有益的想法的产生

续表

作者及发表时间	发表期刊	概念定义
George and Zhou（2007）	AMJ	创新能力是新颖而有益的想法的产生
Alge et al.（2006）	JAP	对组织有益的新想法、新产品和新程序的产生
Baer and Oldham（2006）	JAP	创新能力指的是"对组织有益的有关产品、实践、流程或程序的新的、可能有用的想法的产生"
Fong（2006）	AMJ	组织创新能力被定义为"新颖的产品和有用的想法"
Perry - Smith（2006）	AMJ	创新能力是新颖而合适的想法、产品、流程或解决方案的产生
Gilson et al（2005）	AMJ	创新工作流程指向开发出不同工作可能有用的新的方案
Shin and Zhou（2003）	AMJ	对组织有益的新想法、新产品和新程序的产生
Farmer et al（2003）	AMJ	想法的新颖性和有益性是我们目前研究中采用的中心定义
Zhou（2003）	AMJ	目前的研究将创新能力定义为员工工作中有关流程和程序中新颖而有益的想法的产生
Madjar et al（2002）	AMJ	创新能力指的是"对雇佣组织有益的有关产品、实践、流程或程序的新的、可能有用的想法的产生"
Taggar（2002）	AMJ	当观察者独立地赞同一个产品或响应对手边的工作是新颖的、适当的、有用的、正确的，才是创新的
George and Zhou（2002）	JAP	工作场所的创新绩效必须满足两个条件：想法的产生必须是新颖的、有用的
De Dreu and West（2001）	AMJ	没有正式地提供创新能力的概念，似乎根据团队中个体发散思维概念化定义
George and Zhou（2001）	AMJ	创新能力的决定因素是员工新颖而有益的想法的产生
Zhou and George（2001）	AMJ	组织情境中的创新能力是指新颖而可能有用的想法的产生
Shalley et al.（2000）	AMJ	创新能力是通过个体或团队中的个体的共同工作而对新颖而有益的想法、流程和程序的开发、生产和概念化
Amabile and Conti（1999）	AMJ	创新能力是新颖而有益的想法的产生
Zhou（1998）	JAP	创新能力是指员工新颖而有益的想法的产生

资料来源：Sullivan，D. M.，& Ford，C. M.（2010）."The alignment of measures and constructs in organizational research：The case of testing measurement models of creativity". Journal of Business and Psychology，25（3），505 - 521.

根据上述创新能力概念的汇总，我们发现，西方普遍认同的观点是创新能力是新颖而有益的产品和想法的产生（Amabile，1996），即将创新能力看作新颖性和有益性两个方面的融合，其中新颖性反映了想法的唯一性，而有益性则反映了一种解决方案的价值性、有效性及适宜性。在中国情境下，Li 和 Gardner（1993）将创新能力定义为问题的解决方式及最初具有原创性，但最终是被一个或多个文化环境所接受的产品。无论是西方文化背景还是东方文化背景，都认同创新能力强调新颖和有益的见解。

二、创新能力的理论基础

（一）社会网络理论

根据 Perry - Smith 和 Shalley（2003）从社会网络视角对创新能力的定义，通过社会网络参数影响创新能力可以和与认知过程领域相关的创新能力相互联系，与认知过程相关的创新能力是指能够帮助个体产生任何不同问题的解决方式，通常被描述为个体通过其思维和环境来产生潜在反应。与认知过程相关的创新能力包括长远思维，这是一种能够看到貌似不同的概念、想法之间存在着联系的能力，是一种远离既定做事方式而提出新的解决方案的倾向，是一种灵活思维，是一种对同一问题产生不同方法的能力。虽然某些人天生具有高的创新能力，但外部因素，如教育和培训，也能够改变创新过程。同样，环境因素也能影响相关知识领域。领域相关知识是指在面对特定问题时，个体对于事实、情况和问题的相关知识，它包括对既定问题能够产生灵活的、必要的技术专长及经验。当个体拥有较多的领域相关知识时，就可以产生更多的潜在解决方案，并验证它们是否有效，创新绩效就会得到提高。例如，产品经理如果拥有更多的营销知识，就会产生更多的具有创新性的营销方案。在某个领域的社会互动能够提高个体对该领域的理解，就会产生更多既可行又独一无二的解决方案。

（二）认知评价理论

根据认知评价理论的观点，情景因素能够提供信息，对角色进行控制，因而能够影响个体的控制感及自我决定感。当个体感知到自身具有支持自主性，能力得到提升，则情景输入被视为信息，而当个体感知到他们在某些方面的思维和行为具有压力时，他们则将情景输入视为控制（Deci 和 Ryan，1985）。因此，当情景的信息角色居主导地位时，员工在完成任务时就会感知到较少的压力，进而发展内部控制源，从而提升他们的内在动机。

（三）角色认同理论

在组织情境中，角色被认为是员工对其预期实施的行为模式的感知，这些感知将引导员工行为。根据角色理论，员工对角色的感知受到角色发送者的影响（包括主管、同事和顾客），并通过角色如何实施形成他们自身的理解（Walker、Churchill、and Ford，1975）。组织成为一个角色系统，系统成员通过社会交换来决定工作如何完成，因而角色理解会影响组织绩效。角色冲突和角色分歧是角色压力的重要组成部分。当员工感知到两个或多个角色（例如销售经理，顾客，同事和家庭）期望之间产生不和谐时，角色冲突就会发生。

角色压力也会受到管理行为的影响，包括经理如何清晰地为员工定义优先权的程度，如何有效实施沟通行为的程度，如何客观评价员工的程度。

三、创新能力的测量

创新能力的测验量表目前应用最为广泛的是 Oldham 和 Cummings（1996）所开发的量表和 Zhou 和 George（2001）开发的创新量表。其中 Oldham 和 Cummings（1996）所开发的量表由主管对员工的工作进行评估，采用李克特七分量表，共分为三个维度，包括：（1）员工工作的原创性和实用性程度。工作原创性和实用性是指提出对组织具有唯一性且有益的新想法、方法和产品；（2）员工工作的适应性和实用性的程度。工作适应性和实用性是指运用现有信息或资源提出对组织有益的想法、方法和产品；（3）员工创新性的程度。员工创新性是指员工提出对组织具有原创性和有益的想法、方法和产品。Zhou 和 George（2001）开发的创新量表，采用李克特五分量表，由团队领导对团队成员的创新能力进行评估，定义团队成员所产生的新颖而有见解的想法，共分为 13 个测项，例如“对提高质量提出新颖的方法”，“提出解决问题的创新性方案”，内部一致性信度为 0.97。

鉴于以往的研究在自我报告和主管报告的创新行为之间存在大量的收敛效度（Axtell et al.，2000；Janssen，2000），Ng 等（2010）开发了自我报告的创新行为量表，该量表将创新行为分为五个独立的维度，第一个测项测量想法产生的数量，回答选择从 0～3，0 代表“没有新想法”，1 代表“1～2 个新想法”，2 代表“3～10 个新想法”，3 代表“超过 10 个新想法”。第二个和第三个测项测量想法的传播。在第二个测项，我们向那些已经产生至少一条新想法的人员提问，无论这想法是否向其他人提过，回答选择包括：1 代表“同事”，2 代表“经理”，3 代表“同事和经理”。在第三个测项，我们向那些是否帮助同事或主管传播新想法的员工提问，回答选择包括：0 代表“没有”，1 代表“有”。第四个和第五个测项包括想法的实施。第四个测项包括受访人是否将他们自己所产生的想法实施以及由谁实施。回答选择包括：0 代表“没有实施”，1 代表“由自己实施”，2 代表“由他人实施”，3 代表“由自己和他人一起实施”。第五个测项向受访者询问，他们是否已经实施了由同事或主管所产生的想法。回答选择包括：0 代表“没有”，1 代表“是的”。上面五个测项依次进行，分数越高代表越高的创新行为。然后将每个受访者的五个测项的分数相加，得到的总分数反映了每位员工在工作场所产生、传播并实施的想法的程度。内部一致性信度为 0.81。虽然自我报告的创新行为测量在组织研究中还并不普遍，采用自我报告的创新行为是因为员工可能比主管及同事能更好地判断是否产生创新想法，而且自我报告用于测量创新行为，是因为员工可能处于能够评估他们为公司做出贡献所实施的努力的强度和频率的最佳位置。

四、创新能力的前因变量

（一）社会情景因素

社会情景相关因素会影响个体的创新能力，包括来自组织内部和外部的相关因素。其中组织内部因素如组织结构化、学习氛围、利益相关者的期望、工作特征、工作设计及领导风格等因素，组织外部因素如外部结构化、外部联系等。

Hon（2011）检验了中国情境下社会－情境因素与创新能力之间的关系，研究发现，三种社会情景变量（组织现代化、授权领导及同事的帮助和支持）影响员工自我一致性，员工自我一致性则影响创新能力，研究结果说明组织情境在评估员工创新能力方面起着非常重要的作用。Coelho等（2011）检测了情景因素对一线服务员工创新能力的影响机制，研究发现，角色分歧对员工创新能力具有反向效应，角色冲突对员工创新能力具有正向效应，工作复杂性通过内在动机、角色分歧影响员工创新能力；与主管的关系通过内在动机、角色压力影响员工创新能力，与同事之间的关系通过角色分歧负向影响员工创新能力；工作复杂性对员工创新能力具有直接的正效应，与同事之间的关系对员工创新能力具有反向效应。

Yuan等（2010）认为，创新行为受到心理过程的影响，而心理过程受情境和个体差异因素所支配，这些因素包括可感知的创新组织支持，主管的关系质量，对创新的工作要求，创新的员工声誉，个体对现状的不满。Mueller等（2011）研究了向同事寻求帮助对个体创新能力的影响，结果发现，向同事寻求帮助中介于个体内在动机与创新能力之间的关系，然而求助者也会产生更多的往复成本，因为他们会向同事寻求更多的帮助，因此给予同事帮助与创新能力显著负相关，因为给予更多帮助会减弱寻求帮助对创新能力的积极影响。

组织中的学习氛围等组织情境因素会影响创新能力。Hirst等（2009）认为团队学习行为对个体目标导向与创新能力之间的关系起调节作用，即只有当团队学习行为高涨时，个体目标导向才与创新能力显著正相关。成长需求强度与创新行为显著正相关，支持性的工作情境、工作复杂性调节二者之间的关系。Hirst等（2011）认为，在低集权的组织中，学习型目标导向对创新能力具有较强的积极性影响，而绩效规避的目标导向对创新能力具有较弱的消极影响。在低制度化的组织中，绩效提高型的目标导向能显著提高创新能力。Gong等（2013）认为团队学习目标和团队绩效完成任务显著正相关，而团队绩效规避目标通过团队信息交换对团队创新能力及个体创新能力产生负向影响，团队领导信任起调节作用，当信任度越高，团队学习目标对团队创新能力和个体创新能力的间接负向效应越强，团队绩效完成目标对团队创新能力和个体创新能力的间接负向效应越弱，个体创新能力通过对创新的支持氛围对团队创新能力产生积极影响。Shin等（2012）认为团队成员创新性的自我效能调节认知团队多样性和个体创新能力之间的关系，当团队创新性的自我效能较高时，团队认知多样性与个体创新能力之间呈正相关关系。变革型领导调节团队认知多样性与个体创新能力之间的关系，当变革型领导程度较高时，团队认知多样性对个体创新能力和积极影响越强。Richter 等（2012）通过对四个跨国公司的研究也表明，团队知识资源的共享有益于提高团队成员创新效能对创新能力的积极影响。Sung 等对韩国保险业的调查表明，团队知识利用（而非团队知识存量）与团队创新能力显著正相关，进而影响团队的财务绩效。当团队领导拥有系统的认知模式及当团队面临较高的环境不确定性时，这种正效应更为显著，即团队领导的认知模式及环境不确定性在团队知识利用与团队创新能力之间起显著的调节作用。

当个体感知到来自周围环境的较高的创新期望时，就会建立较高的实现创新的信念，因而会表现出较高的创新行为。Carmeli 等（2007）认为可感知的顾客期望、家庭期望及领导期望能够增强个体创新能力的自我期望。领导的期望对个体创新能力的自我期望的影响最强，领导的期望对员工参与到创新工作也具有直接效应。研究表明，较高的创新行为不仅需要高的创新期望，而且需要一种人们很容易实现这些高的自我标准的信念。Farmer 等（2003）发现，当员工感知到同事期望他们发挥创意时，他们作为创意员工的角色认同会更强；那些在过去被认为是具有创新能力的员工具有更强的创新角色认同感。美国文化与创新角色认同显著正相关。

与工作相关的因素会影响员工创新能力的提高，例如与工作相关的内部激励因素及工作特征、工作设计等。Wong 等（2008）对香港酒店业 983 名员工的调查表明，创新能力中的冒险维度与内部激励密切相关，与工作相关的内部激励包括发展机会、对员工忠诚、对员工工作提出表扬和欣赏、参与感、对员工个人问题和感兴趣工作的同情和帮助，这些内部激励能够激励酒店员工的冒险行为。Ohly 等（2006）通过研究发现，工作特征（工作控制、工作复杂性、时间压力和主管支持）、惯例化与创新能力和积极行为显著正相关。其中工作控制是创新能力最强的前因变量，工作复杂性只与创新能力显著正相关，时间压力与创新能力、积极性行为呈 U 形曲线关系，与个体主动性呈线性关系，主管支持与个体主动性呈正相关关系。Ng 等（2010）检验了工作嵌入性与创新行为之间的关系，研究表明，工作嵌入性与创新行为之间具有显著的正相关关系，不同的职业生涯阶段对二者的关系具有调节效应，这种调节效应在职业生涯后期表现最强，而在职业生涯早期则表现较弱。组织应通过日常工作设计来提高专业人才超负荷工作的创新能力。Elsbach 等（2006）认为，为了提高长期高负荷工作的专业人士的创新能力，日常工作应被设计成在认知挑战性、高压力和不用动脑工作之间轮流替换。

不同的领导风格会通过心理授权、心理安全等变量影响员工的创新能力，积极的、正向的领导方式能够通过增强员工的心理安全感、提高员工的自我效能等提升员工的创新能力，而消极的、负向的破坏性领导如辱虐管理则会减少员工的创新行为。Rosing 等（2011）提出由于创新过程的复杂性，领导者需要灵活根据创新过程的需求而进行变革，因此提出灵巧领导。创新过程由探测和开发两种行为（exploration，exploitation）组成，并不时地在两种行为之间进行切换，因而创新过程需要采用开放式和封闭式两种领导行为，并随时根据情境进行调整。为了检验授权与创新能力之间的关系，Sun 等（2012）对中国情境中 104 名主管及 385 名员工的跨层分析研究表明，结构授权（例如授权氛围）部分中介于变革型领导与心理授权之间的关系，心理授权完全中介于结构授权和创新能力之间的关系，结构和心理授权依次中介于变革型领导与创新能力之间的关系。Gong 等（2009）认为员工学习导向、变革型领导与员工创新能力显著正相关，他们之间的关系被员工创新性的自我效能所中介。Atwater 等（2009）对以色列 193 名雇员的调查显示，领导成员交换与员工能量的感知正相关，并最终引致创新工作的高度参与。

Wang 等（2010）以 167 名主管与员工作为配对样本，检验仁慈领导与创新能力之间的关系。研究表明，二者之间的复杂关系受到个体（例如，创新角色认同）及情境因素（例如，工作自主性）的影响。相比于个体因素，仁慈领导与创新能力之间的关系更多地受到情境因素的影响，主要是权力情境。

Zhang 等（2010）通过对中国一家大型信息技术公司的调查表明，授权型领导与心理授权显著正相关，心理授权则会影响内在动机和创新过程的参与，授权角色认同调节授权型领导与心理授权之间的关系，领导鼓励创新则调节心理授权和创新过程参与二者之间的关系。Carmeli 等（2010）对宽容型领导（开放性、易亲近性及有益性领导）如何培育工作场所员工创新行为进行了探讨，宽容型领导与心理安全显著正相关，进而能促进员工对创新工作的参与。

Liao 等（2010）以社会认知理论为基础，对 116 个团队的 828 名员工进行了调查分析，研究结果表明，领导成员交换和团队成员交换通过自我效能对员工创新能力施加间接影响，领导成员交换分化会减弱领导成员交换关系对自我效能的直接影响及对创新能力的间接影响，而团队成员交换分化会增强团队成员交换关系对自我效能的直接影响及对创新能力的间接影响。Zhang（2011）等对中国情境中的领导行为与团队创新能力进行了检测，研究发现，中国领导通过影响内部团队流程，例如集体效能和团队成员之间的知识分享，对团队创新能力施加影响。变革型领导与团队创新能力正相关，而独裁式领导与团队创新能力负相关，集体效能和团队成员之间的知识分享中介于二者之间的关系。

Miron-Spektor 等（2011）通过四个实验室研究检验了矛盾模式对创新能力的影响，矛盾关系创造了个体间的冲突感，提升了他们整合矛盾的能力，反过来提升了创新能力。Liu 等（2012）认为团队领导的辱虐管理中介于部门领导的辱虐管理对团队成员创新能力之间的负向关系，团队成员的绩效提升和伤害产生动机决定了团队领导的辱虐管理在部门领导的辱虐管理对团队成员创新能力影响的解释程度。

Ng 等（2012）检验了年龄，主管破坏性个性和积极个性对员工创新行为的影响，结果发现，年龄与员工创新行为显著正相关，年龄较大、个性较积极的员工对主管的破坏行为表现出较多的创新行为，年龄较大、个性不积极的员工对对主管的破坏行为表现出较少的创新行为。而当主管破坏行为较低时，积极个性并不调节年龄与创新行为之间的关系。

除了组织内部因素，组织外部因素如组织外部结构化、个体与外部的联系等也会影响个体创新行为。Sagiv 等（2010）通过两个实验研究对结构化对创新能力的影响进行了研究，其中外部结构化包括任务的建构和提供的说明。研究表明，当严格限制问题的范围以使个体关注于核心要素的管理时，创新能力更强，在相对自由的条件下，依靠直觉的个体比有规则的个体更有创新性，如果处于高度结构化的工作条件下，有规则的个体也可以和依靠直觉的个体一样具有创新性。Perry – Smith（2006）检验了关系强度、网络位置、外部联系对个体创新绩效的直接和交互效应。结果表明，个体与外部较弱的联系有益于创新性，而个体与外部较强的联系则对创新具有中立效应；当个体与组织外部联系较少时，网络集中性与创新能力显著正相关，而中心性的联结及较多的外部联系对创新能力的影响则不容乐观。

（二）个体特征因素

个体相关因素如情绪、价值观、道德模式、心理安全感等会影响创新能力，进而影响对组织绩效提升有益的员工创新行为的产生。

积极的情绪，例如快乐和热情能够产生更高的创新能力，因为积极情绪与认知能力紧密相连，能够增加认知的灵活性。George 等（2007）认为，在支持性的情境中，通过积极情绪调节的开阔思维能够产生更多的发散性、生成性想法及进行有趣的而广泛的信息处理，有益于新见解的产生，因而积极情绪与创新能力显著正相关。负面情绪可以警醒员工相关问题，并推动他们通过创新思维努力改善面临的问题，因此在支持性的情境中，当积极性、负面情绪均达到最高点时，创新能力达到最高。主管所提供的支持性的情境包括发展反馈，展示人际公平及表现信任。To 等（2012）的研究也表明，对积极情绪的激活有益于创新过程管理，特别是在目标导向及主管支持较高的情境中。Davis（2009）通过元分析对 62 个实验室研究及 10 个非实验研究做了总结，发现积极的情绪能够提高创新能力，情感强度和创新绩效之间存在线性关系。Bledow 等（2013）认为，一天中早晨的负面情绪如果逐渐降低而正面情绪逐渐增强，则会产生较强的创新能力，相比一直处于积极情绪状态而言，情绪转移的参与者显示出较高的原创性和较高的认知灵活性。

积极的个性能够创造积极的创新自我效能，因而能够提高个体的创新能力。Kim 等（2009）通过三个纵向研究对香港 146 名员工的研究发现，积极的个性与员工创新能力显著正相关，创新能力与职业满意度及可感知的内部状态正相关，员工创新能力充分中介于积极个性与职业满意度、可感知的内部状态之间的关系。

Beeftink 等（2012）对荷兰建筑业的设计师及商业人士共 276 名人员的职业成功进行了调查，研究结果表明，对设计师而言，创新认知模式直接或间接地通过设计自我效能而达到成功。自我调节通过自我效能间接地达到成功。对商业人士而言，自我调节通过自我效能直接能达到成功。Barrick 等（1991）以北美一所商学院的大学生为研究样本，检验了五大人格特征对个体创新能力的影响，研究表明，外向性和开放性对创新能力具有显著的正相关效应，当外在动机较强时，外向性和开放性对创新能力影响也较强，仅当外在动机较低时，宜人性才与创新能力正相关。

Kark 等（2009）认为心理安全感与大学生活力呈显著正相关关系，反过来大学生活力会产生创新性的工作参与。Chen 等（2011）通过对台湾"国民健康保险局"员工的调查发现，个体主动和技能多样性对创新能力具有显著的正向影响，知识专业性和创新资源对二者的关系具有调节作用，高的知识专业性能够弥补低的主动性的不足，而充足的创新资源能够增强高的主动性对创新能力的影响。Grant 等（2011）采用现场和实验室数据进行的三个研究表明，亲社会动机能够强化内在动机对自主创新的影响。Stajkovic 等（1998）认为员工的认知模式及对员工创新性的组织支持会影响员工的反馈寻求行为，进而影响员工的积极性行为，如寻求反馈不仅仅是一种个体适应性的战略，而且是员工提高创新能力的一项重要资源。

个体价值观、道德哲学模式等会影响创新行为。Rice（2006）通过对埃及员工的调查，检测了个体价值观、组织情境对创新能力的自我感知的影响，研究表明，相比那些将遵从和权力视为主要价值类型的员工，那些持自我观的员工在工作场所表现出更多的创新行为。支持性的监督及关怀、商讨的工作环境更有利于创新能力的培育。Bierly III 等（2009）检测了创新能力与伦理思想之间的关系。根据 Forsyth（1980，1992）的个体道德哲学模式由两个独立的伦理思想维度组成，理想主义和相对主义，研究发现，创新能力与理想主义具有正相关关系。创新的个体更易成为情境主义者，更加理想化，部分在于对社会的不灵敏而产生"创造性的人格"特征。Zampetakis 等（2010）检测了时间管理与创新能力之间的关系，研究结果显示，创新能力与日常规划行为，长远规划，可感知的时间控制显著正相关，与组织破坏显著负相关。

五、研究述评与小结

通过对员工创新能力的概念、测量、前因变量进行了文献梳理，并通过对文献的回顾发现：

（1）关于创新能力的概念，东西方学者普遍赞同创新能力是新颖而有益的想法的产生，但对创新能力的维度，至今没有形成统一的定论。目前的研究涉及一维度、三维度和五维度之说。相比较而言，实证研究中更多地采用一维度之说，即将创新行为视为一维变量。

（2）对创新能力的前因变量的探讨，目前学者们主要基于两个研究视角进行，即社会情景因素和个体特征因素两个方面，也有的学者从两个影响因素的交叉视角进行。

（3）通过文献梳理，我们发现，目前学者们较多地讨论创新能力的影响因素，而对创新能力的结果变量探讨较少，目前较少的研究涉及员工创新能力对组织绩效的影响。同时，对创新能力可能带来的负向或破坏性影响还处于空白研究阶段。

（4）就研究方法而言，目前的研究主要采用横截面研究及个体层面、团队层面或组织层面的单一层次的研究方法，对三个层面的跨层次研究仍然处于开拓性阶段，也存在着较多的研究空白。同时纵向研究仍然进一步发展。

参考文献

[1] 谢礼珊，关新华，Catherine MERCIER－SUISSA. 个体与组织情景因素对旅游服务员工创新行为的影响 [J]. 旅游学刊，2015 (2)：79－89.

[2] Amabile, T. M. (1996). Creativity and innovation in organizations (pp. 1－15). Harvard Business School.

[3] Atwater, L., Carmeli, A. (2009). Leader－member exchange, feelings of energy, and involvement in creative work [J]. The Leadership Quarterly, 20 (3), 264－275.

[4] Barrick, M. R., Mount, M. K. (1991). The big five personality dimensions and job performance: a meta－analysis [J]. Personnel psychology, 44 (1): 1－26.

[5] Bledow, R., Rosing, K., Frese, M. (2013). "A dynamic perspective on affect and creativity" [J]. Academy of Management Journal, 56 (2): 432－450.

[6] Carmeli, A., Schaubroeck, J. (2007). The influence of leaders'and other referents'normative expectations on individual involvement in creative work [J]. The Leadership Quarterly, 18 (1): 35－48.

[7] Carmeli, A., Reiter－Palmon, R., Ziv, E. (2010). Inclusive leadership and employee involvement in creative tasks in the workplace: The mediating role of psychological safety [J]. Creativity Research Journal, 22 (3): 250－260.

[8] Chen C J, Shih H A, Yeh Y C, (2011). Individual initiative, skill variety, and creativity: the moderating role of knowledge specificity and creative resources [J]. The International Journal of Human Resource Management, 22 (17): 3447－3461.

[9] Coelho, F., Augusto, M., Lages, L. F. (2011). Contextual factors and the creativity of frontline employees: The mediating effects of role stress and intrinsic motivation [J]. Journal of Retailing, 87 (1): 31－45.

[10] Davis, M. A. (2009). Understanding the relationship between mood and creativity: A meta－analysis [J]. Organizational behavior and human decision processes, 108 (1): 25－38.

[11] Deci, E. L., Ryan, R. M. (1985). Self－Determination [J]. John Wiley & Sons, Inc.

[12] Elsbach, K. D., Hargadon, A. B. (2006). Enhancing creativity through 'mindless' work: A framework of workday design [J]. Organization Science, 17 (4): 470－483.

[13] Farmer, S. M., Tierney, P., Kung－Mcintyre, K. (2003). Employee creativity in Taiwan: An application of role identity theory [J]. Academy of Management Journal, 46 (5),

618 –630.

[14] George, J. M., Zhou, J. (2007). Dual tuning in a supportive context: Joint contributions of positive mood, negative mood, and supervisory behaviors to employee creativity [J]. Academy of Management Journal, 50 (3): 605 –622.

[15] Gong, Y., Huang, J. C., Farh, J. L. (2009). Employee learning orientation, transformational leadership, and employee creativity: The mediating role of employee creative self – efficacy [J]. Academy of Management Journal, 52 (4): 765 –778.

[16] Grant, A. M., Berry, J. W. (2011). The necessity of others is the mother of invention: Intrinsic and prosocial motivations, perspective taking, and creativity [J]. Academy of Management Journal, 54 (1): 73 –96.

[17] Hirst, G., Van Knippenberg, D., Zhou, J. (2009). A cross – level perspective on employee creativity: Goal orientation, team learning behavior, and individual creativity [J]. Academy of Management Journal, 52 (2): 280 –293.

[18] Hirst, G., Van Knippenberg, D., Chen, C. H., Sacramento, C. A. (2011). How does bureaucracy impact individual creativity? A cross – level investigation of team contextual influences on goal orientation – creativity relationships [J]. Academy of Management Journal, 54 (3): 624 –641.

[19] Hon, A. H. (2011). Enhancing employee creativity in the Chinese context: The mediating role of employee self – concordance [J]. International Journal of Hospitality Management, 30 (2): 375 –384.

[20] Kark, R., Carmeli, A. (2009). Alive and creating: The mediating role of vitality and aliveness in the relationship between psychological safety and creative work involvement [J]. Journal of Organizational Behavior, 30 (6): 785 –804.

[21] Kim, T. Y., Hon, A. H., Crant, J. M. (2009). Proactive personality, employee creativity, and newcomer outcomes: A longitudinal study [J]. Journal of Business and Psychology, 24 (1): 93 –103.

[22] Liao, H., Liu, D., Loi, R. (2010). Looking at both sides of the social exchange coin: A social cognitive perspective on the joint effects of relationship quality and differentiation on creativity [J]. Academy of Management Journal, 53 (5): 1090 –1109.

[23] Liu, D., Liao, H., Loi, R. (2012). The dark side of leadership: A three – level investigation of the cascading effect of abusive supervision on employee creativity [J]. Academy of Management Journal, 55 (5): 1187 –1212.

[24] Miron – Spektor, E., Gino, F., Argote, L. (2011). Paradoxical frames and creative sparks: Enhancing individual creativity through conflict and integration [J]. Organizational Behavior and Human Decision Processes, 116 (2): 229 –240.

[25] Mueller, J. S., Kamdar, D. (2011). Why seeking help from teammates is a blessing and a curse: a theory of help seeking and individual creativity in team contexts [J]. Journal of Applied

Psychology, 96 (2): 263.

[26] Ng, T. W., Feldman, D. C. (2010). The impact of job embeddedness on innovation - related behaviors [J]. Human Resource Management, 49 (6): 1067 - 1087.

[27] Ng, T. W., Feldman, D. C. (2012). Age and innovation - related behavior: The joint moderating effects of supervisor undermining and proactive personality [J]. Journal of Organizational Behavior.

[28] Ohly, S., Sonnentag, S., Pluntke, F. (2006). Routinization, work characteristics and their relationships with creative and proactive behaviors [J]. Journal of organizational behavior, 27 (3): 257 - 279.

[29] Oldham, G. R., Cummings, A. (1996). Employee creativity: Personal and contextual factors at work [J]. Academy of management journal, 39 (3): 607 - 634.

[30] Perry - Smith, J. E. (2006). Social yet creative: The role of social relationships in facilitating individual creativity [J]. Academy of Management Journal, 49 (1): 85 - 101.

[31] Perry - Smith, J. E., Shalley, C. E. (2003). The social side of creativity: A static and dynamic social network perspective [J]. Academy of Management Review, 28 (1): 89 - 106.

[32] Rice, G. (2006). Individual values, organizational context, and self - perceptions of employee creativity: Evidence from Egyptian organizations [J]. Journal of Business Research, 59 (2): 233 - 241.

[33] Richter, A. W., Hirst, G., van Knippenberg, D., Baer, M. (2012). Creative self-efficacy and individual creativity in team contexts: Cross - level interactions with team informational resources [J]. Journal of Applied Psychology, 97 (6): 1282.

[34] Rosing, K., Frese, M., Bausch, A. (2011). Explaining the heterogeneity of the leadership - innovation relationship: Ambidextrous leadership [J]. The Leadership Quarterly, 22 (5): 956 - 974.

[35] Sagiv, L., Arieli, S., Goldenberg, J., Goldschmidt, A. (2010). Structure and freedom in creativity: The interplay between externally imposed structure and personal cognitive style [J]. Journal of Organizational Behavior, 31 (8): 1086 - 1110.

[36] Shalley, C. E., Zhou, J., Oldham, G. R. (2004). The effects of personal and contextual characteristics on creativity: Where should we go from here? [J]. Journal of management, 30 (6): 933 - 958.

[37] Shin, S. J., Kim, T. Y., Lee, J. Y., Bian, L. (2012). Cognitive team diversity and individual team member creativity: A cross - level interaction [J]. Academy of Management Journal, 55 (1): 197 - 212.

[38] Stajkovic, A. D., Luthans, F. (1998). Self - efficacy and work - related performance: A meta - analysis [J]. Psychological bulletin, 124 (2): 240.

[39] Sun, L. Y., Zhang, Z., Qi, J., Chen, Z. X. (2012). Empowerment and creativity: A

cross – level investigation [J]. The Leadership Quarterly, 23 (1): 55 – 65.

[40] Sung, S. Y., Choi, J. N. (2012). Effects of team knowledge management on the creativity and financial performance of organizational teams [J]. Organizational Behavior and Human Decision Processes, 118 (1): 4 – 13.

[41] To, M. L., Fisher, C. D., Ashkanasy, N. M., Rowe, P. A. (2012). Within – person relationships between mood and creativity [J]. Journal of Applied Psychology, 97 (3): 599.

[42] Wang, A. C., Cheng, B. S. (2010). When does benevolent leadership lead to creativity? The moderating role of creative role identity and job autonomy [J]. Journal of Organizational Behavior, 31 (1): 106 – 121.

[43] Wong, S. C. K., Ladkin, A. (2008). Exploring the relationship between employee creativity and job – related motivators in the Hong Kong hotel industry [J]. International Journal of Hospitality Management, 27 (3): 426 – 437.

[44] Yuan, F., Woodman, R. W. (2010). Innovative behavior in the workplace: The role of performance and image outcome expectations [J]. Academy of Management Journal, 53 (2): 323 – 342.

[45] Zampetakis, L. A., Bouranta, N., Moustakis, V. S. (2010). On the relationship between individual creativity and time management [J]. Thinking Skills and Creativity, 5 (1): 23 – 32.

[46] Zhang, A. Y., Tsui, A. S., Wang, D. X. (2011). Leadership behaviors and group creativity in Chinese organizations: The role of group processes [J]. The Leadership Quarterly, 22 (5): 851 – 862.

[47] Zhang, X., Bartol, K. M. (2010). Linking empowering leadership and employee creativity: The influence of psychological empowerment, intrinsic motivation, and creative process engagement [J]. Academy of Management Journal, 53 (1): 107 – 128.

个人创新性和产品涉入对创新采用的影响：以移动旅游服务为例

张宏梅　徐菲菲　丁希芬
（安徽师范大学国土资源与旅游学院，东南大学人文学院，
安徽师范大学国土资源与旅游学院）

【摘　要】创新产品和服务的不断涌现，对创新采用理论的发展提出了新要求。本研究在认知风格/涉入模型的基础上，整合个人创新性和产品涉入两大因素，建立创新性/涉入因果关系模型，以移动旅游服务为例，从新的角度，用新的方法检验个人创新性和产品涉入如何相互作用共同影响消费者的创新采用。研究发现，个人创新性包括两个维度：快乐性创新和社会性创新；产品涉入包括三个维度：个人相关性、风险感知和熟悉度。个人创新性的两个维度对创新采用都没有直接影响，而是通过产品涉入对其产生间接影响，但影响的途径不同。快乐性创新通过个人相关性的中介作用间接影响创新采用，社会性创新通过熟悉度的中介作用间接影响创新采用，风险感知对创新采用没有显著影响。本文最后讨论了理论和管理贡献。

【关键词】个人创新性　产品涉入　创新采用　因果关系模型　移动旅游服务

一、引言

Rogers 的创新扩散理论已被广泛应用于传播学、经济学、教育学、技术和营销学研究中，成为理解技术创新采用过程和新产品采用行为的重要工具（Jin，2013；Gao、Rohm 和 Sultan 等，2013；de Reuver、Ongena 和 Bouwman，2013）。以往研究主要采用两种方法探讨个人创新性和涉入水平对消费者创新采用的影响，一种方法是基于创新性水平和涉入水平两个维度，将消费者分为四种类型，即高涉入革新者、低涉入革新者、高涉入适应者、低涉入适应者。研究发现四种类型在创新产品购买量和忠诚度上存在显著差异，说明不同创新性水平和涉入水平的消费者有着不同的创新采用行为，而且与创新性水平相比，涉入水平的影响更加显著（Foxall 和 Bhate，1993；Wang、Pallister 和 Foxall，2006）。另一种方法是将个人创新性和涉入水平同时纳入到一个关系模型中，检验它们对创新采用态度和行为的影响，结果没有发现涉入对创新产品态度有显著影响（Zhang 和 Kim，2013）。第二种方法中，创新性和涉入被放在同一层次，没有检验个人创新性通过涉入的中介作用对创新采用的影响。而 Huang 等的研究发现个性特质通过涉入的中介作用对先前的目的地知识产生影响（Huang、Gursoy 和 Xu，2014），个人创新性被认为是个体的内在个性特质，

因而可能对产品涉入产生影响。

基于以往研究对变量的测量方法、研究情境和变量间关系的处理方法存在差异，研究结果也不一致，说明这些因素可能会影响研究结论。本研究尝试采用不同于以往研究的测量方法、研究情境和变量间关系，进一步检验个人创新性和产品涉入对创新采用的影响机制，即用内在创新性量表测量个人创新性，从熟悉度、个人相关性和风险感知三个维度测量产品涉入，并在移动旅游服务这一新的情境下，检验个人创新性通过产品涉入的中介作用对消费者创新采用的影响，从一个新的角度考察个人创新性和产品涉入如何相互作用共同影响创新采用。

二、相关研究述评

创新采用研究的成果丰硕，影响消费者创新采用的影响因素较多。本研究目的是在移动旅游服务这一新情景下检验新提出的个人创新性/产品涉入因果关系模型，因此，以下的研究述评主要围绕涉及的关键概念展开。

（一）移动旅游服务的采用

1. 旅游服务创新

创新是发展的不竭动力，特别是在旅游产品供给不断增多，旅游企业和旅游目的地之间的竞争愈加激烈，旅游者的旅游经验越来越丰富的背景下，旅游目的地和旅游企业只有在旅游产品供给、服务传递和营销模式上不断创新，才能吸引越来越挑剔的旅游者，满足他们对新奇体验的追求。而移动通信技术和移动互联网的发展为旅游行业向旅游者传递创新体验提供了极好的技术支撑。本研究将移动旅游服务定义为：旅游目的地和旅游企业通过移动设备为旅游者或潜在旅游者提供的信息、预订支付和导游导览等移动服务，这些服务可具体到消费者的实时情境、时间和地点。旅游类手机应用（APP）是旅游企业和目的地提供移动服务的重要工具，这些应用可分为八个类别：旅游电商类（如携程网、去哪儿网）、团购类（如拉手网、美团网）、酒店类（如布丁酒店、7 天连锁酒店）、目的地/景区类（如杭州智慧旅游、南京旅游助手）、交通类（如滴滴打车、航空订票）、地图类（如高德导航、百度地图）、交友类（如骑行世界）和交互信息类（如攻略/游记/点评）。

移动旅游服务是近些年才出现的服务创新，在中国则是更近的事情。旅游产品是综合性的体验产品，有着不同于有形产品和一般性服务产品的独特性，特别是旅游产品的消费过程是一个在空间上不断移动的过程，且多发生在不熟悉的环境中。移动服务与旅游产品的消费特征具有天然的耦合性，旅游情境为移动服务提供了最佳的实践场所。据携程网发布的《2014 年中国旅游者意愿调查报告》，39% 的被访者有意在 2014 年使用移动端 APP 预订旅游产品；去哪儿网 2013 年 11 月宣布其移动端独立用户量已达到 5400 万。根据本研究对大学生的调查，超过一半的被访者下载了携程网、去哪儿网等旅游电商类 APP，超过 85% 的被访者下载了地图类 APP，但酒店、目的地/景区类的 APP 下载量不足 13%。可见除了少数大型旅游中介企业的客户端被广泛接受外，绝大多数的旅游 APP 并未引起旅游者的足够关注。

2. 移动旅游服务采用的影响因素

学术界尽管对新技术和新产品的采用已有多年研究历史，而对移动服务采用的研究则是近期的事情。以往有些研究涉及移动电话、移动营销、移动票务、移动音乐服务的采用（Cheng 和 Huang，2013；Hughes，2010；Rohm、Gao 和 Sultan，2012），但总体来说学术界对影响移动服务使用的因素还缺乏足够认识（Sell、Mezei 和 Walden，2014）。旅游移动服务采用的影响因素也受到一些学者的关注，相关研究基于技术接受模型、计划行为理论、使用—满意模型和创新扩散理论等，探讨感知有用性、感知易用性、个体创新性、绩效期望（包括可靠、便利、安全等）、成本、风险感知、主观规范、情景感知、促进因素、自我感知、满意度等对旅游者采用移动旅游商务、移动旅游应用和移动旅游信息服务的影响。

其中，感知有用性和感知易用性是多数研究关注的变量，并被证明对旅游移动服务采用有着直接或间接的影响（彭润华、阳震青和熊励，2009；吴鸿成，2014）。除此之外，个体创新性和风险感知的影响也得到检验，Li（2014）和石芝（2010）的研究发现，个体创新性对旅游移动服务采用有直接或间接影响，但与促进因素、努力期望、绩效期望等因素相比，个体创新性对旅游移动服务接受影响相对较弱；个体创新性主要通过努力期望和绩效期望对旅游移动服务接受产生间接影响。风险感知对移动旅游服务采用影响的研究结果更为复杂，彭润华等的研究发现风险感知直接正向影响旅游移动商务使用意愿（彭润华等，2009）；吴鸿成（2014）和石芝（2010）的研究却表明风险感知与移动旅游服务接受意愿没有相关性。移动互联网涉入和旅游产品涉入也被纳入移动信息搜索行为模型，研究发现移动互联网涉入对移动信息搜索努力有显著正向影响，但旅游产品涉入的影响不显著（李响，2011）。基于以上研究在变量处理和研究结果上的不一致，本研究在旅游 APP 这一研究情境中检验移动旅游服务的影响因素，即检验个人创新性、产品涉入及两者如何相互作用共同影响旅游 APP 的使用意向。

（二）产品涉入

1. 产品涉入的含义和测量

当早期的经验研究发现基于个性特征/认知风格的个人创新性差异与创新采用之间的关系较弱时，有的学者提出产品涉入对创新采用有着更大的影响。涉入（involvement）理论最早来源于心理学的自我涉入概念和社会判断理论，20 世纪 60 年代中期被引入消费研究领域，20 世纪 80 年代后期被引入休闲、旅游研究领域。涉入被定义为个体对客体、事件、行为、活动等与自己的相关性的感知（Zaichkowsky，1986），是个人相关性的一种表现，个体对某一客体、情境或活动的涉入程度取决于这些对象与自我需求、目标和价值观的一致性程度（Gursoy 和 Gavcar，2003），表现为个人对产品品类和活动等的个人兴趣和热情。消费者购买决策涉入（PDI）则被定义为消费者对购买决策任务的兴趣和关注程度（Mittal，1989）。

Zaichkowsky（1987）基于对涉入的定义，提出一个包括20个题项的单维度测量量表PII（Personal Involvement Inventory，PII），早期的研究较多使用这一量表，Foxall等检验认知风格/涉入模型时就用此量表测量涉入（Foxall和Bhate，1993）。1985年Laurent和Kapferer（1985）编制出五维度的消费涉入量表（CIP），将消费涉入区分为重要性、娱乐兴趣、符号或象征价值、风险的重要性、风险可能性五个维度，其中重要性和娱乐兴趣两个维度与个人相关性一致。旅游和休闲领域的研究检验这些维度，发现风险可能性和风险后果是旅游涉入的重要维度。创新产品是刚刚进入市场的产品，或对于消费者来说是新奇的产品，他们缺少关于这些产品的使用经验（包括别人使用经验的分享），这种对新产品的模糊性和不确定性可能会导致较高的风险感知。因此风险感知（相关概念包括感知信任、感知安全）被一些学者纳入到移动技术采用研究中，并被定义为消费者对使用移动技术可能导致的负面结果的信念（Kim、Ferrin和Rao，2008），是消费者使用网络服务的一大障碍（Cheng和Huang，2013）。

也有一些研究者使用行为涉入方法来测量涉入，如使用搜集产品所花费的时间/精力、备选产品的数量、参与活动的频率、所用信息源的数量和类型、花费的时间和金钱、旅行距离、能力、设备的拥有、经历等来测量涉入水平（Lehto、O'Leary和Morrison，2004）。一般来说，如果某一产品品类对消费者越重要，消费者对其越感兴趣和越关注，就会收集越多这个产品品类的信息，进而对其更加了解和熟悉。因此，熟悉度也可以作为涉入的一个维度。这样，本研究从个人相关性、风险感知和熟悉度三个维度来测量产品涉入。

2. 个人相关性的影响

以往研究检验了涉入对消费者产品态度、产品购买意向、信息偏好、先前知识、心理承诺、地方依恋、满意度和忠诚度等的影响。Hughes研究消费者对文化数字产品创意改造的驱动因素，发现持久涉入（enduring involvement）对改造行为具有显著正向影响（Hughes，2010）。Wang等（2006）对网站忠诚度的研究发现，不同涉入程度的消费者在网络购物风险感知、网站态度忠诚和行为忠诚上都存在显著差异。涉入对忠诚度、品牌依恋、决策过程的影响已被一系列研究的验证（Coulter、Price和Feick，2003；Olsen，2007）。但也有研究得到了不一样的结论，Zhang等（2013）对中国消费者的研究发现，时尚涉入对时尚奢侈品态度和购买意向并没有显著影响，李响（2011）的研究也没发现旅游产品涉入对移动信息搜索意愿的影响。以上这些研究主要从个人相关性维度测量涉入，且研究结论并不一致，因此，本研究在移动旅游服务情境下检验个人相关性对旅游APP使用意向的影响，提出如下假设：

H1a：个人相关性对旅游移动服务使用意向有显著正向影响

3. 风险感知的影响

风险感知被认为是影响新产品采用的障碍，风险感知越大，采用新产品的可能性就越小，因为消费者在购买和使用新产品时趋向于最小化风险后果，如不想因购买产品而造成经济、时间、个人隐私等方面的损失。风险感知对移动服务使用意向的负向影响得到了一些研究的支持，如Cheng等（2013）的研究发现风险感知对使用二维码支付高铁票价的意愿有显著负向影响，Truong（2013）的研究也证明风险感知显著负向影响对创新的态度和忠诚度。但Cheng等（2013）、吴鸿成（2014）和石芝（2010）的研究也发现风险感知对移动服务使用意向没有显著影响；彭润华等（2009）则发现了正向影响，因此，本研究提出如下假设：

H1b：风险感知对旅游移动服务使用意向有显著负向影响

4. 熟悉度的影响

熟悉度的概念也被广泛用于多个社会科学领域。对某人或某物的了解可改善相应的知识结构，进而影响消费者的信息处理活动。熟悉度和专长（expertise）共同构成先前知识（prior knowledge）。熟悉度指消费者积累起来的与产品相关的体验数量，专长指成功地处理与产品相关的任务的能力（分析和加工能力）（Mamat、Haron和Razak，2014）。以往研究发现熟悉度会影响在线购物风险感知、与网站相关的隐私关注、目的地地方餐饮形象等（Nepomuceno、Laroche和Richard，2014；Seo、Kim和Oh，2013），说明熟悉度是影响消费者态度和行为的重要因素，消费者对产品和品牌越熟悉，就越可能对其形成积极态度和使用意向。因此，本研究提出如下假设：

H1c：熟悉度对旅游移动服务使用意向有显著正向影响

（三）个人创新性

Rogers的创新扩散理论和Kirton的适应—创新认知风格理论都强调基于个性特质和认知风格的个人创新性是影响消费者创新采用的因素，早期实证研究发现两者之间的直接联系是正向的，但强度较弱（Foxall和Bhate，1993）。由于创新性的概念复杂，测量方式也有所不同，研究结果也不尽一致。与消费者创新性相关的概念主要有三个：内在创新性（innate innovativeness）、特定创新性（domain specific innovativeness，DSI）和实际创新性（actualized innovativeness）。

内在创新性是个体的个性心理特质，是尝试和首批购买新产品和新服务的内在倾向，不针对具体的产品品类或产品（Steenkamp、Hofstede和Wedel，1999）；可再分为快乐性创新（hedonic innovativeness）和社会性创新（social innovativeness）两个维度，前者指出于刺激和兴奋的需要而使用新产品，后者指为了显示自己的独特性和与他人的不同而使用新产品（Roehrich，2004）。

特定创新性指在一个特定的兴趣领域内了解和采用创新（新产品）的倾向（Goldsmith和Hofacker，1991）。

实际创新性指新信息和新产品的实际获得，包括替代创新性（即通过较早获得新产品信息而形成的间接体验）和采用创新性（即较早采用新产品而形成的直接体验）（Lee、

Khan 和 Mirchandani，2013）。

大量的研究检验了创新性对新产品期望、感知、忠诚和采用等的影响。研究发现，内在创新性可能对新产品采用产生直接影响（Cheng 和 Huang，2013），也可能通过其他变量的中介作用对新产品采用产生间接影响（de Reuver 等，2013；石芝，2010）。本研究采用两个维度的内在创新性概念，提出如下假设：

H2a：快乐性创新对旅游移动服务使用意向有显著正向影响

H2b：社会性创新对旅游移动服务使用意向有显著正向影响

Deniz 等（2012）提出消费者对高新技术产品（如移动手机）的兴趣依赖于其技术创新性，技术创新性影响个体对技术领域内产品品类和新产品信息的获取倾向，因而，产品兴趣与产品涉入中的个人相关性和产品熟悉度两个维度相关，可以推论创新性影响产品个人相关性和熟悉度，即创新性水平较高的消费者，对创新产品会更感兴趣，与个人的相关性感知就会更高，就会更多关注相关信息，进而对新产品更加熟悉。研究也发现个人创新性对高铁移动票务（Cheng 和 Huang，2013）、视频点播系统（Truong，2013）和旅游移动服务（石芝，2010）采用的风险感知有显著负向影响。因此，本研究提出以下假设：

H3a：快乐性创新对产品个人相关性有显著正向影响

H3b：快乐性创新对产品风险感知有显著负向影响

H3c：快乐性创新对产品熟悉度有显著正向影响

H4a：社会性创新对产品个人相关性有显著正向影响

H4b：社会性创新对产品风险感知有显著负向影响

H4c：社会性创新对产品熟悉度有显著正向影响

图 1 显示了本研究的概念模型和研究假设。

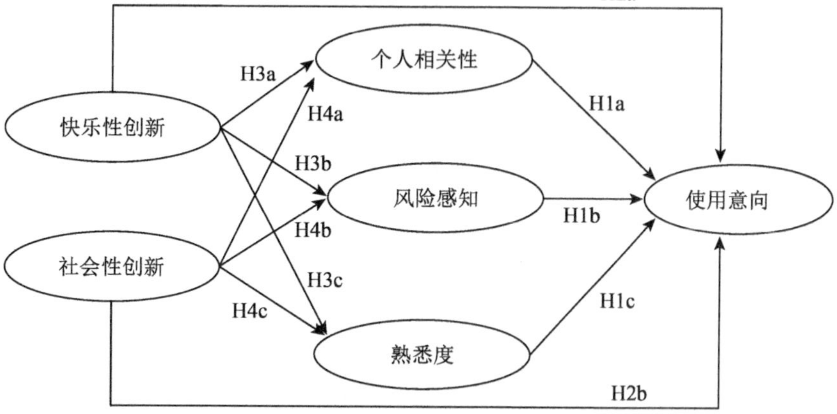

图 1　本研究的概念模型和研究假设

三、变量与数据

（一）变量测量

本研究将个人创新性定义为个体的个性特质，即消费者对一般意义上的新产品的购买和使用倾向，不与具体的产品类别相联系。采用 Roehrich 的 HSI 量表，共 11 个题项。五个题项测量快乐性创新，五个题项测量社会性创新。产品涉入选择旅游类手机 APP 作为产品类别，使用 Laurent 和 Kapferer（1985）涉入量表中的重要性和娱乐兴趣量表测量产品的个人相关性，参考 Kim 等（2010）、Mallat 等（2008）和 Cheng 等（2013）的研究，从经济、隐私、功能、心理和时间风险五个方面测量风险感知，共五个题项。虽然本研究主要关注个人相关性，但同时也测量了符号或象征价值维度，以获取更多的信息。熟悉度由三个题项测量，题项来自对大学生的访谈。旅游移动服务使用意向由六个题项测量，题项由访谈获得。以上所有题项都使用李克特五点量表度量，1 代表非常不同意，5 代表非常同意。除此之外，问卷中还包括个人社会人口统计特征和旅游类 APP 使用行为的测量。

（二）数据收集

年轻群体作为与网络一起成长的一代，被称为“数字原住民”（digital natives），移动平台已经成为他们交流和获取信息的最主要方式（Gao 等，2013）。年轻群体也是最主要的旅游市场，据《中国出境旅游发展年度报告 2014》的分析，出境市场中 34 岁以下游客占 54%。大学生是未来重要的旅游群体，特别是旅游目的地和旅游企业通过移动平台接触的最重要群体，是具有较强创新性和最先接触高科技的群体。因此，很多消费者创新性研究都以学生作为调查对象（Gao 等，2013；Lee 等，2013；Deniz 等，2012）。

本研究首先在安徽省一所高校的旅游管理专业本科生中进行初测，发放初测问卷 50 份。根据初测结果，对旅游类 APP 使用行为的选项做了稍微调整和补充。正式调查同时在安徽省和上海市各一所高校的本科生中进行，由辅导员或任课教师在班级集中发放问卷，每个高校分别发放问卷 200 份，共回收 346 份。问卷中设置了一个相对应的正反问题，即“旅游类 APP 对我不重要”和“旅游类 APP 对我非常重要”，作为被访者答题质量的衡量，如果被访者对这两个问题回答都是非常同意或非常不同意，说明被访者没有认真回答问卷，剔除这部分问卷（57 份）和其他无效问卷（如回答不完整问卷等，33 份），最终用于分析的有效问卷为 255 份。其中，女性 189 人，占总样本的 74.1%，男性偏少；旅游管理专业 154 人，占 60.4%，其次是会展、物流、市场营销和财务管理专业。地图类 APP 是被下载最多的旅游类 APP，比例达到 85.4%，其次是旅游电商、团购，酒店、目的地/景区、交友、交互信息类 APP 下载相对较少。

四、模型分析和研究发现

（一）量表的检验和描述分析

首先对消费者创新性进行探索性因子分析，得到两个公因子，去除共同度低于0.5，在两个公因子上的负荷都超过0.4的题项（张文彤，2002），再用验证性因子分析加以检验，得到包括两个维度、六个题项的测量模型，模型各项拟合指标较为理想（吴明隆，2010）：$x^2=15.09$，$df=8$，$P=0.057$，$\chi^2/df=1.886$，$GFI=0.98$，$NFI=0.98$，$IFI=0.99$，$CFI=0.99$，$RMSEA=0.059$。

其次对产品涉入进行探索性因子分析，发现原量表中测量符号或象征价值维度的三个题项中的2个同时负荷于两个公因子上（负荷值大于0.4），删除这三个题项及共同度低于0.5的题项，用验证性因子分析验证，得到包括三个维度、8个题项的测量模型，模型各项拟合指标较为理想：$\chi^2=21.06$，$\mathrm{df}=17$，$\mathrm{P}=0.224$，$\chi^2/\mathrm{df}=1.239$，$\mathrm{GFI}=0.98$，$\mathrm{NFI}=0.97$，$\mathrm{IFI}=0.99$，$\mathrm{CFI}=0.99$，$\mathrm{RMSEA}=0.031$。同样对使用意向做探索性因子分析，去除共同度低于0.5的题项，得到包括五个测量题项的单维度模型。将以上所有维度构成整体测量模型，用验证性因子分析加以检验，去除一个题项后，得到各项拟合指标分别为：$\chi^2=153.08$，$\mathrm{df}=120$，$\mathrm{P}=0.02$，$\chi^2/\mathrm{df}=1.282$，$\mathrm{GFI}=0.94$，$\mathrm{NFI}=0.92$，$\mathrm{IFI}=0.98$，$\mathrm{CFI}=0.98$，$\mathrm{RMSEA}=0.033$，说明模型拟合较好（见表1）。

表1　整体测量模型检验

因子或维度	因子负荷	测量误差	均值	组合信度	平均提取方差
快乐性创新			3.09	0.79	0.56
H1 我喜欢买新的、不同的产品	0.71	0.50			
H2 我喜欢检验和尝试最新的创新产品	0.81	0.34			
H3 新产品让我兴奋	0.73	0.47			
社会性创新			2.53	0.86	0.68
S1 我比别人知道更多最新的产品	0.83	0.31			
S2 我比我的朋友和邻居更早尝试新产品	0.80	0.36			
S3 我比我认识的大多数人更早知道创新产品	0.84	0.29			
个人相关性			2.96	0.81	0.52
PR1 旅游 APP 给我带来乐趣	0.66	0.56			
PR2 我对旅游 APP 很感兴趣	0.78	0.39			
PR3 旅游 APP 让我很开心	0.75	0.44			
PR4 旅游 APP 对我很重要	0.69	0.52			
风险感知			2.45	0.67	0.51
RP1 使用旅游 APP 可能导致经济损失	0.59	0.65			
RP3 使用旅游 APP 可能导致心理的忧虑和不安	0.82	0.33			

续表

因子或维度	因子负荷	测量误差	均值	组合信度	平均提取方差
熟悉度			2.66	0.82	0.70
F1 我对旅游 APP 非常了解	0.84	0.29			
F2 我知道许多旅游 APP	0.83	0.31			
使用意向			3.16	0.83	0.55
E1 我会不断更换旅游类手机应用软件	0.79	0.38			
E2 我会不断升级旅游类手机应用软件	0.70	0.51			
E3 我会经常浏览旅游类手机应用软件	0.79	0.38			
E4 我会关注旅游类手机应用软件推送的信息	0.68	0.54			

计算各潜变量的组合信度（CR），除了风险感知的组合信度（0.67）稍低以外，其他组合信度都为0.79~0.86，达到组合信度0.7的基本标准（吴明隆，2010），说明潜变量的测量指标具有较高的内部一致性。整体测量模型的验证性因子分析发现测量指标与其潜变量之间的关系与数据吻合较好，同时，各潜变量的平均提取方差AVE为0.51~0.70，达到了0.5的基本标准，说明观测变量可以有效地反映其潜在变量，即各潜在变量具有良好的聚合效度。从表2的相关矩阵中可以看出，所有潜变量之间相关系数的平方都低于相应的平均提取方差，说明潜变量间具有较好的区分效度，都是不同的构想。虽然风险感知的组合信度稍低，但较接近临界值，其AVE值达到了0.50的基本要求，因此仍然保留这一潜变量。

表2　潜变量相关矩阵和平均提取方差

组合信度	快乐性创新	社会性创新	个人相关性	风险感知	熟悉度	使用意向
快乐性创新	**0.56**					
社会性创新	0.66	**0.68**				
个人相关性	0.42	0.31	**0.52**			
风险感知	0.11	0.32	0.27	**0.51**		
熟悉度	**0.27**	0.42	0.63	0.13	**0.70**	
使用意向	**0.31**	0.32	0.68	0.08	0.57	**0.55**

在个人创新性的两个维度中，快乐性创新的均值为3.09，社会性创新的均值为2.53，即大学生的快乐性创新水平为中等，社会性创新水平则偏低。三个产品涉入维度的均值都低于3.0，说明大学生认为旅游APP对自己重要性不足，对APP不太感兴趣，缺乏对旅游APP的了解，对使用旅游APP的风险感知较弱。大学生旅游类APP的使用意向中等偏上，

均值为3.16。

（二）假设检验

用结构方程模型对本研究的研究假设进行检验，得到各项拟合指标分别为：χ^2 = 222.10，df = 123，P = 0.000，χ^2/df = 1.806，GFI = 0.92，NFI = 0.89，IFI = 0.95，CFI = 0.95，RMSEA = 0.056。与以往文献和相关标准比较，这些值说明模型与数据拟合得较为理想。表3总结了假设检验的结果。

表3　假设检验

假设		路径系数	T值	P值	结果
H1a	个人相关性→使用意向	0.58***	6.437	0.000	支持
H1b	风险感知→使用意向	-0.11	-1.329	0.184	不支持
H1c	熟悉度→使用意向	0.26***	3.518	0.000	支持
H2a	快乐性创新→使用意向	-0.05	-0.483	0.629	不支持
H2b	社会性创新→使用意向	0.10	0.957	0.339	不支持
H3a	快乐性创新→个人相关性	0.33**	2.955	0.003	支持
H3b	快乐性创新→风险感知	-0.15	-1.194	0.233	不支持
H3c	快乐性创新→熟悉度	0.04	0.334	0.738	不支持
H4a	社会性创新→个人相关性	0.13	1.289	0.198	不支持
H4b	社会性创新→风险感知	0.45**	3.165	0.002	不支持
H4c	社会性创新→熟悉度	0.42***	3.798	0.000	支持

注：** P < 0.01，*** P < 0.001。

产品涉入的三个维度中有两个维度显著正向影响旅游APP使用意向，个人相关性对使用意向的标准化路径系数为0.58（p = 0.000），说明个人相关性显著影响使用意向，即旅游APP对旅游者越重要，旅游者使用旅游APP越开心，其使用旅游APP的意愿就越强，H1a（个人相关性对旅游移动服务使用意向有显著正向影响）成立。

产品熟悉度对使用意向的标准化路径系数为0.26（p = 0.000），说明在0.001的置信度上产品熟悉度显著影响使用意向，旅游者对旅游APP越熟悉，其使用该服务的意愿就越强，H1c成立。

风险感知对使用意向的标准化路径系数为 -0.11（p = 0.184），说明风险感知对使用意向的影响不显著，旅游APP的使用意愿不会因为旅游APP风险感知的大小而不同，H1b不成立。

总体来说，H1部分成立。两个创新性维度对旅游APP使用意向的直接影响都不显著，快乐性创新的影响系数为 -0.05，社会性创新的影响系数为0.10，P值均大于0.05，说明个人创新性对新产品使用意向的直接影响程度较弱，没有达到0.05的显著性水平，H2不成立。

快乐性创新仅对产品涉入的1个维度有显著影响。快乐性创新对个人相关性的标准化路径系数为0.33（p=0.003），说明快乐性创新对个人相关性有显著正向影响，旅游者越倾向追求新刺激和满足兴奋需要而使用新产品，就越觉得新产品对自己很重要，能给自己带来乐趣，H3a被支持。但快乐创新性对风险感知和熟悉度都没有显著影响，其路径系数分别为-0.15和0.04，P值均大于0.05，说明大学生因追求刺激和兴奋需要而使用新产品程度上的差异并没有导致其对产品的风险感知和熟悉度的差异，H3b和H3c被拒绝。不过虽然快乐性创新对风险感知的影响强度不够显著，但路径系数也达到-0.15，说明两者之间存在较弱的负向关系，H3被部分支持。

社会性创新对产品涉入3个维度中的2个维度有显著影响，社会性创新显著正向影响风险感知，说明旅游者越想通过较早使用新产品而使自己更加独特，更加与众不同，就越可能对新产品有较高的风险感知，两者之间的路径系数为0.45（p=0.002）。虽然影响是显著的，但与研究假设的方向相反，H4b被拒绝。社会创新性对产品熟悉度有显著正向影响，两者之间的路径系数为0.42（p=0.000），说明旅游者因独特性需要而使用新产品的程度越强，其产品熟悉度也越高，H4c被支持。社会性创新对个人相关性的影响不显著，两者之间的路径系数为0.13（p=0.198），说明因独特性需要使用新产品程度的高低并不导致旅游者新产品兴趣和重要性感知的变化，H4a被拒绝。因此，H4也部分被支持。图2显示了有显著影响的路径。

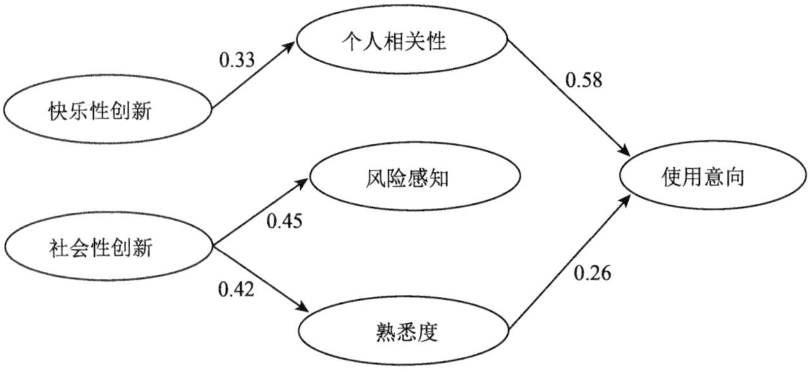

图2　有显著影响的路径

五、研究贡献和不足

新技术和新产品的不断涌现，激励着来自不同社会科学领域的研究者不断探索影响消费者采用这些新技术和新产品的因素，积累了大量相关资料。个人创新性一直被认为是影响创新采用的重要因素，个人创新性较强的个体被称为“革新者”，具有迷恋冒险的个性特质，总是急切地尝试新东西，是新技术和新产品的首批使用者（Rogers，2003）。但早期的实证研究并没有完全支持这一观点，后期的感知研究不断拓展Rogers的创新扩散理论，涉入、感知有用性、感知易用性、信任、风险等因素不断被纳入创新采用解释模型。其中，涉入是较早被关注的因素，认知风格/涉入模型是较有影响的整合个人创新性和产品涉入，并用以解释消费者创新采用行为的理论。该理论基于创新性高低和涉入程度高低，将消费者分为四个类别，然后比较四个类别的消费者在创新产品态度和忠诚等方面的差异。本研究采用不同的视角，即建立个人创新性、产品涉入和创新采用的因果关系模型，并使用不同的概念化和操作化方法，在旅游移动服务这一新的研究情境中检验两者如何相互作用影响消费者的创新采用。

（一）研究的理论贡献

研究的第一个理论贡献是识别了个人创新性的两个维度和产品涉入的三个维度。以往从内在创新性层面测量个人创新性的研究多将个人创新性视为单一维度（Cheng 等，2013；Kim 等，2010；Kuo 和 Yen，2009），本研究在移动旅游服务情境下检验Roehrich的HSI量表，支持个人创新性包含两个维度：快乐性创新和社会性创新，这两种源自不同需要的创新性对消费者创新采用有着不同的影响模式。涉入也是一个被多学科使用的概念，关于其结构和维度的认识也不尽相同，本研究识别了产品涉入的三个维度：个人相关性，风险感知和熟悉度。个人相关性与涉入概念的内涵相一致，主要指产品品类对个体的重要性、给个体带来的愉悦和个体对该品类的兴趣，是涉入的基本维度，几乎所有涉入研究中都会包含此维度，只是有时这一维度会被分成重要性和娱乐兴趣两个维度，这可能与产品品类有关（这里的产品是广义的，包括有形产品、服务、活动、事件、思想等）。以往休闲和旅游领域的研究表明，风险感知是涉入的重要构成部分（Huang 等，2014），创新采用研究中，虽然风险感知没有被作为涉入的一个维度纳入研究，但也被发现是创新采用的一个影响因素。本研究的三维度产品涉入模型的拟合效果较好，支持风险感知是产品涉入的一个维度，但其组合信度不够理想，这可能与测量题项选择有关，即从经济、隐私、功能、心理和时间五个方面测量风险感知，以后的研究可采用其他的方法测量该维度。熟悉度也是涉入的一个重要维度，虽然以往研究很少将熟悉度作为涉入的一个维度，但行为涉入中包含信息源的数量和种类，而这被一些研究者用作熟悉度的测量（Baloglu 和 McCleary，1999），因而可以认为熟悉度是涉入的构成部分。

研究的第二个也是最主要的理论贡献是构建了创新性/涉入因果关系模型，并检验了模型中各变量之间的关系，深化和扩展了对个人创新性、涉入和创新采用之间关系的理解。

第一，个人创新性的两个维度对创新采用没有直接影响，而是通过其他变量的中介作用对创新采用产生间接影响，这与以往关于个人创新性对创新采用影响较弱的观点是一致的，说明仅用个人创新性来解释个体的创新采用行为是不够的，需要整合其他因素来共同解释。

第二，个人创新性的两个维度对创新采用影响的路径不同，快乐性创新通过个人相关性的中介作用对创新采用产生影响，社会性创新则通过熟悉度影响创新采用。快乐性创新是个体出于刺激和兴奋需要而采用新产品，这种需要是个人的、情感性的；个人相关性体现产品与个体的目标、兴趣和价值观的一致程度，以及产品对个体的重要性和给个体带来的乐趣。因此，快乐性创新程度越高的个体，对新产品的个人相关性的感知就会越高。同时，个人相关性感知越高的个体，也越容易采用新产品。这样就形成了“快乐性创新—个人相关性—创新采用”的影响模式。快乐性创新对风险感知和熟悉度没有显著影响，虽然快乐性创新对风险感知的影响系数达到 -0.15，说明仅存在负向较弱的关系，未达到显著性水平。快乐性创新是情感性质的，较少有认知加工，而风险感知和熟悉度偏认知性质，因此，不同快乐性创新水平的个体，其风险感知和熟悉度可能不存在显著差异。

社会性创新是个体出于独特性、与众不同和优越于他人的需要而采用新产品，这是社会比较性质的需要，熟悉度是个体对新产品的了解程度。社会性创新程度越高的个体，对新产品的熟悉度也越高，而熟悉度的提高，会增强个体对新产品的使用意愿，这样就形成了“社会性创新—熟悉度—创新采用”的影响模式。这可以用意见领袖这一概念加以解释。社会性创新程度较高的个体，为了显示其独特性和优于他人，需要向他人传递自己已经使用了新产品和对新产品非常了解的信息，这些人往往成为意见领袖，为他人提供咨询和帮助，同时也满足自己处于优越于他人的领袖地位的需要。以前的研究已表明熟悉度对风险感知、服务体验、撤资决策等有显著影响，本研究发现熟悉度还显著影响旅游移动服务使用意向，由于熟悉产生的心理亲近感会促使个体使用熟悉的产品。

个人创新性与风险感知之间的关系较为复杂。社会性创新显著正向影响风险感知，个体越出于独特性需要而采用新产品，就越有可能担心自己对新产品的使用和了解会不会得到他人的认同，因而风险感知就越强。以往研究发现创新性对风险感知有负向影响（Cheng 等，2013；Truong，2013），本研究将个人创新性分为两个维度，快乐性创新对风险感知的影响是负向的，但不显著；社会性创新对风险感知的影响是正向的，这些结果与以往研究不尽相同，需要进一步检验。风险感知对旅游移动服务使用意向影响较弱，没有达到显著水平，这与 Cheng 等（2013）对使用移动终端查询信息的研究相一致，可能的解释是大学生使用旅游 APP 的主要动机在于信息获取和娱乐休闲，因而心理和经济上的风险感知差异并未导致使用意向的明显差异。

（二）研究的管理意义

本研究同时具有重要的管理意义，随着“APP 经济”的到来，旅游企业和旅游目的地已经开发，而且还会继续开发大量的旅游 APP，但这些 APP 被采用的程度如何，哪些因素会影响消费者对旅游 APP 的接受等问题，应该引起旅游企业和目的地的关注。本研究发现个人创新性和产品涉入对新发现创新采用有显著影响，但个人创新性的影响是间接的。旅游企业和旅游目的地在将 APP 作为一个新的营销渠道时，首先应该面向个人创新性较强的个体，这些个体通过自己使用APP获得相关知识和体验，然后会通过口碑等途径进行社会扩散，影响更多的消费者；其次，旅游企业和旅游目的地还要通过多种途径，让消费者了解和熟悉旅游APP，激发他们对旅游APP的兴趣；最后，旅游APP的版面和内容设计应能使消费者感到非常有吸引力，能从中获得乐趣和有用的信息。

（三）研究的不足

虽然本研究为理解个人创新性与产品涉入如何相互作用对创新采用产生影响提供了新的知识，但研究也存在一些不足。第一，旅游APP数量和种类繁多，功能不尽相同，消费者对不同类型APP的使用意愿可能会存在差异，影响因素可能也有所不同，本研究没有对此进行区分，以后的研究可区分不同类型、不同功能的旅游APP。第二，虽然风险感知量表的组合信度和平均提取方差勉强可以接受，但不够理想，以后的研究可进一步完善风险感知的测量，在其他情境中检验本研究的结果。

参考文献

[1] Baloglu S, McCleary K. A model of destination image formation [J]. Annals of Tourism Research, 1999, 26 (4): 868-897.

[2] Cheng Y H, Huang T Y. High speed rail passengers' mobile ticketing adoption [J]. Transportation Research Part C: Emerging Technologies, 2013 (30): 143-160.

[3] Coulter R A, Price L L, Feick L. Rethinking the origins of involvement and brand commitment: insights from postsocialist Central Europe [J]. Journal of Consumer Research, 2003, 30 (2): 151-169.

[4] de Reuver M, Ongena G, Bouwman H. Should mobile Internet be an extension to the fixed web? Fixed-mobile reinforcement as mediator between context of use and future use [J]. Telematics and Informatics, 2013, 30 (2): 111-120.

[5] Deniz A, Godekmerdan L. Determining Level of Students' Technological Innovativeness: A Case Study [J]. Procedia - Social and Behavioral Sciences, 2012 (47): 848-853.

[6] Foxall G R, Bhate S. Cognitive styles and personal involvement of market initiators for 'healthy' food brands: implications for adoption theory [J]. Journal of Economic Psychology, 1993, 14 (1): 33-56.

[7] Gao T, Rohm A J, Sultan F, et al. Consumers un-tethered: A three-market empirical study of consumers' mobile marketing acceptance [J]. Journal of Business Research, 2013, 66 (12): 2536-2544.

[8] Goldsmith R E, Hofacker C F. Measuring consumer innovativeness [J]. Journal of the Academy of Marketing Science, 1991, 19 (3): 209-221.

[9] Gursoy D, Gavcar E. International leisure tourists' involvement profile [J]. Annals of Tourism Research, 2003, 30 (4): 906 - 926.

[10] Huang L, Gursoy D, Xu H. Impact of personality traits and involvement on prior knowledge [J]. Annals of Tourism Research, 2014 (48): 42 - 57.

[11] Hughes J K. Supplying Web 2.0: An empirical investigation of the drivers of consumer transmutation of culture - oriented digital information goods [J]. Electronic Commerce Research and Applications, 2010, 9 (5): 418 - 434.

[12] Jin C H. The effects of individual innovativeness on users' adoption of Internet content filtering software and attitudes toward children's Internet use [J]. Computers in Human Behavior, 2013, 29 (5): 1904 - 1916.

[13] Kim C, Mirusmonov M, Lee I. An empirical examination of factors influencing the intention to use mobile payment [J]. Computers in Human Behavior, 2010, 26 (3): 310 - 322.

[14] Kim D J, Ferrin D L, Rao H R. A trust - based consumer decision - making model in electronic commerce: the role of trust, perceived risk, and their antecedents [J]. Decision Support Systems, 2008, 44 (2): 544 - 564.

[15] Kuo Y F, Yen S N. Towards an understanding of the behavioral intention to use 3G mobile value - added services [J]. Computers in Human Behavior, 2009, 25 (1): 103 - 110.

[16] Laurent G, Kapferer J - N. Measuring involvement profiles [J]. Journal of Consumer Research, 1985 (22): 41 - 53.

[17] Lee K, Khan S, Mirchandani D. Hierarchical effects of product attributes on actualized innovativeness in the context of high - tech products. Journal of Business Research, 2013, 66 (12): 2634 - 2641.

[18] Lehto X R, O' Leary J T, Morrison A M. The effect of prior experience on vacation behavior [J]. Annals of Tourism Research, 2004, 31 (4): 801 - 818.

[19] Mallat N, Rossi M, Tuunainen V K, et al. An empirical investigation of mobile ticketing service adoption in public transportation [J]. Personal and Ubiquitous Computing, 2008, 12 (1): 57 - 65.

[20] Mamat M, Haron M S, Razak N S A. Personal interaction encounter, customer involvement, familiarity and customer service experience in Malaysian Public Universities [J]. Procedia-Social and Behavioral Sciences, 2014 (130): 293 - 298.

[21] Mittal B. Measuring purchase - decision involvement [J]. Psychology and Marketing, 1989, 6 (2): 147 - 162.

[22] Nepomuceno M V, Laroche M, Richard M O. How to reduce perceived risk when buying online: the interactions between intangibility, product knowledge, brand familiarity, privacy and security concerns [J]. Journal of Retailing and Consumer Services, 2014, 21 (4): 619 - 629.

[23] Olsen S O. Repurchase loyalty: The role of involvement and satisfaction [J]. Psychology &

Marketing, 2007, 24 (4): 315.

[24] Roehrich G. Consumer innovativeness: Concepts and measurements [J]. Journal of Business Research, 2004, 57 (6): 671 - 677.

[25] Rogers E M. Diffusion of Innovations (5th ed.) [M]. New York: Free Press, 2003.

[26] Rohm A J, Gao T, Sultan F, Pagani M. Brand in the hand: A cross - market investigation of consumer acceptance of mobile marketing [J]. Business Horizons, 2012, 55 (5): 485 - 493.

[27] Sell A, Mezei J, Walden P. An attitude - based latent class segmentation analysis of mobile phone users [J]. Telematics and Informatics, 2014, 31 (2): 209 - 219.

[28] Seo S, Kim O Y, Oh S, et al. Influence of informational and experiential familiarity on image of local foods [J]. International Journal of Hospitality Management, 2013, 34: 295 - 308.

[29] Steenkamp J B E M, Hofstede F, Wedel M. A cross - national comparison into the national and national cultural antecedents of consumer innovativeness [J]. Journal of Marketing, 1999, 63 (2): 55 - 69.

[30] Truong Y. A cross - country study of consumer innovativeness and technological service innovation [J]. Journal of Retailing and Consumer Services, 2013, 20 (1): 130 - 137.

[31] Wang H C, Pallister J G, Foxall G R. Innovativeness and Involvement as Determinants of Website Loyalty: I. A test of the style/involvement model in the context of Internet buying [J]. Technovation, 2006, 26 (12): 1357 - 1365.

[32] Zaichkowsky J L. Conceptualizing involvement [J]. Journal of Advertising, 1986, 15 (2): 4 - 14.

[33] Zaichkowsky J L. The personal involvement inventory: Reduction, revision, and application to advertising [M]. Burnaby, BC: Simon Fraser University, 1987.

[34] Zhang B, Kim J H. Luxury fashion consumption in China: Factors affecting attitude and purchase intent [J]. Journal of Retailing and Consumer Services, 2013, 20 (1): 68 - 79.

[35] Li K. 基于 UTAUT 模型的移动旅游 APP 用户接受行为研究 [D]. 厦门大学, 2014.

[36] 李响. 消费者移动互联网旅游信息搜寻行为及影响因素研究 [D]. 华南理工大学, 2011.

[37] 彭润华, 阳震青, 熊励. 旅游移动商务游客接受实证研究——基于对桂林游客的调查 [J]. 旅游学刊, 2009, 24 (4): 67 - 72.

[38] 石芝. 移动旅游服务用户接受研究 [D]. 西南交通大学, 2010.

[39] 吴鸿成. 基于自助游游客视角的旅游移动应用接受行为影响因素研究 [D]. 浙江大学, 2014.

[40] 吴明隆. 结构方程模型: AMOS 的操作与应用 [M]. 第 2 版. 重庆: 重庆大学出版社, 2010.

[41] 张文彤. SPSS11 统计分析教程 [M]. 北京: 北京希望电子出版社, 2002.

游憩密度设定与聚集风险控制

朱立新
（上海师范大学旅游学院）

【摘　要】 游憩密度指的是游憩场所的人员密度。研究密度的目的是要测定和控制游憩容量。本文关注的焦点是极限游憩密度，也就是特定游憩场所所能承受的最大人员密度，当密度值超过临界点时，聚集的人群将面临拥挤踩踏的风险。本文在梳理国内各现行标准、规范对游憩场所人员密度规定的基础上，基于美国HCM2000服务水平分级标准，提出游憩场所极限密度设定的新思路，并讨论了游憩场所在大客流、大人群情况下调节游憩密度、控制聚集风险的主要方法。

【关键词】 游憩　极限密度　风险控制

游憩密度指的是游憩场所的人员密度。研究密度的目的是要测定和控制游憩容量。本来密度和容量是一个问题的两个方面，但多年来旅游学界对容量研究甚多而对密度关注甚少，从而导致很多容量计算公式，在实际运用中往往因为缺乏密度参照值而无法落实。

本文关注的焦点是极限游憩密度，也就是游憩场所所能承受的最大人员密度，当密度值超过临界点的时候，聚集的人群将面临拥挤踩踏的风险。与之相关的概念是"最大承载量"，《旅游法》明确要求景区公布最大承载量，并制订和实施相应的流量控制方案。为此，国家旅游局发布了《（LB/T034—2014）景区最大承载量核定导则》（以下简称《导则》），对最大承载量的概念做出了界定，并提出了具体计算公式。

所谓"最大承载量"与一般多项指标测算体系（资源容量、生态容量、经济容量、社会容量、心理容量）不同，主要考虑的是基于安全因素的物理空间容量，是一个单项指标测算方法。在具体方法上，《导则》提出的主要是面积法和设施法。所谓设施法就是按游憩设施所标定的容量（如座位数）去核算最大承载量；而面积法就是将游览面积去除以人均面积（即游憩密度的倒数），游览面积容易测出来，但人均面积究竟是多少就让人茫然了。《导则》在资料性附录中虽然给出了一些参考性的经验值，只是这些数值本身还值得推敲，并且类型也偏少，很多游憩场所找不到对应的参考值。

今年年初，由于外滩踩踏事件的警示，上海市旅游局迅即组织了相关专家与景区主管部门一起核定了市内各A级景区最大承载量，笔者参与了这项工作，并深切地体会到密度问题带来的种种困惑，由此引起了对这一问题的兴趣和关注。在搜集相关材料的过程中，笔者发现其实极限密度问题并不缺乏相关规范或研究成果，只是其涉及的领域和学科，对大多数搞旅游研究的人来说比较陌生而已。相关的规范，下文会详细梳理。相关研究主要依据的是人群动力学理论和聚集风险理论。研究方法上，大体有两类：

（1）微观研究法，即把人员抽象为微观粒子，其中最著名的是 Helbing 分子动态模型，把个体视为相互作用的粒子；另一种是所谓的格子气（Grid - gas）模型，将个体视为在格子上（将活动区域细化为格子）移动的粒子，然后通过概率方法研究拥挤人群的特点。

（2）宏观研究法，即把人群抽象为连续介质，运用流体力学的理论来推导人群流动的特征。从专业领域看，近年来相关学位论文分布在建筑学、土木工程、环境科学与工程、安全科学与工程、计算机科学与技术、交通安全工程、流体力学、应用数学等领域。以下，我们试图对游憩密度问题做一个初步探讨。

一、游憩密度值的规定

除《导则》外，国内现行标准涉及游憩密度的主要集中在三个方面：一是景区设计规范，二是建筑设计规范，三是交通设计规范。户外游憩场所人员密度由景区设计规范设定，户内游憩场馆人员密度由建筑设计规范设定，交通设施行人密度由交通技术规范设定；发布者主要是国家林业局、建设部、交通部（见表1）。

表1　国内现行标准对游憩密度的规定

序号	场地类型	均占面积（m^2/人）或长度（m/人）	游憩密度	数据来源	标准性质
1	水浴区	50	0.02	《自然保护区生态旅游规划技术规程（GB/T 20416—2006）》·资料性附录	生态标准·建议值
2	游泳岸线	10	0.1	同上	同上
3	滑雪场	10	0.1	同上	同上
4	划船	250 m^2/艘	<0.01	同上	同上
5	垂钓区	80	0.01	同上	同上
6	自行车道	30 m/辆	—	同上	同上
7	骑马场	30 m/人	—	同上	同上
8	游步道	30	0.03	同上	同上
9	登山步道	20	0.05	同上	同上
10	观鸟区	500	<0.01	同上	同上
11	动物观赏区	1000	<0.01	同上	同上

续表

序号	场地类型	均占面积（m^2/人）或长度（m/人）	游憩密度	数据来源	标准性质
12	植物观赏区	300	<0.01	同上	同上
13	露营地	200	<0.01	同上	同上
14	针叶林地	3300～5000	<0.01	《风景名胜区规划规范（GB50298 – 1999）》·正文	生态标准·规范值
15	阔叶林地	1250～2500	<0.01	同上	同上
16	森林公园	>500～660	<0.01	同上	同上
17	疏林草地	400～500	<0.01	同上	同上
18	草地公园	>140	<0.01	同上	同上
19	城镇公园	50～330	≤0.02	同上	同上
20	专用浴场	>20	<0.05	同上	同上
21	浴场水域	10～20	0.05～0.1	同上	同上
22	浴场沙滩	5～10	0.1～0.2	同上	同上
23	道路	5～10	0.1～0.2	同上	合理标准·建议值
24	主要景点	50～100	0.01～0.02	同上	同上
25	一般景点	100～400	≤0.01	同上	同上
26	风景名胜公园	100	0.01	CJJ 48 – 92 公园设计规范·正文	合理标准·建议值
27	市、区级公园	60	0.02	同上	同上
28	小型社区公园	30	0.03	同上	同上
29	公园陆地	15	0.07	同上	极限标准·规范值
30	文物古迹·户外·核心景区	1～1.1	0.91～1	《景区最大承载量核定导则（LB/T034—2014）》·资料性附录	极限标准·建议值
31	文物古迹·户内（博物馆）·核心景区	0.8～3	0.33～1.25	同上	同上
32	文物古迹·游步道	2～5	0.2～0.5	同上	同上

续表

序号	场地类型	均占面积（m^2/人）或长度（m/人）	游憩密度	数据来源	标准性质
33	文化遗址·核心景区	2.5~10	0.1~0.4	同上	同上
34	古建筑·核心景区	1~3	0.33~1	同上	同上
35	古街区·核心景区	2~5	0.2~0.5	同上	同上
36	古街区·其他区域	1~2	0.5~1	同上	同上
37	古街区·游步道	2~5	0.2~0.5	同上	同上
38	古典园林·游步道	0.8~2	0.5~1.25	同上	同上
39	古典园林·其他区域	>60	<0.02	同上	同上
40	山岳·核心景区	1~1.5	0.67~1	同上	同上
41	山岳·游步道	0.5~1	1~2	同上	同上
42	主题公园·核心景区	0.5~1	1~2	同上	同上
43	主题公园·等候区	0.5~1	1~2	同上	同上
44	科技馆（建筑面积）	4~5	0.2~0.25	《科学技术馆建设标准（建标 101—2007）》·正文	同上
45	博物馆（展厅净面积）	3~5	0.20~0.33	《博物馆建筑设计规范》（JGJ66—2015）（征求意见稿）	极限标准·规范值
46	博物馆商店营业厅	2	0.5	同上	同上
47	自选营业厅	1.35	0.74	《商店建筑设计规范》（JGJ48—2014）·正文	同上
48	自选营业厅（有购物车）	1.7	0.59	同上	极限标准·规范值
49	地下商店	1.18~1.25	0.80~0.85	《人民防空工程设计防火规范》（GB 50098—2009）·正文	同上
50	餐馆餐厅	>1.0~1.3	<0.77~1.0	《饮食建筑设计规范》（JGJ64—89）·正文	同上

续表

序号	场地类型	均占面积（m^2/人）或长度（m/人）	游憩密度	数据来源	标准性质
51	饮食店餐厅	>1.1~1.3	<0.77~0.91	同上	同上
52	剧场观众席	>0.6~0.8	<1.25~1.67	《剧场建筑设计规范（JGJ57—2000）》·正文	同上
53	电影院观众厅	>0.6~1	<1~1.67	《电影院建筑设计规范（JGJ58—2008）》·正文	极限标准·建议值
54	舞厅	>2	<0.5	《文化馆建筑设计规范（JGJ41—87）》·正文	极限标准·规范值
55	展览建筑·展厅（展览面积）	1.43~2	0.5~0.7	《展览建筑设计规范（JGJ218—2010）》·正文	极限标准·建议值
56	录像厅、放映厅	1	1	《全国民用建筑工程设计技术措施（2009）》	极限标准·建议值
57	商场（营业面积）	1.25~1.67	0.6~0.85	同上	同上
58	录像厅、放映厅	1	1	同上	同上
59	夜总会、游艺厅	2	0.5	同上	同上
60	汽车客运站·候车厅	1.10	0.91	同上	同上
61	商业步行街道路、广场	1~1.25	0.8~1	《城市道路交通规划设计规范（GB50220—95）》·正文	极限标准·建议值
62	车站、码头前交通集散广场	0.71~1	1.0~1.4	同上	同上
63	公共汽车、无轨电车（站席）	0.13	8	《机动车运行安全技术条件 GB7258—2004）》·正文	极限标准·规范值
64	轨道交通车辆（站席）	0.17	6	《城市轨道交通工程项目建设标准建标104—2008》·正文	合理标准·规范值
65	轨道交通车辆（站席）	0.13	8	同上	极限标准·规范值

说明：

①以上各项除特别注明外，均占面积默认单位为“m^2/人”，游憩密度默认单位为“人/m^2”。

②规范值是指出现在标准正文且表述为“应”“须”或出现于规范性附录的密度值；建议值是指在正文表述为“宜”“可”，或出现于资料性附录，或出现于推荐性标准（T）的密度值。

纵观表1所列各项，我们大致可以得出三点印象：

一是覆盖率较低。从数据性质看，大体有三类：A类指基于生态容量角度设定的“生态标准”；B类是适合游憩活动的“合理标准”；C类是在达到最大承载量情况下的“极限标准”。其密度值的关系是A＜B＜C，且数值相去甚远，密度低的可谓“疏可走马”，高的可谓“密不透风”。因此，尽管从数量上来看，找出60多项密度值规定并不算少，但由于三类标准的等级完全不同，要想用A类的户外密度值跟C类的户内密度值拼接成一个完整体系是不可能的。单从任何一类来看，相关规定的覆盖率都是很低的。例如，在核定最大承载量的时候，我们需要知道景区内不同性质区域（树林、草地、山坡、水面等）的极限密度值到底是多少，但却找不到相关的规定。

二是合理性存疑。例如在《导则》提供参考值中，主题公园等候区、山岳类景区游步道的均占面积都是0.5～1m^2/人，就让人很难理解。在公园等候区，游客处于相对静止或单向缓慢移动的排队状态且通常有护栏分隔；而山岳景区的游步道，游客处于运动状态，地形坡度较大或危险较大，且客流还可能相向对冲，两者的最大密度能一样吗？有些令人费解。

三是权威性不足。从密度值的性质和出处看，大部分或是出于推荐性标准，或是标准文本中表述为“宜”“可”，或是出于标准文本的资料性附录中，仅供参考的意味强，必须执行的意思弱。究其原因，当然是因为情况复杂，变量太多，难以定论。现在的问题是最大承载量的核定是景区主管部门的法定义务，数据的公布需要承担一定的法律责任，但核定的过程却找不到权威性的规范标准来支撑。

二、极限密度值的推定

由于相关规定中对极限密度值的规范不够完备，我们不妨来自行分析推导。

（一）密度值影响因素分析

影响密度值的主要因素可以分为两个方面。

1. 人群因素

（1）面积

一个人在站立状态时的水平投影面积越大就意味着其占地面积越大。不同种族、不同性别、不同年龄、不同季节（穿着不同），人的投影面积是不一样的，并且不同的研究者计算方法不同，得出的结论也不一致。Fahy（1994：657）取值0.125 m^2，Kendik（1983）取值0.174 m^2，中国学者卢春霞（2006）取值0.1495 m^2。根据《中国成年人体尺寸（GB10000—88）》，在百分位取95%的情况下，18～60岁中国成年男性肩宽46.9cm，胸厚24.5cm，如以简化椭圆计算投影面积，大约是0.090m^2，如以矩形估算，大约是0.115m^2，综合考虑旅游者着装、背包等因素，笔者认为中国成年人人体水平投影面积取值在0.15m^2左右是大体合理的。国外有学者认为当人均占面积达到0.15m^2时，人群就容易失控（Fruin，1985：110），其实这个值已接近人体投影面积值，等于每一寸土地都插满了行人，自然要出问题。

如果游憩者因特殊需要，除随身携带的背包等物品外，还有其他器具，比如在超市购物手推车、摄影三脚架等，其投影面积应算上器具面积，也就是说人均面积应更大。

（2）流速

人群流速越快，意味着行人步幅越大、步频越快，在运动的瞬间所要占据的空间也就越大，同时行人间为了避免相互冲撞而需留出的缓冲空间也越大。因此，在人群流速较快时，就需要保持相对的低密度状态。同时，反过来也可以推导出密度会影响速度，密度越大，速度越慢，当密度达到5~6人/m^2时，人群基本上也就处于停滞状态了（Thompson，1995；王振，2007）。

（3）流向

在同等速度下，人群单向流动时，冲撞风险小，因此密度可稍高；人群双向流动时，在一般情况下会自动形成各自的队列，但两股人流交会的边缘存在对冲风险，因此密度应稍低；人群交叉流动时，必然会互相干扰，因此密度应设为最低。

（4）流量

流量等于速度与密度的乘积。通常，当人均面积达到0.4~0.9m^2时，流量达到最高值。当行人空间小于0.4m^2/人时，流量骤减。在最小空间为0.2~0.3m^2/人时，人群陷入拥堵停滞①。由此可以推论，在瓶颈部位，为了求得流量最大化，同时兼顾安全需要，可以将密度控制在1.11~1.67人/m^2（即人均面积0.6~0.9m^2/人）的区间内。

2. 空间因素

（1）平面特征

平面特征对密度的影响主要在于开敞度和流畅度。开敞的空间意味着有足够缓冲区，一旦发生拥堵时容易疏散；而封闭的空间，拥堵时就难以疏散和恢复。因此，在同样行人速度的情况下，开敞空间的极限密度设定可以比封闭空间略高一些。所谓流畅度指的是空间中流线是否顺畅，是否有障碍物、是否有瓶颈，如果流线不顺畅，就必须降低极限密度值来保障安全。

（2）竖向特征

竖向特征主要是指坡度和平坦度。一般认为适宜人活动的坡度在10%以内。坡度的增加会影响行人速度，直至彻底无法攀爬、停止行进。因此坡度较大的地块由于不适合活动而需要加以折算，减小其密度设定值。同样，平坦度也会影响游人的行进与活动，坑洼崎岖的地方也要降低密度设定值。

（二）静止状态下极限密度的设定

前文已经指出密度跟速度相关，速度越快密度越低；反之，当速度接近零的时候，同

① 美国交通委员会：《道路通行能力手册》（中译本），2007：11-5.

样面积的地块所能承受的密度就达到了最大值。因此，我们先来讨论一下静止状态下的游憩密度值。

1. 站立静止状态密度值设定

人在车厢或排队是处于相对静止或缓慢移动状态，此时 $1m^2$ 的面积究竟能容纳多少人？原国家建设部发布的《城市轨道交通工程项目建设标准　建标 104—2008》认为极端情况下可以站 10 个人。该标准见表 2。

表 2　车内乘客站立人员密度评价标准

站席密度	乘客拥挤情况	评价标准
3 人/ m^2	乘客可以自由流动，十分宽松	舒适
4 人/ m^2	平均每位乘客占有 0.5m × 0.5m 的空间，有较大宽松度，乘客可以看书报	良好
5 人/ m^2	平均每位乘客占有 0.5m × 0.4m 的空间，有一定宽松度，部分乘客可以看书报	良好
6 人/ m^2（AW_2）	平均每位乘客占有 0.5m × 0.33m 的空间，感到不宽松，不拥挤，稍可活动，是舒适度的临界状态	临界状态（定员标准）
7 人/ m^2	平均每位乘客占有 0.47m × 0.3m 的空间，感到有此拥挤，站席范围有些突破	有些拥挤
8 人/ m^2	平均每位乘客占有 0.42m × 0.3m 的空间，身体有接触，需错位排列，并突破站席范围，感到比较拥挤	比较拥挤
9 人/ m^2（AW_3）	平均每人占有的空间非常拥挤，需突破站席范围，挤入座区，此情况偶有可能出现（车辆制造强度必须满足）	非常拥挤（超员标准）
10 人/ m^2	乘客突破站席范围，挤入座区，极为拥挤，难以忍受，影响上、下车行为和总时间，属极端情况	难以忍受

注：资料来源：引自文献。

根据表 2 描述，当密度达到 7 人/m^2 时，实际上已经要突破“站席范围”，人员已经“溢出”了。此外，任常兴、吴宗之、刘茂（2005）也认为最多可以站 10 个人，并做出类似的描述（见表 3）。

表 3　人群密度与人的状态

拥挤密度	$1m^2$ 站席的状态
5 人	接触旁人衣物的状态
6 人	可以捡拾脚下的物品，可转身

续表

拥挤密度	$1m^2$ 站席的状态
7 人	肩肘有压力
8 人	人和人之间可以勉强挤过去
9 人	手不能上下动作
10 人	周围感到压力，身体不能动，发生呼救

注：资料来源：引自文献。

如前文所述，中国成年男性即使在裸身站立的情况下，投影面积也要在 $0.10m^2$ 左右，正常着装背包状态下投影面积约为 $0.15m^2$，因此倘若真能站下10个人，那也不能是10个壮汉。我们设定最大游憩密度当然更不能以10人/m^2 来作为极限密度，这种状态即使勉强站下了也是“难以忍受”“发生呼救”。那么车厢到底挤多少人算是需要控制的极限呢？表2说临界状态是6人/m^2，那是地铁载客密度的定员标准。

在游憩场所的等候区排队状态下，人员密度多少合适呢？美国HCM2000的服务水平标准可以给我们一个参考。它把排队区域的服务水平，从A到F分出6级①，如表4所示。

表4　排队区域服务水平

服务水平	人均空间（m^2/p）	人员状况
A 级	>1.2	可以站立和自由穿过排队区，而不干扰队内其他人
B 级	0.9～1.2	可以站立，在不干扰队内他人的情况下有限穿行
C 级	0.6～0.9	可以站立，在不干扰队内其他人的情况下，有限制穿过排队区。这种密度在行人感到舒适的范围内
D 级	0.3～0.6	站立可以不接触他人，在队内穿行很困难，只能随着人群向前移动。在这种密度下，行人因长时间等待而不舒服
E 级	0.2～0.3	站立时不可避免接触他人，在队内穿行不可能。排队只能坚持很短时间，否则会感到极不舒服
F 级	≤0.2	人与人之间有直接的身体接触。这种密度，使人极不舒服，在队内不能行动。在这种情况下，人群产生潜在恐慌情绪

一般认为E级是游客能承受的最高限度。如果参照这个数值，我们可以把景点售票处、公园等候区的极限密度设定在D、E级之间，也就是按每平方米容纳3～4个人。从空间容量上讲，站4个人应该没问题，从尽量减少等候时的不适感考虑，站3个人更合理一些。

① 美国交通委员会：《道路通行能力手册》（中译本），2007：11－10.

2. 坐席静止状态密度值设定

游憩场所座席静止状态的极限密度值一般可按标定数（即所设定座席数）来核算，当然也可以参照建筑行业的相关设计标准来对餐厅、酒吧、影院、放映厅等场所的座位数是否合理进行校核（参见表1）。

（三）运动状态下极限密度的设定

1. 基本运动状态密度设定

游客在游憩场所最基本的运动状态是在通道上行走。在这种情况下密度值该如何设定呢？我们仍然按照HCM2000服务水平标准来看一下不同密度条件下的行走状态［美国交通委员会：《道路通行能力手册》（中译本），2007：11－9，18－16］，如表5所示。

表5　人行道服务水平

服务水平	人均空间（m^2/p）	密度（p/m^2）	步速（m/s）	人员状况
A级	>5.6	<0.18	>1.33	行人沿希望的路径走，不因其他行人的影响而改变自己的行动。自由选择步行速度，行人之间不会发生冲突
B级	3.7～5.6	0.18～0.27	1.17～1.33	行人有充足的空间可自由选择步行速度、超越他人、避免穿行冲突。此时，行人开始觉察到其他行人的影响，选择路径时，也感到他人的存在
C级	2.2～3.7	0.27～0.45	1.00～1.17	行人有足够的空间采用正常步行速度和在原来人流线上绕越他人，反向或横向穿插行走产生轻微冲突
D级	1.4～2.2	0.45～0.71	0.83～1.00	选择步行速度和绕越他人的自由受到限制，穿插或反向人流产生冲突的概率很大，经常需要改变速度和位置。该服务水平形成了适当流畅的行人流，但行人之间很可能出现接触和干扰
E级	0.75～1.4	0.71～1.33	0.58～0.83	所有行人的正常步速实际上受到限制，需要频频调整步速。在该服务水平的低线，可能一步一步向前蹭。空间很小，不能超越慢行者。穿插或反向行走十分困难。设计流量接近人行道通行能力。伴有人流阻塞和中断
F级	≤0.75	≥1.33	<0.58	所有行人步速严重受限，只能一步一步向前蹭，与其他人产生不可避免的频繁接触，穿插和反向行走实际不可能。行人流突变、不稳定，其人均空间更具有行人排队的特点，而不像行人流

根据上述分析，我们可以取上表E级的数值（1人/m^2）作为游憩地核心区域游步道的极限密度值，取D级的数值（0.5人/m^2）作为游憩地一般区域游步道的极限密度值，

也就是说可以容忍在核心区域，客流达到最大流量但稍显拥堵，而在一般区域，虽互有干扰，但行人流大体流畅。如果该游步道同时通电瓶车或自行车的话，应扣除车道面积后再计算行人密度，或按0.2 人/m^2 核算。

刘茂、王振（2006）从人群密度与踩踏风险关系的角度提出：人群密度可以分为三个层次：自由运动区域、限制运动区域和运动停滞区。运动停滞区的人群密度应在 $p_1 > 4.0$ 人/m^2 以上，运动几乎处于停滞状态。限制运动区的人群密度处于 $0.5 < p_2 < 4.0$ 人/m^2 之间，行人间存在着相互影响，运动速度在 0.5 ~ 1.0 m/s 之间；处于外围的人群属于自由行走人群（$p_3 < 0.5$ 人/m^2），其运动速度为自由行走速度（1.34m/s 左右），行人间无相互影响。人群拥挤事故的发生点通常在运动停滞区域。如果这个分析大体不错，那么0.5 ~ 1 人/m^2 作为通道的极限密度值是落在了限制运动区的下限，总体上还是安全的。并且这个值也高于现行的《城市道路交通规划设计规范（GB50220—95）》对商业步行街道路人员密度的设定。

在设定了道路的安全密度之后，其他场所运动状态的密度设定就有一个基准值，就是不能高于道路的人员密度值，因为在其他场所游客除了行走之外，游客还须进行其他活动，须为这些活动留出适当空间。

2. 主要空间形态密度设定

（1）博物馆

按照现行统计范畴“博物馆”应包含我们日常所说的博物馆、自然博物馆、科技馆、水族馆、纪念馆、美术馆、陈列馆等。关于此类游憩场馆的人员密度，《科技馆建设标准建标 101 - 2007》提出：“瞬时最高观众容量宜取值为 0.2 ~ 0.25 人/m^2，即 5 ~ 4m^2/人。”《博物馆建筑设计规范（JGJ66 - 2015）》（征求意见稿）提出了观众合理密度和观众高峰密度两个概念：“展厅观众合理密度（e_1）是指观众可以选择展品驻足观赏，展厅内温湿度控制正常，保安视线不受观众活动影响时每 m^2 展厅净面积容纳的最大观众人数（人/m^2）。展厅观众高峰密度（e_2）是指在展厅内观众驻足观展困难，观众秩序需要维持、疏导，展厅温湿度升高，保安视线受人群遮挡较大时每 m^2 展厅净面积容纳的最大观众人数（人/m^2）。此时应限制观众进入。”并明确规定“展厅容纳的观众人数，不宜大于观众合理限值；不能大于观众高峰限值”。同时提出具体的计算方法（见表6）。

表6　展厅观众合理密度（e_1）与高峰密度（e_2）

编号	常见的展览方式	平均每 m^2 展厅净面积最大容纳人数（人/m^2）	
		合理密度（e_1）	高峰密度（e_2）
Ⅰ	沿墙设置陈列柜	0.17 ~ 0.20	0.33
Ⅱ	沿墙直接悬挂平面展品	0.14 ~ 0.17	0.22
Ⅲ	沿墙设置陈列柜加岛式布置展品	0.14 ~ 0.17	0.25

续表

编号	常见的展览方式	平均每 m^2 展厅净面积最大容纳人数（人/m^2）	
		合理密度（e_1）	高峰密度（e_2）
Ⅳ	展品岛式布置为主	0.13 ~ 0.17	0.20 ~ 0.25
Ⅴ	观众参与、互动式展品为主	0.13 ~ 0.17	0.20 ~ 0.25

可以说这是对密度规定最为详细、考虑最为周全的一份标准。根据这个规定，博物馆的极限密度根据不同的展品陈列方式，应在 0.20 ~ 0.33 人/m^2 之间。乍一看这个规定与原先颁布的《科技馆建设标准》所说的最高密度宜取值“0.2 ~ 0.25 人/m^2”颇为相符，其实不然。因为《博物馆建筑设计标准》所说的面积明确界定为“展厅净面积”，《科技馆建设标准》并没有明确界定面积的概念，按照惯例，可以默认为是指展厅建筑面积，而所谓“净面积”指的是扣除展品占地面积之后的面积，它和建筑面积之间至少要相差 20% ~30%（《科技馆建设标准》规定：“科技馆展览的展品实物占地率宜为 20% ~ 30%。”）由于《博物馆建筑设计规范》为后出标准，同时明确指出该标准“适用于博物馆、纪念馆、美术馆、科技馆、陈列馆”，因此当两者发生矛盾时，应以该规范为准。

（2）商场

关于商场内极限人员密度，见于不同标准、规范文本之中，但都是从消防疏散角度提出的控制标准。一是《商店建筑设计规范》（JGJ48—2014）规定“自选营业厅的面积可按每位顾客 1.35m^2 计，当采用购物车时，应按 1.70m^2/人计”。二是《全国民用建筑工程设计技术措施 2009》从消防疏散角度提出的极限人员密度值，各楼层顾客数按营业厅建筑面积算应为 0.6 ~0.85 人/m^2。三是《人民防空工程设计防火规范（GB 50098—2009）》提出的地下商场人员密度为 0.80 ~0.85 人/m^2。四是《博物馆建筑设计规范》提出的博物馆商店营业厅人员密度为 0.5 人/m^2。由于其出发点是消防安全，它考虑的是紧急情况下的能够以最快速度安全疏散，所以这些值按照游憩密度控制的要求来看，是显得偏高的。而前文提及的《博物馆建筑设计规范》中对于展厅观众密度的设定则是根据“符合文物安全、秩序正常、空间环境与视觉条件良好的原则”而确定的，显然比从消防疏散角度确定的值更符合游憩要求。

那么商场极限密度究竟设定在多少才比较合理？笔者以为可以根据游客对购物环境期望的不同，把商场分为四类：一是沿街面小店铺；二是超市类自选商店；三是游憩场所纪念品商店营业厅；四是大型商厦、精品商店。然后以这些商店营业区的净面积（即扣除商品陈列面积，约占营业面积的 30% ~50%）作为基准，参照 HCM2000《道路通行能力手册》的行人标准来估算。例如，对于沿街面小店铺，顾客对购物环境期望不高，并且由于店铺逐一分隔，单体面积小，既不需要长距离行进，也不可能集聚大规模人群，踩踏风险低，因此可以参照 HCM2000 的 E 级标准，将极限密度设定在 1 人/m^2 左右；对于超市和旅游纪念品商店，极限密度可以参照D级标准上限，即以保证顾客能在受限情况下大体顺畅移动为基准，将极限密度设定为0.67人/m^2（即1.5m^2/人），如采用购物车，人均面积再加0.5m^2，提升到2.0m^2/人（密度为0.5人/m^2）；对于大型商厦和精品商店，人们对购物环境要求较高，可以营业区净面积划分为通道和商铺，在通道上按D级标准上限设定为1.5m^2/人（密度0.67人/m^2），在商铺内按取C级标准中位设定2.5~3m^2/人（密度0.33~0.4人/m^2）。

对于商场营业厅的顾客密度，有学者提出其他测算思路，也颇有启发价值。谭方彤（2006）认为可以根据“人体尺度法”来考虑，即以百分点取值95%时中国成年人身高1.77m作为计算标准，以人体臂展1.80m作为直径，得出此时圆面积为2.54m^2，此即个体所需活动范围。

（3）公园

关于公园的极限游憩密度，《公园设计规范（CJJ48—92）》提出可以按人均公园陆地面积15m^2计算，即密度为0.07人/m^2。这个算法可以用，但有点粗略，因为毕竟每个公园的情况不一样。一般在实践中，可以把公园分为两部分来处理：即用设施法来设定设施极限密度，用面积法来设定空间极限密度。游乐项目、餐厅、影剧院、游船等按标定人数计算，其他区域则按性质划分不同的地块，参照HCM2000标准的排队区域和人行道服务水平等级来分别设定极限密度：比如将排队区的极限密度设定在D、E级之间，即3~4人/m^2；将核心区域游步道的极限密度值设定为E级1人/m^2；将一般区域的游步道设定为D级设定人均2m^2（密度0.5人/m^2）；而草坪等区域由于需要开展活动，所以按C级标准设定为人均3m^2（密度0.33人/m^2）；而树林由于林木占地，并且流线不畅，可以按B级标准设定人均4~5m^2（密度0.2~0.25人/m^2）。广场演出观众区如设座席，其密度可以在影剧院密度标准上略加放宽，设定在1人/m^2左右，这是因为影剧院有固定座位可以分隔人流，而户外广场没有效隔离措施；如公众区为站席，可按HCM2000排队区D级水准设定为2人/m^2。

（4）街区

街区的游憩区域大致有三类组成：场馆（纪念馆、陈列馆、博物馆等）、店铺（商铺、餐馆）、公共区域（通道、桥梁、广场等）。前两类的密度设定思路，前文已述。公共区域的密度设定可以按照活动状态区分（静止或慢速状态参照排队标准，中速运动状态参照行人标准，快速运动状态在行人A级水准上继续放宽）、活动区域控制（核心区域密度值高，服务等级取行人E~D级，一般区域密度值低，服务水平取行人D~C级）来设定。这个思路同样适用于推定其他游憩区域的密度。

三、聚集风险控制

设定极限游憩密度的目的是为了控制人群聚集风险，避免拥挤踩踏事故的发生。在实践中，我们可以通过以下手段来对密度进行调节，并对风险进行控制。

（一）通过增加管理来提高承受力

1. 建立预警系统

对游憩地容量进行科学测定，对现场密度进行实时监控。通过各种渠道，事先公布最大承载量，并实时发布现场客流信息，对人群进行引导和警示。对无物理围栏的开放式景区，在高峰日可根据预警信息，扩大控制范围，对从地铁、公交、道路到达现场的客流实施有效管控。

2. 引导人群流向

对人群密集区域的人流方向进行预先设计和引导控制，尽量使人群由双向流动、交叉流动变为单向流动。单向流可以最大限度地避免干扰，避免异向集群或双向对冲而带来的挤踩风险。

3. 控制人群规模

对大规模人群进行分区隔离，使之化整为零。用于分隔的固定物可以是铁马、栅栏、围墙等。分隔物的强度根据对人流密度的预判来设定，人群密度越高，分隔物强度也随之增高，并确保分隔物的可靠性。分隔物一旦被推倒挤坏，将会引起更大的灾难。

4. 强化信息传播

通过广播系统、扩音设备、对讲系统、智慧旅游系统等，建立和强化高密度区域的实时监控与信息传播。一旦发生意外险情时，要尽快让外围的人群知道内圈究竟发生了什么，并引导人群及时疏散，避免人群因信息不通而前仆后继，导致重大事故发生。

5. 实施重点防控

一般情况下，游憩地或游憩场馆的人员密度并不会全面超负荷，密度最大或危险最大的地方常常只有几个。防控工作不能平均用力、遍地开花，而应点面结合、突出要害，把握好密集区域（如景区的核心区）、危险区域（如场馆的自动扶梯、上下台阶、人流冲撞点）。保障了这些区域的安全，也就消除了绝大部分的隐患。

6. 增强疏散能力

在高密度区域的外围设置缓冲区，同时增加安全出口的数量，扩大安全出口的宽度，以便一旦发生情况时迅速疏散人群。

（二）通过均衡分布来降低密度值

游憩场所极限密度在绝大多数情况下是出现在特定时段、局部区域的，如果我们能够设法使得客流在时间和空间的分布相对均匀一些，很多险情就不会发生。

1. 均衡空间分布

在景区内可以通过扩大游览面积或增设娱乐项目，以达到分流降压、减小核心区域人员密度的目的。扩大游览面积是指把原来可利用但未开放的面积释放出来，以稀释客流密度。比如农家乐的采摘区域，当人员密度增大时，可以将原计划分期开放的大棚或果园，临时开放出来，以解燃眉之急。增设娱乐项目是指在原来相对冷落的区域增设项目或活动，使之形成新的热点，以缓解原有热门区域的人流压力。

2. 均衡时间分布

即平衡峰谷流量。可以用硬控制或软控制两种方法来达到目的。所谓硬控制就是设置卡口，通过电脑控票、闸机验票、摆渡驳运等手段强行控制进入景区的人数。比如上海东方明珠景区，游客须乘电梯才登上电视塔球体观光，其电梯的运输能力就限制了登塔游客的数量。再如上海海洋水族馆采用闸机验票，闸机每小时只能完成2144次检票，进入的客流自然就无法超越这个数值。所谓软控制就是通过巧妙引导或经济手段来调节客流。比如选择在景区高峰期（如黄金周）到达之前开展并结束营销活动，吸引大量游客在高峰期之前来景区游玩，利用他们不会短时间内重游的心理，来进行预分流，缓解真正高峰到来时的压力。或者利用经济手段，实施峰谷不同票价，以此达到削峰填谷的目的。

参考文献

[1] 刘茂，王振．人群拥挤踩踏事故的风险分析与预防控制［J］．应用基础与工程科学学报，2006（14）：109.

[2] 卢春霞．人群流动的波动特性分析［J］．中国安全科学学报，2006（2）：33.

[3] 美国交通委员会．道路通行能力手册（中译本）［M］．北京：人民交通出版社，2007：11－5，11－10，11－9，18－16.

[4] 任常兴，吴宗之，刘茂．城市公共场所人群拥挤踩踏事故分析［J］．中国安全科学学报，2005（12）：104.

[5] 谭方彤．商店营业厅顾客人均使用面积计算方法的研究［J］．华中建筑，2006（10）：101.

[6] 王振．城市公共场所人群聚集风险理论及应用研究［D］．南开大学，2007.

[7] Fahy RF. An evacuation model for high－rise buildings：model description and example applications. Fire Safety Proceedings of the Fourth International Symposium，1994：657.

[8] Fruin J J. Crowd dynamics and the design and management of public places. In：J. Pauls.（Ed.）. Int. Conf. on Building Use and Safety Technology. National Institute of Building Sciences，Washington，DC，1985：110－113.

[9] Kendik E. Determination of the evacuation time pertinent to the projected area factor in the event of total evacuation of high－rise office buildings via staircases［J］. Fire Safety，1983（3/4）：112－232.

[10] Thompson，P. A. Marchant，E. W. Testing and Application of the Computer Model 'Simulex'［J］. Fire Safety Journal，1995（24）：149－166.

第 4 编
休闲与文化

杭州南宋历史文化资源的产业化开发利用研究

康保苓
（浙江旅游职业学院）

【摘　要】 南宋历史文化资源是杭州文脉的重要组成部分，许多内容都是今天可以开发利用的宝贵财富。本研究指出，可以通过创意转化、跨界融合、体验设计、智慧管理等途径，将历史文化资源的保护与产业化开发有机结合，为杭州城市文化品牌和国际旅游休闲目的地建设注入新的活力。

【关键词】 杭州　历史文化资源　产业化　开发利用

历史文化资源作为一个地方历史、文化、民俗、自然等历史文化的积淀，既是城市发展过程的记载，也是城市的个性、品位和特色的重要体现，更是城市发展的根和魂。历史文化资源的科学保护、合理利用、创意开发，能够产生丰富的文化价值，有利于增强产业的竞争优势，构建现代产业体系，凸显地域特色和品牌竞争优势。

杭州是历史文化名城，历史文化是杭州文化的重要组成部分。南宋时期的杭州是12—13世纪最为繁华的世界大都会，不仅对当时而且对后世中国和世界都产生了深远的影响。南宋历史文化资源是杭州文脉的重要组成部分，类型多样，既有南宋皇城遗址、御街等历史遗迹，又有科学的园林景观设计、西湖十景等丰富的旅游资源，有着良好的生态环境、休闲环境，许多内容都是今天可以开发利用的宝贵财富。杭州南宋历史文化资源要在科学保护和传承弘扬相结合的前提下，将历史文化资源的保护、开发利用与文化创意产业、旅游休闲产业、特色潜力产业的发展有机结合。杭州南宋历史文化资源的产业化发展既可以保护传承传统文化，又可以进一步丰富杭州城市文化的内涵，为杭州城市品牌建设和国际旅游休闲目的地建设注入新的活力。

一、杭州南宋历史文化资源的主要类型

历史文化资源按照历史功能和使用特性来分，包括历史遗迹、古建筑、古代陵墓、宗教文化、民俗风情等类型。在实地调研、文献记载与现实对照、征求专家意见的基础上，

［作者简介］康保苓（1973—），女，教授，博士，研究方向：休闲管理、旅游管理。

［基金项目］杭州市哲学社会科学规划重点课题“杭州南宋历史文化资源的产业化开发利用研究”，项目编号：A14YJ06。

笔者对杭州有代表性的南宋历史文化资源进行了梳理。杭州南宋历史文化资源的类型主要有南宋历史遗迹、名人资源、生态资源、宗教文化资源、民俗文化资源等，如表1所示。

表1 杭州南宋历史文化资源类型

类型	主要内容
历史遗迹	南宋皇城遗址、南宋太庙遗址、临安城府治遗址、南宋恭圣仁列皇后宅遗址、南宋中央官署遗址、南宋御街遗址、南宋临安府学遗址、南宋德寿宫遗址、南宋官窑遗址、南宋朝天门遗址、南宋钱塘门遗址；岳飞墓（庙）、牛皋墓、张宪墓、刘光世墓等墓葬类遗址；聚景园、胜景园、集芳园等园林遗址
名人资源	政治家宗泽、李纲、岳飞、文天祥，等等；思想家陆九渊、朱熹、张九成、邓牧，等等；文学家范成大、周必大、陆游、辛弃疾、李清照、杨万里、周密，等等；画家李唐、刘松年、马远、夏圭，等等；数学家杨辉，等等
生态资源	西湖疏浚、西湖十景等园林景观规划设计；钱塘江、中东河等水系文化
宗教文化资源	灵隐寺、净慈寺、三天竺等宗教文化
民俗文化资源	节庆文化、娱乐文化等

二、杭州南宋历史文化资源的利用现状

杭州南宋历史文化资源具有古都文化的代表性，影响深远的传承性、独特性。杭州市非常重视对历史文化资源的保护利用，在杭州南宋文化历史资源的利用方面取得了许多成就，同时，在产业化开发方面，依然存在一些发展空间。

（一）杭州南宋历史文化资源的利用

1. 组建了南宋史研究智囊团

2005年6月，杭州市社会科学院成立杭州南宋史研究中心，组建了研究南宋历史文化的智囊团，集聚专家智慧，挖掘南宋历史文化，进一步深化了对南宋历史文化的研究。南宋史研究中心是一个组织和联络海内外南宋史专家学者的学术交流平台，主要研究方向是南宋史，并上及北宋，下至元朝。通过对南宋一朝展开全面、客观、深入的研究，努力还原一个真实的南宋。南宋史研究中心已经完成50卷《南宋史研究丛书》的编撰工作，正在进行《南宋及南宋都城临安研究》系列丛书的编撰，包含南宋史专题研究系列、南宋都城临安研究、南宋史研究博士文库、文献资料点校整理四个系列，以全新的视角对南宋史展开更细密的研究，部分专题已经出版。杭州南宋史研究中心对于挖掘南宋历史文化做出了重要贡献。

2. 历史文化资源保护卓有成效

杭州市历来重视历史文化资源的保护，将文化资源的保护和利用作为促进历史名城建

设、推动城市发展的战略选择。西湖申遗、运河申遗是保护历史文化资源的重要举措。实施历史文化街区和历史地段保护、历史建筑和文保单位保护修缮，截至2015年1月，杭州26处历史街区及历史地段均已启动修缮整治，17处已完成。杭州市围绕实施南宋皇城大遗址综合保护工程，开展南宋皇城遗址考古勘探和《南宋临安城遗址——皇城遗址保护规划》编制工作；根据《南宋皇城大遗址综合保护工程五年行动计划》，杭州要建设一座以南宋皇城遗址本体及周边环境保护为主，展示中国最美丽的山水花园式皇城遗韵的国家大遗址公园，目前南宋皇城大遗址综保工程30个子项目大部分已精彩亮相。

3. 历史文化资源生动传承

杭州宋城景区、南宋御街、南宋皇城大遗址公园，都是南宋文化与旅游融合发展的典型案例。《宋城千古情》《西湖之夜》、南宋乐舞体系重构等项目是杭州南宋历史文化资源生动传承的典范。《宋城千古情》高度提炼了杭州本土文化和南宋历史的精粹，成为来杭游客眼中杭州城市的文化标志和杭州文化的一个符号。《西湖之夜》演出以美丽的西湖历史为背景，充分展现了杭州作为南宋古都、爱情之都、中国茶都、丝绸之府、东南佛国的深厚文化，其中"岳王雄风""南宋盛景"等内容融汇了诸多南宋杭州文化的元素。

中国是雅乐的发祥地，但如今，宫廷雅乐乐谱在作为雅乐之"源"的中国已失传。从2009年春开始，杭州师范大学启动了"以南宋乐舞为中心的中国传统雅乐舞体系复建与乐舞一体化的新学科建设"基础性工程。"中国南宋雅乐舞"项目研究，是国内第一个把宫廷雅文化作为非物质文化遗产研究的项目，对于杭州弘扬南宋文化、延续城市文脉、打响"南宋牌"、打造世界级文化旅游精品，意义深远。

（二）杭州南宋历史文化资源的产业化发展的空间

历史文化资源需要以产业化的眼光整合和优化，才能创造财富。在杭州南宋历史文化资源产业化开发利用方面，还存在很多可以提升的空间，主要体现在以下几个方面。

（1）作为历史文化资源丰富的杭州，历史文化资源与产业化开发利用产生的效益与拥有的丰富的南宋历史文化资源的丰度、厚度相比，还存在差距。让静态的历史文化资源走产业化的发展道路，才能实现历史文化资源与文化产业的融合发展。

（2）杭州历史文化资源整合不够充分，历史文化资源的产业化开发有待进一步深化，形成规模。杭州南宋历史文化资源的产业化与民众文化消费需求的快速增长之间还没有完全融合。

（3）以杭州南宋历史文化资源为主题的文化产业集群有待形成。建设文化产业集群，以产业聚集的方式来推动文化产业的发展，形成以具有杭州地域特色的文化资源为依托，具有龙头带动作用的文化产业优势板块，实现对文化资源最大程度的整合和转化。

（4）以杭州南宋历史文化资源为主题的文化品牌有待深入开发。目前杭州南宋文化资源静态的居多，动态的匮乏，需要进一步通过科技、创意让静态的历史文化资源活动起来，实现传统文化和经济效益的融合发展。

三、杭州南宋历史文化资源的产业化开发的思路

历史文化资源的产业化开发是传承宝贵文化遗产的重要路径。历史文化资源是城市的重要资源，是城市发展的源泉和载体，而产业发展又能提升历史文化资源的知名度，增强城市的特色和文化竞争力。南宋的经济、文化、社会发达，以致今天杭州城市的产业形态、思想文化、城市格局、园林建筑、西湖景观等方面都深深地印着南宋临安的印迹；杭州人的生活观念、生活内涵、生活方式、生活环境、生活习俗，都与南宋临安人有着千丝万缕的历史联系。[1]杭州南宋历史文化资源的产业化开发，要建立在对历史文化资源的保护和科学利用的基础上，构建历史文化资源与相关产业间的良性互动机制。具体来说，可以从创意转化、跨界融合、强化体验、品牌建设、智慧管理、加大宣传推广等方面着手。

（一）创意转化

创意是通过创造力、技能和天赋获取灵感，推进文化与经济融合的具有新颖性和创造性的设计、策划、构想。创意转化是历史文化资源产业化的重要助推力。借助文化创意可以为传统产业及文化产业增加更多文化元素，将抽象的文化打造成形象生动、富有实用价值和艺术价值的产品，推进文化的产业化。[2]杭州南宋历史文化资源是构建现代产业要素体系的重要组成部分，要提升从文化资源到创意资本要素的转换力，创意资本要素价值的增值力，创意资本与人才、市场、高科技、政策等产业要素优化配置的集成力；要深入挖掘杭州南宋历史文化资源，通过创新创意等多种方式，研发创新产品，融入时尚元素，通过影视传媒、互联网、餐饮娱乐等载体对历史文化资源进行整合，凸显文化特色；通过创意策划和市场运作，使简单的项目向影视、休闲、餐饮、教育等诸多方位延伸，形成规模化和延长的产业链，优化资源配置，产生综合效应，推动杭州南宋历史文化资源向文化产业转变。[3]

（二）跨界融合

产业融合是指不同产业或同一产业内的不同产品相互渗透、相互交叉，最终融为一体，逐步形成新的产业的动态发展过程。[4]产业融合能够催生新型业态、优化产业结构、提升技术创新和体制创新的效能、激活经济发展的动力。杭州南宋历史文化资源的产业化开发，要进行多元文化和多种功能的跨界融合，打造完善的产业链，创造并实现更大的市场价值。具体来说，可以与文化产业、旅游产业、杭州特色潜力产业等多领域融合，共赢发展。

杭州南宋历史文化旅游资源的开发，与特色资源的保护利用有机结合，可以开发多方面的主题：南宋茶文化主题开发，可以尝试在市民生活中融入南宋生活方式，恢复南宋时著名的茶肆，让市民和游客学茶，享受有茶生活；开发茶文化专题产品，如南宋斗茶、茶会，可以成为茶都杭州茶文化活动策划的重要内容；古民居、书院等文化主题开发，开发瓦舍文化旅游资源，开设仿古瓦舍娱乐项目，使旅游者增加瓦舍文化体验；西湖十景、西湖景观的系列产品的开发，如茶席、服装、艺术品、装修装饰风格等；开展南宋文化为主

题的创意设计大赛，作品纳入产业化的发展中；历史人文资源的深度挖掘，创作以南宋历史文化为元素的艺术作品、文艺作品，通过游戏、影视作品、微电影等线上线下渠道，多元呈现；将杭州南宋历史文化资源整合开发，设计专题的旅游线路，推出南宋水上旅游线、半山娘娘庙庙会民俗风情文化体验、南宋诗词旅游线；开发佛教修学体验旅游产品；开发南宋故都文化旅游等主题旅游产品，等等。

（三）强化体验设计

在杭州南宋历史文化资源产业化开发过程中，设计符合杭州地脉、史脉与文脉的主题，以文化性、休闲化、多样化、个性化旅游需求为导向，突出地方特色与资源特色系列体验项目，形成多层次、多功能、多样化的产品，提高旅游产品的吸引力和辐射力。

比如，可以面向全球推出“寻找南宋文化的足迹”体验。南宋都城临安拥有100多万人口，成为当时亚洲各国经济文化的交流中心，城市规模已名列12、13世纪世界的首位。南宋定都杭州后，杭州成为全国政治、经济、文化的中心。随着海外贸易的发展，与我国通商的海外国家与地区从宋前的20余个增至50余个。南宋汉学文化传至东亚各国，对高丽、日本、越南等国学术文化和东亚文明形成和发展产生了重要影响。日本、高丽、波斯、大食等，每年都有使节，还有商人、僧侣、随从人员来临安，在一定意义上说，这些人都是南宋临安的国际旅游者。南宋临安在当时是国际化的大都市，因此，可以在全球范围内推出“寻找南宋文化的足迹”活动，推广南宋杭州生活方式的体验等活动，通过大活动、大项目带动杭州南宋历史文化资源的产业化。

建设南宋文化为主题的新业态购物中心，艺术品中心和艺术活动中心，为消费者提供高品质的体验环境、体验活动和体验经历，建立体验型的市场消费终端。从杭州南宋历史文化资源的符号提炼、加工，到产品的制作和销售推广，将消费者作为南宋历史文化产业发展的市场起点和价值实现终点，建立体验型的市场消费终端。[3]策划与南宋丝绸产品为载体的“武林衣秀”展、丰富多彩的茶与健康为主题的斗茶节等活动，增强消费者对杭州南宋历史文化的感知和相关产品的认同感。

（四）加大品牌建设的力度

杭州是中国休闲产业最发达的城市、中国最佳旅游城市、世界休闲范例城市之一、中国七大古都之一。杭州要建设国际旅游休闲目的地，历史文化资源是最具有杭州特色的资源，打造杭州南宋历史文化资源产业化的品牌非常重要。南宋时期，作为都城的杭州，四方来仪，八方来朝，南宋科技、文化等方面对世界的影响非常大，很多国家的文化受中国南宋文化的影响，并在中国文化基础上发扬光大。将杭州南宋历史文化资源转化为产品，彰显个性的文化创意设计价值、文化传播效应价值，激发国际性的文化寻根之旅，把杭州打造成具有国际影响的知名品牌。

1. 挖掘成就品牌的元素

以杭州南宋历史文化资源为依托，借由茶楼、女装、保健、化妆等十大特色潜力行业的发展，推动相关产业品牌化发展。利用南宋历史文化资源优势和产业优势，将中国茶都品牌做大、做出特色；建设宋城“中国演艺谷”等大型都市旅游演艺基地，做好《径山禅茶》等大型旅游文艺节目，打造“吴风宋韵”文化演艺项目；利用老街区、老房子发展南宋历史文化主题酒店、精品民宿，以此促进古建筑“活化”保护，丰富城市业态[5]。

2. 做大杭州讲坛

“百家讲坛”栏目是普及传统文化典型的成功案例。针对杭州的文化特色和实际，与“浙江人文大讲堂”相结合，定期推出“杭州讲坛”，通过历史文化资源的传播，让更多的人了解南宋古都文化，使南宋杭州文化从阳春白雪走入寻常百姓家，以此宣传推广杭州历史文化资源的品牌。

3. 建设文化产业集群

利用杭州资源优势，在挖掘杭州南宋历史文化资源内涵的基础上，打造城市文化品牌。比如，可以将杭州历史文化资源产业化与杭州休闲基地的打造结合起来，通过实施重大文化产业项目，加快文化产业休闲基地和特色文化产业群建设，构建以南宋文化为特色的文化产业集聚园，集特色化、专业化、文化性于一身，并使其具备文化产业的高科技含量和完善的产业配套服务。

4. 办好杭州南宋文化节

杭州会展产业发展迅速，西博会、休博会已发展为非常有影响力的会展品牌。借助西博会等平台资源，创办杭州南宋文化节，以集群式、深层次、多样化、互动性等特点来推出具有国际影响力的节庆活动，发掘弘扬杭州深厚的南宋文化底蕴。南宋文化节可以由南宋官窑作品展、南宋书画展、南宋钱币及古玩展、蟋蟀文化节、南宋美食文化系列活动、南宋茶文化活动、南宋诗词节、南宋宗教文化的探索之旅、养生之旅等活动组成。[6]

5. 推广以南宋文化为主题的杭帮菜

杭州作为南宋古都，南宋菜是宋室南下，北方饮食文化与南方饮食文化结合的产物，“南料北烹”，用料精细，一菜一味。今天的杭帮菜就是传承了南宋官府菜的很多元素，在史学家林正秋、书法大师沙孟海、郭仲选等人研究南宋饮食文化的基础上，按照《武林旧事》《梦粱录》等史料记载仿效而来。进一步恢复南宋菜，使南宋菜成为今天杭帮菜的重要组成部分，将“南宋饮食文化”作为杭州旅游餐饮业发展的新亮点。[7]通过举办世界美食大会，在国际交流的过程中，使杭帮菜美食体验走出杭州，走向世界。

（五）实现智慧管理

随着时代的发展和科技的进步，杭州南宋历史文化资源的产业化也要与时俱进，借助智慧管理的做法和经验，让更多的人了解杭州的南宋历史文化资源，让南宋历史文化资源得到更好的传承和智慧呈现。应用GIS等技术，建设杭州历史文化资源数据库，为杭州南宋历史文化资源进行遗产保护、利用与管理工作奠定基础，推动历史文化名城的历史文化资源保护与管理的进程。

（六）加大宣传推广力度

杭州南宋历史文化资源的挖掘、普及、推广、应用是杭州南宋历史文化资源产业化的重要内容。在杭州南宋历史文化资源及产业化传播方面，要充分挖掘历史文化资源，选择历史传统、民俗文化、城市空间中标志性的形象，通过城市精神的阐释等方式，使杭州南宋历史文化资源显性化，充分体现杭州的历史文化特色，让国内受众“最忆是杭州”和国际市场的“Hangzhou，Living Poetry（诗意的杭州）”得到更广泛的认知。通过公益讲堂、媒体宣传、微传播等多种形式，增强民众对南宋杭州文化的认知。将杭州南宋历史文化资源纳入乡土文化教育的内容，在机关、企业、学校开展历史文化普及活动，使历史文化走进人民群众的生活，形成城市凝聚力和城市团结精神，形成鲜明的城市精神风貌。通过制作独具特色的历史文化纪录片，拍摄历史题材影视剧作，有计划地对重要历史人物、事件进行系统的多形式的研究和宣传，展现杭州历史文化名城的魅力，逐步提高人们对杭州南宋历史文化资源的认识程度。

2015年初，杭州市正式出台《杭州市旅游休闲业转型升级三年行动计划（2015—2017年）》《杭州市人民政府关于推进旅游休闲业转型升级的实施意见》《关于杭州市旅游休闲业转型升级加快发展的若干政策意见》。杭州要建设国际旅游休闲中心，打造“东方休闲之都”，共建、共享“生活品质之城”，南宋历史文化是其独特而重要的资源。充分挖掘杭州南宋历史文化遗产，在保护利用的基础上，创新产业化开发，并使其成为创新杭州城市发展和城市国际化的重要组成部分，从而实现杭州旅游休闲业与国际接轨，为杭州创建“中国旅游国际化示范城市”和国际休闲目的地奠定基础。

参考文献

［1］王国平．南宋的历史贡献与杭州的城市品牌建设［J］．中共中央党校学报，2008（5）．

［2］杜献宁，杜艳华．构建历史文化资源与文化产业良性互动［J］．人民论坛，2011（11）．

［3］王慧敏．现代文化产业体系的构建［J］．社会科学，2013（11）．

［4］厉无畏，王振．中国产业发展前沿问题［M］．上海：上海人民出版社，2003.

［5］赵芳洲．打造“全国国民旅游休闲示范城市”杭州旅游业三年行动计划出炉［N］．杭州日报，2015－01－17.

［6］胡成敏．关于整合资源全力打造杭州南宋文化节的建议［EB/OL］．［2013－10－18］．http：//www. hzmj. org. cn/newShow/newDit. jsp？ id＝3402.

［7］夏毅．南宋官府宴回归杭州百姓家 专家称形式可简风味勿丢［EB/OL］．［2012－11－20］．http：//news. sina. com. cn/o/2012－11－20/135125620169. shtml.

威海文化旅游资源分析研究

孔海燕

[山东大学(威海)商学院]

【摘　要】 本文通过市场调查、深度访谈等形式,对滨海城市威海市的文化资源进行分析调查,并按照国家标准将文化资源进行分类,在资源调查的基础上提出滨海文化旅游的开发策略。研究表明,作为滨海城市,威海拥有丰富的文化资源,具有一定代表性的文化资源共有565项。首先海洋文化资源和休闲娱乐资源比较丰富,其次是新闻出版影视资源。威海市优势文化产业主要包括文化旅游产业、文化休闲娱乐产业、工艺品产业、影视文化产业和韩国文化产业。基于威海市的文化资源,本文提出了文化旅游的开发策略,具体包括开展休闲文化旅游,开发文化旅游产品,促进文化品牌营销,开发文化养老产业,建设文化影视基地。

【关键词】 文化资源　滨海城市　海洋文化资源　休闲娱乐资源　历史文化资源　威海

一、前言

文化产业是21世纪国际公认的最有发展前途的“朝阳产业”或“未来取向产业”,是知识经济的核心产业之一,具有环境污染少、资源消耗低、需求潜力大、吸纳劳动力强、附加值高等显著特点,符合持续发展和绿色经济的根本要求,对于促进传统产业转型升级、提升综合国力和区域竞争力具有重要的特殊意义,其在国民经济中的地位正逐步上升,作用正日益突出。文化是民族的灵魂,是经济发展的源泉,是国家发展壮大的不竭动力。文化也是城市的名片,代表着一个城市竞争发展的软实力。

二、文献综述

(一)文化旅游的概念

追求文化享受已成为当前旅游的一种风尚。关于文化旅游的概念目前还没有明确的定论。世界旅游组织以及欧洲旅游与休闲教育协会(ATLAS)将文化旅游定义为:文化旅游是指人们为了满足自身的文化需求而前往日常生活以外的文化景观所在地进行的非营利性活动。麦金托什(1985)认为文化旅游包括了旅游的各个方面,旅游者可以从中学到他人的历史和遗产,以及他们的当代生活和思想。文化旅游应包括以下内容:手工艺、语言、艺术和音乐、建筑、对旅游目的地的感悟、古迹、节庆活动、遗产资源、技术、宗教、教育等（Jamieson，1994）。

国内最早提到文化旅游概念的是魏小安（1987），但是并没有明确给出文化旅游的概念。朱桃杏和陆林（2005）认为广义的文化旅游是指在寻求和参与全新或更深文化体验基础上的一种特别兴趣旅游，与一般的旅游活动区别甚微，因为旅游本身是一种文化现象，任何一次旅游经历都是对一次新文化的体验；狭义的文化旅游是指人类记忆中一种正在消失的生活和生产方式场景或地方特色，表现形式如旧式的房子、自家的纺织品、马或者牛拉的车和犁、手工艺品。总之，文化旅游是指通过旅游实现感知、了解、体察人类文化具体内容之目的的行为过程，泛指以鉴赏传统文化、追寻文化名人遗踪或参加当地举办的各种文化活动为目的的旅游。

（二）文化旅游资源

文化资源是人们从事文化生产或文化活动所利用的各种资源总和，是可以作为文化产业生产经营原料的各种物质要素和精神要素，以及文化产业经营所必需的各种环境要素，一般分为自然文化资源和社会文化资源。文化资源是发展文化产业的前提和基础，文化产业的兴办与发展必须以文化资源为依托。

文化旅游资源是旅游资源中的一部分，文化的元素渗透在旅游行为和旅游吸引物的每个角落，人们很难将旅游的文化资源从整个旅游资源中剥离开来。文化旅游资源即是对旅游者形成文化吸引，为旅游者在文化旅游过程中使用和消费并促使文化旅游感受形成的各类要素（王煜，2007）。文化旅游资源在形态上，既有物质形态的实在物，也有精神形态的意境。物质形态可以是显性的、具体的或明确被感知的；精神形态主要是隐性的，但仍可以不同程度地感觉到它的存在，并可以通过象征、渲染等手段，将其从精心营造的旅游文化场景中揭示和显现出来。

三、研究方法

本文通过市场调查、深度访谈等形式，对滨海城市威海市的文化资源进行分析调查，并按照国家标准将文化资源进行分类。

结合威海文化资源及产业具体情况，通过深度访谈和问卷调查搜集资料，共调研全市各文化产业分管部门、相关部门和相关机构 37 个；走访文化产业相关人员 44 位；走访文化企业、文化产业园区、文化基地等 39 个；调研文化企业、文化产业园区和文化产业基地等 161 家；受访人数 961 人。

四、研究结果

（一）威海市文化资源类型统计图

调查结果表明，威海市具有一定代表性的文化资源共有 500 项。如图 1 所示，从文化资源的类型分布来看，威海市的历史文化资源最丰富（200 项），其次为休闲娱乐资源

（122 项）和新闻出版影视资源（65 项），再次为地域文化资源（50 项）、艺术文化资源（33 项）和民俗文化资源（23 项），其他如宗教文化资源（7 项）则相对较少。

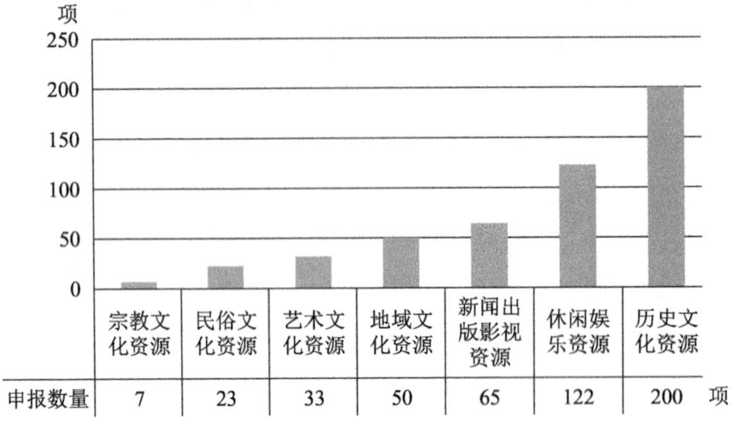

图 1　威海市文化资源类型统计图

（二）威海市文化资源类型比例

文化资源类型方面，威海市历史文化资源比较丰富，占比为 40.00%，其次是休闲娱乐资源、新闻出版影视资源和地域文化资源，占比分别为 24.40%、13.00% 和 10.00%，再次为艺术文化资源（6.60%）和民俗文化资源（4.60%），宗教文化资源（1.40%）比重最小（见图 2）。

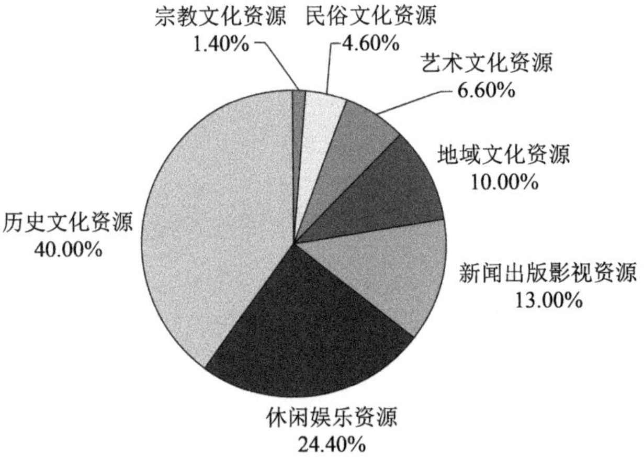

图 2　威海市文化资源类型比例

（三）威海市文化资源地域分布

从文化资源的地域分布来看，数量最多的为中心城区（市直、环翠区、火炬高新技术产业开发区、经济技术开发区和临港经济技术开发区，以下统称中心城区）有 233 项，其次为荣成市（145 项），再次为文登区（95 项）和乳山市（78 项）。如图 3 所示。

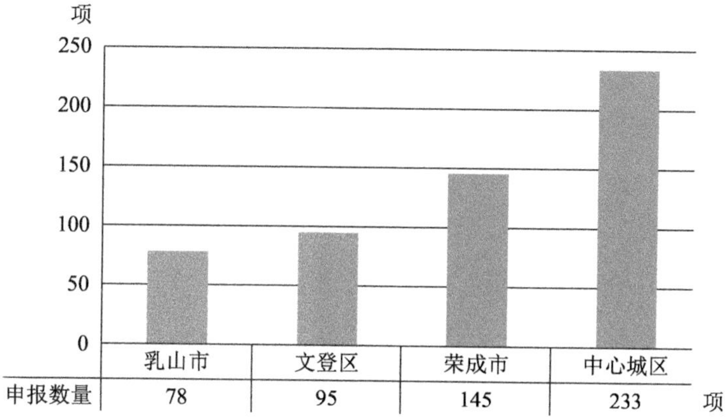

图 3　威海市文化资源地域分布

五、总结与讨论

（一）文化资源丰富，种类繁多

经过系统的调查与分析可以发现，威海市文化资源积淀丰厚，种类繁多，包括历史文化资源、休闲娱乐资源、民俗文化资源、地域文化资源、新闻出版影视资源、艺术文化资源、宗教文化资源、文化智能资源以及文化人才资源九个大类，涵盖了文化资源学中的所有类别，且优势明显，特色突出。

（二）优势资源明显，特色鲜明

威海市的优势资源主要表现在以下几个方面。

1. 海洋文化资源

威海是海洋大市，“千里海岸线，一幅山水画”，海洋文化资源得天独厚。在几千年的历史发展进程中，威海形成了以温带渔业为基础的民俗文化，以胶东海鲜菜肴为特色的饮食文化，以中日韩历史交流为特征的对外交流文化，并且成为了“海上丝绸之路”的起始点之一。作为深受渔家风俗影响的城市，威海市的民俗文化资源极富地方特色，渔家号子、渔家大鼓等民俗使胶东渔家风情得以充分展现。全市已有 16 项传统工艺被认定为国家级和省级非物质文化遗产。大量民间神话传说流传至今，仍然引人入胜。从海事、海防文化到渔家风俗、民居风格，再到海洋产品制作、日常生活习惯，以及越来越受到关注的海洋休闲娱乐，无不呈现着浓郁的海洋特色。

2. 休闲娱乐资源

威海市现有 102 处娱乐休闲基地与娱乐休闲项目。得益于威海市优越的地理环境与气候条件，娱乐休闲资源已被较为充分地开发，诸多国际性休闲娱乐项目及体育赛事大幅提高了威海市的知名度与影响力。

3. 历史文化资源

目前威海保存下来的不可移动文物和历史遗迹1497处，文物保护单位174个。独特的历史事件造就了威海市的红色历史文化，以及众多著名的历史人物。此外，威海卫、成山卫、靖海卫等一些海事、海防文化，也为威海历史文化资源增加了特色。

4. 影视文化资源

威海独特的自然风光（山、海、林、泉、蓝天、白云）和人文环境（独特的风俗文化）是独具特色的影视拍摄资源。目前，每年都有近百个影视剧组前来威海拍摄外景。据不完全统计，近几年以威海为主要背景的影视作品已近50部，文登的中韩影音创意基地拥有中国舒适度最高、山东省最大和最高级别的摄影棚，占地面积1万多平方米，可接待各种类型的电影、电视剧和大型综艺类节目的拍摄，并能为影视剧组提供高品质专业工作空间和全方位的生活配套服务。同时，威海还有中央电视台威海影视城和荣成爱莲湾影视基地、三和影视基地以及乳山三花影视基地等良好影视资源。截止到2013年底，威海市共有各类广播电视播出机构近1000余家，覆盖6000多平方千米，各类频道和节目达到300多个，电影院线达50余家。广播电视全市范围内普及率逐步提升，综合覆盖率达98%以上。

5. 韩国文化资源

由于比邻韩国的地域优势，威海市的韩文化发展较快，并且特色鲜明。威海的韩国元素购物地点繁多，还有综合性韩国文化商业区韩乐坊和韩国风情街，为中韩文化交流、商品交易、民俗文化体验提供了良好的发展基础。目前威海有韩餐主题餐馆600余家，韩国产品涉及10 000多种，覆盖餐具、洁具、化妆品、服装、影视、动漫、游戏、电子电器等20多个行业。随着中韩自由贸易的日益深入，威海的韩文化资源将得到进一步的发掘。

6. 道教文化资源

威海是道教全真教的发祥地，多处风景区都依托于千百年来流传的道教文化。其中有号称“仙山之祖”——道教全真派的发祥地昆嵛山，有“满山皆神话，无处不天机”——历来被道家视为大化仙境的圣经山，有集道教文化与自然风光于一身的国家4A级旅游综合度假区——自古就是东方海文化和仙道文化的灵福圣境的仙姑顶玉仙宫，此外还有铁槎山、伟德山、圣水观等著名的道教风景区。

（三）资源分布不均，各有所长

从地域分布来看，环翠区和荣成市的文化资源数量最多，其次为文登区和高新技术开发区，再次为乳山市，相对而言，经济技术开发区和临港经济技术开发区的文化资源较少。从各个区市内部分布情况来看，环翠区最丰富的文化资源是艺术文化资源和休闲娱乐资源，荣成市最丰富的文化资源是历史文化资源和民俗文化资源，而文登区和高新技术开发区最丰富的文化资源是新闻出版影视资源，乳山市最丰富的文化资源是民俗文化资源，剩余区域的文化资源则相对较少。

（四）文化创意产业人才相对匮乏

威海市文化创意产业存在较为严重的人才结构性短缺问题。统计数据表明，威海市文化人才资源仅有 25 项，文化名人只有 10 项，而文化智能资源有 40 项，但 70% 是商标，创意资源仅占 5% 。特别是现代传媒、动漫游戏、数字视听、网络文化等新兴创意产业的人才匮乏情况尤为严重。

总之，作为滨海城市，威海拥有丰富的文化资源，具有一定代表性的文化资源共有 565 项，历史文化资源和休闲娱乐资源比较丰富，其次是新闻出版影视资源。威海市优势文化产业主要包括文化旅游产业、文化休闲娱乐产业、工艺品产业、影视文化产业和韩国文化产业。基于威海市的文化资源，本文提出了文化旅游的开发策略，包括开展休闲文化旅游，开发文化旅游产品，促进文化品牌营销，开发文化养老产业，建设文化影视基地。

基于传统文化的泉州休闲旅游圈的构建

李冬梅　黄斐霞　杨秋娜
（黎明职业大学）

【摘　要】本文从休闲旅游的角度出发，以泉州市的旅游资源为研究对象，运用资源整合的方法，对泉州市旅游资源进行重新分类，分别对宗教旅游资源、文博旅游资源、夜间旅游资源、滨海旅游资源及其他旅游资源等进行探讨，提出了各个类别的旅游资源整合策略，构建富有文化特色的宗教、博物馆、滨海、夜间、茶叶、陶瓷和乡村七大休闲旅游圈（带）。

【关键词】传统文化　休闲旅游　休闲旅游圈

休闲旅游的主要目的在于让人真正享受工作和日常生活之余的闲暇，是精神上的放松，具有悠闲、自在的旅游价值取向，因此休闲旅游的目的地多是文化底蕴浓厚、文化特色鲜明、宜居宜行、修身养性的地方。重视内心体验和感受是休闲旅游与其他传统型旅游形式最本质的区别。休闲旅游资源不仅包括风景区或名胜古迹的建设，更包括了城市的休闲空间的建设。[1]但是休闲旅游的需求因人因时因地而异，只考虑经济元素的休闲旅游资源不具备旺盛的生命力，文化作用的弱化是现今国内休闲旅游建设中的一个普遍问题。[2]泉州是一座历史文化名城，拥有众多的国家级、省级、市级重点文物保护单位，这些单位大部分被打造成为知名景区、景点，但是这些景区、景点之间的联系紧密度较低，缺乏有效的优化整合，这在很大程度上阻碍了景区、景点的发展，进而限制了泉州旅游业的发展。因此，对现有的旅游资源进行优化组合，在保留这些资源的原始性的同时，可以突出其地域性和差异性，以构建七大休闲旅游圈（带）。

一、七大休闲旅游圈的构建

综合泉州市域内的休闲旅游资源，本文从资源分类、区域规划的角度提出构建七大休闲旅游圈（带）的建议，图1为七大休闲旅游圈（带）分布图。

七大休闲旅游圈（带）具体包括：

（1）依托泉州种类繁多的宗教旅游资源构建宗教休闲旅游圈；

（2）依托泉州丰富的文博休闲旅游资源构建文博休闲旅游圈；

（3）依托古城文化和现代创意相结合的夜间休闲资源构建夜间休闲旅游圈；

（4）依托泉州漫长的海岸线及优质的海滩资源构建滨海休闲旅游带；

（5）构建富有泉州地方特色的茶文化休闲旅游圈；

（6）结合德化周边特色生态旅游资源及独具特色的陶瓷艺术构建陶瓷文化休闲旅游圈；

（7）充分用活当前中央加大乡村旅游扶持政策，结合各县市特色各异的休闲农业构建乡村休闲旅游圈。

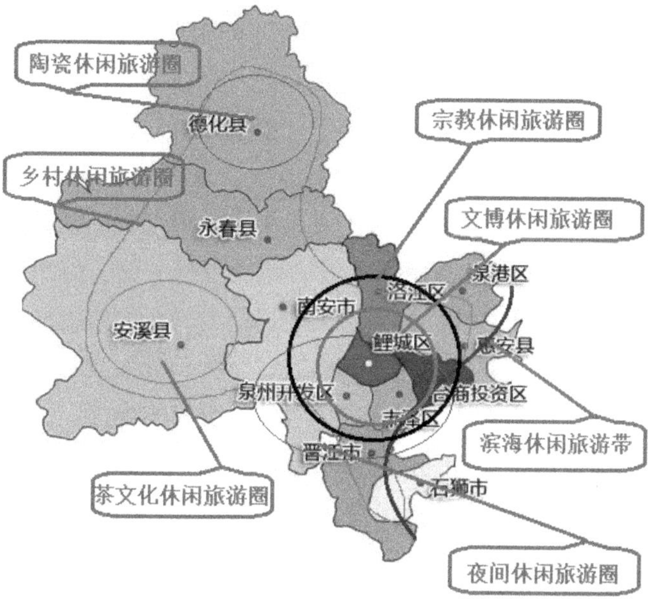

图1　泉州市七大休闲旅游圈（带）分布图

二、宗教休闲旅游圈的构建

泉州作为我国古代“海上丝绸之路”的起点，许多商人、旅行家、僧侣曾在这里汇集，这些人带来了佛教、伊斯兰教、基督教、印度教、摩尼教等宗教。外来宗教和本土宗教和平相处，互相兼容，形成了泉州宗教文化兼收并蓄的独特风格。泉州的宗教遗址不仅可以让旅游者深刻了解泉州的宗教文化，而且能让旅游者的身体得到放松，心灵得到净化。但泉州宗教休闲旅游圈至今未能形成，主要原因是：第一，当地人们对宗教文化的认识不够，虽然泉州80%以上的人都信仰宗教，但对宗教深邃的精神并没有真正领会，而只是停留在表层，甚至很多走入了歧途，进而演化为迷信。第二，宗教休闲旅游的开发力度不够，更多的是停留在宣传层面，没有深入挖掘宗教的文化价值。第三，泉州宗教林立，但长期以来，被外界所知晓的仅有少数，如清源山、开元寺、承天寺、清净寺等知名寺庙，而诸如在欧美、东南亚拥有数百万信众的凤山寺在国内却知名度甚低。

泉州的宗教信仰以佛、道、儒为主，这些宗教的教义都具有普济众生的精神追求，但是现实中上流社会阶层比普通百姓从这些宗教中获得了更多的益处。按《有闲阶级论》的分类标准，这些上流社会阶层皆属于不直接从事生产劳动的有闲阶层，因而他们必定比普通群众获取更多的宗教休闲收益。然而，现代社会已不再是上流社会独享休闲了，普通社会大众也有休闲的需求，因此，要使宗教休闲资源服务大众、服务民生，成为百姓休闲的公共资源。如何将宗教与现代社会相融合，使其为现代社会服务，成为适应大众需求的宗教休闲旅游资源，是当前宗教旅游开发的一个重要话题。

（一）主动宣传和推广宗教休闲度假方式

在泰国、日本等佛教兴盛的国家里，宗教休闲度假已成为一种流行旅游度假方式。年轻的白领阶层在摆脱紧张、压力重重的工作后，进入寺庙体验宗教生活，在缓解紧张情绪的同时，感悟宗教精神，从而净化心灵，实现“身心双修”的效果。河北的柏林禅寺开展的“生活禅夏令营”就是很好的宗教休闲度假方式。泉州的宗教休闲资源不能被动等待，而应主动地走进百姓生活，融合现代社会，成为大众休闲度假的基地。以清净寺为例，泉州清净寺被誉为“第二麦加”，其在伊斯兰教的地位可见一斑。清净寺有非常广阔的潜在休闲客源市场。首先，针对该宗教资源开展具有伊斯兰特色的宗教休闲旅游线路，如设计清净寺—灵山圣墓—穆斯林后裔村休闲旅游线路；其次，借助“东亚文化之都”这个对外宣传的良好平台，把该特色宗教休闲资源加以宣传，提升知名度；第三，开发伊斯兰饮食和住宿，将现有的众多伊斯兰餐馆进行整顿和优化，改变环境脏、布局乱、卫生差的现状，围绕伊斯兰休闲线路进行餐馆和旅馆的布局，使之在该线路沿线上形成既有景点又有文化特色的综合休闲体。

（二）整合市区和乡镇的宗教休闲旅游资源

泉州知名的宗教寺庙大多处于中心市区和各个县市的中心城区，可以由此构筑一个由中心市区连接各个县市城区的宗教休闲旅游圈，服务于城市居民和游客，除了为城市居民提供休闲场地外，还可以为游客和居民提供较高层次的休闲度假。在该休闲旅游圈成熟的同时向外围乡镇扩散，带动各个乡镇的宗教寺庙休闲资源，由此形成一个宗教休闲旅游网，从而使宗教休闲资源与百姓生活融合，成为大众的日常休闲旅游资源。以承天寺为例，承天寺素有“城市山林”之称，平时有众多的周边居民来此休闲，也有较多的外地游客在此游览，寺旁的泉州五中和泉州三中的学生也常来此休闲阅读。因此，可在此基础上把寺庙的休闲功能再进一步完善，如增设石桌、石椅、凉亭等，吸引更多的休闲游客。临近的文化宫内的铜佛寺亦如此，平时聚集了非常多的周边居民，已形成大众公认的休闲去处。可见，宗教寺庙开发休闲功能是有较强的现实意义和可行性的。

（三）探索和发展宗教休闲文化产业

宗教寺庙的管理可以借助现代的运营管理模式，使宗教休闲产业适合现代市场经济体制的文化产业，可以开发与宗教休闲相关的周边产品和服务，以满足人们的物质和精神需求。洛阳、四川、浙江、湖北等的一些寺庙，如少林寺、峨眉山、青城山、普陀山、武当山，在这一领域已具有较成功的经验，泉州可以借鉴。如河南嵩山的少林寺无形资产管理有限公司和江苏无锡的灵山实业有限责任公司，通过现代的企业运营模式，把寺庙的影响力提升起来，吸引了更多的休闲旅游者，同时也获取了更多的资源，既满足了众多休闲者的需求，又发展壮大了宗教旅游休闲产业。值得注意的是，宗教寺庙在运营过程中除了遵循法律的约束之外，还要符合宗教普世、济世、利他的精神，获取的利益除满足寺庙的发展需要外，应更多地惠民。因此，发展宗教休闲产业要把握好度，避免过度商业化，沦为获取利益的工具。

三、文博休闲旅游圈的构建

博物馆是记录历史，传播文化的一个重要载体。1989 年国际博物馆协会修订的《国际博物馆协会会章》中规定：“博物馆是一个不追求赢利的、为社会和社会发展服务的、向公众开放的永久性机构，以研究、教育和娱乐为目的，对人类和人类环境的见证物进行研究、采集、保存、传播和展览”。[3]随着旅游业的不断发展，博物馆旅游产品的开发越来越引起人们的重视，博物馆的旅游功能日益突出，逐渐成为展示城市独特历史文化、提升城市文化旅游吸引力的重要载体。[4]泉州的博物馆数量之多、种类之全、级别之高，国内其他地市级城市甚至省会城市是难以比拟的，泉州既有综合性博物馆，又有各种各样的专题博物馆。泉州可以充分利用其丰富的文博资源开发休闲旅游。

（一）创新文博休闲旅游资源展示方式

目前很多的博物馆、艺术馆都还是传统的图文展示、语音、多媒体的方式以及导游讲解的方式，这些方式虽然是主流方式，但却不是最好的方式。可以借助现代科技，增加游客的体验感，如四川广元青川地震博物馆就是利用现代技术，仿真地震过程，使每个参观的人能亲身体验整个地震过程。泉州科技馆可以利用现代设备，增加游客对声、光、色彩变幻的体验，也可以请博物馆的专业人员来指导游客的体验过程；南少林博物馆则可以聘请教练来指导参与者体验南少林功夫。

（二）注重文博休闲旅游产品的设计

文博休闲旅游产品在设计过程中必须融入体验的理念，可通过休闲资源的“三性”（可感知性、可理解性、可参与性），使旅游者获得“三感”（新鲜感、亲切感、满足感）并满足其“三求”（求补偿、求解脱、求刺激）。[5]这是文博休闲旅游产品设计的原则和目标。首先，通过具有鲜明的主题来设计休闲产品，如通过历史、宗教、时尚、大众文化、艺术等主题来设计产品。泉州现有的很多博物馆如华人华侨博物馆、海外交通史博物馆、郑成功纪念馆，主题都是非常鲜明的，但要通过对这些主题的展示和升华，完整地还原整个历史。其次，各个文博休闲场馆产品要有差异性，如世博会各个国家场馆的布置和设计完全不同，建筑风格不同、装修材料不同、环境布景不同，因此也就使得整个世博会异彩纷呈，每个场馆都能吸引游客。泉州的博物馆也应注意各个文博场馆之间的差异性。最后，文博休闲场馆要注重休闲旅游者的参与感知性，要在视觉、听觉、嗅觉、味觉、触觉以及心理感受等各层面向休闲旅游者提供丰富的感官刺激，以期达到学习、教化和增长知识的目的。

（三）降低文博休闲旅游资源的门槛

文博休闲资源不仅具有保护文化遗产和自然遗产的功能，而且还具备休闲服务的功能，以及承担着教育的功能。因此，文博休闲旅游资源应降低游客进入的门槛，使其服务的面更广更宽，服务的功能发挥得更加极致，成为公园一样的公共服务资源。在资源整合过程中，要注重遗产的保护与休闲服务、教育之间的平衡。例如，实行多个博物馆联票制、博物馆门票年卡制，有条件的博物馆要免费向公众开放。

四、夜间休闲旅游圈的构建

夜间休闲是城市休闲旅游的另一种模式。泉州各地的夜间活动丰富多彩，各种文化创意园不断涌现，还有不少可以品茶、欣赏木偶、南音等各种戏剧表演的地方。泉州完全可以改变“白天逛庙、晚上睡觉”的旅游方式。目前，泉州夜间休闲旅游存在的问题主要包括：第一，各种夜间休闲资源独自开发，空间分布杂乱，缺乏引导和整合；第二，夜间休闲资源开发缺乏文化的支撑，没有底蕴；第三，对夜间休闲资源的宣传力度不够。

（一）加强对夜间休闲旅游资源的整体规划

随着大众休闲时间的增加，人们的生活水平不断提高，泉州的夜经济也逐渐繁荣起来，人们不断增长的夜生活需求刺激了各种夜间休闲资源的开发。然而，这些夜间休闲资源，除了部分具有代表泉州文化特色的戏剧类休闲资源和文化创意产业园具有明显的政府导向性外，大多都是随着大众的需求以及对其他地方的模仿逐步开发出来的，政府对其规划和管理有严重的滞后性，从而导致了目前夜间休闲资源分布不均、布局不合理、服务功能不完善的现状。因此，应该从宏观上对夜间的休闲资源进行整体的整合，引导资源的开发和布局合理，进而使夜间休闲资源分布均衡，服务功能更加完善。

（二）挖掘夜间休闲旅游资源的文化内涵

泉州应围绕宗教文化、闽南文化、饮食文化、茶文化、滨海文化等打造具有“东亚文化之都”特色的夜间休闲旅游产品，要在各区县市挖掘既具有泉州共性文化，又具有区县市特色的个性文化。可通过资源的组合增加游客体验的多样化，如茶馆与戏剧的结合，滨海文化与渔家文化的结合等；可延长博物馆、图书馆、体育馆、艺术馆的开放时间，丰富大众的文娱休闲体验、体育健身活动；可规范KTV、SPA、洗浴、足疗的经营，提供丰富的康乐保健休闲资源；可开发独具泉州特色、闽南特色的旅游商品、旅游纪念品等，开展夜间购物。

（三）加大夜间休闲旅游宣传力度

以前常说“酒香不怕巷子深”，而现在却是“酒香也怕巷子深”。没有良好、有效的宣传，再好的资源、产品也只能是孤芳自赏。泉州应该借助旅行社、旅博会、新媒体等渠道和途径，大力宣传夜间休闲资源。夜间的活动还可以与泉州独具特色的民俗活动结合在一起。泉州许多传统节日都有独特的活动，如元宵节的闹花灯、踩街，农历七八月的普渡，七夕节夜晚的"听香"等，让旅游者参与到这些活动中，体验泉州人的节庆习俗。夜间休闲旅游的发展使中短途旅游者可充分利用闲暇时间，延长在泉州的逗留时间，促进旅游消费。

五、滨海休闲旅游圈

滨海休闲旅游可以让游客充分体验泉州独特的海洋文化。泉州作为海峡西岸经济区的重要城市之一，海岸线长达427千米，海域面积11 336平方千米，海洋资源和滨海旅游资源十分丰富。生活在海边的人与海息息相关，他们的生活习俗等都表现出浓厚的海洋特征。泉州的海洋文化不仅赋予泉州人"敢入不毛之地、敢闯绝域之墟"的勇气，敢想、敢说、敢试、敢拼、敢赢的精神，更赋予其海纳百川、和平宽容的胸怀和气度。[6] 泉州广阔的海域面积和漫长的海岸线具有大规模的、高品质的、有发展潜质的海滨沙滩，如惠安崇武、山霞青山湾、西沙湾、晋江衙口、深沪湾海滩、石狮黄金海岸等，岸线超过1千米的沙滩有14个，与海上丝绸之路历史有关的国家文物保护单位有20处，省、市、县级文物保护单位有200多处。[7] 丰富的资源禀赋为泉州开发滨海休闲旅游成为可能。

（一）丰富滨海休闲旅游产品

国际自然保护联盟（IUCN）特别顾问、墨西哥专家谢贝洛斯·拉斯喀瑞（Ceballos-Lascurain）在20世纪80年代初首次提出"3S（即sea—大海；sun—阳光；sand—沙滩）"旅游资源的概念。但随着滨海休闲旅游资源的深度挖掘，有学者认为，应该发展"4S"旅游资源，即在原来"3S"旅游资源的基础上，增加"Seafood（海鲜）"这一滨海休闲资源。海鲜确实在很大程度上吸引了休闲旅游者。通过渔家乐、渔村等形式提供丰富多样的海鲜食品，是有效吸引休闲旅游者的另一方式。如开发当一天渔民旅游项目：吃在渔家，住在渔家，行在渔家，购在渔家，乐在渔家；可修建渔业产品购物一条街，提高渔业产品质量，改善渔业产品包装，让游客享受一站式的购物乐趣；游客也可参观渔区内的生产劳作，可体验乘渔船、扬风帆，撒渔网等海上作业，可亲自参与剥海蛎、补渔网等动手性的简单渔业生产。

（二）完善崇武古城休闲旅游地

应在原有的基础上，完善崇武古城滨海旅游地。丰富石雕园内的石雕种类，增加资源的丰度，进而增加游客游览的时间；深度挖掘惠女风情等民俗休闲旅游资源，除了惠女服饰的展示，应增加游客对惠女生产、生活等活动的体验，结合古城遗址的游览观光，同时开发惠安特色民居，发展住宿业；可以考虑建设海洋体验馆，开发海洋资源的教育功能。

（三）合理规划滨海休闲旅游带

目前，泉州的滨海休闲旅游资源开发尚处初期，应借鉴海南、大连等滨海休闲旅游发展较好的旅游地，充分利用后发优势，少走弯路。泉州的滨海旅游资源可以划分为几个休闲旅游带，从惠安崇武到台商投资区的惠女风情体验带，包括石雕的展示、惠女风情的体验、“4S”旅游产品及古城浏览；从台商投资区到东海（后诸港）的对台商贸休闲带，结合台商投资区的规划建设，发展现代商贸、滨海休闲观光、海上亲水活动等；从东海（后诸港）到石狮的“海上丝绸之路”文化休闲旅游带，重点挖掘“海上丝绸之路”文化、深度开发浔浦民俗风情，体验浔浦渔村生活，感受与相邻的惠女风情的差异；从石狮永宁到南安石井的休闲度假带，石狮目前已开发了“黄金海岸”，应在此基础上，结合该地拥有最好的沙滩，进一步完善休闲度假设施，大力发展休闲度假旅游，同时，利用南安石井对台的优势，开发对台商贸业和休闲娱乐业。

滨海休闲旅游带的环境是吸引游客的最主要因素之一，在整个滨海休闲旅游带的最北端——泉港，已开发了石油加工产业，因此，防止石油产业对滨海休闲旅游资源的污染是滨海休闲发展的关键；同时，各个旅游带也要维护好各自的环境，保持沙滩、海水的干净，以促进滨海休闲旅游持续健康发展。

六、其他休闲旅游资源

（一）茶文化休闲旅游圈

安溪是我国主要的茶产区之一，是铁观音的发源地，中国最大的乌龙茶主产区。由于得天独厚的自然环境，安溪茶树品种多，质量好，被誉为“茶树良种宝库”。“安溪铁观音”已拥有《安溪铁观音国家标准》、证明商标、地理标志保护产品、中国驰名商标等多重“身份”。

茶已经成为安溪本地人休闲必备的饮品，成为生活中不可或缺的组成部分，因此在开发的过程中，主要关注的群体应该是外来的休闲旅游者。茶文化休闲旅游资源的开发必须注意的一个重要原则，就是游客的体验和参与，不论是采茶、制茶、泡茶、品茶、茶艺表演等都要融入体验的要素，让游客亲身体验，增强对茶文化的感悟。可以开发一条具有整个茶叶制作过程的休闲体验线路，让游客体验从采茶到品茶的整个流程；同时，可以结合安溪的宗教、名人故居旅游资源，生态旅游资源开发具有特色的休闲旅游线路，如结合清水岩、凤山风景区、李光地故居开发即具有茶文化特色，又具有宗教文化特色的综合休闲旅游产品；结合志闽生态旅游区、龙门深林公园开发具有茶文化特色、具有休闲运动的综合休闲旅游产品。

（二）陶瓷文化休闲旅游圈

与丝绸、茶叶并列为我国古代“海上丝绸之路”贸易中三大出口产品之一的中国陶瓷，由于其独特性，是三大产品中遗留下来数量最多、覆盖面最广、影响最大的商品，在世界各地发现的沉船中出土了大量的陶瓷碎片。陶瓷是跨越中世纪东西世界的一条友谊纽带，同时也是一座东西文化交流的桥梁，因此有历史学家把“海上丝绸之路”称为“陶瓷之路”。[8]

德化的陶瓷文化休闲资源开发可以走创意的路线，把陶瓷发展成创意产业，使德化的陶瓷走上可持续发展的道路。德化的陶瓷可以结合体验旅游来开发，游客通过对陶泥、摞泥、拉坯、印坯、修坯、捺水、画坯、上釉、烧窑、成瓷、成瓷缺陷的修补等工序的体验，感受陶瓷的文化，除此，游客亲自制作自己最喜欢的瓷器，除了获得独一无二的产品外，在制作过程中的成就感是无法替代的。德化的陶瓷休闲文化资源还可与区域内的生态旅游资源结合，如结合石牛山、戴云山等生态旅游区，开发具有陶瓷文化又具有生态旅游的休闲活动；也可与极限运动一起开发，如结合水口的漂流运动，不但具有静的陶瓷文化体验，又有动的漂流活动体验，动静结合，使休闲活动丰富多彩。

（三）魅力乡村休闲旅游圈

如今生活在城市里的人由于生活节奏快，生活压力大都希望有机会回归自然，放松身心，到美丽乡村休闲旅游是一个不错的选择。经过几轮评选，泉州已选出一批有代表性、适合开展旅游活动的魅力乡村。这些乡村分布在泉州的各个县市区，有共性又有各自的地域特色，尤其以永春的北溪最具特色。这些乡村有的是山村，有的是渔村，有的是水果之乡，各具特色。

泉州发展乡村休闲旅游，首先要结合当地的特色，切忌模仿。乡村休闲旅游之所以吸引休闲旅游者，主要原因是它与城市生活的差异，如果所有的乡村休闲旅游内容相同，活动相似，游客去了一个乡村旅游点后，就不会去另一旅游点，因此，乡村休闲旅游地必须具有各自的特色。其次，乡村休闲旅游要与环境保护同步，游客到乡村体验生活的另一原因便是农村的环境优美，失去这一天然资源，便失去了乡村休闲旅游的竞争力。再次，要挖掘乡村休闲旅游文化。乡村文化是乡村休闲旅游持续发展的内涵，要以乡土文化为核心，突出地域特色文化，提高乡村旅游产品的档次和品位，避免雷同现象。最后，要搞好基础设施建设。乡村休闲旅游的发展离不开完备的基础设施，包括道路、交通、住宿、通信等多方面。要多方筹集基金。要关注社区的需求，最大限度保证社区参与，没有社区的参与，乡村旅游不可能开展下去。

参考文献

[1] 叶文，王越平，马谊妮．城市休闲旅游：理论·案例［M］．天津：南开大学出版社，2006.

[2] 陈旸，郭旭．论文化导向的城市休闲空间设计策略［J］．城乡规划，2010（1）：82－86.

[3] 俞霞，黄远水．泉州文化旅游资源现状与开发探析［J］．福建商业高等专科学校学报，2010（1）：62－65.

[4] 陈桂洪，黄远水，张雅菲．国内博物馆旅游研究进展与启示［J］．乐山师范学院学报，2010（12）：74－79.

[5] Pine II，B. Joseph，James H. Gilmore. Welcome to the Experience Economy［J］，Harvard Business，July－August，97－105，1998.

[6] 李冬梅．"海上丝绸之路"与泉州文化［M］．福州：海风出版社，2010.

[7] 郑伟民，曾娉梅．泉州滨海旅游综合体规划建设研究［J］．科技和产业，2013（10）：58－62.

[8] 庄景辉．泉州港考古与海外交通史研究［M］．长沙：岳麓书社，2006.

论《二十四诗品》的休闲境界

孙敏明
（浙江万里学院文化与传播学院）

【摘　要】本文讨论《二十四诗品》的休闲境界。第一层从宏阔之景、清幽之景、秀丽之景来领略《二十四诗品》中的自然山水之美，探究其艺术形象的意蕴；第二层从人在自然山水中的种种活动，讨论了人与自然和谐的闲适之乐；第三层从内在心性修养角度展开，因为幽人佳士们对于自然山水美的欣赏，以及在山水之间进行的休闲娱乐活动，其本质在于内在心性的修养。综观《二十四诗品》，最重要的是通过对纯洁本性的累积、回归、体悟而达到对"真""中""虚"的葆有。这是修炼的功夫同时也是体悟的境界，主要启示了活在当下、顺其自然的诗意人生，以及如果妙合大道便也就获得了与道同体的永恒境界。

【关键词】自然大美　闲适乐趣　返璞归真

《二十四诗品》不仅是司空图论诗歌艺术风格类型的文学理论作品，也是优美的诗歌作品。《二十四诗品》（以下简称《诗品》）中流淌着时间的节律，自然的变化和宇宙生生不息的生命律动。其中的数字或许是带有某种意味的，如四言诗的呈现，"四"意味着四季，每首12句，12是一年的月数；总数为24首，24是一年的24个节气。末首《流动》，指向时间的不断绵延。而其空间的呈现又是远离了喧嚣市井的山水自然，幽人佳士们徜徉其间，他们的生活是日常的，也是艺术的，是闲适的，也是哲思的。

一、自然之境

《诗品》中充满着道家思想，道家以"道"为基本概念，以"道法自然"为基本命题，而如何来体现道的独立性、普遍性和自自然然的特点，大概只有这"有大美而不言"的天地了。《诗品》中呈现的天地自然无不浸染着道家或包孕宇宙或超脱尘世的气度与风姿。下面从宏阔之景、清幽之景、秀丽之景来领略《诗品》中的自然山水之美，来探究其艺术形象的意蕴。

《诗品》第一首是《雄浑》，其中的具体形象"荒荒油云，寥寥长风"①，仿佛一下子

① 司空图，郭绍虞．诗品集解［M］．北京：人民文学出版社，1998．文中所引《二十四诗品》原文均出自本书，下面不再一一标注。

把人带入一个混茫、博大、雄阔的境界中，似《庄子》第一篇《逍遥游》开篇鲲化为鹏展翅高飞所展现的一个宏大的世界，打破了日常生活的局限，一下子把人的视野和心胸提升到无限的广大和绵延中。“荒荒油云，寥寥长风”第一句写云，第二句写风。云是苍苍茫茫的一大片，又在不断兴起流动变化之中；风是可破万里浪的长风，无障碍地鼓荡于天地之间。而之所以能如此其根本在于“大用外腓，真体内充”。引无名氏《诗品注释》的话说：“浩大之用改变于外，由真实之体充满于内”。外在表现出的雄壮、混茫正是由于本体的充实和壮大，本体的充实在于道充盈其内。《诗品》中多以山水风云等形象的描写来表现雄伟、壮大的风格，象征宏大的视野和广阔的胸襟。

又如《豪放》：“天风浪浪，海山苍苍。”《注释》有云：“风极于天，山极于海。”天风和海山是意象中的极壮大者，浪浪然天风广阔没有边际，苍苍然海山高莽不可追攀。而如此之景亦是为了象征广阔的胸怀，即“观花匪禁，吞吐大荒”的大胸怀。观花即观化，观大化衍流，认识到万物生死变化的道理，与大化同在，于是便有了吐纳八荒的胸襟，这不仅是空间上的广大无限，同时也是时间上的绵延无穷。

还有如“巫峡千寻，走云连风”（《劲健》）的壮阔，“前招三辰，后引凤凰。晓策六鳌，濯足扶桑”（《豪放》）的伟力，“荒荒坤轴，悠悠天枢”（《流动》）的永恒等。《诗品》中波澜壮阔的自然景物的描摹扩大了视野，提升了心灵，由自然大美的领略而指引人去体悟“万物与我为一”的大境界。

《诗品》中另一类颇具特色的是超越世俗、清雅娴幽的动人景致。“月出东斗，好风相从。太华夜碧，人闻清钟。”（《高古》）清风伴着明月的夜晚，在传说中神仙们集会的华山，明澈的钟声仿佛从天际传来，更显幽静。郭绍虞释：“太华入夜，万籁俱寂，一碧无余，此时此际，忽闻清钟，更觉一私不染，万念胥澄，神游太古。”此情此景顿时让人消尽尘俗，仿佛遗世独立，飘飘然飞升而羽化登仙。

《超诣》篇将人带入独立物表的超脱之境。“如将白云，清风与归。”白云清风是高妙清淡的形象，《臆说》：“归者，归太空也。”将白云与清风俱归于窈窈冥冥的太空，终是飘然而过不留痕迹。“乱山乔木，碧苔芳晖。”乱山巉岩，乔木森森，碧苔一片青蓝，芳辉一团秀媚。这样孤峭、清雅、素淡、柔和的风景大概也只有性情隐逸的人会喜欢吧。还有《飘逸》篇“缑山之鹤，华顶之云”的飘逸不群之姿，《委屈》篇“杳霭流玉，悠悠花香”的迂曲萦回之美，《沉着》篇“绿林野屋，落日气清”的舒旷洒落之气，等等。

《诗品》中另一类自然景观则呈现出更为日常化的山明水秀。清风明月，水流花开，绿林流莺，每个人置身其中只要开放感官和心灵便能感受大自然的和谐与清明。《纤秾》这篇可谓是描摹春色之美的代表作。“采采流水，蓬蓬远春。窈窕深谷，时见美人。碧桃满树，风日水滨。柳阴路曲，流莺比邻。”形象由远及近，由大到小，画面色彩丰富，明艳动人。一弯清澈的溪流，微波荡漾，光彩耀目。远望春树，枝叶繁茂，生气蓬勃。在秀丽幽深的山谷，时而遇见寻芳览胜的美人。溪流之滨，风日晴和，鲜艳的碧桃花满树盛开，弯弯曲曲的道路，绿柳成荫，树上成群的黄鹂唱着清脆而婉转的歌声。[1]还有描写冬日的：“娟娟群松，下有漪流。晴雪满汀，隔溪渔舟。”（《清奇》）以“娟娟”形容松树似不多见，大概只有被雪包裹了的松树才会掩盖了它往日的苍劲而显出柔美的姿态。雪后放晴，银装素裹的世界里一片静穆娟秀的松树，溪流微波起伏波光粼粼，水中的小洲覆盖着皑皑的白雪，一条渔船悠闲地停靠在岸边。还有如“雾馀水畔，红杏在林”（《绮丽》）的清丽之景，“明月华屋，画桥碧阴”（《绮景》）的华丽之景，“明漪绝底，奇花初胎”（《精神》）的奇丽之景，“杳霭流玉，悠悠花香”的婉丽之景，等等。

细致而深入地去体味在时间节候流动中，昼夜明暗光影变化中的自然景色，领略大自然的真面貌、真精神，那么主体同样要具有真精神，只有“神存富贵”才能“始轻黄金”（《绮丽》），人的真正财富是人之精神，外在之物贵如黄金相比之下也是不足称道的。如果更进一步去领会自然日新、光景常新的道理，即“乘之愈往，识之愈真。如将不尽，与古为新”（《纤秾》）。领略无穷无尽的自然风光就要与化同体，随化俱往，这便如庄子所言宗大道为师的圣人了，“将游于物之所不得遁而皆存。”①（《庄子·大宗师》）郭象注说：“夫圣人游于变化之途，放于日新之流，万物万化，亦与之万化；化者无极，亦与之无极，谁能遁之载?”

二、闲适之境

《诗品》呈现了大自然天风海山的大美，也显示了草木夭矫滋植、情状万千的细美。而自然之美应该是第一层次的，在这样的环境中人的活动与之相映成趣，构成人与自然相融合的和谐情景。处身于山水自然中的生活是诗意的，正如《典雅》篇中云：“书之岁华，其曰可读。”美好的年华和光景本身犹如优美的篇章，如果把这些记录下来就可以吟诵和欣赏。

享受这种宁静寂寥淡远生活的人，大概就是隐逸之士了。他们远离了熙熙攘攘的人间世事，仿佛过着不食人间烟火的出尘生活，这可以《冲淡》篇为代表。“素处以默，妙机其微。饮之太和，独鹤与飞。犹之惠风，荏苒在衣。阅音修篁，美曰载归。”这是有着高度道德修养的人，他生性虚静淡泊，独处不出，静默无言，然而他的精神和心胸却契合于造化的微妙，他呼吸着冲和之气心情怡悦。闲淡隐逸的仙鹤飞翔于天空，更衬托出人物的飘逸。他的胸怀犹如温暖和煦的春风，似即若离，在可感和不可感之间，纤细无声地化润着万物。他处身一片茂林修竹中，恬静地欣赏着竹子的高洁品质，聆听着清和的乐音，不禁发出了与之俱归的愿望。《臆说》论此：“阅音如曾点风浴，载归如曾点咏归。”这是一场丰盈、愉悦、美好、自足完满的内心体验。论者多以为陶渊明最能代表这种境界，还有如孟浩然、王维、储光羲、韦应物、柳宗元等诗人及其他们的诗风也接近这样的境界。

除了沉默独处的静的一面，也有一些雅致愉悦的活动。比如坐在茅屋里饮酒赏雨。雨

① 郭庆藩．庄子集释［M］．北京：中华书局，2004．文中所引《庄子》原文均出自本书，下面不再一一标注。

后初霁，欣赏自然的水流花落，聆听水声鸟鸣，《典雅》有云：“玉壶买春，赏雨茅屋。坐中佳士，左右修竹。白云初晴，幽鸟相逐。眠琴绿阴，上有飞瀑。落花无言，人淡如菊。”这是一幅质朴闲雅的生活图景，修竹掩映的茅屋里，高人雅士一边倾酒一边赏雨。雨后初晴，白云卷舒，山林幽静，鸣鸟戏逐，横琴于绿荫之下，似并不弹奏，而与从山间倾泻而下飞瀑应和着水声泠泠，《臆说》称此有“高山流水”之旨。大自然水流花开，佳士的品性更是如高洁的菊花般淡泊娴雅。

酒和琴是不可或缺的生活元素，而与志趣相投的朋友相逢更是人生的一件美事。“金樽酒满，伴客弹琴。”（《绮丽》）饮酒听琴，宾主欢愉，一派和谐。“碧山人来，清酒深杯。”（《精神》）李白有诗云“问余何事栖碧山”，碧山来人，可见来者正是情志相投合的朋友，或许交谈或许语言也是多余的，斟上满杯的清酒，相对痛饮，更觉逸兴壮飞，精神俊爽。“清涧之曲，碧松之阴。一客荷樵，一客听琴。”（《实境》）仿佛是不经意间的相遇，却有着高山流水识知音一般的情志和谐。

生活在山水间修性得道之人，不是没有忧思忧愁，他们不同于常人之处大概在于有“应物而无累于物”的胸襟和境界。《沉着》篇描写了这样一个在山间独自散步、心怀离情忧思的幽人。“脱巾独步，时闻鸟声。鸿雁不来，之子远行。所思不远，若为平生……如有佳语，大河前横。”这是一个居于绿杉野屋的主人公，在傍晚的落日里，取下头巾一人闲步于山间，他在深深思念着另一个人，那人远行在外，音讯杳无，然而在他的心里或感受里，他或她并没有离开过，虽然相隔千里又仿佛常在身边。深深的思念，似有千言万语的倾诉，然而什么也不用说也不必说，因为“大河前横”，言语道断。这里有深沉的离情忧思，却更有对此的自我解脱与超越。《皋解》是这样来解释的：“盖必色相俱空，乃见真实不虚。若落于迹象，涉于言诠，则缠声束律，不见玲珑透彻之悟。”

《诗品》中散见的活动还有不少，如仰天放歌，“载瞻星辰，载歌幽人”（《洗炼》），这位佳士时而昂首仰望满空皎洁的星辰，时而放声高歌“履道坦坦”的幽人；[2]又如寻幽览胜，“可人如玉，步屧寻幽。载行载止，空碧悠悠”（《清奇》），品行如玉般温润洁白的可人，穿着木屐，一会儿走走，一会儿停停，她正探寻着自然清丽绝俗的美丽，仰望天空，寥廓远大，晴朗蔚蓝；还有雨后采蘋，“幽人空山，过雨采蘋。薄言情悟，悠悠天均。”刘禹昌认为此处“过雨”不如“过水”为优，蘋生水中，幽人经过水滨，顺便采集白蘋，兴之所至，随心所欲，更表现出生活中活泼泼的自然之趣。种种活动无不表现出亲近自然、热爱生活、享受内在身心与外在世界相融合的闲适乐趣。

三、体悟之境

从上面我们看到的是幽人佳士们对于自然山水美的欣赏，以及在山水之间进行的休闲娱乐活动，而这些外显现象的本质在于内在心性的修养。身心获得解放，心灵和精神自由飞扬，这种快乐来源于内心，内心的充实和刚健是其基础。而达到这种强大的内心需要修炼的功夫，既是修炼的功夫同时也是体悟的境界。《诗品》中多处涉及了对于个体德性完满的追求。

《诗品》中有《洗炼》一篇，何为"洗炼"，《臆说》："不洗不净，不炼不纯。"可见审美心胸、闲适心境的造就基于主体心性的陶冶。"犹矿出金，如铅出银。超心炼冶，绝爱缁磷。"冶炼是一个漫长的过程，也是一个非常重要的过程，如同从矿铅中提炼出金银一般。而冶炼的态度则是超然的，顺其自然、无所用心的。《庄子·大宗师》中有一段关于冶炼的言论："今之大冶铸金，金踊跃曰：'我必且为莫邪！'大冶必以为不祥之金。今一犯人之形，而曰：'人耳，人耳！'夫造化者必以为不祥之人。"可见在天地的大熔炉里，应该顺应自然大化的炼冶。如果真正炼成，那么洁白坚贞的品质就不会被世俗浸染或消磨。

关于修炼的内容，综观《诗品》，最重要的大概是通过对纯洁本性的累积、回归、体悟而达到对"真""中""虚"的葆有。

"体素储洁，乘月返真。"（《洗炼》），质朴无色为素，干净无瑕为洁，《集解》云"因体之素以储其洁，则净而又净"，也就是经过体悟，经过积累，陶冶得洁白精纯，乘着月光的纯洁返回其本性的真实状态。《庄子·秋水》有云："无以人灭天，无以故灭命，无以得殉名，谨守而勿失，是谓反其真。"可见"真"的状态也就是保持赤子之心，也即是得自然之道。得自然之道的人也就是庄子所说的真人、至人、神人了，也可以称之为畸人。"畸人乘真，手把芙蓉。返彼浩劫，杳然空踪。"（《高古》）畸人出自《庄子·大宗师》，是指与世俗之人相异，而与自然之理相通的人。这里的"真"，《集解》解释成真气，畸人乘着真气上升，刘禹昌直接解释为成道。可见手持芙蓉的神人乘着真气，与道同在，历经浩劫，步虚而行，深远窅冥，只留空迹。"绝伫灵素，少回清真。"（《形容》）对此《浅解》云："言人能存心摹想得见本来面目，而清真之气不逾时来矣。"可见凝神一志于返回自己的本性，那么不多时便可以体悟澄澈的本性。

再来看"中"的状态，"饮真茹强，蓄素守中。"（《劲健》）内在精神的强大一方面需要饮食真气、劲气，另一方面需要保养心性，保持中道。"守中"承老庄思想而来，《庄子·人间世》："且夫乘物以游心，托不得已以养中，至矣。""养中"即"养心"，成玄英疏："养中和之心。"陈鼓应解释说："所谓'养中'，即主体通过修养的功夫，除排名位的拘锁而使心灵达到于空明灵觉之境界。"[2]保养心性的真人，他的精神刚健笃实，合乎于自然大道，他所能达到的境界即是"天地与立，神化攸同"。另一处可以把"中"解释为"心"的是"高人惠中，令色絪缊。"（《飘逸》，注释本作"画中"，此处不取）飘逸洒脱的出尘高人，他顺从于中和之心，即心的自自然然状态，仿佛使他周围的环境也连带发生了变化，成了一片元气絪缊摩荡的画境。

"虚"的状态在《诗品》中有两处。一处是首篇《雄浑》中"返虚入浑"，何者返虚？主语为前句"真体内充"，是充实于体内的真气，真气既不是堆砌，也不是填实，更不是板滞，而要归复到虚空，从而进入浑然之境。虚空的妙用老子举过许多例子，如毂中心的虚空使得车轮能够转动；用泥土制作的陶器，虚空的部分才是有用的部分。庄子更是发挥了心的虚空的内涵。“气也者，虚而待物者也。唯道集虚，虚者，心斋也。”（《庄子·人间世》）“气”具有“虚而待物”的功用。“心斋”的本质特点是“虚而待物”，“虚”即“虚心”，虚心以待物则真道来集聚，因此《雄浑》篇的境界即是：“超以象外，得其环中。”郭绍虞解释说：“一方面超出乎迹象之外，纯以空运，一方面适得环中之妙，仍不失乎其中，这即是所谓‘返虚入浑’。”第二处是《高古》篇的“虚伫神素，脱然畦封”。心灵虚无恬静，集聚灵妙纯素的大道，当用道的眼光来看待世界时，一切的局限和封疆也就都不存在了。

“乘真”“守中”“返虚”用词虽然不同，但最终指向的最高境界都是顺化自然，破除个人有限的局限，而升华到与道同体的无限广大和永恒境界。这对于诗意的人生、休闲的体悟来说，主要启示了活在当下、顺其自然的人生态度，以及如果妙合大道便也就获得了“大我”的永恒境界。

《旷达》篇云：“生者百岁，相去几何。欢乐苦短，忧愁实多。何如尊酒，日往烟萝。花覆茅檐，疏雨相过。倒酒既尽，杖藜行歌。”人生短暂且忧虑苦恼远多于欢乐，那就不如趁着有生之年，随遇而安，寻求当下的快乐，一边欣赏着自然风光，一边饮酒拄杖歌行。又如《疏野》篇中：“惟性所宅，真取不羁。控物自富，与率为期……倘然适意，岂必有为。若其天放，如是得之。”勾勒了天真自由，率性而行，倜傥不羁的个性，强调了“自得其得”“自适其适”的自然任运。

如果突破个体小我提升到了大我的境界，那么便是与道相融合了，形而上的道为万物所宗，形而下的道遍一切处。《诗品》中关于体道境界的描写有不少，《雄浑》篇：“具备万物，横绝太空。”《豪放》篇：“真力弥满，万象在旁。”《含蓄》篇：“是有真宰，与之沉浮。”这些都描绘了道的伟力，道具于内万理兼备，用于外则充满于天地之间，天地万有之物象都被涵容其中。“道不自器，与之圆方。”（《委曲》）道无形无量，而又应酬万物，随物化形，无往而不在。“俱似大道，妙契同尘。”（《形容》）大道存在于一切巨细事物之中，怀道之人不是真正的离世出尘，他与道一样和光同尘，此境界正如《庄子·天下》篇中所说：“独与天地精神往来，而不敖倪于万物，不遣是非，以与世俗处。”“俱道适往，著手成春。”（《自然》）圣人不仅是与道同在而且是与道同行，自然惬意地衍化万物，妙达著手成春的画工境界。

休闲是个体生命的一种生活方式，一个人的精神境界或人生境界决定了其休闲的所能达到的层次和境界。“休闲研究的核心观点是，休闲是人的生命的一种状态，是一种‘成为人’（Becoming）的过程，是一个人完成个人与社会发展任务的主要存在空间；休闲不仅是寻找快乐，也是在寻找生命的意义。”[3]1000 多前的《诗品》为我们展示了诗意栖居的生活，也体现了古人内外双修，体验式的生活方式，或许可以让今天的我们在思考如何更聪明地休闲时得到一些开发性灵的启示。

参考文献

[1] 刘禹昌. 司空图《诗品》义证及其他 [M]. 武汉：武汉大学出版社，1993.
[2] 陈鼓应. 老庄新论 [M]. 上海：上海古籍出版社，1992.
[3] 马惠娣. 休闲：人类美丽的精神家园 [M]. 北京：中国经济出版社，2004.

论南宋社会的休闲设施

章 辉

（玉溪师范学院文学院）

【摘 要】 南宋休闲文化的高度繁荣发展，得益于南宋社会休闲设施的完备发达。从政府到民间，全社会都全力营造休闲设施，以保障休闲活动的蓬勃展开。南宋历届政府都极为关注休闲建设，对杭州西湖进行了持续的重点打造。此外，大型的固定娱乐场所瓦舍，是南宋政府为民众打造的另一种重要休闲设施，并在全国范围内推广。民间休闲设施亦得到自发的发展，举凡食店、茶肆、酒肆私人堂馆、园林、青楼，都是当时民间高度发达的休闲设施，对当时南宋休闲文化的整体发展均有所贡献。

【关键词】 南宋　休闲设施　政府　民间

潘立勇先生等认为："中国的休闲文化至宋代全面兴起乃至繁荣"。[1]而在两宋之中，南宋的休闲文化较之北宋，更加丰富多彩。那么，为什么南宋的休闲文化能够高度发展？笔者认为，休闲文化的发展、休闲氛围的存在并非孤立现象，而是由整体社会状况所决定的。南宋休闲文化的高度发展，与当时的政治、经济、文化及城市发展、思路等各方面的社会背景密切相关。休闲氛围为休闲文化的发展提供了主观心态的土壤，但还需要客观环境，即休闲设施的保障。即使以今天的标准来衡量，南宋社会的休闲设施也是极为完备发达的。从政府到民间，全社会都全力营造休闲设施，以保障休闲活动的蓬勃展开。

一、政府休闲设施

（一）行在临安的休闲设施

南宋政府极为关注休闲设施建设。先拿行在临安来说，"经过南宋100多年来固江堤、疏西湖、治内河、凿新井、建宫城、造御街、设瓦子、引百戏等多方面的措施，形成都城左江（钱塘江）、右湖（西湖）、内河（市区河道）、外河（京杭运河）的格局，使杭州的生态环境、旅游环境、休闲环境大为改观，极大地丰富了杭州的旅游资源。南宋为我们留下的不但是一块'南宋古都'的'金字招牌'，还留下了'安逸闲适'的休闲环境和休闲氛围。"[2]

南宋政府对杭州休闲设施的打造重点是西湖。西湖是南宋重要的全民休闲资源。南宋政府为了维护西湖清洁，打造西湖景点，经历了持久的运作。应当说，皇室和政府官员自身当然也是受益者，但此举的主要目的是为了提高民众休闲质量。

南宋州府每年都有大量的固定拨款用于西湖景区的修葺：“州府自收灯后，例于点检酒所开支关会二十万贯，委官属差吏雇唤工作，修葺西湖南北二山，堤上亭馆园圃桥道，油饰装画一新，栽种百花，映掩湖光景色，以便都人游玩。”[3]（《二月》，《梦粱录》卷一）绍兴年间，汤鹏举向朝廷申明西湖条画事宜，于是“增置开湖军兵，差委官吏管领，任责盖造寨屋舟只，专一撩湖，无致湮塞，修湖六井阴窦水口，增置斗门水闸，量度水势，得其通流，无垢污之患”。（《西湖》，《梦粱录》卷十二）乾道年间，“周安抚淙奏乞降指挥，禁止官民不得抛弃粪土、载植荷菱等物。”（《西湖》，《梦粱录》卷十二）后来淳祐年间遇大旱，“湖水尽涸，郡守赵节斋奉朝命开浚，自六井至钱塘、上船亭、西林桥、北山第一桥、苏堤、三塔、南新路、长桥、柳洲寺前等处，凡种菱荷茭荡，一切去，方得湖水如旧。”（《西湖》，《梦粱录》卷十二）咸淳年间，为了清除湖中杂生植物，“守臣潜皋墅亦申请于朝，乞行除拆湖中菱荷，毋得存留秽塞，侵占湖岸之间。”（《西湖》，《梦粱录》卷十二）还出现了有关部门弹劾污染西湖的事件，肇事的大臣立即遭到革职处分，并拆除沿湖违章建筑：“有御史鲍度劾奏内臣陈敏贤、刘公正包占水池，盖造屋宇，濯秽洗马，无所不施，灌注湖水，一以酝酒，以祀天地、飨祖宗，不得蠲洁而亏歆受之福，次以一城黎元之生，俱饮污腻浊水而起疾疫之灾。奉旨降官罢职，令临安府日下拆毁屋宇，开辟水港，尽于湖中除拆荡岸，得以无秽污之患。官府除其年纳利租官钱，销灭其籍，绝其所莳，本根勿复萌孽矣。”（《西湖》，《梦粱录》卷十二）

淳祐年间，政府一再改善景区设施，增设游览景点：“淳祐年间，赵节斋尹京之时，筑此堤至曲院，接灵隐三竺梵宫，游玩往来，两岸夹植花柳，至半堤，建四面堂，益以三亭于道左，为游人憩息之所，水绿山青，最堪观玩。”（《西湖》，《梦粱录》卷十二）“淳祐赵尹京重创广厦危栏，显敞虚旷，旁又为两亭，巍然立于山峰之顶。游人纵步往观，心目为之豁然。”（《西湖》，《梦粱录》卷十二）“淳祐年，帅臣赵节斋再撤新创，瑰丽宏特，高接云霄，为湖山壮观，花木亭榭，映带参错，气象尤奇。缙绅士人，乡饮团拜，多集于此。”（《西湖》，《梦粱录》卷十二）从以上记载来看，改善的效果是相当理想的。

而咸淳年间，政府依然继续不断地打造西湖景区：“咸淳间，朝家给钱，命守臣增筑堤路，沿堤亭榭再一新，补植花木。”（《西湖》，《梦粱录》卷十二）“咸淳间，洪帅焘买民地创建，栋宇雄杰，面势端闳，冈峦奔赴，水光漾，四浮图矗四围，如武士相卫，回眸顾盼，由后而望，则芙蕖菰蒲，蔚然相扶。”（《西湖》，《梦粱录》卷十二）“咸淳再行高筑堤路，凡二百五十余丈，所费俱官给其券工也。”（《西湖》，《梦粱录》卷十二）

南宋政府为临安市民打造的另一种重要休闲设施是瓦舍，它是一种大型的固定娱乐场所。吴自牧记载："瓦舍者，谓其'来时瓦合，去时瓦解'之义，易聚易散也。不知起于何时。顷者京师甚为士庶放荡不羁之所。……杭城绍兴间驻跸于此，殿岩杨和王因军士多西北人，是以城内外创立瓦舍，招集妓乐，以为军卒暇日娱戏之地。今贵家子弟郎君，因此荡游。……其杭之瓦舍，城内外合计有十七处……"（《园囿》，《梦粱录》卷十九）《武林旧事》卷第六《瓦子勾栏》中记录了临安的23座瓦舍的名称，而在《西湖老人繁胜录》中，则记载了城中5处瓦舍、城外20处瓦舍的名字，合计则有25处之多。瓦舍中搭有许多遮风挡雨的看棚，棚内通常设有数个至十数个不等的勾栏，功能相当于戏院，供演出杂剧、讲史、诸宫调、傀儡戏、影戏、杂技百戏等，可容纳数千观众。瓦舍往往有固定的演员班底，灯光、通风、扩音设备完善。演出内容极为丰富，仅杂技百戏，就有上竿、跳索、鼓板、小唱、斗鸡、说荤话、杂扮、商谜、合笙、乔筋骨、浪子、叫果子、牌棒等数十种之多。临安"（北瓦）十三应勾栏不闲，终日团圆"[4]（《西湖老人繁胜录》），可见瓦舍之人气旺盛。这正如费正清等所指出的："宋代的城市生活是自由奢华的。城市不再是由皇宫或其他一些行政权力中心加上城墙周围的乡村组成，相反，现在娱乐区成了社会生活的中心。"[5]

南宋中央政府也为自身的休闲需要在临安建立了一批皇家园林，这在前文已经提及。傅共（绍兴间人）曾谈到临安的皇家园林："陂池囿苑，高下适宜。……华丽如是，壮观如是。"[6]（《南都赋》，《仙游县志》卷五一）不过，这些园林有时也对百姓开放，百姓也同样受惠。此外，皇室还修建了一批供外出休憩用的宫观："御前宫观，俱在内苑，以备车驾幸临憩足之处。"（《园囿》，《梦粱录》卷十九）仅从《梦粱录》一书记载，就有东太乙宫、西太乙宫、佑圣观、显应观、四圣延祥观、三茆宁寿观、开元宫、龙翔宫、宗阳宫等。

（二）全国范围的休闲设施

南宋除临安外，建康（今南京）有新瓦舍，明州（今宁波）有旧瓦舍和新瓦舍，丹徒（今镇江）有南瓦舍和北瓦舍，乌程（今湖州）有北瓦舍，等等，为民众提供广泛的休闲服务。

此外，值得一提的是，在修建官学时，政府还注意到了开辟休闲用房。李璜指出，学校的作用是："为大夫者于此乎游燕休息，以议政事。……游士胄子、编户庶民，莫不雍容进退于斯……"[6]（《重建明州州学记》，《延祐四明志》卷一三）龙水县新修的县学，设置了休闲用房："既新其庙（按，指孔庙）貌，又为六十二楹，有堂有筵，有燕休之房，有廪庮饎爨之所。"[6]（邵博《龙水县新修学记》，《国朝二百家名贤文粹》卷一一九）

二、民间休闲设施

（一）民间食店、茶肆、酒肆

餐饮休闲设施首先是饮食店铺。行在临安，“御街铺店，闻钟而起，卖早市点心，如煎白肠、羊鹅什件、糕、粥、血脏羹、羊血、粉羹之类。冬天卖五味肉粥、七宝素粥，夏月卖义粥、馓子、豆子粥。又有浴堂门卖面汤者，有浮铺早卖汤药二陈汤，及调气降气并丸剂安养元气者。有卖烧饼、蒸饼、糍糕、雪糕等点心者。以赶早市，直至饭前方罢。及诸行铺席，皆往都处，侵晨行贩。和宁门红杈子前买卖细色异品菜蔬，诸般嗄饭，及酒醋时新果子，进纳海鲜品件等物，填塞街市，吟叫百端，如汴京气象，殊可人意。孝仁坊口，水晶红白烧酒，曾经宣唤，其味香软，入口便消。六部前丁香馄饨，此味精细尤佳。早市供膳诸色物件甚多，不能尽举。”（《天晓诸人出市》，《梦粱录》卷十三）此为昼市。而夜市亦十分兴旺：“夜交三四鼓，游人始稀。”（《夜市》，《梦粱录》卷十三）而且在冬季也并不萧条：“冬月虽大雨雪，亦有夜市盘卖。至三更后，方有提瓶卖茶。冬间，担架子卖茶，馓子慈茶始过。盖都人公私营干，深夜方归故也。”（《夜市》，《梦粱录》卷十三）

其次是茶肆和酒肆。南宋茶肆之发达，可从多个方面圈点。一是茶肆非常讲究审美的氛围。吴自牧说杭城茶肆“插四时花，挂名人画，装点店面。……列花架，安顿奇松异桧等物于其上，装饰店面，敲打响盏歌卖”。（《茶肆》，《梦粱录》卷十六）二是所售茶品的齐全：“四时卖奇茶异汤，冬月添卖七宝擂茶、馓子、葱茶，或卖盐豉汤，暑天添卖雪泡梅花酒，或缩脾饮暑药之属。”（《茶肆》，《梦粱录》卷十六）三是茶肆针对性分工极细，有方便游观之人的夜市车载流动茶肆，称“浮铺”；有方便富家子弟、公务员等人聚会学习音乐的茶肆，称“挂牌儿”；有专为手工业者聚会的茶肆，称为“市头”；有闹市驻有歌伎的茶肆，称“花茶市”，这样的茶肆也同时就成为了歌馆。诸如此类茶肆，《武林旧事》更有详细记载：“诸处茶肆，清乐茶坊、八仙茶坊、珠子茶坊、潘家茶坊、连三茶坊、连二茶坊，及金波桥等两河以至瓦市，各有等差，莫不靓妆迎门，争妍卖笑，朝歌暮弦，摇荡心目。凡初登门，则有提瓶献茗者，虽杯茶亦犒数千，谓之‘点花茶’。”[7]（《歌馆》，《武林旧事》卷第六）还有专为士大夫聚会的茶肆，等等，不一而足。至于巷陌街坊最大众化的茶客，则有“茶水点送门面铺席”来提着茶瓶沿门点送茶水。总之，南宋饮茶休闲可谓设施齐全，服务周到细致。

酒肆也异常发达。周密记载了临安城中 18 处著名酒肆的名称，从“以上皆市楼只表表者。每楼各分小阁十余”（《酒楼》，《武林旧事》卷第六）等语来看，其规模不小。从吴自牧的记载来看，酒肆同样注重审美氛围的营造：“中瓦子前武林园，向是三元楼康、沈家在此开沽，店门首彩画欢门，设红绿杈子，绯绿帘幕，贴金红纱栀子灯，装饰厅院廊庑，花木森茂，酒座潇洒。”（《茶肆》，《梦粱录》卷十六）而且把妓女也作为“美的诱惑”：“但此店入其门，一直主廊，约一二十步，分南北两廊，皆济楚阁儿，稳便坐席，向晚灯烛荧煌，上下相照，浓妆妓女数十，聚于主廊面上，以待酒客呼唤，望之宛如神仙。”（《茶肆》，《梦粱录》卷十六）酒肆显然并非只是餐饮的功能，而是均伴有休闲娱乐项目：“诸店肆俱有厅院廊庑，排列小小稳便儿，吊窗之外，花竹掩映，垂帘下幕，随意命妓歌唱，虽饮宴至达旦，亦无厌怠也。”（《分茶酒店》，《梦粱录》卷十六）

（二）私人堂馆、园林、青楼

关于“堂”的功能，南宋胡寅有言：“燕息之寝、闲旷之屋，乃以堂为名。”（《新州重修厅记》，《斐然集》卷二一）可见“堂”就是一种休闲设施。南宋私人尤其喜建堂，如龚立道建栖闲堂，倪思建经鉏堂，陈文叟建随缘堂，杨少游建一枝堂，李处和建稽古堂，郭信可建独有堂，胡铨友欧阳子建真止堂、侄胡维宁建时中堂，杨图南建秀野堂，方畴建亦乐堂，等等。这些信息，基本来源于文为堂所作之记，从中就可印证“堂”的休闲性质。如冯时行云：“郭信可于所居之西东作堂，以为燕衎之地。”[6]（《独有堂记》，《永乐大典》卷七二四一）

除“堂”外，另一种私人休闲设施是“轩”。“轩”的功能，赵雍云：“轩之作，必有窗户几案，图书文字之乐。”[6]（《杨氏真一轩记》，《国朝二百家名贤文粹》卷一三二）杨彦通云“开轩于太学书堂之左，以为游息之地。”，此亦可证明“轩”为休闲之所。此外还有亭馆楼阁等各种设施，如张廷臣“滨大江建亭馆，植花竹，岁时合族属邻里，乐饮遨嬉”[6]（冯时行《张廷臣墓志铭》，《缙云文集》卷四），程瑀“卜筑龙潭之场，据溪山之会，极登临之胜，建阁其下，名曰‘饱山’……临流结亭，取元次山漫浪之趣，……名曰‘漫吾’。”[6]（胡铨《龙图阁学士广平郡侯程公墓志铭》，《胡澹庵先生文集》卷二三）此类等等，不逐一细述。

对于有经济实力的私人来说，他们更倾向于修建园林作为休闲设施。南宋私人园林极为发达。周密的《癸辛杂识》所载的吴兴（今湖州）园林达36个之多，对其中北沈尚书园描绘道：“园中凿五池，三面皆水，极有野意。后又名之曰自足。有灵台书院、怡老堂、溪山亭、对湖台，尽见太湖诸山。”[7]（《吴兴园圃》，《癸辛杂识》前集）而临安的私人园林就更多、更豪华。《都城纪胜·园苑》中所记载到的50余处临安的著名园林，大部分是私人园林。此外还有“大小渔庄、其余贵府富室大小园馆，犹有不知其名者”。[4]《梦粱录·园囿》中亦有同类记载，兹不赘述。现代总体上的统计是，“南宋都城临安著名的园林多达百余个。其中皇家园林著名的有二十余个。”[8]则其余近80处皆为著名私人园林。其中，需要特别提到的是张镃建于临安城北的豪华园林——“桂隐林泉”。它占地极大，分为四个区域，东园为寺，西园为住宅，南园管领风月，北园娱燕宾亲。有各类建筑和景点90余处，其间“声妓服玩之丽甲天下”[9]（《张功甫豪侈》，《齐东野语》卷二十）。

除私人堂馆、园林外，青楼（妓院）也不得不说是南宋的某种休闲设施。沈松勤、陶允冀指出："宋代城市中的职业色情场所，其规模和数量恐怕也是空前的。……南宋临安城内的妓院更多"。[10]

南宋的情况，正如周密记载："平康诸坊，如上下抱剑营、漆器墙、沙皮巷、清河坊、融和坊、新街、太平坊、巾子巷、狮子巷、后市街、荐桥，皆群花所聚之地。"（《歌馆》，《武林旧事》卷第六）尽管青楼之乐在今天的标准下是有违伦理道德的违法活动，但在当时的文化习俗下却是合理合法的，并且对南宋休闲文化的整体发展有所贡献。

参考文献

[1] 潘立勇，等．中国美学通史（宋金元卷）[M]．南京：江苏人民出版社，2014.

[2] 王国平．以杭州为例还原一个真实的南宋 [J]．浙江学刊，2008（4）：105－106.

[3] [南宋] 吴自牧．梦粱录 [M]．杭州：浙江人民出版社，1980.

[4] 孟元老，等．东京梦华录（外四种）[M]．上海：上海古典文学出版社，1956.

[5] 费正清，赖肖尔．中国：传统与变革 [M]．陈仲丹，等，译．南京：江苏人民出版社，1996.

[6] 曾枣庄，等．全宋文 [M]．上海：上海辞书出版社，合肥：安徽教育出版社，2006.

[7] [南宋] 周密．武林旧事 [M]．杭州：浙江人民出版社，1980.

[8] 周膺，吴晶．南宋美学思想研究 [M]．上海：上海古籍出版社，2012.

[9] [南宋] 周密．齐东野语 [M]．北京：中华书局，1983.

[10] 赵敏俐，等．中国古代歌诗研究 [M]．北京：北京大学出版社，2005.

诸葛亮北伐路线的三国文化资源旅游开发

苏 婷
（成都武侯祠博物馆）

【摘 要】以线路统筹旅游发展是四川省打造三国文化旅游强省的现实需要，又是构建绿色 GDP 经济发展模式的有效路径。本文在实地考察川北地区三国文化遗址遗迹的基础上，对部分三国文化点位进行了历史文化价值探析，提出了以政府为主导，以诸葛亮北伐路线为主线，整合三国文化旅游资源，为三国文化爱好者领略川北自然风光、感受诸葛亮宏大的政治抱负设计线路，旨在为实现四川“大旅游、大市场、大发展”的宏伟目标提供政策建议。

【关键词】诸葛亮 北伐 三国文化 旅游开发

一、诸葛亮北伐路线的三国文化旅游开发背景

三国历史虽然短暂，但三国文化中所体现出的蜀汉忠义精神，几千年来流淌在中华民族儿女的血脉中。蜀汉忠义精神是中华优秀传统文化的精髓，是英雄价值的体现，对中华民族海内外儿女的精神道德产生了深刻而持久的影响。

公元 228—234 年，诸葛亮为实现统一梦，从成都出发，先后五次北伐，可谓竭尽心力、征程艰辛。可以说，北伐曹魏是诸葛亮一生中最为重要的军事活动之一，也是他苦心孤诣希冀的宏大政治抱负。自 2014 年起，由成都武侯祠博物馆牵头，以成都地区为起点，将散落在全国各地三国文化遗址遗迹“明珠”进行考察、梳理、串联。笔者在川北地区考察中发现，此区域三国文化遗迹分布广，数量多，特色鲜明，历史文化深厚，旅游价值高，是发展旅游范围最具潜力的区域之一。遗憾的是，虽然此区域的三国旅游资源经历了多次开发，但由于政府主导作用不强，加之旅游产品结构单一、内容老化等原因，未形成优势富集效应，市场知名度、美誉度不高。

基于篇幅等原因，本文梳理了川北地区三国文化遗址遗迹并阐述了部分具有代表性点位的历史文化价值，从旅游资源价值角度进行定量评价，提出了以政府为主导，以诸葛亮北伐为核心，以线路统筹三国文化旅游发展的思路，旨在为四川培养新型旅游业、实现集群式发展助力。

二、诸葛亮北伐路线的三国历史文化资源介绍

自公元228年起，诸葛亮从成都出发，一路北上，到达今新都、广汉、德阳、绵阳、广元等地，后由汉中进入今甘肃、陕西等地。川北区域高速公路从成都到广元全长288千米，笔者考察行程1845千米。本文现选取典型三国历史文化资源点位，从现状、历史文化价值及旅游价值等方面进行描述。成都周边地区（新都、青白江等地）的三国遗址遗迹另行文表述。

（一）德阳地区

1. 雒城遗址

雒城遗址位于广汉市雒城镇九江路社区，东至外东顺城路，南至房湖公园南侧，西起桂花街南段，北至鸭子河南岸，总面积1.6平方千米，是三国时期雒城所在地，也是当年刘备入蜀的重要见证地。雒城始建于东汉（《汉州志》曾记载“蜀汉刘璋始築城”），曾为益州州治和广汉郡郡治，明、清及民国时期经多次重修。20世纪80年代以来，雒城遗址进行多次发掘，发掘城墙两段：西段（广汉宾馆段）和东南段（广汉导航台段），长70米，发现汉代墙基，出土“雒官城墼”和“雒城”铭文砖。2013年，公布为第七批全国重点文物保护单位。[1]

雒城遗址是迄今四川地区发现面积最大、时代较早的东汉大型遗址之一，具有重要的考古价值。目前雒县砖墙主体以明清两代为主，20世纪80、90年代的考古发掘发现了汉代地基。游客在此会被其巍峨震慑，感受到雒城曾经的辉煌。

2. 绵竹城遗址

该遗址位于德阳市旌阳区黄许镇（据考证，黄许镇是三国时期诸葛瞻父子血溅沙场之地）绵远河西岸二级台地，北距德阳市区15千米，东北丘陵地带即著名的鹿头关（现改名白马关）。1986年文物普查时发现，命名为“土将台”遗址；1990年公布为区级文物保护单位；2007年公布为省级文物保护单位。

绵竹城遗址布局大致呈长方形，分布范围东西长约1200米，南北长约1000米，面积约60万平方米。遗址自20世纪90年代以来发现“绵竹城”铭文砖、石提钱鱼俑、石武士俑、石虎、石狮础、板瓦、铜朱雀等汉代文物。“绵竹城”铭文砖的发现，初步确认该遗址为汉晋时期的“绵竹城”。绵竹城遗址是汉、蜀汉、西晋时期绵竹县所在地，是汉至三国蜀汉时期一处重要的军事重镇，其三国时期的文化遗存最为丰富，对研究三国时期县一级建置沿革、布局、规模等提供了实物资料，意义重大。

3. 庞统祠墓

庞统祠墓是安葬和祭祀三国时期政治家、军事家庞统的专祠和墓园，是四川修建年代最早、保存最完整的三国遗址之一，是全国唯一一处专门祭祀庞统的祠庙和墓园，也是三国蜀汉政权兴亡的见证地。庞统墓位于祠内栖凤殿后，冢前立墓碑。该墓建筑面积

81.7平方米，平面呈圆形，直径10.2米，高2米，墓周石砌，石板覆盖封土，上施八脊梁、八凤尾，中施镂空石雕宝顶五层。宝顶高3米，墓葬总高5米。墓脚用石砌石板走道。

此外，德阳地区还有郪江紫荆湾崖墓群、郪江金钟山汉代崖墓群、张任墓、绵竹关帝庙、罗江县白马关、落凤坡、古驿道等三国文化遗址遗迹，可供游客凭吊游览。

（二）绵阳地区

1. 富乐山

富乐山位于绵阳城东。据《三国志》记载："建安十六年，益州牧刘璋遣法正迎先主，使击张鲁……先主留诸葛亮、关羽等据荆州，与庞统率众数万人西行。至江州北由垫江水路至涪。刘璋率步骑兵三万余人，车乘帐幔，精光耀日，往就与会。""璋自出迎，相见甚欢。"[2]《方舆胜览》也提到："昭烈入蜀，刘璋延至此山，望见蜀之全盛，饮酒乐甚，刘备欢曰：富哉。今日之乐乎。"故名。后人为纪念刘备和刘璋的涪城相会，还在山上修建了富乐寺（富乐堂），至今尚存部分宋明古碑、崖刻和清代建筑等。

2. 蒋琬墓

蒋琬墓位于绵阳市西山上。蒋琬死于涪县，葬在西山。《天启新修成都府志》："蒋琬墓，绵州西七里。"《民国绵阳县志》载："西山……有汉蒋恭侯墓，左畔书有蒋恭候祠。"据《三国志》记载蒋琬的儿子蒋斌在给钟会的信中提到："亡考昔遭疾，亡于涪县，卜云其吉，遂安厝之。知君西迈，乃欲屈驾修敬坟墓。"《华阳国志》记载："涪县去成都三百五十里……大司马蒋琬墓在此。"《元和郡县志》载："按州城理汉涪县也……蒋琬墓在州西八里。"《蜀中名胜记》载："西绝涪水……而乔木婆娑者，蒋公琰万秋之宅，钟士季尝致敬也。"《民国绵阳县志》载："蒋恭侯墓，在治西西山。观侧前有方碑，高九尺。道光二十九年州牧李象昺州人熊文华伐石封土题其碑曰：汉大司马蒋恭侯。墓旁建祠三楹并竖神道碑于北门外。请颁祀典，春秋致祭。"蒋琬墓年代久远，多次修建，现存八角形墓为道光二十九年所建，前门、后亭、围墙及旁边的恭侯祠则为近年修建。

"武侯之亚有恭侯，千古英名壮益州。"后人心目中的蒋琬，是可与诸葛亮媲美的一代名臣，这里是凭吊蜀汉名臣蒋琬的胜地。

绵阳地区还有七曲山关帝庙、富乐山古蜀道（金牛道）、魏延祠、李福阙、板凳寺（有武侯殿）、诸葛堂（景福院内）、梓潼县的趟脚石（包括一段古蜀道）、杨修阙和翠云廊等特色鲜明的三国文化相关遗址遗迹，值得观瞻。

（三）广元地区

1. 昭化古城（包括费祎墓）

昭化古城是迄今为止三国文化资源保存最为完整的一座古城，是刘备建立蜀汉政权的根据地。拥有战胜坝、牛头山、姜维井、关索城、葭萌关、天雄关等见证蜀汉政权兴亡的三国遗址、遗迹群。公元252年，蜀汉重臣费祎受命在汉寿（昭化）开府，死后葬于此。诸葛亮从建兴五年起，六出祁山伐魏，一直奔忙于葭萌古蜀道上。姜维兵困牛头山，留下令人称奇的"拜水池"。

这里自然景观别致，古镇特色明显，既能体会诸葛亮北伐的艰辛又能感受忠义文化，是不可多得的三国文化旅游胜地。

2. 剑门关址

剑门关址位于剑门镇北2千米处，处在大剑山之中断处。关隘宽20米，长500米，地势险要。现在剑门关景区属于军事设施遗址，是有历史渊源但有所变化的遗迹，1982年公布为首批国家级重点风景名胜区，是国家重点文物保护单位。据《剑州志》载："三国诸葛亮为蜀相，在此沿壁凿石架空，成飞梁阁道——古称栈道，倚崖砌石为门，立剑门关，设尉把守。"《大明一统志》保宁府关梁曰："剑门关在剑州北境大剑山，至此两壁峭耸，有隘束之路，蜀汉诸葛亮因立为剑门。厥后姜维退守剑门，以据魏钟会。"剑门关为历代兵家必争的军事要塞，历史上有"一关失，全川没"之说。原关始建于蜀汉时期，古关楼沿大剑山溪依山而建，高耸入云，上设箭楼和望楼二层，古驿道穿关楼而过。古关楼北为七里坡，南接剑门镇，西依小剑山崖。1935年修川陕公路（108线）时，将清代复建的关楼拆毁。

此外，广元地区的鲍三娘墓、明月峡栈道、剑阁邓艾祠墓、剑阁姜维墓、剑阁武连镇段古蜀道（又名金牛道）、剑阁武连镇古蜀道古桥、青川阴平古道等具有鲜明特色的三国文化相关遗址遗迹，值得前往观赏。

三、诸葛亮北伐路线的三国文化旅游资源定量评价（川北地区）

本文通过对川北区域实地考察与调研，根据资源类型及其空间分布状况，以优势资源开发的功能定位为主要依据，按照国家颁布的《旅游资源分类、调查与评价（GB/T18972—2003)》中对片区内旅游资源进行分区评价见表1。依据国家标准中规定的评价项目、评价因子和评分标准，对各个单体按资源要素价值、资源影响力以及附加值三个方面进行定量等级评价（未将不具备旅游开发价值的一级旅游资源进行统计和评价）。国家标准将旅游资源分为五级，从高级到低级为：

五级旅游资源：≥ 90分；

四级旅游资源：≥ 75 ~ 89分；

三级旅游资源：≥ 60 ~ 74分；

二级旅游资源：≥ 45 ~ 59分；

一级旅游资源：≥ 30 ~ 44分。

表1 川北地区三国文化旅游资源评价表

景观资源（代码）	观赏游憩使用价值（30分）	历史文化科学艺术价值（25分）	珍稀奇特程度（15分）	规模丰度与几率（10分）	完整性（5分）	知名度和影响力（10分）	适游期或使用范围（5分）	环境保护与环境安全	总分	等级
青川阴平古道	21	19	11	6	3	6	4	1	71	三
富乐山和蒋琬祠墓	18	19	12	7	5	7	4	1	73	三
剑阁邓艾祠墓	17	21	13	7	3	6	4	1	72	三
昭化古城	24	23	13	8	4	8	4	2	86	四
明月峡栈道	24	23	12	8	4	8	4	2	85	四
庞统祠墓	23	23	11	7	4	8	4	1	81	四
古柏蜀道	28	22	14	9	5	8	4	1	91	五
剑门关	28	24	14	8	4	8	4	1	91	五
费祎墓	20	21	11	6	3	6	4	1	72	三
剑阁姜维墓	18	24	9	6	4	7	4	1	73	三
雒城遗址	17	20	11	8	4	7	4	1	72	三
张任墓	14	14	8	6	4	3	4	1	54	二
诸葛双忠祠（包括诸葛瞻父子墓）	17	19	11	7	3	6	4	1	68	三
关帝庙	14	17	6	6	3	4	4	1	55	二
绵竹城遗址	19	19	11	6	3	7	4	1	70	三
白马关	22	24	13	8	4	8	4	1	84	四
落凤坡、古驿道	18	15	13	8	3	6	4	1	68	三
张任墓	15	15	6	6	3	4	4	1	54	二
富乐山、富乐堂	16	15	6	6	3	4	4	1	55	二
李福阙	13	23	13	7	3	7	4	1	71	三
蒋琬墓	14	24	10	7	3	7	4	1	70	三
杨修阙	16	14	7	7	2	4	4	1	55	二
翠云廊古柏王及数株古柏	22	24	13	8	4	8	4	1	84	四
七曲山关帝庙	22	24	13	8	4	8	4	1	83	四

续表

景观资源（代码）	观赏游憩使用价值（30分）	历史文化科学艺术价值（25分）	珍稀奇特程度（15分）	规模丰度与几率（10分）	完整性（5分）	知名度和影响力（10分）	适游期或使用范围（5分）	环境保护与环境安全	总分	等级
趟脚石（包括一段古蜀道）	12	19	6	6	3	5	4	1	56	二
板凳寺（有武侯殿）	15	12	5	5	2	4	4	1	48	二
诸葛堂（景福院内）	13	14	5	5	2	4	4	1	48	二
魏延祠	13	11	4	5	2	5	4	1	46	二
剑阁武连镇段古蜀道（又名金牛道）	19	23	10	7	3	7	3	1	73	三
剑阁武连镇古蜀道古桥	11	23	5	5	3	3	4	1	55	二
郪江紫荆湾崖墓群	18	24	9	6	3	6	3	1	70	三
郪江金钟山汉代崖墓群	18	24	10	6	3	6	3	1	71	三
富乐山古蜀道（金牛道）	19	24	10	7	2	7	3	1	73	三

从表1统计资料可见，川北地区共有五级旅游资源2处：剑门关、古柏蜀道；四级旅游资源6处：七曲山关帝庙、罗江庞统祠墓、广元明月峡栈道、翠云廊古柏王及数株古柏、昭化古城、白马关；三级旅游资源15处：青川阴平古道、绵阳富乐山和蒋琬祠墓、剑阁邓艾祠墓、费祎墓、剑阁姜维墓、雒城遗址、诸葛双忠祠（包括诸葛瞻父子墓）、绵竹城遗址、落凤坡、古驿道、李福阙、蒋琬墓、剑阁武连镇段古蜀道（又名金牛道）、郪江紫荆湾崖墓群、郪江金钟山汉代崖墓群、富乐山古蜀道（金牛道）；二级旅游资源10处（略），一级未统计。总体来讲，旅游资源价值较高。

四、诸葛亮北伐路线上的三国文化专题旅游开发现状

自20世纪80年代起，随着各地政府对三国文化旅游的重视与开发，四川省也已形成了一些三国文化旅游线路，主要涉及成都、德阳、绵阳、广元、南充，并还包括陕西勉县

等地主要的三国文化遗址、遗迹。从总的发展情况来看，此区域的三国文化旅游开发中仍然存在以下几个方面的问题。

（一）政府主导力度不够，资源未得到有效的整合

川北一线三国文化遗址遗迹分布广、数量多，但各政府各自为战。省级政府在主导区域三国文化旅游发展的力度不够，尚未制订跨省区域总体旅游规划或规划实施不到位，未能有效整合区域内的三国旅游，部分旅游线路设计不尽科学，旅游优势资源尚未转化为竞争优势。

（二）基础设施不完善

位于川北地区三国文化旅游线路上的主要点位大都交通便利。但就旅游区市内交通而言，从主要节点到其他点位的交通环境没得到很好改善。如从江油到阴平古道、梓潼到卧龙山道路交通极其不便，沿途的餐饮、住宿等旅游配套设施不完善，造成了部分线路游览时间短、乘车时间长的状况。[3]

（三）旅游宣传力度不够，部分遗址遗迹保护情况不容乐观

随着经济的快速发展和城市化进程的推进，一些三国文化遗址遗迹点位甚至遭到了破坏。鉴于三国文化在川北及陕西地区的重要影响力，建议有关单位通过立碑、放置说明牌、宣讲等手段加强对三国文化的宣传和普及，提高保护意识。有的知名度不高，如鲍三娘墓，位于广元市昭化区鸭浮村曲回坝，属于省级历史文物保护单位，但由于宣传力度不够，许多游客在参观完昭化古城后并不知道有此点位。

（四）旅游产品开发层次较低，文化挖掘不够深入

目前，这一区域三国文化旅游产品仍停留在观光旅游阶段，尚未成为休闲度假胜地。部分点位仅有一段简要说明，旅游文化没有得到充分的深度挖掘，游客停留时间短，难以拉动旅游消费。

五、诸葛亮北伐路线的三国文化旅游开发探讨

（一）总体思路

在协同发展理论的指导下，以诸葛亮北伐主题为闪光点，以打造川北三国文化精品旅游线路为核心，整合旅游资源，加速生产要素集聚。政府牵头、企业推动、居民落实，三大参与主体解决旅游线路统筹“谁来做”“谁推动”和“谁落实”的问题。整合开发旅游线路上的核心旅游资源，进一步提升三国文化内涵，形成区域优势。统筹设置沿线住宿、餐饮、娱乐、服务站、医疗救护等旅游配套服务设施；统筹区域间信息、人才等资源，建立跨区域旅游产业链。对三国旅游文化市场进行细致分析、精确定位，设计特色鲜明、参与性强的三国文化旅游产品。强化三国文化线路整合营销，建立旅游整体形象。重视旅游宣传促销，主动将其融入经济社会发展大局，借助西博会、旅交会等知名度高、影响力大

的节事活动，以及民航、铁路、文化、外宣等部门的宣传资源，加大对三国精品旅游线路产品的宣传。加强对三国历史文化专业人才的培养，提升服务和管理水平。

（二）诸葛亮北伐路线专题旅游线路规划

川北地区现存大量"昭烈入蜀""蜀汉北伐""魏国灭蜀"等重要三国文化遗址、遗迹，在全国范围内影响大。古蜀道、川北自然风光更为进一步发展旅游休闲产业提供了良好的基础条件。成功的三国文化专题旅游应具备可参与性、故事性、生动化、突出文化遗迹真实性、游客相关性等特征。[4]

在目标客源市场定位方面，针对国际客户，特别应做好港澳台、东南亚和日韩等国家和地区的市场拓展工作。在涉外接待工作中，注意重点选配具有深厚三国历史文化底蕴的讲解员。对于国内市场，可以根据游客对三国文化的热爱程度的不同，进行专题三国文化旅游线路的设计。随着现代人对环保、健身的需求日益增加，可推出"骑游三国"旅游线路。随着我国老龄化社会的加速发展，老年人旅游消费需求在不断扩大，应关注有钱、有闲的"银发族"，定制高端、个性化的三国文化旅游产品。

主题：体味蜀汉北伐古道

蒋琬墓→营盘嘴→涪水诸葛营→演武铺（七星山）→金牛道（梓潼段）→卧龙山（诸葛寨、孔明泉、诸葛乔墓等）→剑门关→翠云廊→昭化古城/费祎墓/鲍三娘墓→明月峡→定军山。

沿途的遗址、遗迹或巍峨雄伟，或景观别致，特色明显，可供参观者凭吊游览，体会北伐古道的艰辛，感受"忠不顾死"的情怀。

具体线路一：成都武侯祠→雒城遗址→绵竹双忠祠→绵竹关帝庙→白马关、庞统祠墓、落凤坡→绵阳富乐山→李福阙→蒋琬墓→七曲山大庙关帝庙→梓潼古蜀道→江油关→剑门关→昭化古城/费祎墓/鲍三娘墓→明月峡→定军山/武侯墓→阆中古城张飞庙→万卷楼。

游览时间：15 天。此线路可以满足三国文化"狂热"爱好者的需求。

具体线路二：成都武侯祠→雒城遗址→绵竹双忠祠→绵竹关帝庙→绵阳富乐山→李福阙→蒋琬墓→七曲山大庙关帝庙→梓潼古蜀道→剑门关→昭化古城/费祎墓/鲍三娘墓→明月峡→定军山/武侯墓。

游览时间：10 天。此线路可以满足三国文化爱好者或痴迷三国文化的年轻人的需求。

具体线路三：成都武侯祠→雒城遗址→绵阳富乐山→蒋琬墓→七曲山大庙关帝庙→梓潼古蜀道→剑门关→昭化古城/费祎墓/鲍三娘墓。

游览时间：5 天。此线路可以满足对三国文化希望有所了解、对川西景色感兴趣的游客需求。

在具体产品设计中，应致力把目前单一的三国文化观光产品，拓展为观光、体验、休闲相结合的复合型产品。

六、结束语

在四川大旅游空间布局中，三国遗址、遗迹数量多、分布密集、影响力广泛，是“中国三国历史文化的聚焦点和聚宝盆”。要全面加强区域内各方的交流与配合，通过资源互补、品牌共建、市场共享等多种形式，以诸葛亮北伐为主题与闪光点，进一步挖掘三国文化内涵，加强三国文化旅游资源的整体开发，促进区域旅游市场体系更加完善，努力把川北地区三国文化旅游精品线路打造成为一个联系紧密、共融互补、服务设施完善、在国内外具有影响力的精品旅游线路产品。

参考文献

[1] 成都市武侯祠博物馆．第二期三国文化遗址遗迹考察报告［R］．2015.

[2] 方北辰．三国志今注今译［M］．西安：陕西人民出版社，2011.

[3] 吕一飞．四川三国文化旅游开发的战略思考［J］．成都大学学报（社科版），2006（6）．

[4] 沈伯俊．努力打造川陕三国文化旅游精品线［J］．中华文化论坛，2007（4）．

"流动"的休闲与"稳固"的地方：广州城市街道休闲轮滑研究

林敏慧
（中山大学旅游学院）

【摘　要】本文以广州城市街道中的休闲轮滑（刷街）为研究对象，探讨非正规的休闲方式与公共空间之间的关系。研究运用非参与式观察、深度访谈等质性研究方法，并辅以问卷调查收集基础数据，援引地方建构理论，剖析青少年轮滑休闲者对公共空间的建构过程。研究表明，面对轮滑休闲的边缘化地位，休闲者们采取了一种"温和"的身体策略来建构属于自己的"非正规"的休闲空间，他们通过自身的实践赋予了公共空间新的意义。"刷街"作为一种"流动"的休闲方式最终将城市街道建构成为了外来务工的青年群体寻求群体归属感和获得身份认同的"稳固"的地方，他们调动了身体的主体性，释放了身体和情感压力并建构了相对稳定的群体关系。

【关键词】流动性　休闲轮滑　公共空间　地方建构

一、研究背景与问题

轮滑和滑板休闲起源于西方，在西方城市中，青少年的轮滑休闲尤其是滑板运动得到了很多学者和城市管理者的关注，青少年轮滑对城市公共空间的非正规使用尤其令城市规划、社区发展组织、风险评估和公园等管理部门担忧。[1]城市管理者和没有参与轮滑的人群等"公众"通常把轮滑活动视为不利于城市空间的文明以及商业发展，并且也影响到别人对这些空间的使用权利。[2]而他们的这种担忧在20世纪中期新自由主义的发展之后显得更加明显，在新自由主义的影响下，城市政府试图平衡公共和私人部门的发展，[3][4][5]这种模式之下的一个特征是政府通过严格的管制空间来保障社区的安全[6]。在这样的背景之下，"无生产性"的轮滑休闲以及"有生产性"的商业机构之间的矛盾非常显著，而在这种矛盾之下，政府通常通过各种方式使得轮滑尤其是滑板休闲趋向边缘化。

近年来在中国大城市，休闲轮滑已经成为大家喜闻乐见的以青少年为主体的一种休闲方式，虽然休闲轮滑是一种"舶来物"，但是在中国实际中却显现出与西方不太一样的特征。

首先，从休闲形式来看，备受西方学者关注的休闲轮滑主要为滑板运动，挑战和自我表现是这种运动的最重要特点，他们在运动中会创造性地使用城市设施，会做出各种带有一定危险性的动作，而这一切对于城市设施的管理以及城市公共空间中的人群是存在一定“威胁”的，因此这种活动往往在城市公共空间中受到排斥。与国外青少年比较偏好滑板运动不同的是，当下中国大城市的青少年更热衷也更常见的是“刷街”休闲，这些活动最重要的特点是“休闲”和“集体”。他们通常会在晚上或者周末结队出行（见图1），他们对于空间的使用形式与滑板运动比起来显得更加“温和”，但是他们所受到的“待遇”却又与西方国家的青少年滑板运动是类似的，同样也受到了排斥。

图1　夜晚“刷街”的休闲群体

其次，从休闲空间来看，虽然滑板运动在国外也受到了排斥，但是政府往往会通过在边缘区设置溜冰场或者在公共空间中划定特定区域的方式给休闲者提供场地，但是在中国城市中，除了溜冰场，在其他公共空间是看不到为这些活动提供专门的场地的。而溜冰场在中国城市也非常稀缺，据一位资深轮滑爱好者的统计，广州市各种大大小小的轮滑俱乐部、轮滑群体可能不少于1000个，但是广州市正式的溜冰场还不到15个，并且收费不菲，平均一人一次为25元。虽然没有官方的数据加以证实其数据的可靠性，但是从中也可以看出专业溜冰场所的稀缺。由于缺乏廉价且专业的轮滑场地，城市的公共空间往往就成为了轮滑运动的重要场所，但是公共空间中的典型代表——城市广场和城市公园却大多是禁止轮滑运动的，因此，除了居住区空地上经常被用来作为儿童学习轮滑的场地之外，城市公共空间中的轮滑运动更多像是一种非正规的活动，他们利用天桥底下、街道等的空间进行休闲。

最后，从休闲群体来看，在中国大城市中颇受欢迎的“刷街”休闲活动，其绝大部分成员为外来务工的年轻人。他们因为收入有限，时间有限，所以活动的时间一般集中在晚上8点之后，活动的地点则选择“免费”的城市街道。他们通常几个到几十个人集体出行，对于他们来说，“刷街”不只是单纯的一项放松身心或者锻炼身体的活动，更为重要的是他们作为城市的外来人员，“刷街”休闲对他们来说还有更多的意义和内涵。

可见在中国大城市特定的背景之下，青少年的轮滑休闲与国外也显现出了不一样的特征。近年来，轮滑休闲在中国大城市中发展非常迅猛，轮滑休闲者的身影也频频出现在城市公共空间中。但是国内关于轮滑休闲的研究却远远跟不上轮滑发展的速度，目前关于青少年轮滑的研究，绝大部分都是体育学科对轮滑运动本身的研究，例如轮滑的源起与演变、[7][8]轮滑对身心的作用、[9][10]轮滑课程的教学等，[11][12]还比较缺乏从交叉学科的视角对轮滑休闲的社会文化影响以及与公共空间的关系展开研究。

基于以上研究背景，本研究以在中国大城市中日渐流行的"刷街"休闲为研究对象，试图回答以下几个问题：休闲者为什么要选择"刷街"？他们是如何使用城市公共空间进行"刷街"的？如何通过"刷街"赋予了城市公共空间新的意义？

二、轮滑休闲与地方

轮滑休闲的一个重要特征是移动性和自身性，这两个概念通过这项休闲活动的空间得到了联结。Cresswell 认为移动性可以是移动、呈现和实践相互联结而成的。[13]目前地理学界关于移动的研究大部分聚焦于交通，更多的是在告诉我们位移、发生的频率，速度和地点，但是很少关注到移动性的表征是什么，或者"移动性是如何呈现和实践的"。近年来关于步行、自行车和轮滑的研究开始关注此类问题，他们与城市的关系已经得到了讨论，这些研究认为步行、自行车或者轮滑是一种自身的移动性实践，是理解城市的一种途径，[14][15][16][17][18]步行可以了解城市日常的生活以及更好地去感受城市生活，而城市空间因为有了这样一种自身的实践而变得富含意义，当把物理性的空间赋予了意义的时候，人文地理学者使用了"地方"的概念。

Jackson 认为地方的概念主要是用于区别匿名的物理空间，是"每个个体所能够情感依附的地方，以及在依附地方的过程中出现的所有意义、行为的总和"。[19]因此在一定程度上，我们可以把地方理解成有意义的区位或者空间。Seamon 的研究将身体的主体性与地方意义的形成很好地联结起来，他在身体主体性的基础上提出了"身体芭蕾"的概念，认为身体在日常生活中形成的固定的规律性的行为习惯类似于芭蕾舞的韵律感和规律性，在这里"身体主体的基本移动嵌入到更广泛的身体类型中并生产了一种特殊的结果或需求"以及"时空路径就是一系列的身体的习惯性行为在相当长的时间中的延长。[20]他在"身体芭蕾"的理论之上还提出了"地方芭蕾"的概念，即"身体芭蕾"在时间上和空间上的重复性和规律性可以形成"地方感"，他把这种地方感称为"地方芭蕾"。地方芭蕾形成的前提是：人在日常环境中的移动；在地方暂停而形成人和地方的依附关系；与在地方相遇的人之间有着价值观和世界观的认同。Seamon 的理论在后来很多的关于轮滑休闲自身性的研究中都有所运用，轮滑休闲者通过操弄他们脚下的轮滑或者滑板，以自己的身体为工具来生产出自己的空间。[21]

可见，身体的移动与地方的形成有着紧密的联系，Thrift 认为正是因为人在空间中的各种移动所带来的实践，产生了空间故事，从而使得空间有了意义。[22]总之，这些研究者从建构主义的范式把地方视为由社会成员的自身实践和积极参与而赋予了意义的物理空间。[23]本文也援引建构主义取向的地方理论，认为轮滑休闲的嵌入建构了物理空间的社会意义，因此，城市街道作为承载轮滑休闲活动的重要场所在本文中不只是一个物理容器，而是具有社会性，正如 Lefebrve 所认为的“每一种特定的社会、生产模式或生产关系都会生产出自己特殊的空间[24]”，基于以上的理论回溯，本文认为青少年在街道中日常的规律性的轮滑休闲活动可以赋予城市街道特殊的意义，他们的休闲活动也带来了不同的城市空间体验。轮滑除了物理的移动之外，其实也是一种自身的休闲实践，轮滑不仅拓展了群体关系，而且增加了休闲者对城市的认识，建构了新的地方意义。

三、研究案例与方法

本文以广州市的“刷街”群体为主要研究对象。笔者首先从广州市比较活跃的几个轮滑论坛中了解到，花城广场被轮滑爱好者誉为“轮滑圣地”，参与“刷街”的轮滑群体一般都会先在花城广场集中并先活动一段时间之后才开始刷街，因此通过在花城广场连续两周的蹲点调查，笔者锁定了三支比较活跃的轮滑队伍作为研究对象，对他们进行了跟踪调研。

由于预调研发现活跃在花城广场的轮滑队伍之间无论是在年龄构成、性别构成还是活动类型、组织方式上都没有大的区别，因此对于选定的这三支队伍，在本研究中并没有刻意将其做类型划分，而是作为一个整体进行研究。从三支队伍的调查问卷显示，男女比例接近为6:4，年龄最小的为16岁，年龄最大的为32岁，平均年龄22岁（见图2）。“刷街”群体的职业构成非常多样，但是从户籍来看，超过95%的人为外来人口。进一步分析可见，这些人绝大部分是年龄在20岁左右的外来务工人员，主要从事制造业和服务业。

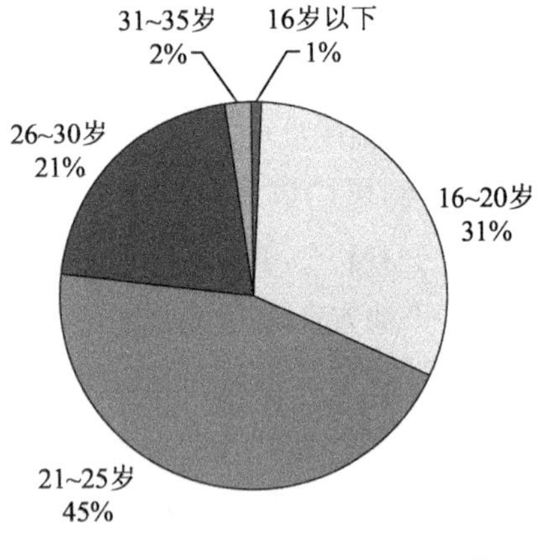

图2　轮滑休闲人群的年龄构成

本文通过非参与式观察以及深度访谈来获取质性的资料，并辅以问卷调查收集更多的证明数据。调研时间从2014年5月份持续到12月份，主要包括在轮滑休闲者经常活动的花城广场、广州天河体育中心前广场以及文化公园前广场三个地方对他们进行观察与访谈，也包括了跟随他们体验了“刷街”的路线（研究者使用自行车作为交通工具跟随他们“刷街”）。最后收集了图片和影像记录734份，访谈记录56份，其中深度访谈文本32份，调查问卷发放81份，有效问卷77份。

四、“流动”的休闲：轮滑休闲对城市公共空间的使用

“刷街”休闲的一个重要特征是“流动”性，休闲者之所以选择这种“流动”的休闲方式主要源于两个方面的原因：一个方面是休闲者自身对这种流动性体验的偏好，另外则是轮滑休闲在城市中的“不得其所”，于是“刷街”休闲者们通过设计线路、运用身体等方式将城市街道建构成为了这种“流动”的非正规的休闲的重要载体。

（一）设计“旅程”：建构流动的休闲空间

轮滑休闲群体经常把“刷街”的过程称为一次次的“旅行”，而每次旅行前他们都会选择已有的经典线路或者重新设计新的路线，虽然每次的线路可能会有所不同，但是一般的“刷街”都会包括“节点”和“路线”的选择设计。对于他们来说，不断挑战自我是他们在线路规划和执行过程中很重要的一部分。所以他们不满足于在溜冰场活动，因为那里的空间和地形都非常有限，而城市公共空间中的多样性和不可预见性能够更好满足他们的这种需求。

用一位轮滑休闲者的话说：“每一次的‘刷街’对我们来说都是一次挑战（LH15）。”每次“刷街”他们都会设定几个节点，节点是他们暂停的地方。从一个节点到达另外一个节点，就是“完成一次挑战”。城市中的隧道、天桥、阶梯、花坛等构筑物也都为他们设置了最好的自然屏障，在直行过程中遇到这类屏障对他们来说并不是麻烦，而是对他们身体运用技能的一种考验，跨越这些屏障是对轮滑技术的一种证明。技术已经纯熟的休闲者在遇到这些屏障时，一般会鼓励初学者挑战一下，而对于还未掌握足够技术的初学者，他们还会现身教学。

从本研究所调查的三个队伍发现，轮滑休闲者一般先确定几个主要节点之后，便规划路线将这些节点串联。线路的选择主要考虑路面条件，他们在广州市进行“刷街”的最经典的两条线路如下。

（1）花城广场→临江大道→江月路→沿江路→海珠广场→沿江西路→人民桥→沙面公园→内环路→荔湾湖公园→中山八路→康王北路→东风西路→越秀中路→中华广场→中山三路→烈士陵园→中山二路→花城广场（见图3）。

（2）花城广场→临江大道→猎德大桥→阅江路→广州塔→滨江东路→中大北门广场→滨江中路→大元帅府→江湾大桥→江月路→临江大道→花城广场（见图4）。

图3　轮滑休闲经典路线1

图4　轮滑休闲经典路线2

由图3可见，线路1总长大概34千米，跨越了广州的老四区（荔湾区、东山区、越秀区、海珠区）以及重要的景点景区。该线路一般是安排在周末比较有时间和精力的时候进行，全长总耗时4个小时左右。线路2则沿着珠江两岸，经过了珠江两岸的重要景点，该线路比较短且灵活，适合非周末时间的晚上进行，轮滑休闲者可以在任何一个节点选择坐车回去。

在时间的使用方面，“刷街”休闲一般选择在晚上进行，这主要基于以下几个原因。

首先，由于城市中很多道路的路面条件并不适合轮滑活动，较为安全的非机动车道通常过于狭窄而且不连续，因此他们喜欢在机动车道活动，但是以上线路在白天都是非常繁忙的交通干道和景点，在这些道路上滑行必须把速度控制得非常低，也会因为车流太多而难以保证滑行的流畅性。

其次，大部分广场和公园都禁止轮滑活动，尤其是在人流高峰期间会严格管制，这种情况也不利于轮滑活动的开展。他们通常会在晚上10点之后才进入，因为这个时候其他活动人群基本都已经散去，因此也较少会发生空间的冲突。因为在这个时间段公共空间中的人较少，管理人员也是“睁一只眼闭一只眼”，一般都允许他们在10点之后进入这些空间活动。

最后，因为“刷街”群体大部分人是白天需要上班的年轻人，所以除了节假日和周末，他们很少在白天活动，平时活动的时间一般为晚上的8点到12点甚至更晚，因为“刷街”的体力消耗较大，他们一般是隔天组织一次。

在以上设计的线路和时间的安排下，“刷街”休闲者基本拥有了一个固定的休闲模式，他们定时定点的在花城广场集中，然后向目的地滑行。对于他们来说，他们最享受的就是一种“流动的感觉（LH09）”。

除了日常性的刷街休闲，这些群体在周末或者节假日的时候还会策划一些更具挑战性的长途线路，这些线路一般会是跨市的比较长的路程，例如从广州花城广场到增城的白水寨，从广州到从化等。

（二）运用身体：城市设施的重新定义

对于轮滑休闲者来说，城市公共空间中的构筑物是其活动的重要构成要素。对他们来说，这些构筑物就是现成的休闲设施。以花城广场的广州大剧院为例，大剧院的户外空间被誉为“理想的轮滑场所”，广州大剧院的弧形体量在三层高度与观演区脱开，通过阶梯和坡道与观众厅主体建筑共同围合成一个连续室外空间，同时通过切割、连接和穿插等手法将室外空间打造得极具趣味性，因此这里成为了轮滑休闲者的天堂（见图5）。他们利用狭长的坡道空间做各种急刹、速度直滑等具有挑战性的动作，又利用阶梯做跳跃、后退下行等动作，而广阔的平地空间则适合初学者做平地花式练习。

图5　受轮滑休闲者喜爱的广州大剧院外部空间

因为该空间是属于大剧院而不归广场管理方管治，因此在这里的活动几乎没有受到限制，只有在大剧院有演出的时候才会出现冲突：

“大剧院的管理员认为我们太吵了，会影响到里面的观众观看演出，所以每次大剧院有活动他们都会提前把我们清除。其实我们没有吵，也根本影响不到里面的演出，他们就是觉得我们碍眼而已。”

——LH14，男，17岁，快递员

除了有演出，大剧院其他的时间基本都是关闭的，因此对于外部空间的使用，管理员也是睁一只眼闭一只眼：

“他们想玩就玩呗，这么大空间不用也浪费。但是有演出就得清场，这是上级的指示。”

——LH22，男，43岁，大剧院保安

对于围观轮滑的人群，他们对这个空间也有自己的看法：

“以前我对轮滑没什么认知，一次来花城广场散步的时候发现大剧院门口好多年轻人在玩，现在每次来花城广场散步我都会来这边看看，发现很有意思。这个地方一开始我们都觉得设计得很古怪也没什么人来，但是有了轮滑活动之后发现这里还是很好玩的。”

——LH28，女，28岁，公司职员

可见，轮滑休闲者通过对大剧院的创造性使用，赋予其新的意义，而新的意义的赋予同时也改变了其他人群对这个空间的认知。大剧院保安认为这是一种资源的有效利用，而观众则认为这个“古怪”的地方因为他们的使用而觉得“好玩”。

除了广州大剧院外，对于城市公共空间中无处不在的设施，轮滑休闲者也通过各种活动来赋予其新的意义。城市道路上的减速波，成为他们练习跳跃的设施，天桥的阶梯，成为他们练习倒滑和顺滑的构件，而城市隧道，则成为他们快速滑行的最佳场所（见图6）。当然，这些城市设施包括城市道路本来都不是为了轮滑者而规划设计的，当这些地方有其他人使用时，为了为自己争取一点空间，轮滑者会通过一群人轮滑的速度和声音使其他人暂时躲开。

图6　轮滑休闲者对地下空间的使用

由上可见，对于轮滑者来说，城市公共空间中的构筑物就是他们活动的构成元件，他们通过身体的滑行和对各种技术动作的操演把城市的道路减速带、隧道、阶梯、街道等重塑成为他们活动的场地。但是即便是城市公共空间，所有的设施都会有着严格的界限，例如道路会划分为人行道、机动车道、非机动车道等，而停留空间会划分为步行空间和闲坐空间等。这些功能的划分对于非轮滑者、城市管理者和轮滑者都有完全不同的解读，所以也避免不了发生一些矛盾，但是轮滑者群体通常以一种"游击战"式的方式得以较为温和的回避。

轮滑休闲者在城市空间中的物理性行为被转化成对空间的展演，轮滑能够到达机动车甚至是自行车无法到达的地方，又拥有比步行更快的速度和体验，更重要的是它不只是一种交通工具，还是一种休闲的方式。因为这种灵活性，它使得轮滑休闲者能够创造属于他们自己的关于这座城市的微观地理，能够通过高度自身的参与来重新建构各种空间：将坑坑洼洼的街道视为天然的平花桩，在急降的陡坡上高速降落，越过凸起的路障然后降落。这是轮滑者对城市的展演，他们创造和重新创造舞台，尽管这些舞台经常在城市更新和各种政策中被颠覆。在轮滑者与城市的关系方面，他们对空间的生产不仅仅是身体上或者感觉上，而是身体通过建筑空间的生产来生产出自己的空间。

（三）不得其所：轮滑休闲中的排斥与冲突

轮滑休闲尤其是本研究中的"刷街"休闲，在城市中处于一种相对边缘性的地位，因为无论是城市空间还是人们看待这种休闲的眼光，都是将其置于"他者"的排斥性的位置，这种排斥体现在显性和隐性两个方面（见图7）。

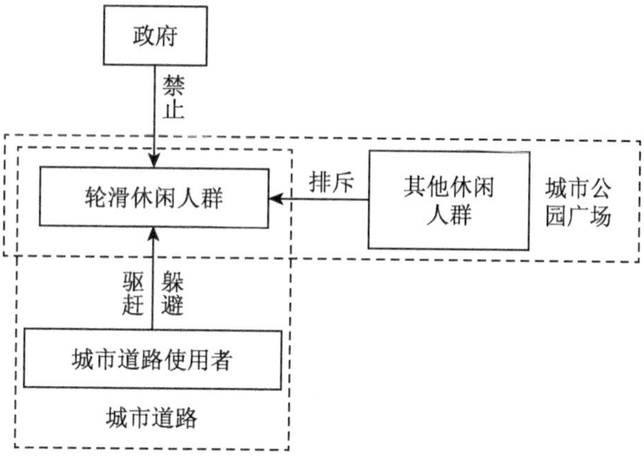

图7　相关群体对轮滑休闲人群的态度

对轮滑休闲显性的排斥首先是城市的公共休闲空间，从笔者预调研所走访的20多个公园广场显示，除了体育中心广场，其他绝大部分的公园广场都明令禁止轮滑运动。通过对公园管理者的访谈得知，大部分管理者对于禁止的原因都异口同声认为"太危险"。通过对公园广场的调研得知，之所以轮滑和自行车运动会被认为太危险，主要的原因并不是运动本身，而是这些空间在规划的时候根本就没有考虑到这些休闲活动的需求。预调研中除了个别公园中专门设置了收费的溜冰场外，广州市的公园和广场没有一处针对轮滑运动设计合适的场地，因此在实际中，轮滑、自行车和步行的人群难免会产生碰撞。为了管理方便，公共管理部门便一刀切地把这些具有速度性的活动给禁止了。但是条例的规定并不能完全杜绝轮滑运动，因为有不少轮滑爱好者会趁着管理者不注意时候偷偷溜进去，因此，很多公园和广场便通过路面改装、时间的限定等其他方式，使得这些场地不再适宜进行轮滑休闲活动。

以花城广场为例。花城广场一直都被誉为“轮滑圣地”。广场南北长度2千米左右，并且有专门铺设的跑道，因此其长条形的布局非常适合轮滑、骑车、跑步等运动。位于花城广场的广州大剧院室外空间的设计也非常适合轮滑运动，因此吸引了大批轮滑爱好者前来活动。但是由于花城广场节假日和晚上人流很多，流动摊贩、骑车的、轮滑的、跑步的、散步的等混杂在一起，为了避免发生碰撞，从2014年10月1日起，花城广场禁止自行车和轮滑进入，并不断循环播放温馨提示：“花城广场是广州的城市客厅，是观光休闲的公共场所。为保障您和他人安全，请进入花城广场内不要进行骑自行车、溜冰、滑板活动，谢谢您的合作。”

从这段广播可以看到花城广场的定位是“城市客厅”，而自行车、溜冰、滑板活动在这里被打上了不安全的标签，因此是不允许在广场上出现的。仔细品读便可以发现这段话本身是存在歧义的，既然该广场的功能是“观光休闲”，那么骑车、溜冰、滑板等休闲活动为什么又被禁止了？为什么说这些活动就是对自己和他人是不安全的？

花城广场一刀切的管理方式显然不能完全杜绝这些活动，因为广场面积大且完全开放，活动人群可以从各个角落进入，因此至今还是有不少轮滑爱好者进来活动，但是人数明显比以前少了很多。

可见，花城广场这种通过循环播放录音提示的方式其实就是在确立管理方的话语，在这种话语之下，轮滑活动是不安全的，因此是不允许的。这种话语的宣导对象不只是轮滑人群，还包括其他在广场上活动的人群，使得轮滑休闲在这里变成了“众矢之的”。

因此，本来是为市民休闲所规划建设的城市公共休闲空间，为了便于管理却把轮滑休闲排斥在外，轮滑休闲者只能把活动空间转移到城市道路上，“刷街”成了他们最重要的活动方式。但是作为城市交通用途的城市道路，更不会考虑到轮滑休闲者的使用，因为广州城市道路空间中缺乏系统完整的非机动车道，因此他们只能选择“路面条件最好”的道路进行活动，而这种行为是非常危险的。在机动车道上，汽车按着喇叭警示驱赶他们；在自行车道上，骑车的人响铃和吆喝他们闪开；在人行道上，行人因为担心被撞到而叫喊着避开他们。因此对于轮滑休闲者来说，白天几乎找不到适合的活动场所，而只有到了夜深人静的时候，在街道上、广场上、公园里几乎没有人的时候，他们才能真正享受轮滑休闲的快乐。

除了以上显性的排斥，有很多非轮滑休闲人群对轮滑休闲虽然没有明显的抗拒，但是提到这项休闲，都带有一定的偏见。他们对轮滑休闲在花城广场和北门广场的非轮滑人群对轮滑休闲的评价中，出现最多的词语就是“不安全”，有很多人甚至将轮滑休闲与叛逆的青少年相联系：

"很多玩轮滑的都是一群飞仔飞女，一群人在那里打打闹闹玩得很疯，有时候速度也很快，一不小心就会被撞上的，我平时在这里散步的时候看到他们都是躲得远远的。"

——LH26，女，58岁

提起当年北门广场的斗殴事件，当时在现场的保安还记忆犹新：

"当时是一名飞女溜冰撞倒另一名女子，双方各叫来一伙人。最后有一名小伙子被逼到中大北门围墙那里，先是被围殴，后来有人掏出刀刺了过去。"

——LH25，男，52岁，北门广场保安

在这两段话中，都用到了"飞女""飞仔"。"飞女"和"飞仔"是粤语俚语，又称"太妹"和"古惑仔"，指的就是"女混混"和"男混混"。在他们眼中，似乎所有轮滑休闲的人群都有"飞女""飞仔"的特性。这种特性就是不守规矩、危险，因此大家都"躲得远远的"。在这里，轮滑人群成为了广场休闲中的"他者"，虽然其他人群无法对他们的活动进行干涉，但是这些人群通过针对性的评论、有色的眼光甚至是通过向管理方投诉来排斥这种休闲活动。

显然，非轮滑群体对轮滑休闲的看法是存在偏颇的，以下轮滑休闲者的观点表达了他们对这些看法的不解：

"除了个别人因为速度过快可能会冲撞到行人或者在玩耍的时候撞坏了围栏，我实在没看出轮滑会引起多大的问题。我理解那些休闲的人可能想要放松和安静的环境，但是我们也没有给他们造成什么伤害，再说我们不来这里还能去哪里呢？"

——LH03，女，21岁，商场售货员

当然，并不是所有的人都对轮滑休闲都是完全排斥的，在访谈中，有一个自己的小孩在学轮滑的中年人说道：

"我小孩今年12岁，学轮滑已经一年。练习轮滑运动对于提高孩子的心肺功能和平衡力非常有利。但是他以后学会了我希望他在小区里面活动就行，说真的，如果跟这些年轻人一样一群人出来玩，我还是有点担心。"

——LH27，男，39岁，公务员

可见他对轮滑休闲的认知在于健身的功能，但是对于活跃在公共空间中的群体性的轮滑休闲，他还是表达了自己的担心。

因此无论是管理方还是其他人群，几乎都将轮滑休闲，尤其是青少年群体性的轮滑休闲定位为不安全的活动，而对于轮滑休闲的人群，则被扣上"叛逆少年"的帽子，与西方城市更新中对青少年群体的"驱逐"不同的是，西方大城市更多的是采取一种曲折的方式来实现，例如Rogers对英国的Old Eldon广场的研究表明，为了商业发展，政府和商家通过对广场的重新规划，把广场作为周边商场的人流通道和停留地点，而原来作为广场主要活动人群的青少年就被排斥在外了，但是政府又在城市边缘为青少年规划了专门的活动场地。[25]而在广州的案例中，政府对青少年轮滑休闲的排斥是非常直接的，他们通过颁布禁令来实现，但是又没有给他们提供一处疏导的场所。

五、“稳固”的地方：轮滑休闲对城市公共空间的社会性建构

“刷街”休闲虽然是一种流动性很强的活动，但是参与“刷街”的群体则是相对固定的，他们有着相对固定的活动时间、刷街线路以及构成人员，因此休闲者通过自身的常规性的“刷街”实践，将他们所经常活动的街道建构成了一个富含意义的“稳固”的地方，一个能够寻求归属感、释放活力以及编织社会关系的地方。

（一）寻求归属感：获取身份认同的场所

身份与认同是个人或社会群体定义“我是谁”的方式，[26]而认同的建构则是“在一系列文化符号和隐喻的共同作用下产生的结果”[27]。由于大部分轮滑休闲者是来自内陆或者广东省其他相对不发达地区的青少年，他们来到广州这个大城市之后一个很大的困顿就是如何融入到这种大都市的文化之中。广州作为一个大都市所呈现出来的五光十色的诱惑以及高度商业化的运作方式，与他们在城市中相对卑微的地位和经济收入水平形成了强烈的反差，很多轮滑休闲者对于他们刚来广州时候的认知几乎都用到了一个词——“迷茫”。

但是轮滑，让他们找到了一个切入口，通过这个入口，他们在众多的文化中找到了属于自己的那部分。通过这个入口，他们获取了文化和身份的认同，也因为有了认同，他们在这个陌生的城市中找到了归属感。这种归属感源自于轮滑休闲，而轮滑休闲的开展又附着于城市空间中。Tajfel 认为：“一个人的社会群体成员身份和群体类别是一个人自我概念的重要组成部分。”[28]轮滑休闲者通过加入了轮滑队伍，找到了属于自己的群体类别。

由于轮滑休闲必须依附一定的空间，作为“轮滑圣地”的花城广场就成为了他们建构身份认同的重要场所：

“你想看好看的轮滑最好在周六晚上来，每周六这里都会有好几支队伍交流切磋。大家来到这里就有一种归属感，就算你是一个人来的，但是看到你也穿着轮滑鞋他们都会打招呼。这是一个能让大家找到归属感的地方。”

——LH05，男，22 岁，公司职员，B 轮滑队队长

以上语句中，该访谈者把花城广场中大剧院的户外空间和“轮滑人”的身份关联起来，意味着这里有着深厚的轮滑文化，来到这里就是对轮滑文化的一种认同，甚至有轮滑休闲者特意来这个地方寻找“玩伴”：

“我在家乡的时候也玩，但是那个时候只在溜冰场玩玩。来广州打工之后下了班很无聊，非常想念以前玩轮滑的日子，于是上论坛搜了一下，发现花城广场这边玩轮滑的人很多，所以有一天晚上我就带着轮滑鞋过来，走到大剧院这边我觉得这就是我的地方了。果然没错，很快就认识了几个朋友，也就是在那时我加入了轮滑队。”

——LH10，男，18 岁，空调安装员

因为这里有一种轮滑的文化，所以在别人看来是“他者”的轮滑人群，在这里却成为了“主人”，因为他们的文化在这里是得到认同的，虽然属于不同的轮滑队伍，但是只要

在这个地方，他们就都是"轮滑人"，是一个整体。这个地方可以使他们的"打工仔"身份切换成"轮滑爱好者"，而这种身份的切换往往给他们带来了自我实现的机会。

在轮滑休闲群体中，有很多是离开家乡来广州打工的90后。他们在工作中往往得不到认同，找不到实现个人价值的机会，但是通过轮滑却开启了另外一个世界。C轮滑队的队长小L，在广州某商场做手机销售。他一般下班吃完饭之后都会直奔花城广场。提到花城广场，他是这样描述的：

"只有在这个地方我才能找到自己的价值。这个队伍是我在两年前组建的。我们建立了自己的QQ群，平时的'刷街'活动一般都是我和几个核心成员策划，包括在'刷街'过程中保障队员的安全和遵守交通规则等，在这个时候，我觉得非常满足。"

——LH11，男，20岁，手机销售员，C轮滑队队长

可见，轮滑休闲在给予受访者归属感的同时，还带来了个人价值的实现和身份的认同。在工作场所，小L的身份是一个"经常受气"的销售员，而在花城广场，他是一个能够实现自我价值的"队长"，他的身份在不同的空间发生了非常大的转变，前者不被认同，后者则是一个备受认可的组织者。

如果说花城广场对轮滑休闲者来说是最具有意义的一个节点，那么他们经常"刷街"的城市空间，对他们来说就是不可或缺的获取归属感的场所。在大部分访谈者看来，他们因为加入了这个群体所以有一种强烈的归属感，但是这个群体的基础就是"刷街"休闲，而"刷街"需要一个给他们群体性集聚和活动的场所，这个场所就是之前他们所设计的"旅程"空间。只有在这个空间中，他们才能成为一个实在的休闲群体，也只有在"刷街"的过程中，他们才实实在在感受到一种归属感，在这里，空间和活动人群成为相互依附和相互影响的因素。

（二）释放身体：感受身体和逃避压力的场所

在轮滑爱好者中，有相当一部分是在20岁左右的外来务工人员，他们本来应该上大学，却因为学习成绩或者家庭原因等走上了打工之路。由于收入普遍不高，工作环境和生活环境都不尽如人意。受访者小K，从湖南来，今年只有20岁，来广州不到两年已经换了四份工作。他对于自己频繁更换工作是这样解释的：

"我只有高中学历，所以很难有好工作，能找到的都是一些打杂活，工资也就那么一点，所以做得不开心了就另外找。目前我在白云的皮包厂做五金。我的工作很机械，不需要什么创新，所以也没啥激情，每天上班就等着下班。以前下班了就在宿舍上网和打游戏，自从跟大家一起玩轮滑之后，终于找到了生活的激情。在轮滑中工作的烦躁和不快乐情绪都得到了释放，而且身体也变好了。我喜欢这种速度感，'刷街'的时候什么都不用想，就是一直往前滑，从一个点到另外一个点，出一身臭汗，压力也就释放出来了。"

——LH08，男，20岁，工厂员工

以上受访者对其工作状态的阐述反映了众多90后打工者的心态。学历是他们找工作

的瓶颈，而机械枯燥的工作又让他们心有不甘。他们只有在进入到轮滑休闲状态，才找到了自我。

Lefebvre在讲到日常生活和韵律的时候强调身体是如何充当一种“节拍的角色”，[29]以下受访者的感觉可以更加充分地描述这一理论：

“下班之后感觉很累，匆匆吃了晚餐后提着轮滑鞋便来花城广场集中。今晚的‘刷街’线路是从花城广场到人民桥，于是穿上鞋子之后开始往前冲。虽然很累但是我的目标是到达终点，所以什么都不想就是坚持再坚持。这种往前冲的动力非常重要，这个时候我甚至忘记自己是踩在轮滑鞋上面，我只是感觉到自己的身体在向前滑行，因为这段路程已经很熟悉了。我的脚会自动帮我控制方向，而拐弯、过马路时的急刹、过减速波的跳跃、上台阶等动作则暂时打断了这种连续性。”

——LH01，女，23岁，酒店员工（引自其QQ空间日志）

这位访谈者对轮滑休闲的感觉进行了非常诗意的描述。她用到了“滑行”“拐弯”“急刹”和“跳跃”等字眼来描述轮滑的韵律，最重要的是她强调了身体的重要性，在这里用到了“往前冲”来表现身体移动的关系，她“自动滑行”并试图保持这种前进的感觉。这契合了列斐伏尔对韵律如何作用于日常生活的描述。[30]而Seamon在研究日常生活的现象学时，提出了一种“身体意向”的参与，并将其称为“身体主体性”：身体主体性就是内在的身体可以决定一个人的行为意向的能力，因此起到一种主体性的作用，通常用潜意识来解释这种主体性，例如使用“自动的”“习惯性的”“自然而然的”以及“无意识的”等词语来表达。以上受访者对轮滑休闲时候身体感觉的描述反映了众多轮滑休闲者的体验，这种休闲的体验能够强烈凸显身体的主体性作用，通过身体的投入，他们似乎达到了一种Seamon所描述的“身体芭蕾”的效果，他们的头脑暂时放空，而工作和生活的压力也在身体的不断前行中得到了很好的释放。

（三）建构关系：相对稳固的“社区”

Fisher研究亚文化的时候指出：“一个亚文化是这么一大群人，他们有着相同的特色，彼此之间相互联系，同属于与他们的共同特征相连的机构设置，坚持独特的价值体系，共享一系列的文化工具，并且参与到共同的生活方式中去。”本研究中的轮滑休闲群体就具有亚文化群体的这个特征，他们通过轮滑休闲编织了一个相对稳固的“社区”。由于轮滑休闲者大部分是青少年，因此他们能够很好地使用即时通信工具和各种网络联系工具。他们除了面对面的交流之外，还有着非常活跃的虚拟空间，例如QQ群和微信群就是他们保持联系的重要空间。因为有了虚拟空间保持日常的联系，轮滑休闲者更能掌握和了解成员之间的动向。在轮滑休闲人群中，他们内部成员之间的联系大致可以分成三种。

（1）功能性为主导的关系。这种关系只限于轮滑活动的联系，地点即轮滑的地方。这类关系大概只占到总人数的15%，轮滑休闲者把这类人戏称为“潜水者”。他们平时在

QQ 群里发言也很少，但是一直关注 QQ 群的动态，只要组织活动适合他们，他们便会在约定好的时间地点见面。

（2）功能性和情感性共同主导的关系。这类关系产生的功能性和情感性所占分量相当，有 40% 左右的属于这种关系。他们平时在 QQ 群里也会参与发言讨论，组织的活动也大多会参加，和团队成员的联系除了轮滑之外还有其他的方式，但是一般是在轮滑活动之后进行，最常见的是"刷街"之后一起消夜或者 K 歌等。

（3）情感性为主导的关系。这种关系的休闲者之间除了轮滑之外还有很多其他方面的联系，轮滑休闲者中有 45% 左右的人群是属于这种关系。他们是 QQ 群中比较活跃的群体，也是"刷街"活动和其他休闲活动的主要发起者和参与者。他们当中有大部分人已经从原来普通的休闲关系发展为非常要好的朋友关系，所以除了轮滑，他们也会在一起从事其他活动，例如一起去旅游、聚餐、相互串门，等等（见图 8）。

图 8　轮滑休闲人群的聚会

可见，对于轮滑休闲群体，他们总体上同时显现出比较强的功能性联系和情感性联系，对于第二和第三种关系的人群，由轮滑结识的朋友成为了他们日常生活中非常重要的一部分。他们每个月都会给在同一个月内生日的队友庆祝生日，也经常相约出去休闲，正如一位受访者所说的："在工作的地方交不到朋友，只有在这里大家才是最真诚的，没有任何利益冲突（LH05）。"

除了情感性的联系之外，群体成员之间也相互提供了广泛的社会资源，从介绍工作、介绍男女朋友到各种资源的分享，等等，是群体内部非常常见的现象。B 轮滑队的一个队员说：

"除了网络，我获取信息最重要的来源就是我们轮滑队了。我们一共有 32 个成员，在 QQ 群上除了聊'刷街'的事，大家也经常交流自己的现状、最近发生的事情，提供一些别人关注的最新信息等。"

——LH15，女，22 岁，房产销售员

从上可见，85%的轮滑休闲者之间除了功能性联系之外还有情感性的关系。他们拥有相对固定的成员、固定的活动模式，但无论是哪一种联系，轮滑休闲都是维系他们关系的最重要纽带。他们因为对轮滑文化的认同而走到一起，形成了一个“轮滑人”的“社区”，而轮滑队就是这个“社区”的构成单元。他们在长期的休闲实践中，慢慢地形成自己的一套默契或休闲约定，这些休闲约定虽然没有明文规定，但是“社区”里的人都会遵守，这些不成文的“约定”就是这个“社区”的一种文化，不接受这些“约定”的人会受到“社区”的排斥。在访谈中B队的队长举了一个非常典型的例子：

在‘刷街’的时候我们有很多规定是要遵守的，例如严格遵守交通规则。因为‘刷街’是一种集体行动，希望大家能够相互照应、团结合作，而不提倡show（显示）自己的技术。以前队里有一个大学生，每次出来都展示自己的技术，在马路上做各种高难度动作，后来我们劝他去玩极限轮滑，不要和我们一起‘刷街’了。”

——LH05，男，22岁，公司职员

六、结论与讨论

本文通过轮滑休闲（“刷街”）人群的案例来剖析公共空间中休闲实践的地方建构过程（见图9）。

轮滑休闲在城市中的“不得其所”以及“刷街”休闲所能够带来的流动性的体验和挑战性，使很多轮滑休闲者选择了“刷街”作为他们重要的活动形式。在“刷街”过程中，地方建构的主体是外来务工的青少年群体，他们通过自身投入到刷街休闲中，将这种“流动”的休闲嵌入到城市公共空间中，并运用温和的身体策略对城市设施进行了重新定义，他们通过设计“刷街”线路为自己建构了一处处的“旅途”空间。

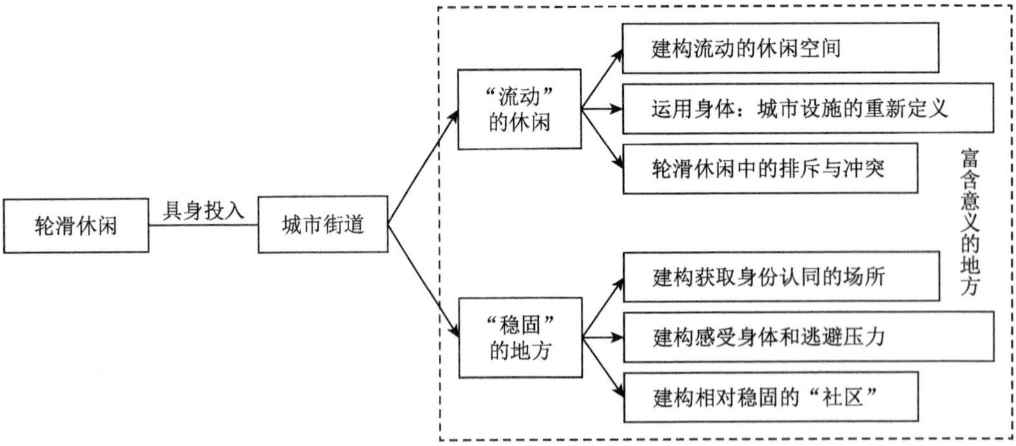

图9 轮滑休闲的地方建构过程

在日复一日的自身的休闲实践中，休闲者创造了自身身体的一种韵律感，这种身体的状态呼应了Seamon所提出的“身体芭蕾”的理论，在这里他们调动了身体的主体性，释放了身体和情感压力，并且建构了一个相对稳固的群体关系。在这个群体中他们获得了身份的认同并与成员之间有了较强的情感性联系。这种情感性联系是以"刷街"休闲为纽带的，而"刷街"休闲得以实现的重要载体就是城市的公共空间。因此，轮滑休闲者们相对稳定的群体成员通过常规性的休闲实践，将城市公共空间建构成为了他们寻求群体归属感和获得身份认同的相对"稳固"的地方。

值得一提的是，与西方公共空间对青少年滑板休闲进行排斥一样的是，广州城市中的青少年轮滑活动也处于一个"不得其所"的边缘性地位，但是西方公共部门采取的排斥方式是迂回的，而广州公共部门则是采取了"一刀切"的简单粗暴方式。与西方青少年通常通过"破坏性"的活动来对这种排斥表达不满和抵抗不同的是，广州市的轮滑休闲者们更多是采取一种"温和的"身体策略来建构属于自己的"稳固"的地方。"刷街"的自身实践促使了这些青少年去思考与城市的联系以及如何去解读他们所生活的城市，他们通过自身的轮滑运动为公共空间赋予了新的意义。他们通过时间上和空间上的策略来创造自己的空间。本文的重点旨在揭示休闲轮滑对于作为休闲主体的外来务工的青少年群体以及对于城市公共空间的意义。很多人把轮滑休闲视为青少年的游戏，但是对他们来说却是不可或缺的一种生活方式，是他们融入城市的一个入口。因此，面对他们这些诉求被漠视和被边缘化，城市管理和城市空间如何更好来满足这些外来务工青少年群体的休闲需求，是值得进一步讨论的课题。

参考文献

[1] Elaine Stratford. On the edge: A tale of skaters and urban governance [J]. Social & Cultural Geography, 2002 (3): 193 - 206.

[2] Borden, Elaine Stratford. Skateboarding, Space and the City: Architecture and the Body [M]. Oxford: Berg, 2001: 34 - 54.

[3] Harding, A., Wilks - Heeg, S. and Hutchins, M. Business, government and the business of urban governance [J]. Urban Studies, 2000, 37 (5/6): 975 - 994.

[4] Kearns, A. and Paddison, R. New challenges for urban governance. Urban Studies [J]. 2000: 37 (5/6): 845 - 850.

[5] Pierre, J. Models of urban governance: the institutional dimension of urban politics [J]. Urban Affairs Review, 1999, 34 (3): 372 - 388.

[6] Flusty, S. Building paranoia, in Ellin, N. (ed.) Architecture of Fear. New York: Princeton Architectural Press. 1997: 47 - 59.

[7] 谢勇．重庆市休闲轮滑运动现状与对策研究 [J]．重庆工商大学学报：自然科学版，2011, 28 (4): 437 - 439.

[8] 秦吉宏. 我国轮滑运动现状与发展战略研究 [J]. 北京体育大学学报, 2007.

[9] 宋红利, 王光元. 休闲轮滑对少年儿童免疫系统机能的影响探讨 [J]. 科技信息（学术研究）, 2008 (34): 477.

[10] 王恩斌. 轮滑与亚健康: 高校大学生亚健康状况干预研究 [J]. 牡丹江师范学院学报（自然科学版）, 2014 (4): 49 - 50.

[11] 陈新亚. 普通高校开展轮滑教学现状的调查与分析 [J]. 浙江体育科学, 2007, 29 (4): 96 - 97.

[12] 李旭强. 哈尔滨市高校轮滑运动开展现状及发展对策研究 [J]. 东北师范大学学报, 2008 (10).

[13] Cresswell T. Towards a politics of mobility [J]. Environment and planning. D, Society and space, 2010, 28 (1): 17.

[14] Jones P. Performing the city: a body and a bicycle take on Birmingham, UK [J]. Social & Cultural Geography, 2005, 6 (6): 813 - 830.

[15] Rendell J. Art and architecture: a place between Art, Architecture and Critical Theory [M]. London: IB Tauris, 2006: 12.

[16] Phillips, A. Cultural geographies in practice: walking and looking [J]. Cultural Geographies, 2005 (12): 507 - 513.

[17] Pile, S. Real Cities: Cities, Modernity, Space and Phantasmagorias [M]. London: Sage. 2005: 75.

[18] Pinder, D. Visions of the City [M]. Edinburgh: Edinburgh University Press. 2005: 32.

[19] Jackson P. Maps of Meaning: An Introduction to Cultural Geography [M]. London: Psychology Press, 1989: 5.

[20] Seamon D. Body - subject, time - space routines, and place - ballets [J]. The Human Experience of Space and Place, 1980: 148 - 165.

[21] Iain Borden. Another Pavement, Another Beach: Skateboarding and the Performative Critique of Architecture in Fine M, Weis L, the unknown city [M]. Boston: Beacon, 1998: 178 - 199.

[22] Thrift, N. and Dewsbury, J. D. Dead geographies—and how to make them live [J]. Environment and Planning D: Society and Space, 2000 (18): 411 - 432.

[23] Qian J, Zhu H. Chinese Urban Migrants'Sense of Place: Emotional Attachment, Identity Formation, and Place Dependence in the City and Community of Guangzhou [J]. Asia Pacific Viewpoint, 2014, 55 (1): 81 - 101.

[24] 李春敏. 列斐伏尔的空间生产理论探析 [J]. 人文杂志, 2011 (1): 62 - 68.

[25] Peter Rogers. Youth participation and revanchist regimes. Whose Public Space? International case studies in urban design and development [M]. 2014: 33.

[26] Blunt A, Gruffud P, May J. Cultural geography in practice [M]. London: Edward Arnold, 2003: 71 -73.

[27] 朱竑，钱俊希，吕旭萍．城市空间变迁背景下的地方感知与身份认同研究 [J]. 地理科学，2012，32 (1): 18 -24.

[28] Tajfel, H. (Ed.). Social identity and intergroup relations [M]. Cambridge: Cambridge University Press, 2010: 23.

[29] Elden S. Understanding Henri Lefebvre [M]. London: A&C Black, 2004: 24.

[30] Horton, D. Everyday life [J]. Time and Society. 2005 (1) 4: 157 -159.

责任编辑：张　萍

图书在版编目(CIP)数据

关于"休闲+"的学术研究：2015中国休闲与旅游研究峰会论文集. 第二辑 / 魏翔，韩玉灵主编. -- 北京：旅游教育出版社，2016.4

ISBN 978-7-5637-3348-4

Ⅰ. ①关… Ⅱ. ①魏… ②韩… Ⅲ. ①旅游业发展—中国—2015—文集 Ⅳ. ①F592.3-53

中国版本图书馆CIP数据核字（2016）第058647号

关于"休闲+"的学术研究

——2015中国休闲与旅游研究峰会论文集(第二辑)

魏翔　韩玉灵　主编

出版单位	旅游教育出版社
地　　址	北京市朝阳区定福庄南里1号
邮　　编	100024
发行电话	(010)65778403 65728372 65767462(传真)
本社网址	www.tepcb.com
E-mail	tepfx@163.com
排版单位	北京旅教文化传播有限公司
印刷单位	北京京华虎彩印刷有限公司
经销单位	新华书店
开　　本	787毫米×1092毫米　1/16
印　　张	19.125
字　　数	349千字
版　　次	2016年4月第1版
印　　次	2016年4月第1次印刷
定　　价	76.00元

（图书如有装订差错请与发行部联系）